浙江农民大学农村实用人才培养系列教材

新型农民实用法律教程

XINXING NONGMIN SHIYONG FALV JIAOCHENG

◎主 编 阳相翼

中国林业出版社

内容提要

本书比较全面地介绍了新型农民生产、生活中最具有应用性的相关法律制度，如农村土地法律实务、农村经营主体法律制度、农民合同权益法律保护、农民外出务工法律实务、农民婚姻家庭继承关系、农民实用经济法律制度、农村常见犯罪刑事知识以及涉农纠纷法律救济渠道等。在内容安排上，能够最大限度地满足新型职业农民对涉农法律知识和法律应用能力的需求。在体例上，每节分为"基本要求""法律知识""案例链接""案例评析"和"练习思考"5个部分，既有利于学生了解每节的基本内容、重点与难点，掌握相关法律运用及注意事项，也有利于培养学生运用所学涉农法律知识分析问题和解决实际问题的能力。

图书在版编目(CIP)数据

新型农民实用法律教程/阳相翼主编. —北京：中国林业出版社，2018.4
ISBN 978-7-5038-9492-3

Ⅰ. ①新… Ⅱ. ①阳… Ⅲ. ①法律—中国—教材 Ⅳ. ①D92

中国版本图书馆CIP数据核字(2018)第057440号

国家林业局生态文明教材及林业高校教材建设项目

中国林业出版社·教育出版分社

策划编辑：杨长峰 唐 杨
责任编辑：杨长峰 高兴荣 李 珂
电 话：(010)83143611 **传 真**：(010)83143516

出版发行 中国林业出版社(100009 北京市西城区德内大街刘海胡同7号)
E-mail：jiaocaipublic@163.com 电话：(010)83143500
http://lycb.forestry.gov.cn
经 销 新华书店
印 刷 三河市祥达印刷包装有限公司
版 次 2018年4月第1版
印 次 2018年4月第1次印刷
开 本 787mm×1092mm 1/16
印 张 20.5
字 数 480千字
定 价 45.80元

前　言

新型农民是指具有科学文化素质，掌握现代农业生产技能，具备一定经营管理能力，以农业生产、经营或服务作为主要职业，以农业收入作为主要生活来源，居住在农村或集镇的农业从业人员。

新型农民是构建新型农业经营主体的重要组成部分，是发展现代农业、推动城乡一体化发展的重要力量，进一步增强农业、农村发展活力的关键在于激发农民自身的活力。农民是新农村建设的主体，建设社会主义新农村，急需培养和造就千千万万高素质的新型农民，这是新农村建设最本质、最核心的内容，也是最为迫切的要求。培育新型农民是农村经济发展的必然要求，农民素质提高了，才能全方位拓展增收渠道，不断提高经营现代农业的水平，加快农村富余劳动力转移，推进工业化和城镇化建设。培育新型农民是促进农村“三个文明”协调发展的基础，只有不断提高农民的综合素质，增强农民的法律意识、发展意识、效率意识、竞争意识，才能使村村谋发展、户户思创业，进而形成良好的法制观念、道德规范和社会风尚；反之，如果无所作为，放任那些不健康、落后甚至违法的行为蔓延，就会造成农村的畸形繁荣，不利于农村的和谐与稳定。

农村劳动力向城镇和二三产业转移，是伴随我国现代化进程的必然趋势。目前，我国农业劳动力的供求关系已进入总量过剩与结构性、区域性短缺并存的新阶段，关键农时缺人手、现代农业缺人才、新农村建设缺人力问题日显普遍。2012年中央一号文件聚焦农业科技，着力解决农业生产力发展问题，明确提出应大力培育新型职业农民；2013年中央一号文件突出强调农业经营体制机制创新，着力完善农业生产关系，进一步强调应加强农业职业教育和职业培训。对新型农民的培训教育，不仅要有新观念（主体观念、开拓创新观念、法律观念、诚信观念）的教育，也要有新素质（科技素质、文化素质、道德素质、心理素质、身体素质）的教育，还需要有新能力（发展农业产业化能力、农村工业化能力、合作组织能力、特色农业经营管理能力）的培养与提高。在这其中，新型农民的法律观念、法律素质、法律基本知识、应用法律的基本能力的培养与增强，对于切实维护和保障广大农民朋友的切身利益，以及依法治国，建设新时期的法治农村，无疑具有重要的意义。

本书比较全面地介绍了新型农民生产生活中最具有应用性的相关法律制度，如农村土地权益法律实务、农村经营主体法律制度、农民合同权益法律保护、农民外出务工法律实务、农民婚姻家庭继承关系、农民实用经济法律制度、农村刑事法律常识以及涉农纠纷法律救济渠道等。这样的内容安排，能够使读者较为详细地了解新农村建设工作所必需的法律法规，最大限度地满足新型职业农民对相关法律知识和法律应用能力的需求。

此外，为了更好地适应教与学的需要，本书在体例上力求创新。“基本要求”使读者了解每节的基本内容、重点与难点；“法律知识”介绍实用法律知识的概念、特征、范畴、权利与义务、法律运用及注意事项；“案例链接”和“案例评析”有利于培养读者运用所学知识分析问题和解决问题的能力；“练习思考”则鼓励读者课后进行拓展思考，进一步巩固和提高学习效果。

需要说明的是，本书在编写的过程中，参考借鉴我国近年来在“三农”法治建设领域的新成果，采用他人已经使用过的教学案例，限于篇幅无法一一注明，在此一并致谢。

由于作者水平有限，书中不妥乃至错误之处在所难免，敬请同行与读者批评指正，以便通过将来的修改，使之不断完善。

编著者

2017 年 11 月 21 日

目　　录

前　言

第一章　农村土地权益法律实务 ……1

第一节　土地承包 ……1

第二节　土地征收 ……18

第三节　宅基地 ……30

第二章　农村经营主体法律制度 ……39

第一节　农村个人合伙 ……39

第二节　农村承包经营户 ……45

第三节　农村个体工商户 ……50

第四节　个人独资企业 ……54

第五节　农民专业合作社 ……62

第三章　农民合同权益法律保护 ……70

第一节　合同法概述 ……70

第二节　合同的订立 ……73

第三节　合同的效力 ……79

第四节　合同的履行 ……84

第五节　合同的担保 ……89

第六节　合同的变更、转让和终止 ……96

第七节　违约责任 ……101

第四章　农民外出务工法律实务 ……106

第一节　劳动法 ……106

第二节　工伤保险条例 ……121

第三节　职业病防治 ……135

第五章　农民婚姻家庭继承关系 ……145

第一节　结婚相关法律问题 ……145

第二节　婚姻的效力 ……149
第三节　离婚相关法律问题 ……153
第四节　夫妻法律关系 ……160
第五节　继承与遗产 ……163
第六节　继承的种类 ……165
第七节　遗产处理的相关问题 ……171

第六章　农民实用经济法律制度 ……177

第一节　消费者权益保护法 ……177
第二节　产品质量法 ……188
第三节　商标法 ……197

第七章　农村刑事法律常识 ……210

第一节　刑法和犯罪概述 ……210
第二节　犯罪客体和犯罪对象 ……216
第三节　犯罪客观方面 ……219
第四节　犯罪主体 ……223
第五节　犯罪主观方面 ……226
第六节　犯罪停止形态 ……230
第七节　共同犯罪 ……236
第八节　正当防卫 ……240
第九节　农村常见犯罪 ……243

第八章　涉农纠纷法律救济渠道 ……263

第一节　行政复议 ……263
第二节　仲裁 ……276
第三节　农村土地承包经营纠纷调解仲裁 ……286
第四节　民事诉讼 ……296

参考文献 ……321

第一章　农村土地权益法律实务

第一节　土 地 承 包

【基本要求】

（1）了解《中华人民共和国农村土地承包法》（以下简称《农村土地承包法》）的立法背景及其主要精神

（2）理解《农村土地承包法》的基本原则

（3）熟悉农村土地承包的基本程序

重点：农民对承包地的权利与义务、土地承包合同、承包地的变化

难点：土地承包经营权的流转、土地承包纠纷的解决

【法律知识】

一、《农村土地承包法》概述

1.《农村土地承包法》立法背景及其主要精神

（1）立法背景。土地是人类赖以生存和生产的基础，因此，它属谁所有，由谁管理具有特别重要的意义。新中国成立后，我国的土地是实行“三级所有，队为基础”的基本经济模式，关于这一模式，实践证明，有严重的缺陷，极大地打消了农民的生产积极性，几乎导致我国农业的崩溃。穷则思变，自20世纪50年代起安徽省的个别县、公社就曾实行“责任田”“包产到户”“包干到户”的形式，但几经反复，付出了代价。直到1980年5月邓小平的一次讲话，才肯定了安徽省“包干到户”即土地家庭承包经营这一做法。1993年，我国对《中华人民共和国宪法》（以下简称《宪法》）进行修正时，将“农村集体经济组织实行以家庭承包经营为基础，统分结合的双层经营体制”写进了《宪法》，由于《宪法》的规定只是抽象性的，为此，制定一部专门调整土地承包经营的法律就摆在了人们的面前，在这种背景下，2002年《农村土地承包法》正式出笼，并于2003年3月1日起施行。《农村土地承包法》第一条指出：“为稳定和完善以家庭承包经营为基础、统分结合的双层经营体制，赋予农民长期而有保障的土地使用权，维护农村土地承包当事人的合法权益，促进农业、农村经济发展和农村社会稳定，根据宪法，制定本法。”

(2)主要精神。

①稳定,这是土地承包法的基础。所谓稳定就是要长期坚持党的农村基本政策不动摇,长期坚持以家庭承包经营为基础、统分结合的农村基本经营制度。家庭承包经营制度,符合我国的基本国情和农业生产特点。随着生产力的发展,家庭承包经营的规模会逐步扩大,但这改变不了家庭承包经营的基础地位。

家庭承包经营加上社会化服务既能适应传统农业,也能适应现代农业的要求,不存在随着生产力的发展而改变家庭承包经营的问题,也不存在发展适度规模经营就要改变家庭承包经营的问题。

②规范,这是土地承包法的重点。无论是土地发包方,还是土地承包方;无论是村民委员会,还是各级政府,只要是涉及农村土地承包的主体行为都纳入法律规范的范围,做出了明确规定。为强化对农村土地承包经营权的保护,针对新阶段农村土地承包关系方面出现的新情况、新问题,《农村土地承包法》规定不得收回承包地,不得调整承包地,任何组织和个人不得剥夺和非法限制农民承包、流转土地的权利,并明确具体的法律责任。

③维权,这是土地承包法的核心。法律赋予农民长期而有保障的土地使用权,是通过明确土地承包经营权的特殊地位,并予以充分保护来实现的。土地承包经营权是随着土地承包合同生效而产生的,但不同于一般意义上的合同权利。土地承包经营权是国家赋予农民的,承包合同期限是由国家确定的,其内容、效力、变动要件都是由法律规定的。可以说,土地承包经营权是国家依法赋予农民的基本权利,是农民赖以生存和发展的基础。

④发展,这是土地承包法的最终目的。稳定、规范、维权是发展的基础。把土地承包期设定为30年以上,允许土地承包经营权采取多种方式依法流转,赋予其他承包方式的土地承包经营权、抵押权,保护和合理利用土地资源等,充分体现了发展兴国富民的第一要务。

以上4个方面,归根到底就是维护农民的根本利益,依法保护和调动农民的积极性。这是我们党的宗旨在农村工作中的具体体现,是"三个代表"重要思想的具体实践。依法维护农民土地承包经营权,维护农民的民主权利,维护农民的物质利益,这既是制定法律的首要出发点,也是贯彻执行法律必须遵循的基本准则。

2.《农村土地承包法》"土地"范围和承包方式

(1)《农村土地承包法》的"土地"范围。《农村土地承包法》第二条指出:"本法所称农村土地,是指农民集体所有和国家所有依法由农民集体使用的耕地、林地、草地,以及其他依法用于农业的土地。"

农村土地承包法所规定的土地与我们平时所说农民集体所有的土地不是一个概念,也可以说不是一个范围。一般所说的农民集体所有的土地是指所有权归集体的全部土地,其中主要有农业用地、农村建设用地等。农村土地承包法规定的农村土地,既包括农民集体所有的农业用地,也包括国家所有依法归农民集体使用的农业用地。用于农业的土地,主要有耕地、林地和草地,还有一些其他用于农业的土地,如养殖水面等。养殖水面主要是指用于养殖水产品的水面，养殖水面属于农村土地不可分割的一部分，也是用于农业生产的，所以也包括在本条所称的农村土地的范围之中。此外，还有荒山、荒丘、荒沟、荒滩等“四荒地”，“四荒地”依法是要用于农业的，也属于本条所称的农村土地。上述这些用于农业的土地中，数量最多、涉及面最广、和每一个农民利益最密切的是耕地、林地和草地，这些农村土地，多采用人人有份的家庭承包方式，集体经济组织成员都有承包的权利，因此，本法把它突出出来表述。其他农村土地如“四荒地”、养殖水面等包含在本条规定的“其他用于农业的土地”之中。总的来说，凡是由农民集体所有或者使用，用于农业生产，又适合承包的土地和水面，都属于本法所称的农村土地，都要适用本法的规定。

(2)《农村土地承包法》的承包方式。《农村土地承包法》第三条指出：“国家实行农村土地承包经营制度。”

农村土地承包采取农村集体经济组织内部的家庭承包方式，不宜采取家庭承包方式的荒山、荒沟、荒丘、荒滩等农村土地，可以采取招标、拍卖、公开协商等方式承包。

本条规定的农村土地承包经营制度，包括两种承包方式，即家庭经营方式的承包和采取招标、拍卖、公开协商等方式的承包。

农村土地承包采取农村集体经济组织内部的家庭承包方式。所谓家庭承包方式是指，以农村集体经济组织的每一个农户家庭全体成员为一个生产经营单位，作为承包人承包农民集体的耕地、林地、草地等农业用地，对于承包地按照本集体经济组织成员是人人平等地享有一份的方式进行承包。其主要特点：一是集体经济组织的每个人，不论男女老少，都平均享有承包本农民集体的农村土地的权利，除非他自己放弃这个权利。也就是说，这些农村土地对本集体经济组织的成员来说，是人人有份的，任何组织和个人都无权剥夺他们的承包权。二是以户为生产经营单位承包，也就是以一个农户家庭的全体成员作为承包方，与本集体经济组织或者村委会订立一个承包合同，享有合同中约定的权利，承担合同中约定的义务。承包户家庭中的成员死亡，只要这个承包户还有其他人在，承包关系仍不变，由这个承包户中的其他成员继续承包。三是承包的农村土地对每一个集体经济组织的成员是人人有份的，这主要是指耕地、林地和草地，但不限于耕地、林地、草地，凡是本集体经济组织的成员应当人人有份的农村土地，都应当实行家庭承包的方式。

有些农业用地并不是本集体经济组织成员都有份的，如菜地、养殖水面等由于数量少，在本集体经济组织内做不到人人有份，只能由少数农户来承包；有的“四荒地”虽多，但本集体经济组织成员有的不愿承包，有的根据自己的能力承包的数量不同。这些不宜采取家庭承包方式的农村土地，可以采取招标、拍卖、公开协商等方式承包。这些承包方式都是以自愿、公开、公正的原则进行承包，透明度高，便于群众监督，防止了暗箱操作，能够合理地利用这些农村土地。

3.《农村土地承包法》基本原则

(1)公开、公平、公正的原则。《农村土地承包法》第七条规定：“农村土地承包应当坚持公开、公平、公正的原则，正确处理国家、集体、个人三者的利益关系。”

根据本法规定，“公开、公平、公正”是农村土地承包中必须遵循的一项基本原则。违反了这一基本原则，农民承包土地的权益就会受到侵犯，破坏农村土地承包经营制度的贯彻实施。

在农村土地家庭承包中，“公开”是指以下三个方面：

①进行承包活动的信息要公开。在按照规定进行土地承包时，发包方应当及时公布土地承包的有关信息，让本集体经济组织成员或者其他承包方知晓土地承包的基本情况。公开的方式，根据具体情况可以采取不同的形式，如可以采取张贴公告、有线广播或者召开村民会议等方式。公开有关承包活动的信息包括：向村民宣传、介绍有关土地承包的法律、法规和国家政策，让村民了解进行土地承包的基本精神等；公布拟发包土地的名称、坐落、面积、质量等级等。公开有关信息要做到透明、及时、准确。

②进行承包的程序要公开。在农村土地家庭承包中，承包程序的公开主要有以下几个方面：由本集体经济组织成员的村民会议选举产生承包工作小组；由承包工作小组依照法律、法规的规定拟订承包方案并向本集体经济组织全体成员公布；依法召开村民会议，讨论通过承包方案。

③承包方案和承包结果公开。承包方案经过村民会议讨论通过后，应当及时公布，同时公开组织实施承包方案，确定每户及每个集体经济组织成员承包的土地的具体名称、坐落、面积、质量等级等。发包方和承包方应当签订书面承包合同，确定各自的权利和义务。承包方自承包合同生效时取得土地承包经营权。县级以上人民政府应当向承包方颁发土地承包经营证或者林权证，并登记造册，确认土地承包经营权。

所谓“公平”主要是指本集体经济组织成员依法平等地享有、行使承包本集体经济组织土地的权利。在确定承包方案时，应当民主协商，公平合理地确定发包方、承包方的权利和义务。尤其是发包方不得滥用权力，承包合同中不得对承包方的权利进行不合理的限制，干涉承包方的生产经营自主权，或者通过承包合同给承包方增加不合理的负担。

所谓“公正”，主要是指在承包过程中，要严格按照法定的条件和程序办事，同等地对待每一个承包方，不得暗箱操作，也不得厚此薄彼，亲亲疏疏。如在确定承包方案时，首先由本集体经济组织成员选举产生承包工作小组，承包工作小组依照法律、法规拟定并公布承包方案，然后召开村民会议，讨论通过承包方案。对承包方来说，应当以正当的手段参加承包活动，不得通过行贿或者亲属关系，来获得有利的承包条件。

对不宜采取家庭承包方式的荒山、荒沟、荒丘、荒滩等农村土地采取其他方式承包的，“公开”主要是指：发包方应当通过公告、召开村民会议宣布或者通过报纸、广播、电视等公共媒体公开有关荒山、荒沟、荒丘、荒滩的位置、面积，以及对承包方的基本要求等信息；采取招标、拍卖和协商的方式来确定承包方；招标、拍卖和协商的过程要公开透明；将农村土地发包给本集体经济组织以外的单位或者个人承包的，还要事先经本集体经济组织成员的村民会议2/3以上成员或者2/3以上的村民代表同意，并报乡（镇）人民政府批准；确定承包方的，发包方应当及时通知承包方。公平主要是指发包方和承包方法律地位平等，双方应当通过定标、竞价或者协商一致的方式，公平合理地确定承包期、承包费以及其他权利义务，一方不得将其意志强加于另一方。“公正”，对发包方来说，就是要严格按照公开的条件和程序办事。如采取招标发包的，发包方应当同等地对待每一个投标竞争者，不得厚此薄彼，亲疏有别。应当以投标人在承包费、技术能力、资金条件等方面最优者为定标标准，确定最终承包人。对投标方来说，应当以正当的手段参加投标竞争，不得串通投标，不得有向发包方及其工作人员行贿、提供回扣或给予其他好处等来获得承包土地或者其他有利的承包条件。又如采取拍卖方式发包的，在没有保留价的情况下，发包方应当将土地发包给最高出价的竞买人。竞买人之间、竞买人和拍卖人之间不得恶意串通损害发包方的利益。

在土地承包过程中，还要注意处理好国家、集体、个人三者的利益关系。如根据实际情况，确定既有利于国家、集体，又符合承包方利益的承包费等。又如在农村土地经营中，要合理开发利用土地资源，既要提高生产力，又要防止掠夺性开发，以保持土地的可持续利用。

(2)合理开发和可持续利用的原则。《农村土地承包法》第八条规定："农村土地承包应当遵守法律、法规，保护土地资源的合理开发和可持续利用。未经依法批准不得将承包地用于非农建设。"

"国家鼓励农民和农村集体经济组织增加对土地的投入，培肥地力，提高农业生产能力。"

本条是关于在农村土地承包中应当注意保护土地资源的规定。

众所周知，土地是人类可利用的一切自然资源中最基本、最宝贵的资源。它是人类赖以生存的基地，只有它的存在人类才有立足之地，人类凭借着土地栖息繁衍。在人类生活中，土地是人类最基本的生产资料，也是为人类提供食物和其他生活资料的重要源泉。在我国，人口多，土地少，特别是耕地少是我国的基本国情。我国国土总面积约960万平方千米，约占世界陆地面积的1/15，居世界第三位，但由于人口多，人均占有国土面积不到世界人均占有量的1/3。而在我国国土总面积中，不能或者难以利用的沙漠、冰川、戈壁、石山和高寒荒漠又占去相当大一部分。我国的耕地资源还存在着以下四个突出的问题：一是人均占有耕地的数量少。目前，我国耕地的统计数约为20.24亿亩，按统计数计算，我国人均耕地面积仅1.48亩，不及世界人均耕地的44%。二是耕地总体质量差，生产水平低。耕地中有效灌溉面积不到50%，抗自然灾害的能力差。三是耕地退化严重。由于我国许多耕地处于干旱和半干旱地区，受荒漠化影响，这些地区40%的耕地存在不同程度的退化。全国有31%左右的耕地不同程度地受水土流失的危害。四是耕地后备资源匮乏。我国目前集中连片的耕地后备资源仅1.10亿亩，但大多为质量差、开发难度大的土地。每年因各项建设占用以及自然灾害毁损等还在造成耕地不断减少。与此同时，我国的人口却还在不断增长。在现阶段粮食生产技术水平没有重大突破的情况下，人增地减的趋势已经成为我国经济社会发展中的一个重大问题和严峻挑战。因此，十分珍惜、合理利用土地和切实保护耕地，是关系国计民生、国家发展全局和中华民族生存安危的大事，是我国的基本国策。还要看到，合理开发土地，保护土地资源也是促进社会经济可持续发展的要求。当前，走可持续发展的道路已经成为世界各国的共同选择。土地作为一种自然资源，它的存在是非人力所能创造的，土地本身的不可移动性、地域性、整体性、有限性是固有的，人类对它的依赖和永续利用程度的增加也是不可逆转的。因此，强化土地管理，保证对土地的永续利用，以促进社会经济的可持续发展也是土地承包中应当特别重视的一个问题。因此，本条明确要求："农村土地承包应当遵守法律、法规，保护土地资源的合理开发和可持续利用。"

二、土地承包的程序

1. 家庭承包经营土地的程序和以其他方式承包经营土地

（1）家庭承包经营土地的程序。家庭承包经营的承包方是本集体经济组织的成员，承包的土地主要是耕地、林地和草地。其程序如下：

①村民会议选举承包工作小组（村民会议的形式：全体村民参加大会或村民代表大会）；

②承包工作小组依照法律、法规拟订并公布承包方案；

③村民会议讨论通过承包方案（2/3以上村民会议成员或2/3以上村民代表同意）；

④组织实施承包方案；

⑤签订承包合同。

（2）以其他方式承包经营土地。承包方可以是本集体经济组织的成员，也可以是本集体经济组织之外的单位和个人，承包的土地主要是荒山、荒沟、荒丘以及果园、茶园、桑园、养殖水面等，承包的方法是招标、拍卖或者公开协商。当然，以其他方式承包经营土地仍然要经过村民会议2/3以上成员或者2/3以上村民代表的同意，如果要承包给本集体经济组织之外的单位和个人，还必须经过乡（镇）人民政府的批准。同时，本集体经济组织之外的承包方的资信情况和经营能力必须经过审查之后，才能签订承包合同。

2. 集体经济组织擅自发包土地时的纠纷解决方式

集体经济组织不得擅自发包土地。发包土地应该经过以上程序，即必须经过村民会议2/3以上成员或2/3以上村民代表的同意，符合多数村民的意愿。如果集体经济组织违反这一规定擅自发包土地，村民可以向法院提起诉讼，要求撤销承包合同。原告是权利受侵害的农村集体经济组织成员，被告是发包方，起诉的理由是发包方在签订承包合同时违反法定的民主议定原则，或者所订合同的内容违背多数村民的意愿，损害集体和村民的利益。

三、农民对于承包地的权利与义务

1. 农民对于承包地享有的权利

土地承包经营权人依法对其承包经营的耕地、林地、草地等享有占有、使用和收益的权利，有权从事种植业、林业、畜牧业等农业生产。

（1）经营自主权。在生产经营的过程中，可以决定干什么，怎么干，但是不能违法，不能用于非农建设。如村里强制村民在承包地上必须一律种上玉米或者烟草等，都是侵犯经营自主权的行为。

（2）收益权。即获得自己在承包地上的劳动所得和土地承包经营权的流转收益。如甲在自己的承包地上种植了小麦，那么小麦就归甲所有，而不是归集体经济组织所有，或者归其他人所有。发包方、其他任何组织和个人都不能要求承包方将应当获得的承包收益和土地承包经营权的流转收益交给发包方、其他组织和个人，也不能擅自截留、扣缴。如果截留或者扣缴了有关收益，承包方可以要求返还，并可以拒绝发包方、其他组织、个人的抵消主张。

（3）处分收益的权利。对于自己在承包地上的劳动所得，自己想怎么处理就怎么处理，送人、卖出或者留给自己使用等都可以，但不能违法。如果有人强迫承包者必须将收益卖给特定的买者，就是侵犯承包者处分权的行为。

（4）流转权。承包方可以自行将承包经营权用各种方式流转给第三人，使第三人行使部分土地承包经营权。任何组织和个人都不得强迫承包方进行土地承包经营权的流转，否则该流转无效。土地承包经营权流转的转包费、租金、转让费等，都由承包方和流转的受让方协商确定。

（5）优先承包权。本集体经济组织成员在承包费、承包期限等主要内容相同的条件下主张优先承包权的，应予支持。但在发包方将农村土地发包给本集体经济组织以外的单位或者个人，已经依据法律规定的民主议定程序通过，并由乡（镇）人民政府批准后主张优先承包权的，不予支持。

土地承包经营权流转中，本集体经济组织成员在流转价款、流转期限等主要内容相同的条件下主张优先权的，应予支持。但下列情形除外：①在书面公示的合理期限内未提出优先权主张的；②未经书面公示，在本集体经济组织以外的人开始使用承包地2个月内未提出优先权主张的。

（6）继承权。承包人在承包期内死亡的，该承包人的继承人继续享有原承包合同法定及约定的权利。

（7）申请缓减免承包费的权利。承包期间因发生自然灾害，或者因承包方自身以外的原因，致使承包方交纳承包金有困难的，承包方可以要求缓交、减交或者免交承包金。

（8）承包地被依法征用、占用时获得相应补偿的权利。

（9）法律、行政法规规定的其他权利。

2. 农村妇女、外出务工农民享有平等的土地承包经营权

（1）任何组织和个人不得剥夺、侵害妇女应当享有的土地承包经营权。如村委会干部以甲是妇女为由不让其承包土地就是违法行为。

（2）如果妇女结婚之后离开原居住地，但是新居住地没有承包地，而且在原居住地取得的承包地尚未到期，原承包地不能被收回；妇女结婚之后不去男方住所落户，而是男方到女方住所落户的，男方和他们的子女就成为女方所在集体经济组织的成员，因而，男方和子女与其他集体经济组织的成员一样，享有平等的土地承包经营权。

（3）如果妇女离婚或者丧偶之后，没有离开原居住地，仍在原居住地生活，或者她离开了原居住地，但是在新居住地没有取得承包地，原承包地也不得被收回。

（4）外出务工农民与其他成员一样享有平等的土地承包经营权。

（5）发包方如果侵害或者剥夺妇女、外出务工农民平等的土地承包经营权（如趁农民外出打工之际，收回其承包的土地），将承担如下责任：停止侵害、返还原物、恢复原状、排除妨害、消除危险、赔偿损失等。

（6）离婚时土地承包经营权的处理。

①自愿离婚。如果夫妻双方在离婚时对于土地承包经营权的处理已经达成了协议，按协议处理。如果夫妻双方在离婚时对于如何处理土地承包经营权不能达成一致意见，任何一方都可以起诉至法院，由法院对承包经营权进行处理。

②判决离婚。法院在处理离婚案件时一并对土地承包经营权进行处理。

3. 农民对于承包地的义务

（1）维持土地的农业用途，不得用于非农建设。家庭承包经营的土地绝对不能用于非农建设，其他方式承包的土地经依法批准可以用于非农建设。如果承包方违反合同约定将承包地用于非农建设，将承担以下责任：

①一般情况：由县级以上地方人民政府有关行政主管部门进行处罚（拆除违法建筑+罚款）。

②给承包地造成永久性损害：发包方及时制止，要求承包方赔偿损失；如果承包方不予理睬，上报政府有关部门解决。

非农建设一般是指承包方违反《中华人民共和国土地管理法》（以下简称《土地管理法》）等法律法规的规定，擅自在承包地上建房、开矿、挖窑、制砖、取土、取沙、采石、造墓等；将承包的基本农田用于发展林果业、挖塘养鱼或建立畜牧场、屠宰场、农副产品加工厂等也属于非农建设。但是，对于除基本农田之外的承包地，承包方对其在种植业、畜牧业、渔业之间用途的改变，如将旱田改水田、将种植粮食的土地改种蔬菜等不属于对土地基本用途的改变。

（2）依法保护和合理利用土地，不得给土地造成永久性损害。对土地造成永久性损害是指对土地采取了不合理的耕作方式或者进行掠夺式经营，使承包地土壤失去了原有的土质和水分条件，趋于盐碱化、沙漠化，对土壤耕作层造成难以恢复的破坏。如一些地区的承包者发现承包地下有矿藏就擅自开采，致使地下水枯竭、地面沉降，不仅农作物无法生长，甚至使得该地区的环境被认为不适宜人类居住。承包方给承包地造成永久性损害的，发包方有权制止，并有权要求承包方赔偿由此造成的损失。

（3）法律、行政法规规定的其他义务。承包方如果将土地承包经营权流转给第三方，第三方也必须遵守这些义务。

四、承包地的变化

1. 家庭承包中承包地的调整

（1）承包期内，发包方不得调整承包地。承包期内，因自然灾害严重毁损承包地等特殊情形对个别农户之间承包的耕地和草地需要适当调整的，必须经本集体经济组织成员的村民会议2/3以上村民代表的同意，并报乡（镇）人民政府和县级人民政府农业等行政主管部门批准。承包合同中约定不得调整的，按照其约定。

除了上述特殊情况之外，发包方不得调整承包地，如果发包方在承包合同中约定其他情况也可以调整承包地，这种约定的条款当属无效；承包方也可以请求法院认定这种约定无效。

如果发包方违法调整承包地，并且还没有将承包地另行发包给他人，承包方可以请求返还承包地。

如果发包方违法调整承包地，并且已经将承包地另行发包给第三人，承包方可以将发包方和第三人列为共同被告，请求法院确认发包方和第三人订立的合同无效，同时请求返还承包地并赔偿损失。但是如果承包方弃耕、撂荒之后发包方调整承包地并发包给第三人的，承包方可以请求确认发包方和第三人订立的合同无效及返还承包地，不得请求赔偿损失。然而，另行与发包方订立承包合同的第三人在承包土地后，往往向发包方交纳了高额的承包费用，或者对土地进行了投入和耕种，发包方或者承包方因此而获益，第三人可以请求获益的发包方或者承包方给予相应的补偿。但如果发包方与第三人恶意串通，调整承包方的承包地，又另外订立承包合同，对于第三人土地上的投入，则不予以赔偿。

(2)农户的人口发生了变化，不一定就要相应地调整承包地。承包方自愿交回承包地，应当提早半年以书面方式通知发包方。承包方在承包期内交回承包地，在承包期内不得再要求承包土地。如果承包方只是口头将承包的土地交回发包方，发包方并没有承包方的书面通知，那么在承包的期限内继续要求承包土地的，法院一般会予以支持。如果承包方交回承包地并未提前半年以书面形式通知发包方的，不得认为是自愿交回。

2. 家庭承包中承包地、土地承包交易权证的收回

(1)除了以下情况，承包期内，发包方不得收回承包地：

①承包期内，承包方全家迁入设区的市，转为非农业户口的。

②承包期内，承包方提出书面申请，自愿放弃全部承包土地的。

③承包土地被依法征用、占用，导致农村土地承包经营权全部丧失的。

④法律、法规规定的其他情形。

除以上情形外，发包方如果在承包合同中约定收回承包地的其他条件是无效的，承包方可以向法院申请确认该种条款无效。另外，承包期内，承包方交回承包地或者发包方依法收回承包地时，承包方对其在承包地上投入而提高土地生产能力的，有权获得相应的补偿。

如果发包方违法收回承包地，并且还没有将承包地另行发包给他人，承包方可以请求返还承包地。

如果发包方违法收回承包地，并且已经将承包地另行发包给第三人，承包方可以发包方和第三人为共同被告，请求法院确认发包方和第三人订立的合同无效，同时请求返还承包地并赔偿损失。但是如果承包方弃耕、撂荒之后发包方收回承包地并发包给第三人的，承包方可以请求确认发包方和第三人订立的合同无效及返还承包地，不得请求赔偿损失。然而，另行与发包方订立承包合同的第三人在承包土地后，往往向发包方交纳了高额的承包费用，或者对土地进行了投入和耕种，发包方或者承包方因此而获益，

第三人可以请求获益的发包方或者承包方给予相应的补偿。但如果发包方与第三人恶意串通，收回承包方的承包地，又另外订立承包合同，对于第三人土地上的投入，则不应该予以赔偿。

(2)农转非后有关问题的处理。如果承包方全家迁入小城镇而农转非，承包方依然享有土地承包经营权；如果土地被征收，承包人仍然有权获得相应的土地补偿款。

如果承包方全家迁入设区的市，承包方应当将承包的耕地与草地交还发包方。

3. 承包地变化的禁止

(1)承包地不可买卖。甲取得了A土地的承包经营权，将A地卖给乙，该行为不生效。与流转不同，承包地的买卖是违法行为。按照法定程序流转土地承包经营权是允许的，流转只是土地承包经营权的流动和转换。

(2)承包方以其土地承包经营权进行抵押或者抵偿债务的，应当认定无效。对因此造成的损失，当事人有过错的，应当承担相应的民事责任。

五、土地承包合同

1. 土地承包合同的形式

一般情况下，土地承包合同应采用书面形式(合同书、信件等可以有形地表现所载内容的形式)订立。不仅承包方与发包方之间应该签订书面合同，而且承包方将土地以转包、出租、互换、转让等方式流转时，也应该与他人签订书面合同。但有以下三种情形例外：

(1)甲将土地交给乙代耕6个月，由于代耕期没有超过1年，所以可以不签订书面合同。

(2)甲没有与发包方签订书面合同，但是甲已经向发包方交了1年的承包费，而发包方收下并打了收条(履行了主要义务)。

(3)甲没有与发包方签订书面合同，但是发包方已经开始为甲办理土地承包经营权证(履行了主要义务)，而甲得知后并无异议。

2. 土地承包合同的主要条款

土地承包合同应当包括以下主要条款：①发包方、承包方的名称，发包方负责人和承包方代表的姓名、住所；②承包土地的名称、坐落、面积、质量等级；③承包的起止时间；④承包土地的用途；⑤发包方和承包方的权利义务；⑥违约责任；⑦其他条款。当事人对以上条款做出较为完整的约定，有利于产生纠纷后的解决。土地承包合同没有以上条款并非当然无效，而是可以通过合同解释或者法律的推定性条款来弥补。当事人可以参照土地承包合同的范本订立合同。如果发包方和承包方在承包合同中约定了违约责任，而且对于违约金比例、金额或者计算方法等内容约定明确的，违约责任的承担一般按照约定执行，如果违法就应该支付约定的违约金。但是，如果发包方和承包方在承包合同中所约定的违约金低于或者过分高于违约所造成的损失的，任何一方都可以请求适当减少或者增加。如果约定的违约金只是略微高于违约所造成的损失，还是按照约定的违约金支付。例如，在合同履行过程中，发包方违约，给承包方造成了2000

元的损失:如果发包方和承包方在承包合同中约定,任何一方违约,就要支付对方1000元的违约金,这时,承包方可以请求法院适当增加违约金的数额,以弥补自己的损失;如果双方在合同中约定的违约金是20000元,20000元明显高于2000元,这时发包方可以请求法院适当地减少违约金的数额;如果约定违约金是2200元,就算只造成了2000元的损失,发包方还是应该向承包方支付2200元。

但是如果在承包合同中没有约定违约金,发生违约时,守约一方不能要求违约方支付违约金。

3. 土地承包合同的期限

(1)家庭承包的期限。耕地:30年;草地:30~50年;林地:30~70年;种植特殊林木的林地:70年以上(必须经国务院林业行政主管部门批准)。

双方约定的期限如低于法定的期限,承包方可以申请法院将承包期限延长至法定的期限。如承包方甲与发包方乙原来在合同中约定对草地的承包期限是25年,这个合同当然有效,但是承包方甲也可以申请法院将承包期限延至30年。

如果在《农村土地承包法》实施前就已经按相关规定承包了土地,而且承包期限长于上述法定期限,这种约定的承包期限有效,不必对其进行修改,也不能重新进行承包。如甲村民与乙村民委员会于1984年签订了承包耕地的合同,承包期是100年;但是2004年,乙村委员以合同约定的100年承包期超过法定承包期为由,要求甲返还承包地。甲可以拒绝乙村委会的无理要求,就是乙起诉至法院,其要求也不能得到支持。

(2)其他方式承包的期限。其他方式承包的期限可长可短,具体由发包方和承包协商确定。但是,双方协商确定的承包期限,不得超过国家规定的期限。根据1999年国务院办公厅发布的《关于进一步做好治理开发农村"四荒"资源工作的通知》规定,在1999年及以后承包"四荒"的,承包期限不得超过50年。但是在1999年之前确定的承包期限超过50年的,仍然继续有效。其中,"四荒"是指荒山、荒沟、荒丘、荒滩。

4. 解除土地承包合同的条件

(1)因不可抗力致使合同目的不能实现。不可抗力是指不能预见、不能避免并不能克服的客观情况,如百年不遇的洪灾。

(2)合同期限届满。如1953年签订的承包期为50年的合同,到2003年就是合同期限届满。

(3)出现约定的情形。如合同约定一旦承包方不按时缴纳承包费,合同就解除,而承包方没有按时缴纳承包费,则该合同解除。此种约定须双方协商一致,且不违背法律、法规的强制性规定。

(4)不能实现承包的目的。如承包方甲与发包方乙在合同中约定承包该片林地的目的是使该片林地能种上一种特殊的林木,但是在承包期限内发现该林地的条件根本不适合种植此种林木,在这种情况下任何一方都可以要求解除合同。

(5)承包方全家搬迁至设区的市且户口转为非农业户口。

(6)承包方无力经营而且自愿解除。如承包方甲在经营期限内因某种原因造成残疾,已经无力经营该块承包地而且自愿解除该合同。

(7)承包方长期不经营造成承包地闲置。

(8)承包方在承包期内进行破坏性、掠夺性经营,经发包方多次劝阻无效。

(9)承包方随意改变土地用途,经劝阻无效的。如承包地原本用于耕种,但是承包方却将其用于建房。

(10)合同的继续履行将影响一方重大利益的。

除此之外,发包方与承包方可以协议解除土地承包合同。

农村集体经济组织的承包人或者负责人变动,承包合同并不因此变更或者解除;农村集体经济组织分立或者合并,承包合同也不因此变更或者解除;国家机关及其工作人员不能利用职权变更、解除承包合同。

合同解除后,尚未履行的,终止履行;已经履行的,根据履行情况和合同性质,当事人可以要求恢复原状、采取其他补救措施,并有权要求赔偿损失。

5. 同一土地上出现两个以上承包合同的处理

发包方就同一土地签订两个以上承包合同,承包方均主张取得土地承包经营权的,按照下列情形分别处理:

(1)已经依法登记的承包方,取得土地承包经营权。

(2)均未依法登记的,生效在先合同的承包方取得土地承包经营权。

(3)依前两项规定无法确定的,已经根据承包合同占有使用承包地的人取得土地承包经营权,但争议发生后一方强行先占承包地的行为和事实,不得作为确定土地承包经营权的依据。

例如,发包方甲与乙签订了土地承包合同A,之后又与丙分别就同一土地签订了承包合同B,两份合同都约定签订即生效:

①如果A合同进行了登记,而B合同没有登记,那么乙取得该土地的承包经营权;如果B合同进行了登记,而A合同没有登记,那么丙取得该土地的承包经营权。

②如果A、B合同都没有登记,由于A合同先于B合同生效,所以乙取得该土地的承包经营权。

③如果A、B合同的生效时间不分先后,而且都没有登记,但是乙已经根据承包合同在该土地上进行了耕种,那么乙取得承包经营权。

④如果A、B合同的生效时间不分先后,都没有登记,而且乙、丙都知道存在两份承包合同的事实,因而发生纠纷;乙为了造成既成事实,在该地上强行种上桃树,乙并不因此而取得承包经营权。

六、承包经营权的流转

1. 主要流转方式

家庭承包:主要有转包、出租、互换、转让、入股等流转方式。

其他方式承包:主要有转让、出租、入股、抵押等流转方式。

(1)其他方式承包土地的,承包方必须在取得土地承包经营权证、林权证等证书后,才可以进行承包经营权的流转。承包方未依法登记取得土地承包经营权证等证书,即以转让、出租、入股、抵押等方式流转土地承包经营权，发包方可以请求确认该流转无效。

（2）家庭承包的土地承包经营权不能抵押，承包方以其土地承包经营权进行抵押的，抵押行为无效；对因此造成的损失，当事人有过错的，应当承担相应的民事责任。其他方式承包的土地承包经营权可以抵押。家庭承包的转包方式是指将土地承包经营权租赁给本集体经济组织的其他成员，出租方式是指将土地承包经营权租赁给本集体经济组织的第三人；而其他方式承包的出租方式则囊括了这两种情况，所以其他方式承包的经营权的流转方式中只规定了出租，没有规定转包。

（3）各种流转方式简介。

转让：是指承包方经发包方同意，将部分或全部土地承包经营权让渡给其他从事农业生产经营的农户，由其享有和承担相应土地承包经营合同的权利和义务。转让后，原土地承包关系自行终止，原承包方在承包期内的土地承包经营权部分或全部丧失。

转包：是指承包方将其土地承包经营权以一定的期限转移给同一集体经济组织的其他农户从事农业生产经营。转包后，原土地承包关系不变，原承包方继续享有和承担原土地承包合同规定的权利和义务。接包方按转包时约定的条件对转包方负责。

互换：是指承包方之间为方便耕作或各自的需要，对属于同一集体经济组织的承包地进行交换，同时交换相应的土地承包经营权。

入股：是指实行家庭承包方式的承包方之间为发展农业经济，将土地承包经营权作为股权，自愿联合从事农业合作生产经营；其他承包方式的承包方将土地承包经营权量化为股权，入股组成股份公司或合作社等，从事农业生产经营。

出租：是指承包方将部分或全部土地承包经营权以一定期限租赁给他人从事农业生产经营。出租后原土地承包关系不变，原承包方继续享有和承担原土地承包合同规定的权利和义务。承包方按出租时约定的条件对承包方负责。

2. 流转条件

（1）遵循平等协商、自愿、有偿的原则，任何组织和个人不得强迫或者阻碍承包方进行土地承包经营权流转（发包方强迫承包方将土地承包经营权流转给第三人，承包方可以请求法院确认发包方与第三人签订的流转合同无效；发包方阻碍承包方依法流转土地承包经营权，承包方可以请求排除妨碍、赔偿损失）。

（2）不得改变土地所有权的性质和土地的农业用途。

（3）流转的期限不得超过承包期的剩余期限（如承包期为40年的承包合同，在承包10年后进行土地承包经营权的流转，流转的期限不得超过30年）。

（4）受让方须有农业经营能力。

（5）在同等条件下，本集体经济组织成员享有优先权（同等条件主要是指流转价款、流转期限等条件）。

（6）流转双方应当就土地承包经营权的流转签订书面合同（承包方将土地交由他人代耕不超过1年的，可以不签订书面合同）。

（7）其他条件：

①采取转让方式流转的，还必须符合以下条件：承包方必须有稳定的非农职业或者

稳定的收入来源;应当经发包方同意;受让方应当是从事农业生产经营的农户。承包方未经发包方同意,采取流转方式流转其土地承包经营权的,转让合同无效。但发包方无法定理由不同意或者拖延表态的除外。承包方将土地承包经营权转让他人的,在承包期内不能再要求重新承包土地。

采取转包、出租、互换或者其他方式流转的,应当报发包方备案。但是,仅仅没有报发包方备案,转包、出租、互换或者其他流转合同仍然有效,流转合同只有在违反法律、行政法规的强制性规定的情况下才无效。如甲、乙为同一村民组的村民,甲承包了一块2亩的土地,乙承包了一块1.9亩的土地,乙承包地地质较好。甲、乙协商调换土地,签订了土地互换合同,但没有办理土地经营权证变更登记手续,也没有报发包方备案。过了2年,甲提出换回与乙调换的土地,如果乙不同意换回,可以拒绝甲的要求。因为交换合同已经生效,乙对调换后的土地已经享有承包经营权,甲单方面要求换回是无理的,法院也不会支持甲的要求。

采取互换、转让方式流转,当事人要求登记的,应当向县级以上地方人民政府申请登记;未经登记,不得对抗善意第三人。

采取入股的方式流转,入股的主体只限于农户,是农户之间的自愿联合,即农户之间各自以其土地承包经营权入股,不管其他单位和个人以何种形式入股;土地承包经营权人入股的目的是发展农业生产,主要组成合作社,而不是其他形式的企业组织。

②本集体经济组织成员的优先权。在流转土地承包经营权时,在同等条件下,本集体经济组织成员享有优先权。即如果承包方要将土地承包经营权流转,本集体经济组织成员和非本集体经济组织成员提出的条件相同,那么,应该流转给本集体经济组织成员。但是如果非本集体经济组织成员提出更高的条件,不存在优先权的问题。

就算在相同条件下,如果本集体经济组织的成员没有及时主张优先权,优先权也将丧失。主要有两种情形:在书面公示的合理期限内没有提出优先权主张的;没有经书面公示,在本集体经济组织以外的人开始使用承包地两个月内未提出优先权主张的。

③税费分担要明确。土地承包经营权转包、出租的,当事人双方签订的书面合同,要特别注明承包地上的税费应当如何分担。有的当事人之间没有签订书面流转协议或者协议对税费分担约定不清,在缴纳税费时容易出现纠纷。例如,税费负担多数实行人田结合的分担方式,但是有的受让方只愿意承担按照承包地面积应负担的那一部分费用,不愿意承担按人均摊的费用;有的受让方是本集体经济组织以外的单位和个人,就经常以自己不是集体经济组织成员为由,拒绝分担费用。因此,在签订转包、出租合同时,最后以书面形式明确有关税费如何分担,避免产生矛盾和纠纷。

④流转价款。承包期内,承包方交回承包地或者发包方依法收回承包地时,承包方已经以转包、出租等形式将其土地承包经营权流转给第三人,且流转期限尚未届满,因流转价款的收取所产生纠纷的处理:其一,如果承包方已经一次性收取了流转价款,发包方可以请求承包方返还剩余流转期限的流转价款;其二,流转价款为分期支付,发包方可以请求第三人按照流转合同的约定支付流转价款。

签订流转合同时，双方约定承包方不收取流转价款甚至承包方向另一方支付费用的，承包方事后反悔，双方当事人经协商，如果能够达成一致，那么就按协商的结果继续履行流转合同；如果双方不能达成一致，但是合同约定条件只是对另一方的利益有所倾斜，另一方并不能通过合同取得太多的额外利益，承包方的利益并没有受到太大的损害，那么承包方不能要求收回流转的土地承包经营权；如果双方不能达成一致，但是合同的继续履行会导致另一方获得超乎寻常的利益，而承包方的利益则受到异常的损害，承包方可以要求收回流转的土地承包经营权，或者要求法院对合同的有关条件进行相应的变更。然而，如果流转合同的期限已经届满，即流转合同已经履行完毕，承包方不得再向另一方要求支付流转价款甚至要求返还向另一方支付的费用。

各地一般都制定了转让费的最高限额，转让土地承包经营权不得超过规定的最高额。

⑤流转期限约定以及约定不明的处理。双方当事人应该在流转合同中约定流转期限。如果双方没有在转包、出租土地承包经营权的合同中约定流转期限时，如果按照农村土地承包经营权流转合同有关条款或者交易习惯能够确定流转期限的，视为有期限流转合同；不能确定的，视为无限期流转合同，在这种情况下，承包方可以随时解除流转合同，但解除合同应当提前通知对方当事人。

双方当事人可以约定承包地交回的时间，如果没有约定，承包方不能要求另一方在农作物收获期结束前或者下一耕种期开始后交回除林地以外的承包地。

在没有约定流转期限的情况下，承包方在依法将土地承包经营权流转给他人后，要求对方当事人交回土地承包经营权的，对方当事人可以要求承包方对其在流转土地上为了提高土地的生产能力而增加的投入予以补偿。补偿数额可以由双方协商，如果难以达成一致意见，可以申请由具有法定资质的中介机构对承包土地上投入的成本等进行评估，以评估确定的数额作为土地投入的补偿费。

⑥相关的补偿问题。土地承包经营权流转前，承包方为提高土地生产能力而对土地的投入，如增施农家肥等改良土壤、对盐碱地消盐消碱、修建防洪排涝设施、修建温室大棚等，在土地承包经营权流转时有权要求对方给予相应的补偿。

土地流转后的征收补偿：承包方已将土地承包经营权以转包、出租等方式流转给第三人的，如果土地被征收，除当事人另有约定外，青苗补偿费归实际投入人所有，地上附着物补偿费归附着物所有人所有。

七、农村土地承包纠纷的解决途径

1. 协商

发包方和承包方就争议进行协商，达成共识，解决纠纷。

2. 调解

在双方就纠纷达不成协议时，可以请求村民委员会、乡（镇）人民政府等进行调解。

仲裁庭对农村土地承包经营纠纷应当进行调解。调解达成协议的，仲裁庭应当制作调解书；调解不成的，应当及时做出裁决。

3. 仲裁

仲裁委员会根据承包合同纠纷当事人的申请，在查明事实、分清责任的基础上，依法对纠纷做出裁决。

农村土地承包仲裁委员会，根据解决农村土地承包经营纠纷的实际需要设立。农村土地承包仲裁委员会可以在县和不设区的市设立，也可以在设区的市或者其市辖区设立。

农村土地承包经营纠纷申请仲裁的时效期间为2年，自当事人知道或者应当知道其权利被侵害之日起计算。农村土地承包经营纠纷仲裁申请人和被申请人为当事人。家庭承包的，可以由农户代表人参加仲裁。当事人一方人数众多的，可以推选代表人参加仲裁。与案件处理结果有利害关系的，可以申请作为第三人参加仲裁，或者由农村土地承包仲裁委员会通知其参加仲裁。

4. 诉讼

(1)种类。对于因承包合同、承包地征收补偿费用分配以及承包经营权流转、继承、侵权等引发的纠纷，属于民事纠纷，农民可以向人民法院提前民事诉讼，人民法院应当受理。

对因土地承包经营权取得问题产生的纠纷，农民应该向有关行政主管部门申请解决。

个别村民对于用于分配的土地补偿费数额有异议，不能通过起诉的方式解决。因为用于分配的土地补偿费数额的多少由村民会议讨论决定，个别村民对数额有意见应该在村民会议的过程中提出，一旦村民会议通过，就应该遵守，不能在事后再对此提起诉讼。

(2)诉讼主体。农户成员有多人的，由其代表人进行诉讼。诉讼代表人有以下三类：

①土地承包经营权证等证书上记载的人。

②在承包合同上签字的人。

③农户成员推选的人。

上述情况①优于②，②优于③。

农村土地承包诉讼的诉讼代表人，与一般的民事诉讼的诉讼代表人产生的程序不同，并不是农户成员自行推选的诉讼代表人优先。

这里的诉讼代表人是指农户成员的代表，与共同承包人的代表不同。共同承包人的诉讼代表是先由共同承包人推选；如果推选不出，就由人民法院提出代表人名单，要求共同承包人协商，协商不成的，由人民法院在共同承包人中指定代表人。诉讼代表人的诉讼行为对全体共同承包人发生效力，但代表人变更、放弃诉讼请求或者承认对方当事人的诉讼请求、进行和解，必须经所代表的当事人同意。

(3)管辖法院。对于因承包合同引起的纠纷，承包方可以向承包合同履行地或者被告住所地人民法院提起诉讼。

【案例链接一】

曾某某系某乡某村的村民。1996年其与城市居民李某某结婚后,其户口未能迁入市区,但其原分责任田于1997年被村组收回。后曾某某生有一女李甲和一子李乙,其户口也均随母落到该村,但一直没有分责任田。2011年李某某死于车祸,曾某某母子即回到户籍所在地居住,并多次向村委会要求分配责任田,遭到拒绝。村委会认为曾某某在出嫁之后就不再是该村村民,按照“土政策”,不能分给责任田。2006年曾某某在经本组所有农户签字同意并向村委会交纳2000元钱后,对其祖屋进行了原基改建。后曾某某多次请求乡政府就其与村委会之间的土地使用权(包括责任田和宅基地使用权)纠纷进行处理未果,遂提起行政诉讼,要求乡政府履行法定职责。最终法院判定乡政府应就有关纠纷限期做出处理决定。

【案例评析】

本案是一个行政纠纷案件,原告曾某某、李甲、李乙系该村村民,依法应享有责任田、口粮田、宅基地的使用权。本案中村委会以曾某某已出嫁为由不给其分宅基地和责任田,是对女性的歧视,违背了主体资格平等原则。本案中村委会对曾某某实行性别歧视,显然违反了主体资格平等的民法理念。《中华人民共和国妇女权益保障法》第二条规定:“妇女在政治的、经济的、文化的、社会的和家庭的生活等方面享有与男子平等的权利。”第三十条规定:“农村划分责任田、口粮田等,以及批准宅基地,妇女与男子享有平等权利,不得侵害妇女的合法权益。”根据这些规定,村委会应停止对曾某某等的土地使用权的侵害行为。

【案例链接二】

3年前,村民田某承包1300亩桃园,承包期限为30年。但从去年起,田某对桃园疏于管理,导致部分桃树发生病虫害。今年2月,田某竟然砍掉部分桃树,并在桃园里搭建设施,办了一个停车场。因此,村委会决定收回果园,起诉到法院,请求提前解除这份承包经营合同,并让田某赔偿经济损失。法院依据《中华人民共和国物权法》第一百二十八条规定:“土地承包经营权人依照农村土地承包法的规定,有权将土地承包经营权采取转包、互换、转让等方式流转。流转的期限不得超过承包期的剩余期限。未经批准,不得将承包地用于非农建设”,判定村委会可以解除与田某的果园承包合同,并判田某赔偿砍伐桃树造成的损失。

【案例评析】

承包经营土地的农民有保护土地和按照承包合同约定用途合理利用土地的义务。像田某这样对桃园疏于管理并加以砍伐,擅自改变土地用途的事例很多,如破坏地力、承包山林后乱砍滥伐、承包果园后为了短期收益而破坏果树长期生长等。根据《中华人民共和国合同法》第九十四条第(二)款规定:“在履行期限届满之前,当事人一方明确表示或者以自己的行为表明不履行主要义务的,另一方可以解除合同。”发现承包人在承包期内搞破坏、进行掠夺性经营,发包人应及时劝阻,劝阻无效的,可以依据合同或依据法律规定解除合同,并可以要求承包人赔偿其造成的损失。

【练习思考】

(1)陶某3年前与村委会签订了为期30年的土地承包合同。但近两年陶某一直在县城做生意,没有时间管理土地。今年春天陶某与邻居李某协商后,签订了土地转包协议,将承包土地转包给李某经营。村委会得知后,以此事没有征得村委会同意为由,认定转包协议无效,并说陶某要不承包土地,村委会就要提前收回承包土地。双方争执不下,陶某起诉到法院,请求法院保护其承包土地的转包权。

(2)法律关于农民对承包地的权利与义务有何规定?

第二节　土 地 征 收

【基本要求】

(1)了解土地征收的概念、特征、补偿费用的种类

(2)理解土地征收的法律原则

(3)熟悉批准征地的机关及权限、征地的基本程序

重点:村民在征地中的权利

难点:补偿标准、补偿费用的分配

【法律知识】

一、土地征收概述

1. 土地征收的概念及其背景分析

(1)土地征收的概念。2004年3月,全国人民代表大会(以下简称人大)对《宪法》做了修改,将《宪法》原第10条"国家为了公共利益的需要,可以依照法律规定对土地实行征用"改为"国家为了公共利益的需要,可以依照法律规定对土地实行征收或者征用,并给予补偿"。根据宪法修正案,2004年8月28日,十届人大常委会第十一次会议通过了《关于修改〈中华人民共和国土地管理法〉的决定》,区分了"征收"和"征用"。

土地征收是指国家为了社会公共利益的需要,依据法律规定的程序和批准权限,并依法给予农村集体经济组织及农民补偿后,将农民集体所有土地变为国有土地的行为。土地征收是指国家依据公共利益的需要,强制取得民事主体土地所有权的行为。我国土地征收的前提是为了公共利益。

土地征用是指国家依据公共利益的需要,强制取得民事主体土地使用权的行为。征收和征用既有共同之处,又有不同之处。共同之处在于,都是为了公共利益的需要,都要经过法定程序,都要依法给予补偿;不同之处在于,征收的实质是强制收买,主要是土地所有权的改变,不存在返还的问题,征用的实质是强制使用,是有条件的使用权

的改变，被征用的土地使用完毕，应当及时返还被征用人，这是一种临时使用土地的行为。《宪法》规定，国家为了公共利益的需要，可以依法对集体所有的土地进行征收。土地征收就是国家为了公共利益的需要，依法将集体所有的土地转变为国有土地的强制手段。因此，土地征收是土地所有权的改变，而土地征用则是有条件的土地使用权的改变。

（2）农村集体土地征收的背景分析。中国共产党第十九次全国代表大会报告指出："农业农村农民问题是关系国计民生的根本性问题，必须始终把解决好'三农'问题作为全党工作重中之重。要坚持农业农村优先发展，按照产业兴旺、生态宜居、乡风文明、治理有效、生活富裕的总要求，建立健全城乡融合发展体制机制和政策体系，加快推进农业农村现代化。"近年来，随着我国城镇化、工业化的快速发展，对土地的需求逐步增加，政府对集体土地进行征收的规模也越来越大。从2005年到2013年间，我国的耕地总量减少约一亿亩。其中非农建设占用耕地平均每年达到18.55万公顷（资料来源：中国国土资源公报）。伴随着农地非农化过程的是农民失去土地后的生活、就业安置和社会保障问题，以及由此产生的经济社会问题和资源环境保护问题。为此，国家不断加强对农地转用的控制力度，提出要实行最严格的耕地保护制度，坚守18亿亩耕地红线的政策目标。为实现这一目标，《全国土地利用总体规划纲要（2006—2020年）》提出，要严格控制非农建设占用耕地，到2010年和2020年将建设用地总面积分别控制在3374万公顷（50610万亩）和3724万公顷（55860万亩）以内。同时严格执行建设占用耕地补偿制度，加强基本农田建设。

新时期以工补农、以城促乡，建设新农村，统筹城乡发展，坚持科学发展观，构建和谐社会的时代要求，都对加强和完善土地征收制度改革提出了迫切要求。2010年中央一号文件明确指出，稳定和完善农村基本经营制度，有序推进农村土地管理制度改革："完善农村土地承包法律法规和政策，继续做好土地承包管理工作，加强土地承包经营权流转管理和服务，严格执行农村土地承包经营纠纷调解仲裁法，按照权属明确、管理规范、承包到户的要求，继续推进草原基本经营制度改革。稳定渔民水域滩涂养殖使用权。鼓励有条件的地方开展农村集体产权制度改革试点。""坚决守住耕地保护红线，建立保护补偿机制，加快划定基本农田，实行永久保护。落实政府耕地保护目标责任制，上级审计、监察、组织等部门参与考核。加快农村集体土地所有权、宅基地使用权、集体建设用地使用权等确权登记颁证工作。有序开展农村土地整治，城乡建设用地增减挂钩要严格限定在试点范围内，周转指标纳入年度土地利用计划统一管理，农村宅基地和村庄整理后节约的土地仍属农民集体所有，确保城乡建设用地总规模不突破，确保复垦耕地质量，确保维护农民利益。按照严格审批、局部试点、封闭运行、风险可控的原则，规范农村土地管理制度改革试点。加快修改土地管理法。"

2. 农村集体土地征收的法律特征

（1）农村集体土地征收的目的在于公共利益。即必须是为了公共利益的需要，才能对被征收权利人做出限制。为了公共利益之外的其他任何目的或者以公共利益名义假冒个别利益的征收行为都是违法的。

（2）农村集体土地征收的主体是国家，实施者是行政机关。农村集体土地征收是国家取得土地所有权的一种特殊方式，实质上是国家行使其土地权力的体现，其他任何组织与个人均不可享有此权力。各级政府是农村集体土地征收行为的实施者而并非农村集体土地征收的主体,其做出的具体行政行为只是代表国家在行使土地征收权,而征收权的最终归属者仍然是国家。这种国家与政府之间的关系是基于国家对政府的授权而形成的一种土地征收委托代理关系。

(3)农村集体土地征收体现了国家的强制性。强制性体现了国家一旦做出征收的决定,当事人必须接受土地被征收这一事实,除非这种征收行为被认为是不合法的。这种征收法律关系不是一种民事主体间基于平等基础上的横向民事法律关系,而是一种典型的命令与服从的纵向行政法律关系。当然,也不排除在农村集体土地征收的过程中,被征收方和征收方通过自愿与协商,达成转移土地所有权的协议,并由双方自愿和平地履行。

(4)农村集体土地征收体现了社会资源的稀缺性。农村集体土地征收的物质基础是指相关社会资源的稀缺性,在一定的社会历史时期,社会资源的稀缺性决定了应调整由行政主体所代表的公共利益与相对方(包括农民个体或农民利益集团)所代表的私人利益之间的利益关系。尽管特定的社会资源并不稀缺,但获取这一社会资源的交易成本过高,从而限制了部分资源的占有和使用,一定社会历史时期国家权利总量的既定性决定了在现有征地制度中土地权利资源的总量是一定的,而这又决定了权力和权利主体之间为了满足各自的需求而必然发生矛盾、竞争和冲突。国家为了必要的公共建设的需要,对权利主体的土地实施征收,而被征收人迫于本能的私利性,必然竭力维护自己的土地权利,或在已尽自己最大的努力仍然不得不放弃的情况下,转而争取从土地财产权利的损失中获得最大化的利益补偿。

(5)农村集体土地征收双方具有不同的动力,即积极动力与消极动力。作为征地的策划者和发起者,农村集体土地征收的一方——政府无疑在其中扮演重要且居于主导地位的角色,除却个别行政机关或部门或者个别公职人员利用权力资源设租、寻租,实行个案腐败之外,行政主体必定抱着积极乐观的态度寻求着每一个可能带来公共利益正当化增值的机会。与之相对应的是,农民及其利益集团在与政府博弈的过程中缺乏实际参与的动力,只有那些预期收益或者损失比较确定值得去博弈的成员才有足够的博弈动力。但在强大的公权力面前,他们唯一能做的就是仔细地估算博弈的预期收益以及为此支付的成本,以期能从中获益最大而损失最小。

(6)农村集体土地征收双方的地位不平等。在农村集体土地征收过程中,相对方农民及其集体是与以组织形式出现的行政主体之间进行较量,这种非对称性或者错位决定了双方法律地位的不平等。一般而言,由于受"官尊民卑""先公后私"等传统思想的影响,行政主体因拥有强制权而在相互关系中居于强势,行政相对方农民及其集体要在征地过程中进行正当博弈就会受到诸多限制。实现"双方平等参与博弈,平等表达与论证观点,对行政决定产生平等影响"还存在诸多形式上或实质上的难度,与实践中迫切需要的"程序公开化、信息透明化、决策民主化"的征地程序还相差甚远。

3. 农村集体土地征收的法律原则

(1)法律保留与程序正当原则。从宪法意义上和行政法意义上来说,法律保留原则就是指行政机关依据公共利益做出行政行为,必须有立法机关制定的法律的明确授权,法律之外的任何规范都不得进行授权。在没有相应的法律规范的前提下,行政机关不得采取行动。这种法律的规定还必须是明确的而不是推断的。"立法者以公共利益作为限制人民基本人权之理由时,在立法技术上应力求明确、详尽,以防止行政行为恣意乱为,并使人民有所遵循"。也只有对公共利益限制个别利益的规定明确了,才能尽可能减少行政机关任意解释的余地,更多地对公民权利予以保护。

程序正当原则,又包括实质性正当法律程序和程序性正当法律程序。一项法律制度的制定和实施无论从内容还是形式上都应当符合正当法律程序。内容上要求涉及剥夺公民生命、自由或财产的规定不能是不合理的、任意的或反复无常的,而应当符合公平、正义、理性等基本理念,此即实质性正当法律程序;形式上要求农村集体土地征收法律制度实施的方法和过程是公共、合法、符合程序的,此即程序性正当法律程序。此一原则大可作为农村集体土地征收法律政策措施制定、执行中的原则性依据,它要求行政主体在施加"不利"影响于行政相对方农民时,要给予特定农民以听证、质疑和申诉及一些相关的权利,要让他们能够"看到、听到并能说出来"。此时严格的法律程序对于合法利益的保护就具备了特别重要的意义。

(2)最小限制与最大促进原则。任何法律制度都可能为了某种特定的目的而对人们的利益进行必要的限制。通常来看,私人利益应该为公共利益让步,但是,由于土地征收牵涉到土地权益人财产所有权的移转,所以,这种让步必须有合理的界限和标准。必须遵守最小限制与最大促进原则。最小限制原则就是指农村集体土地征收法律制度在限制农民土地权益时应尽可能采取最小范围、最小程度、最小代价的限制手段。在土地征收的过程中,达到土地征收的目的后就应该"止步",如果能够不侵害当事人的权益,就不要去侵害;如果有较小的侵害方式和手段,就应该选择较小的侵害方式和手段去达到目的。让利于农民,还利于农民,生利于农民,应是解决农民土地问题制度设计的逻辑起点。最小限制原则还要求我们,在涉及农民土地权益保护时应进行利益衡量,即在限制农民土地权益时,比较因限制而得到的利益和失去的利益,当得到的利益大于失去的利益时方可进行,否则就不能加以限制。如果将最小限制原则称之为"事前预防",那么最大促进原则无疑是一种"事后调节",经过迫不得已,且已经尽到最大谨慎义务的征地行为的冲击后,农民原有的利益源泉已经中断,利益增量归零,而这时迫切需要做的就是寻求新的制度和措施、新的利益增长点,嫁接恰当的利益产生机制,最大限度地把农民的利益增加起来,长富于民,藏富于民。

(3)维护社会整体利益与兼顾个体利益原则。农村集体土地征收法律政策措施的制定与实施,必须以社会整体利益为最高准则,把追求社会整体利益作为自己的宗旨,站在社会整体的角度,以社会整体利益为首位。一切决策的制定、行政征收程序的设计和最终土地征收结果的体现都应该而且能够反映到社会整体利益的价值衡量标准上来,并在实际生活中能够体现到增进社会成员的共同福利中去,并且这种反映和体现能够导致的最直接的结果就是利益总量的增加(如经济发展和社会繁荣)和利益源泉的不断创造。同时,必须兼顾个体利益的存在和发展,社会整体利益是建立在个体利益之上的社会整体利益。社会整体利益的前提是个体利益的最大化;社会整体利益的基础是个人利益的普遍化;社会整体利益的升华是个体利益的持续化。发展社会整体利益,兼顾个体利益，平衡协调社会整体利益与个体利益的关系，最终将有利于社会整体利益与个体利益的共同促进与实现。

(4)补偿和可持续发展原则。公共利益相对于个别利益的优先性必须以补偿原则为基础，即因公共利益的需要而牺牲个别利益时，必须依法对受损的个别利益进行补偿。这即是所谓的“无补偿即无征收”原则。主张对损失进行完全补偿的主要目的，在于对这类侵犯私域的行动施以制约，并提供一种手段，以使人们能够确定某个特定目的是否已重要到了足可以证明为实现这个目的而对社会正常运行赖以为基础的原则进行破例为正当。补偿原则体现了利益平衡的要求，是一种动态的价值评判形式，能够使征收机关事先就认识到征收的必要性，如果没有补偿，很可能就会影响到征收的正当性和合法性，进而影响到被征收权益人的权益保护。

可持续发展原则首先是土地资源的可持续发展，必须十分珍惜、合理利用土地和切实保护土地。在农村集体土地征收过程中，要加强规划，严格管理，严格控制各项建设用地；加大土地监察和土地违法行为的打击力度，切实制止乱占耕地、滥用土地的行为和对耕地资源的破坏行为，充分实现土地资源的可持续协调发展。其次，可持续发展原则也体现的是人与自然资源及人与人的可持续发展。必须以“人与自然”为目标，有效协调人与资源、环境的利用与被利用关系；以“和谐社会”为目标，有效分配代际效益，在满足当代人的需求的同时又不损害后代人满足需求的能力，最终实现人与自然资源及人与人的共同、协调、可持续发展。

二、批准征地的机关及权限

1. 机关

只有国务院以及省、自治区、直辖市人民政府这两种机关才能够批准征地，市、县级人民政府不能批准征地，村委会更没有批准征地的权力。

2. 权限

国务院批准农用地转用的，同时办理征地审批手续，不再另行办理征地审批；经省、自治区、直辖市人民政府在征地批准权限内批准农用地转用的，同时办理征地审批手续，不再另行办理征地审批，超过征地批准权限的，应当另行办理征地审批。

无权批准征收、使用土地的单位或者个人非法批准占用土地的，超越批准权限非法批准占用土地的，批准无效。村民如果发现相关情况，可以向有关机关举报，要求收回非法批准的土地，并要求赔偿损失。

三、村民在征地前享有的权利

1. 征地报批前的知情权和申请听证的权利

在征地报批前，当地国土资源部门应以书面形式告知村民拟征地的用途、位置、补偿标准、安置途径等事项，当地国土资源部门应告知村民可对拟征土地的补偿标准、安置途径申请听证。

2. 征地批准后的知情权

在征地经批准后，被征用土地所在地的市、县人民政府应当在收到征用土地方案批准文件之日起10个工作日内进行征用土地公告；有关市、县人民政府土地行政主管部门会同有关部门根据批准的征用土地方案，在征用土地公告之日起45天内以被征用土地的所有权人为单位拟订征地补偿、安置方案并予以公告。村民有权知悉征地的有关批准事项、征地补偿标准和安置途径、办理征地补偿登记的期限和地点以及征地补偿、安置方案。如果被征用土地所在地的市、县人民政府没有依法进行征用土地公告的，村民有权依法要求公告，有权拒绝办理征地补偿登记手续；如果被征用土地所在市、县人民政府土地行政主管部门没有依法进行征地补偿、安置方案公告的，村民有权依法要求公告，并有权拒绝办理征地补偿、安置手续。

3. 对补偿、安置方案提出异议和要求听证的权利

在公告征地补偿、安置方案之日起10个工作日内，村民有权向有关市、县人民政府土地行政主管部门提出征地补偿、安置方案的不同意见或者要求有关市、县人民政府土地行政主管部门对征地补偿、安置方案举行听证。如果没有在该时间内提出不同意见或者要求举行听证，就意味着村民放弃了表达不同意见以及要求听证的权利。

（1）被征地农村集体经济组织或者其他权利人也可以要求依法公告或者拒绝办理征地补偿登记手续和征地补偿、安置手续。

（2）对征地行为本身不能要求听证，只能就征地补偿安置方案要求听证。听证不需要交纳任何费用。

四、土地征收的一般程序

1. 预征告知

《国务院关于深化改革严格土地管理的决定》（国发〔2004〕28号）中规定："在征地依法报批前，要将拟征地的用途、位置、补偿标准、安置途径告知被征地农民。"

《关于完善征地补偿安置制度的指导意见》中规定："在征地依法报批前，当地国土资源部门应将拟征地的用途、位置、补偿标准、安置途径等，以书面形式告知被征地农村集体经济组织和农户。在告知后，凡被征地农村集体经济组织和农户在拟征土地上抢栽、抢种、抢建的地上附着物和青苗，征地时一律不予补偿。"从以上规定可以看出，征地报批前将征地的有关事项告知被征地农村集体经济组织和农户是国土行政主管部门的法定职责。国土行政主管部门不履行这一法定职责就是行政不作为。被征地的农民在没有被告知的情况下在拟征土地上新建附着物等并不违法。但实践中的状况却是，很多土地行政主管部门从未告知过被征地的农民，只告知了村集体；而在征地批准后又以已经告知被征地的农民为由对所谓告知以后农民在地上新建的附着物不予补偿，造成矛盾不断。更为重要的是，农民如果对拟定的用途、补偿标准、安置途径等不服，还有对补偿标准提出异议和要求听证等权利。如果没有告知被征地的农民，这些权利就很难得到保证。

2. 现状调查及确认

《国务院关于深化改革严格土地管理的决定》(国发〔2004〕28号)中规定:“对拟征土地现状的调查结果须经被征地农村集体经济组织和农户确认;确有必要的,国土资源部门应当依照有关规定组织听证。要将被征地农民知情、确认的有关材料作为征地报批的必备材料。”

《关于完善征地补偿安置制度的指导意见》中规定:“确认征地调查结果。当地国土资源部门应对拟征土地的权属、地类、面积以及地上附着物的权属、种类、数量等现状进行调查,调查结果应与被征地农村集体经济组织、农户和地上附着物产权人共同确认。”土地行政主管部门如果没有履行土地现状调查以及没有让被征地农民签字确认土地状况的,批地机关是不会批准用地的。而现实中却是,很多农民自己根本没有签字确认自己的土地状况,而在国土部门上报的征地材料中却有农民签字确认的材料,这大部分是由村干部和他人代签,弄虚作假欺骗批地机关的。批地机关在审查批地时,一般进行的是书面审查,而不是亲自向被征地的农民核实。这就造成被征地的农民没有签字确认,土地依然被批准征收的情况出现。被征地的农户发现这一情况,要及时向有关部门举报或通过法律程序维护自己的合法权益。

3. 征询意见,组织征地听证

《关于完善征地补偿安置制度的指导意见》中规定:“在征地依法报批前,当地国土资源部门应告知被征地农村集体经济组织和农户,对拟征土地的补偿标准、安置途径有申请听证的权利。当事人申请听证的,应按照《国土资源听证规定》规定的程序和有关要求组织听证。”在听证过程中,负责组织听证的机关应当将其补偿标准、安置途径的有关证据向听证的农民出示并做出说明。如果被征地的农民认为征地机关拟定的补偿标准和安置途径依据不足,可以提出自己的建议,如果被征地农民提出的建议合理合法,征地机关应考虑重新更改补偿标准、安置途径。被征地农民提出的异议和建议,听证机关应该形成笔录,这个笔录也是报批时的必备材料。而有的地方被征地的农民根本没有收到征地机关的听证告知书,却被说成是放弃听证权利。

4. 征地材料的组织、审核及上报

市县国土资源行政主管部门根据征地情况调查结果和市县人民政府拟定的征地补偿标准、安置方案,以及建设项目的相关材料,依法拟定农用地转用方案、补充耕地方案、征收土地方案和供地方案,编制建设用地呈报说明书(简称:一书四方案),经过县级人民政府初步审核同意后,由县级人民政府正式行文报批。县级人民政府同时应就征地补偿标准合法性、安置方案的可行性及妥善安置被征地农民生产生活保障措施出具说明材料;被征地农民提出的意见较多、情况较为复杂时,县级人民政府应当说明采纳意见的情况。

5. 征地的审核、报批

市县人民政府上报的征地材料,由省(自治区、直辖市)国土资源厅(局)受理,并进行审核。凡是征地材料齐全、征地程序合法、征地补偿标准符合法律规定、安置方案已经确认,市县人民政府已经出具说明材料的,报请省级人民政府审批。须报国务院批准的,由省(自治区、直辖市)人民政府审查后报请国务院批准。

国土资源厅(局)将征地材料报送国土资源部审查。征地经国务院或省级人民政府批准后,省国土资源厅或国土资源部下发征地批准文件。由以上的介绍可知,我国有权批准征地的机关只有国务院和省(自治区、直辖市)人民政府。市县人民政府是征收土地的主体,但并不是批准征收土地的主体。实践中,很多市县人民政府采取边报批边占地的方式非法占用农民的土地,这是严重违法的。因为,并不是市县人民政府上报征收土地,省政府或国务院就一定会批准征收土地。

6. 征地公告

经依法批准征地项目后,市县人民政府和市县国土行政主管部门要及时进行征地的两公告,即征收土地公告和征地补偿、安置方案的公告。根据《征收土地公告办法》的规定,征收土地公告由市县人民政府在收到征收土地方案批准文件之日起10个工作日内进行,内容包括:

①征地批准机关、批准文号、批准时间和批准用途;

②被征收土地的所有权人、位置、地类和面积;

③征地补偿标准和农业人员安置途径;

④办理征地补偿登记的期限、地点。

征地补偿安置方案公告由市县国土行政主管部门进行。内容包括:

①本集体经济组织被征收土地的位置、地类、面积,地上附着物和青苗的种类、数量,需要安置的农业人口的数量;

②土地补偿费的标准、数额、支付对象和支付方式;

③安置补助费的标准、数额、支付对象和支付方式;

④地上附着物和青苗的补偿标准和支付方式;

⑤农业人员的具体安置途径;

⑥其他有关征地补偿、安置的具体措施。

如果征地项目未获省级人民政府或国务院批准,由发布预征公告的国土资源管理部门及时下发书面通知,取消原预征公告。

7. 两公告后被征地农民的权利

根据《征收土地公告办法》的规定:"被征地农村集体经济组织、农村村民或者其他权利人对征地补偿、安置方案有不同意见的或者要求举行听证会的,应当在征地补偿、安置方案公告之日起10个工作日内向有关市、县人民政府土地行政主管部门提出。""有关市、县人民政府土地行政主管部门应当研究被征地农村集体经济组织、农村村民或者其他权利人对征地补偿、安置方案的不同意见。对当事人要求听证的,应当举行听证会。确需修改征地补偿、安置方案的,应当依照有关法律、法规和批准的征收土地方案进行修改。有关市、县人民政府土地行政主管部门将征地补偿、安置方案报市、县人民政府审批时,应当附具被征地农村集体经济组织、农村村民或者其他权利人的意见及采纳情况,举行听证会的,还应当附具听证笔录。"征地两公告后,被征地农民的提异议权和听证权是他们第二次对征地的补偿安置的话语权。虽然在预征阶段也有话语权，但那是在预征阶段，内容和批准后的话语权虽有雷同但不完全一致。实践中，很多政府认为在预征阶段已经征求过意见，没必要在批准征地后进行第二次征求意见，根本就不予公告而直接要求被征地农民腾出土地，这是严重错误的。

8. 征地补偿安置方案的批准和交付土地

市、县国土行政主管部门进行征地补偿安置方案的公告后，公告期满当事人无异议或者根据有关要求对征地补偿安置方案进行完善后，将征求意见后的征地补偿安置方案，连同被征地农村集体经济组织、农村村民或者其他权利人的意见及采纳情况报市、县人民政府批准，并报省级国土行政主管部门备案。征地补偿安置方案批准后，市、县人民政府应及时依法组织落实征地补偿安置方案的事宜，将征地补偿安置方案确定的费用及时足额地支付给被征地的农民和村集体经济组织。征地补偿安置方案确定的有关补偿费用没有足额支付到位的，被征地的农村集体经济组织和农民有权拒绝交出土地。如果征地补偿安置方案确定的有关补偿费用已经足额支付到位而被征地的农民拒绝交出土地的，征地的市、县人民政府有权责令限期交出土地。如果被征地的农民对市、县人民政府确定的补偿标准和支付方式等有不同意见，也应该交出土地。对于补偿标准等有关纠纷，可以通过行政复议、行政诉讼、行政裁决的方式予以解决。

五、对政府批准的征地补偿标准争议的解决

如果村民或者村委会对政府批准的征地补偿标准有争议，可以找县级以上地方人民政府协调；协调不成，可以申请批准征用土地的人民政府裁决；如果对人民政府的裁决还不服，村民或者村委会可以依据裁决的记载事项申请行政复议或提起行政诉讼，但国务院做出的裁决除外。须注意以下两点：

（1）一般不通过信访解决征地补偿标准的争议。即使村民或者村委会通过信访向有关国土资源部门反映征地补偿标准争议，有关国土资源部门一般都会引导其申请裁决。对于已经受理并在办理中的裁决案件，村民或者村委会就同一事项提出信访请求的，有关国土资源部门将书面告知信访人不予受理。征地补偿标准争议的裁决只有通过裁决前置程序后才可以进入行政审查、司法审查程序；否则，行政机关和人民法院都不会受理。

（2）征地补偿、安置争议不影响征收土地方案的实施。

六、被征地后可以请求的补偿费用种类

1. 补偿费种类

征收集体所有的土地，应当依法足额支付土地补偿费、安置补助费、地上附着物和青苗的补偿费等费用，安排被征收农民的社会保障费用，保障被征地农民的生活，维护被征地农民的合法权益。

（1）土地补偿费，是指国家征收土地对土地所有者在土地上的投入和收益造成损失的补偿。土地补偿费归农村集体经济组织所有。

(2)安置补助费，是指因国家建设征收农民集体土地后，为了解决以土地为主要生产资料并取得生活来源的农业人口因失去土地造成的生活困难，而给予的补助费用。安置补助费必须专款专用，不得挪作他用。需要安置的人员由集体经济组织安置的，安置补助费支付给农村集体经济组织，由农村集体经济组织管理和使用；由其他单位安置，安置补助费支付给安置单位；不需要统一安置的，安置补助费发放给被安置人员个人或者征得被安置人员同意后用于支付被安置人员的保险费用。

(3)地上附着物补偿费，是指对被征收土地上的各种地上建筑物、构筑物，如房屋、道路、管线等的拆迁费和恢复费以及被征收土地上林木的补偿费或者砍伐费等。地上附着物补偿费归地上附着物的所有者所有。

(4)青苗补偿费，是指征收土地时，因被征收土地上生长的农作物，如水稻、小麦、玉米、红薯等被损坏而造成的损失所给予的一次性经济补偿费用。青苗补偿费归青苗的所有者所有。

(5)社会保障费，应参照各个地方的不同规定。

(6)其他补偿费，是指除土地补偿费、安置补助费、青苗补偿费、地上附着物补偿费以外的其他补偿费用，即因征收土地给被征收土地的单位或农民造成的其他方面损失而支付的费用，如水利设施恢复费、误工费、搬迁费、基础设施恢复费等。

2. 支付事项

(1)征收土地的各项费用应当自征地补偿、安置方案批准之日起3个月内全额支付。

(2)青苗补偿费或者地上附着物补偿费通常与土地补偿费一起直接支付给村民所在的村集体经济组织，然后由村集体经济组织支付给村民。在承包关系中，如果发包方已经收到征地单位给付的地上附着物和青苗的补偿费，承包方可以要求发包方给付青苗补偿费和地上附着物补偿费。如果发包方没有收到相关费用，承包方则不可以要求给付。如果承包方已将土地承包经营权以转包、出租等方式流转给第三人的，除当事人另有约定外，青苗补偿费归实际投入人所有，地上附着物补偿费归附着物所有人所有。

七、土地补偿费的计算

1. 土地补偿费

(1)征收耕地：土地补偿费=被征收前三年平均年产值×倍数(6≤倍数≤10，自治区、直辖市人民政府根据当地情况予以确定)。以中部某省为例，该省将全省分为六类地区，一、二、三、四、五、六类地区耕地被征收前三年平均年产值的最低标准分别为每亩1800元、1200元、1000元、900元、800元、700元。而具体倍数方面，该省为8～10倍，对征地后人均耕地面积在0.8亩以上的农村集体经济组织，土地补偿费为8～10倍；征地后人均耕地面积在0.8亩以下的农村集体经济组织，土地补偿费为10倍。

(2)征收其他土地：由省、自治区、直辖市规定。

2. 安置补助费

(1)征收耕地:安置补助费=被征收前三年平均年产值×倍数(4≤倍数≤6)×需要安置的农业人口数(需要安置的人口数=被征收的耕地数量÷征地前人均占有的耕地数量)。每公顷被征收耕地的安置补助费,最高不得超过被征收前三年平均年产值的15倍。

(2)征收其他土地:由省、自治区、直辖市参照征收耕地的安置补助费的标准规定。

3. 青苗和地上附着物补偿费

这两种费用的计算,由省、自治区、直辖市规定。青苗补偿费的标准一般农作物最高按一季度产值计算,如果是播种不久或投入较少,也可以按一季度产值的一定比例计算。地上附着物补偿费,一般是拆什么补偿什么,拆多少补偿多少,并且以不低于原有水平为原则。

4. 大中型水利水电工程建设征地的土地补偿费和安置补偿费

(1)大型水利水电工程建设征用的土地。

①土地补偿费。

- 征收耕地:土地补偿费=被征收前三年平均年产值×倍数(3≤倍数≤4)。大型防洪灌溉及排水工程建设征用的土地,其土地补偿费标准可以低于上述土地补偿费标准,具体标准由水利部门会同有关部门制定。
- 征收其他土地:由省、自治区、直辖市参照征收耕地的土地补偿费的标准规定。

②安置补助费。

- 征收耕地:安置补助费=被征收前三年平均年产值×倍数(2≤倍数≤3)×需要安置的农业人口数(需要安置的人口数=被征收的耕地数量÷征地前人均占有的耕地数量)。
- 征收其他土地:由省、自治区、直辖市参照征收耕地的安置补助费的标准规定,要求酌情提高安置补助费;但是,土地补偿费和安置补助费的总和不得超过土地被征用前三年平均年产值的下列倍数:库区(含坝区)人均占有耕地1亩以上的,不得超过8倍;库区(含坝区)人均占有耕地0.5亩至1亩的,不得超过12倍;库区(含坝区)人均占有耕地0.5亩以下的,不得超过20倍。

(2)中型水利水电工程建设征用的土地。由省、自治区、直销市人民政府参照《土地管理法》和大型水利水电工程建设的土地补偿费和安置补助费的标准另行规定。

5. 抢栽、抢种、抢建不能得到补偿

国土资源部门在将拟征地的用途、位置、补偿标准、安置途径等,以书面形式告知被征地农村集体经济组织和农户后,被征地农村集体经济组织和农户在拟征土地上抢栽、抢种、抢建的地上附着物和青苗一律不予补偿。

例如,承包人甲从1998年起承包村土地6亩,承包期为20年。2005年,国家征收甲承包的部分土地。国土资源部门在预征告知并定点划线后,甲在承包地上栽上了梨树。后来征用单位向村委会支付了土地补偿金,未向甲支付梨树的补偿费。

【案例链接一】

覃某出生于田阳县那坡镇敢亮村第一村民小组。2005年南宁至百色高速公路因建设需要，征用了敢亮村第一村民小组的土地，该组以覃某已出嫁为由，拒绝分给其补偿费分配款，因而引起纠纷。覃某于2007年12月向田阳法院提起诉讼，请求与敢亮村第一村民小组村民享有同等的承包地征收补偿费分配的相应份额。

你认为应当如何处理？

【案例评析】

覃某作为敢亮村第一村民小组的村民，覃某及家庭成员与那坡镇敢亮村第一村民小组签订了《农村土地承包经营合同书》，相应获得了集体土地的承包经营权，该组的土地依法被征收后，应与本组其他成员一样参加集体分配取得相应份额，故依照《最高人民法院关于审理涉及农村土地承包纠纷案件适用法律问题的解释》第24条的规定，田阳县那坡镇敢亮村第一村民小组应当支付给覃某与本组集体经济组织成员同等的征地补偿费分配的相应份额。

【案例链接二】

2010年，村民甲的儿子、儿媳都外出打工，家里缺乏劳力，村民甲将承包的5.25亩耕地和林地交还村委会，村委会又将该地承包给其他村民。2014年该村的大部分耕地和林地因重点工程被征用，甲家原来承包的那块地全部在征地范围内，政府拆迁办将征地补偿款交给村里后，村委会以甲家无承包地为由不给甲家分配征地补偿款。

请问，甲家交还承包土地后就不能获得征地补偿款吗？

【案例评析】

甲家的承包地交还村委会时，已经解除了承包合同，根据《中华人民共和国农村土地承包法》第二十九条的规定："承包期内，承包方可以自愿将承包地交回发包方。""承包方在承包期内交回承包地的，在承包期内不得再要求承包土地。"也就是说在这一轮承包期内不能再要求承包土地。最高人民法院《关于审理涉及农村土地承包纠纷案件适用法律问题的解释》第二十二条规定："承包地被依法征收，承包方请求发包方给付已经收到的地上附着物和青苗的补偿费的，应予支持。"根据该条规定，甲家没有承包土地，不能要求村委会给付青苗补偿费，如果甲家原承包地上有仍然属于甲家的树木建筑等附着物可以要求村委会将已经得到的该项补偿费给付自己。

关于土地补偿费问题，农村土地属于农村集体经济组织或者村民委员会、村民小组集体所有，甲家作为该村集体的村民不论是否承包了土地，和其他村民一样享有同等的村民待遇。根据最高人民法院《关于审理涉及农村土地承包纠纷案件适用法律问题的解释》第二十四条的规定："农村集体经济组织或者村民委员会、村民小组，可以依照法律规定的民主议定程序，决定在本集体经济组织内部分配已经收到的土地补偿费。征地补偿方案确定时已经具有本集体经济组织成员资格的人，请求支付相应份额的，应予支持。"如果该村经过民主议定将已经收到的土地补偿款分配给村民，甲家和其他村民一样应当得到应得的份额，村委会以甲家没有承包土地不给他们分配土地补偿费的做法是错误的。甲家可以申请政府有关部门进行调解，也可以直接向人民法院提起民事诉讼。

【练习思考】

(1)村民在土地征收之前享有哪些权利?

(2)对土地征收的补偿标准有争议的应当如何解决?

第三节　宅　基　地

【基本要求】

(1)了解宅基地、宅基地使用权的概念

(2)理解农村宅基地使用管理制度的基本法律特征

(3)熟悉宅基地申请的条件

重点:宅基地使用权人的权利与义务、宅基地变更的各种情形

难点:宅基地纠纷的处理

【法律知识】

一、宅基地制度概述

1. 农村宅基地和宅基地使用权的概念

(1)农村宅基地的概念。迄今为止,我国法律上还没有对“农村宅基地”有一个确切的定义。1986年《中华人民共和国土地管理法》将建设用地分为“国家建设用地”和“乡(镇)村建设用地”;1998年修订的《中华人民共和国土地管理法》不再使用“乡(镇)村建设用地”,统一使用建设用地,并对“建设用地”做了如下阐述:“建设用地是指建造建筑物、构筑物的土地,包括城乡住宅和公共设施用地、工矿用地、交通水利设施用地、旅游用地、军用设施用地等。”

目前,我国土地所有制分国家土地所有和农村集体土地所有两种形式,农村宅基地是集体经济组织拨给农户建造住宅所使用的土地,它属于农村集体所有,是农村集体建设用地的一部分。通常农村宅基地包括房屋的地基、仓房、庭院、厕所、畜禽圈、沼气池、柴草垛等用地。一般按照宅基地包括的范围不同,有狭义和广义之分。狭义的农村宅基地指主体建筑、附属建筑(厕所、厨房、柴草房等)及周围围墙占地。广义的农村宅基地除包括以上范围外,还包括农村宅园地。所谓农村宅园地是指房前屋后、屋左房右的空闲地、菜地、果园地、绿化带林地及鱼池、自用晒场等与宅基地直接相连、归农户使用的小块用地;它与狭义宅基地的区别在于功能不同,宅院用地是生产性用地。

(2)宅基地使用权的概念。我国农村宅基地使用权的法律制度并不健全,其具体含义一直存有争议,这使得目前宅基地相关的矛盾纠纷得不到有效化解。因此,具体界定宅基地使用权的性质、内涵尤为必要。关于我国宅基地使用权的性质,国内大致有占有

权说、益物权说、自物权说等三种学说，而在2007年颁布的《物权法》中将宅基地使用权归于用益物权框架之下，肯定了宅基地使用权是一种特殊的用益物权。具体来说，它是指农村集体经济组织成员在集体所有权约束之下以宅基地为客体而形成的一项土地使用权利。《物权法》首次明确使用了"宅基地使用权"这一法律术语，根据《物权法》第一百五十二条的规定，它是一种土地用益物权，包括了对宅基地占有、使用的权能，具有物权性质。宅基地上的使用利益物权化，对其使用主体而言，由于权利取得的法定性，宅基地使用权的取得不受取得主体财力的限制，无需权利设立过程中的讨价还价，保障了他们的生存权益。同时，物权的稳定性以及其独有的兼具优先效力、排他效力以及追及效力的特点，使得宅基地资源价值的实现安全而又便捷高效。

2. 改革开放后农村宅基地制度的变化

1982年，国家对1975年、1978年宪法进行了修正。1982年宪法明确规定："宅基地和自留地、自留山，也属于集体所有；任何组织或者个人不得侵占、买卖、出租或者以其他形式非法转让土地。"至此，宅基地农民集体所有制以宪法的形式被确认。1986年我国颁布了第一部土地管理法，《土地管理法》规定："农村村民一户只能拥有一处宅基地，其宅基地的面积不得超过省、自治区、直辖市规定的标准"；"农村村民出卖、出租住房后，再申请宅基地的，不予批准"；"社员迁居并拆除房屋后腾出的宅基地，由生产队收回，统一安排使用；不得在承包地和自留地上建房；建住宅应当使用原有的宅基地和村内空闲地，使用耕地的要报县政府批准"；等等。此后，1994年、1998年、2004年三次对土地管理法进行修正，但对农村宅基地的相关规定没有变动。2007年3月颁布的《物权法》对农村宅基地产权问题也没有新的突破，只是进一步明确规定："耕地、宅基地、自留地、自留山等集体所有的土地使用权不得抵押""宅基地因自然灾害等原因灭失的，宅基地使用权消灭。"

3. 我国农村宅基地使用管理制度的特征

（1）以"两权分离、一宅两制、登记管理"为主要特征的农村宅基地产权制度。"两权分离"是指中国农村宅基地所有权归农民集体所有，农户长期拥有宅基地使用权，实行宅基地所有权和使用权相分离制度。"一宅两制"是指农村宅基地制度与其之上的农村住房产权制度不同。一方面，农村居民只拥有宅基地的使用权，宅基地使用权属于用益物权，权利人可以对宅基地长期享有占有、使用的权利；另一方面，农村住房属于私人所有，宅基地之上的房屋归农户个人所有，是农户的私有财产，农户拥有所有权。"登记管理"是基于农村宅基地的用益物权属性和农村住房的所有权属性，国家实行不动产产权登记管理制度。

（2）以"依法申请、一户一宅、限定面积"为主要特征的农村宅基地分配制度。"依法申请"是指农村宅基地使用权主要采用"申请—批准"的方式分配。村民要获得宅基地的使用权，必须履行完备的申请手续，经有关部门批准后才能取得。2004年《土地管理法》第六十二条第三款规定了获取宅基地使用权的合法程序。"一户一宅""限定面积"是指农村村民一户只能拥有面积不超过省、自治区、直辖市规定标准的一处宅基地。

"一户一宅""限定面积"是中国现行农村宅基地使用及管理制度的核心,充分体现了国家保护农民基本生存权的法律承诺和严格保护耕地的基本国策。

(3)以"主体特定、无偿使用、无限期使用"为主要特征的农村宅基地使用制度。"主体特定"是指农村宅基地仅限于本集体经济组织特定的成员享有使用权,具有身份性。由于宅基地属农民集体所有,又具有福利性和社会保障功能,农村村民申请宅基地只可向本集体经济组织提出,非本集体经济组织成员包括城镇非农业户口居民不得申请取得宅基地使用权。"无偿使用"是指农民无须支付代价即可取得宅基地使用权,获得最基本的生活条件。这是国家基于对农民基本居住权保障的考虑。《土地管理法》《物权法》规定,农村宅基地使用权原则上是无偿取得,不需要支付任何代价,无偿分配宅基地是中国现行条件下农民住房保障的现实选择,也是农村宅基地具有社会福利性质的基本特征。"无限期使用"是指农村宅基地使用权的使用期限没有限制,理论上是长期占有,终生使用。由于房屋可以继承,所以宅基地使用权实质上也是可以继承的。

(4)以"限制流转、房地合一、地随房走"为主要特征的农村宅基地流转制度。"限制流转"是指单独的农村宅基地使用权不得随意自由流转,但不禁止宅基地使用权依房屋所有权的转移而流转。如《土地管理法》第六十三条规定:"农民集体所有的土地的使用权不得出让、转让或者出租用于非农建设";第六十二条规定:"农村村民出卖、出租住房后,再申请宅基地,不予批准"。《中华人民共和国担保法》(以下简称《担保法》)规定耕地、宅基地、自留地等不得抵押。而对于房屋所有权的出卖、出租、继承或抵押等方式的流转则没有限制,但对于城镇居民在农村购置宅基地或住房,有关政策则做了禁止性的规定。"房地合一""地随房走"是指农村宅基地使用权依房屋的合法存在而存在,并能随房屋所有权的转移而转移。但如果国家建设需要征用土地的,或者村镇规划需要改变土地用途的,可以经过法定程序进行调剂或重新安排。

(5)以"用途管制、审批监管、集约利用"为主要特征的农村宅基地管理制度。"用途管制""审批监管""集约利用"是中国当前整个土地管理制度的核心内容,对农村宅基地的管理也是基于这个基本框架之下的。为严格保护耕地的基本国策,贯彻落实"一户一宅"的法律规定,国家对农村宅基地的管理主要通过用途管制和严格审批管理来实现。即通过科学编制和严格实施土地利用总体规划、村镇建设规划,从严控制村镇建设用地规模;通过农用地转用年度计划指标控制,严格建设用地占用农用地;通过严格"一户一宅"标准,规范申请条件、报批程序,严格审批管理制度。为切实保护耕地,促进土地合理集约利用,要求并鼓励村民尽量使用原有的宅基地和村内空闲地。不仅通过实施农转用审批和占补平衡政策约束村民使用宅基地占用农用地,而且实施建设用地增加与农村建设用地减少相挂钩政策,制定引导村民住宅建设向小城镇和中心村集中的政策,鼓励兴建农民公寓、开展空心村整治等政策措施,鼓励地方各级政府开展包括农村宅基地在内的存量农村建设用地整理、复垦工作,促进宅基地集约利用。

二、宅基地的申请

1. 申请的条件

(1)依据各地关于宅基地的政策法规,一般而言,符合下列条件之一的农民可以申请使用宅基地：①居住状况比较拥挤，宅基地面积少于规定的限制标准的；②因婚姻等原因，确需建新房分户的；③因发生或者防御自然灾害、实施村庄和集镇规划以及进行乡（镇）村公共设施和公益事业建设，需要搬迁的；④经县级以上人民政府批准回原籍落户，农村已经没有住房的，包括批准回乡定居的职工、离退休干部、复原退伍军人和回乡定居的华侨、港澳台同胞等非农业人口；⑤外来人口落户，成为本集体经济组织成员，没有宅基地的。

（2）外村迁入者从外村迁入的村民要申请迁入地的宅基地，必须将原有宅基地退还，并办理土地使用证注销登记。

（3）本集体经济组织成员只要符合申请的条件，都可以申请宅基地，不得以法律法规规定之外的其他理由拒绝分配宅基地，如外嫁女等。

2. 不予批准的情况

根据各地关于宅基地的政策法规，一般而言，下列情况下，不予批准宅基地：①年龄未满18周岁的；②原有的宅基地的面积已经达到规定标准或者能够解决分户需要的；③将原有宅基地及地上建筑物出卖、出租、赠与或者改为经营场所等非居住用途后，再次申请宅基地的；④非本集体经济组织成员；⑤不符合土地利用总体规划、土地利用年度计划或村庄和集镇规划的；⑥未确权的土地；⑦土地权属有争议的；⑧申请人提供虚假情况的；⑨宅基地面积虽低于标准，但住房长期空置的；⑩户口已迁出且不在当地居住的。

三、宅基地使用权人的权利与义务

1. 宅基地使用权人的权利

宅基地使用权人依法对集体所有的土地享有占有和使用的权利，有权依法利用该土地建造住宅及其附属设施。

（1）建造房屋、添加附属设施的权利。宅基地使用权人有权在依法取得的宅基地上建造房屋及添加附属设施，比如厕所、猪舍、工棚等。同时，宅基地使用权人还有权在有使用权范围内的宅基地上种植树木、花草等。

（2）相邻权。包括截水、排水、通行、采光等方面的权利。当自己的相邻权受到侵害时，有权要求相邻关系的另一方停止侵害、排除妨碍并赔偿损失。而且，相邻权随着宅基地使用权的发生而发生，并随着宅基地使用权的消灭而消灭。

（3）无偿且永久使用权。农村宅基地使用权人在取得宅基地使用权后不需要交纳任何宅基地使用费即可永久使用。

（4）有限制的处分权。宅基地使用权人仅仅享有宅基地使用权，不享有所有权，宅基地的所有权归集体经济组织。因此，宅基地使用权人不能随意处分其使用权。宅基地使用权不能单独转让，但是建筑物以出售、赠与、继承、遗赠等方式变更的，宅基地使用权可以变更。

（5）其他物权请求权。如在权利不明时可以向法院提出确认宅基地使用权的诉讼；权利被侵害时可提起要求返还宅基地使用权的诉讼；权利受到损害时可提起宅基地使用权排除妨害的诉讼;还可以提出消除危险的诉讼等,并且可以要求适当的赔偿;当国家或集体对宅基地进行征收时,宅基地使用权人有权向集体经济组织申请重新获得新的宅基地使用权,并可以要求给予合理补偿。

(6)宅基地使用权的范围。宅基地使用权是指自然人在依法取得国家或集体的宅基地上所享有的建造房屋、居住使用的权利。宅基地包括建筑物的基地以及附属于建筑物的空白基地,一般是指自然辅助用房、庭院和历年来不用于耕种的生活用地以及生活用房中的生产场地。宅基地所涉及的土地范围不仅是地面,还包括地上、地下。宅基地使用权的权利范围也涉及地下、地面以及地上,比如:农村居民在其宅基地范围内挖水井、建地下室等权利的行使依赖于地下;而在屋顶上设置太阳能装置、乘凉装置等权利的行使则依赖于地上。但是目前农村宅基地的利用主要集中于地面。

如甲与乙的宅院南北相邻,乙建房时新建房屋的地基有20厘米建到甲的宅基地上,乙的行为虽然没有干涉甲宅基地地表的正常使用,但是影响了其宅基地的地下使用权,所以甲可以请求乙拆除建在自己宅基地上的20厘米地基。

2. 宅基地使用权人的义务

(1)按照规定的用途使用。宅基地使用权人必须按照规定用途使用宅基地,不得随意变更宅基地的用途。宅基地是用来建造房屋以供居住的,不得以其他的方式使用宅基地。宅基地使用权人在对宅基地使用时必须对宅基地进行合理使用,注意管理和修补,不得损害所有权人的利益。同时,法律明确规定宅基地使用权人不得出租、买卖、抵押或以其他形式非法转让宅基地。

(2)一户一宅,不得随意扩大使用面积。农村村民一户只能拥有一处宅基地,面积不得超过省(自治区、直辖市)规定的标准,各地应结合本地实际,制定统一的农村宅基地面积标准。宅基地使用权人只能在批准的宅基地面积范围内行使使用权,不得以任何方式直接或变相扩大既有的宅基地使用面积。

(3)不得损害公共利益和他人的合法权利。宅基地使用权人在行使权利时有义务维护公共利益和他人的合法权利,其行为不得损害公共利益和他人的合法权利,造成损害的应承担赔偿责任,如相邻权。

(4)服从乡镇的统一规划和国家的政策安排。在宅基地上建住宅,应当符合乡(镇)土地利用总体规划,并尽量使用原有的宅基地和村内空闲地。集体经济组织为了村镇的规划或者其他事关国家和集体利益的原因等要收回宅基地时,宅基地使用权人有义务服从集体的安排,配合集体的工作,不得以任何理由拒绝搬迁。国家因公共利益需要征收农村宅基地的,使用权人也应当及时搬迁。

(5)及时办理登记。为方便农村宅基地使用权的管理,健全宅基地管理制度,宅基地使用权人有义务在宅基地使用权取得、转让或消失的情况下及时办理登记手续。

四、宅基地的变更

宅基地使用权的取得、行使和转让,适用土地管理法等法律和国家有关规定。

1. 买卖

(1)城镇居民能否在农村购置宅基地。

①2004年10月21日国务院发布的《关于深化改革严格土地管理的决定》明确规定："改革和完善宅基地审批制度,加强农村宅基地管理,禁止城镇居民在农村购置宅基地。"同年11月2日国土资源部发布的《关于加强农村宅基地管理的意见》规定："严禁城镇居民在农村购置宅基地,严禁为城镇居民在农村购买和违法建造的住宅发放土地使用证。"据此,城镇居民不能在农村购买宅基地。

②城镇居民也不能购买建在宅基地上的房屋,因为在宅基地上建房并转让实质上就是宅基地使用权的转让。集体土地住房直接进入城市房地产市场是被禁止的,非本地居民或城市居民购买农宅或宅基地不受法律保护。农民的住宅不得向城市居民出售,也不得批准城市居民占用农民集体土地建住宅,有关部门不得为违法建造和购买的住宅发放土地使用证和房产证。

③"小产权房"。近年来,在一些房价较高城市的郊区出现了"小产权房"热销的现象。所谓"小产权房",通常地处城郊,一般是由开发商和村委会自行组织建设,在村里的宅基地上开发住宅,而后自行销售,并向购房者发放由乡镇政府制作的所谓"产权房"。由于不用交纳土地出让金与其他税费,成本大大减少,售价要比城区的房价低很多。根据"地随房走"的原则,出售"小产权房"实际上就是出售集体土地的使用权、出售宅基地的使用权,而农民集体所有土地的使用权不得出让、转让或者出租用于非农业建设,村民对宅基地的使用权也不应转让用于建房,或者将建在宅基地上的房屋出售牟利。所谓的"小产权房"是不能向非本集体经济组织的村民或者城市居民出售的,非本集体经济组织的村民或者城市居民也不应购买"小产权房"。

(2)将宅基地上的住房出售给本集体经济组织的成员。宅基地属于集体所有,禁止买卖。但是,宅基地上的房屋可以在同一集体经济组织的成员之间流通。如果受让人是本集体经济组织的成员而且无宅基地,根据"地随房走"的原则,该受让人购买房屋之后,不仅取得房屋的所有权,同时取得宅基地的使用权。如果受让人是本集体经济组织的成员但是已经有宅基地,根据"一户只能有一处宅基地"的原则,该受让人只能取得房屋的所有权,但是不能重建,不能取得该宅基地的使用权。

村民一旦将宅基地上的房屋出售给他人,就不能再申请其他的宅基地。

2. 互换

宅基地的互换是允许的,但是《土地管理法》第十二条规定："依法改变土地权属和用途的,应当办理土地变更登记手续。"《土地管理法实施条例》第六条规定："依法改变土地所有权、使用权的,因依法转让地上建筑物、构筑物的附着物导致土地使用权转移的,必须向土地所在地的县级以上人民政府土地行政管理部门提出土地变更登记申请,由原土地登记机关依法进行土地所有权、使用权变更登记。土地所有权、使用权的变更,自变更登记之日起生效。"所以,宅基地互换必须办理变更登记手续之后才能生效。在双方都已经取得宅基地使用权的情况下,经协商一致达成的互换宅基地位置协议是成立的,但是该协议只有在双方正式办理宅基地使用权变更手续之后,才能生效。

3. 出租

出租往往是将建在宅基地上的房屋出租，农村宅基地使用权人享有房屋所有权，当然可以对其自由处理。由于农村宅基地所有权的从属性，将房屋出租的，宅基地使用权同时发生转移，承租人在获得房屋使用权的同时取得了农村宅基地使用权。很多村民往往通过长期租赁的方式变相转让宅基地的使用权，但是，这种做法对受让方有风险。首先，按照《合同法》的规定，租赁合同最长有效期间是20年，超过部分不受法律保护；其次，如果在租赁期间房屋被征地拆迁的，受让人无权享受补偿；最后，如果没有进行租赁登记，因其他债务导致房屋被查封的，受让人的债权不能得到法律的优先保护。

农村村民出租住房后，不能再申请宅基地。

4. 继承、赠与和遗赠

宅基地不能被继承、赠与和遗赠，但是宅基地上的房屋可以被继承、赠与和遗赠。

根据继承人、受赠人是否为本集体经济组织的成员，可以分为本集体经济组织成员的继承、赠与以及遗赠和非本集体经济组织成员的继承、赠与和遗赠。

（1）本集体经济组织成员的继承、赠与和遗赠。

①如果本集体经济组织成员没有宅基地，根据“地随房走”的原则，当继承人、受赠人为本集体经济组织成员且无宅基地时，继承人、受赠人取得房屋的所有权，同时依法取得宅基地使用权，并登记。

②如果本集体经济组织成员有宅基地，继承、赠与和遗赠会形成一户多宅的现象。如甲、乙都是农村集体经济组织的村民，甲是乙的儿子，甲结婚之后与乙分户，申请到另一处宅基地并建房。乙死后，甲不能继承乙的宅基地，但是可以继承乙的房屋。甲继承乙的房屋之后，甲就拥有了两处住宅，这时，村委会可以建议和鼓励甲及时退出多余的住宅，但是不能强制要求甲拆除住宅。此时，甲不能重建该住宅，一旦重建，重建的房屋就属于违法建筑，村委会可以依法清除。又如甲、乙都是农村集体经济组织的村民，乙死后，将房屋赠与甲，甲取得乙的房屋之后，就拥有了两处住宅，这时，村委会可以建议和鼓励甲及时退出多余的住宅，但是不能强制要求甲拆除住宅。但是，甲不能对该住宅进行重建，一旦重建，重建的房屋就属于违法建筑，村委会可以依法清除。也有些地方的宅基地管理办法规定，对于因继承等原因而造成的一户多宅现象，宅基地应退回集体经济组织，多余的住宅也不应由继承人使用，可以利用的住宅应该转让，或者由使用该宅基地的村民使用但应给予相应的补偿。

（2）非本集体经济组织成员的继承、赠与和遗赠。

①城镇居民的继承、赠与和遗赠。当继承人、受赠人是城镇居民时，其不能取得宅基地的使用权，宅基地应该退回集体经济组织；但是可以取得房屋的所有权，不能重建。

②其他经济组织成员的继承、赠与和遗赠。当继承人、受赠人属于其他经济组织时，其不能取得宅基地的使用权，宅基地应该退回集体经济组织；但是可以取得房屋的所有权，不能重建。

村民赠与住房后，不能再申请新的宅基地。

5. 收回宅基地

(1)收回宅基地的情形。一般而言,在下列情况下,可以收回宅基地:

①为实施村庄和集镇规划进行旧村改造需要调整的宅基地;②为进行乡(镇)村公共设施和公益事业建设需要占用的宅基地;③农村村民一户一处之外的宅基地;④农村“五保户”腾出的宅基地;⑤自依法批准之日起连续2年未按照批准的用途使用的宅基地;⑥已荒弃的旧宅基地;⑦擅自改变宅基地用途的;⑧无人继承的;⑨农村村民户口迁出本集体经济组织后,其宅基地上的房屋损坏不能利用的;⑩县(市)人民政府规定应当收回的其他宅基地。而且,对于①、②、③项情形下收回宅基地的,村民委员会应当根据地上附着物的评估价格对原宅基地使用权人给予适当的补偿。

(2)收回宅基地的程序:村民委员会申请→乡(镇)土地管理机构审查→县(市)土地行政主管部门审查→县(市)人民政府批准。

(3)不能收回宅基地的情况。村民通过法定手续取得宅基地使用权之后,村委会如果没有法定事由,不能以欠款为由收回已经划出的宅基地。村民拖欠村委会的款项,可以通过协商解决,或者通过诉讼的方式解决。如甲经村委会批准,准备在一块闲置的水洼地上建房,当甲填平水洼地后准备盖房时,村委会却以甲拖欠村委会2000元鱼塘承包款为由,通知其不准在此建房,并将该土地划给了其他村民。村委会以欠款为由收回宅基地的做法是错误的。

五、宅基地纠纷

1. 宅基地确权纠纷

宅基地确权是指人民政府对于村民因宅基地使用权争议做出处理决定的行为。

①对当事人之间因宅基地而引发的纠纷,只要一方当事人提出争议,双方宅基地使用证存在着界限不明确或界限重合或双方均无宅基地使用证的情形就属于权属不清。对于权属不清的纠纷,应该先协商;双方协商不成,由人民政府处理,做出确权决定;对人民政府的处理决定不服,才能向人民法院起诉。享有权属依据的一方当事人未经政府确权,不能以对方当事人侵权为由向法院起诉,人民法院也不能直接处理。

②在土地所有权和使用权争议解决前,任何一方不得改变土地利用现状。

③争占宅基地以外的集体空闲地,也属于确权纠纷的范畴,应该经过协商、人民政府处理的程序,才能向人民法院起诉。但是如果集体空闲地为集体经济组织所有的,集体经济组织可以直接向人民法院提起民事诉讼,要求占地者退出土地、排除妨碍。

2. 宅基地侵权纠纷

宅基地侵权纠纷是指不享有宅基地使用权的人侵犯他人宅基地使用权的行为。

如果双方当事人对宅基地权属没有争议,享有宅基地权属依据的一方当事人认为对方侵犯自己宅基地权属的,可以直接向人民法院起诉。如村民未经审批或采取欺骗手段骗取建房手续的非法用地建房,并且侵犯了邻居的合法权益,如影响邻居房屋的通风、采光、通行等情况的,邻居可以向法院提起民事诉讼,要求其排除妨碍、消除危险、恢复原状或赔偿损失。

3. 宅基地上被人强行建房

宅基地使用权人有权请求有关政府对强行建房的人做出行政处罚，责令其退还占用的土地，拆除土地上新建的住房，并恢复原状。

4. 土地管理部门违法审批引起的宅基地纠纷

因土地管理部门超越职权、滥用职权、违反法定程序审批宅基地，侵犯了相邻关系人的合法权益而引起的纠纷，当事人可以向法院提起行政诉讼。

【案例链接】

杜某是临沂市某村委村民，在该村有宅基地一处，1992年杜某与李某（非本村村民）签订合同一份，约定杜某将该宅基地使用权以13000元的价格卖给李某，不得反悔。协议签订后，李某将13000元支付给杜某，并在宅基地上自己出资构建房屋进行居住。2012年该村村委进行旧村改造，将李某居住的房屋拆迁，另择土地构建了楼房后进行还建，李某依据自己被拆迁房屋的面积选购楼房两套，并补交款项26万余元。

2012杜某将李某诉至法院，认为1992年的宅基地买卖合同违反法律规定，要求确认该合同无效。庭审中杜某还表示，李某之所以能还建两套楼房，是因为购买了宅基地，所以要求李某给杜某一套楼房。李某认为，虽然宅基地使用权买卖合同是无效的，但是原宅基地已被村委以拆迁还建的形式收回另作他用，李某无法返回给杜某。当时买宅基地时，没有地上附属物，李某自己出资在宅基地上构建了房屋，而村委也是依据房屋才还建给李某两套楼房，并且自己还补交了余款，杜某要求要一套楼房没有依据。

【案例评析】

根据《土地管理法》的规定，宅基地使用权不得随意买卖，因此杜某与李某之间的宅基地买卖合同无效。根据《合同法》的规定，合同双方依据无效合同取得的财产应予以返还，不能返还或无需返还的折价补偿。因本案中宅基地已被村委拆迁还建，李某也没有使用权了，不能返还，故应对杜某进行折价补偿。而1992年宅基地买卖合同签订时李某支付给杜某的13000元，是当时的对价，可以算作对杜某的宅基地补偿款。村委还建给李某的楼房，是基于李某自己出资构建的房屋而不是基于宅基地，杜某无权向李某要楼房。因此判决支持杜某的诉讼请求，确认杜某和李某之间的买卖合同无效。

【练习思考】

（1）村民李某已有宅基地，后又取得一处宅基地。李某便与同村王某签订了宅基地使用权转让合同，李某将这处宅基地以5万元的价格转让给王某，王某将款项支付给李某。当王某开始建房时，被邻居张某阻止，致使王某无法建房。王某以侵权为由，将邻居张某诉至法院，请求停止侵权，排除妨碍。邻居张某以王某无权取得宅基地使用权为由，请求驳回李某的诉讼请求。

请谈谈你的看法。

（2）试述宅基地使用权人的权利与义务。

第二章　农村经营主体法律制度

第一节　农村个人合伙

【基本要求】

(1)了解个人合伙的基本概念、特征

(2)理解个人合伙与合伙企业的区别

(3)熟悉个人合伙的处理、经营、加入、退出

重点:个人合伙的法律责任(对内责任、对外责任)

难点:个人合伙的财产

【法律知识】

一、个人合伙的概念和特征

1. 个人合伙的概念

个人合伙是指两个以上的公民按照协议,各自提供资金、实物、技术等,合伙经营、共同劳动的民事主体。个人合伙可以起字号,依法经核准登记,在核准登记的经营范围内从事经营。个人合伙的经营活动,由合伙人共同决定,合伙人有执行和监督的权利。合伙人可以推举负责人。合伙负责人和其他人员的经营活动,由全体合伙人承担民事责任。

2. 个人合伙的特征

(1)个人合伙的合伙人为自然人。这一点区别于法人合伙,前者适用《中华人民共和国民法通则》(以下简称《民法通则》),后者适用《中华人民共和国合伙企业法》(以下简称《合伙企业法》)。

(2)合伙是以合伙协议为成立前提的。《民法通则》第三十条规定:"两个以上的公民按照协议,各自提供资金、实物、技术等,合伙经营、共同劳动的称为个人合伙。"这样,合伙协议被规定为合伙的首要条件。合伙人为达到共同目的而在协商、自愿基础上达成的协议,就是合伙协议。合伙协议不仅是合伙成立的前提和基础,而且也是合伙人权利义务的依据,并成为司法机关处理合伙债务纠纷的依据。合伙协议一经订立,便对

各合伙人产生法律约束力，各合伙人依合伙协议而享受权利，履行义务，承担责任。由于合伙均建立于合伙人互相了解、互相信任的基础上，所以非经合伙人全体同意，不得随意修改合伙协议，不得随意退伙，不得随意转让自己的出资。若合伙人需转让出资，则其他合伙人在同等条件下应享有优先权。若需增加新的合伙人，也需经全体合伙人同意。合伙的这种带有一定人身性质的信任关系，正是合伙作为自然人的联合体本质特征的体现。合伙协议一般应载明以下事项：合伙企业的名称和主要经营场所的地点；合伙目的和合伙企业的经营范围；合伙人的姓名及其住所；合伙人出资的方式、数额和缴付出资的期限；利润分配和亏损分担办法；合伙企业事务的执行；入伙和退伙；合伙企业的解散与清算；违约责任等。

(3)合伙人必须共同出资。合伙人的共同出资作为合伙组织的价值形态表现，是合伙得以进行合伙经营事务的物质前提。合伙人的出资数额可以是均等的，也可以是不均等的。出资种类不限，既可以是实物形态的，如房屋、资金、设备、工具等；也可以是无形财产，如劳务、技术以及信誉。技术既可以是专利技术，也可以是未经专利登记的专有技术，还可以是一技之长的某种技艺。总之，只要其他合伙人同意，出资方式几乎可以说是没有限制的。合伙出资构成合伙财产，各合伙人对合伙财产享有平等使用权，且合伙人的经营权利不因出资多少而不同。

(4)合伙必须由合伙人合伙经营、共同劳动。合伙是一种共同经营、共同劳动的关系，在共同出资的前提下，各合伙人均应直接以自己的行为参与合伙经营，这是合伙在经营方式上的重要特征。如公民之间没有在共同需要、共同目的和共同利益之下的共同劳动与共同经营，便不构成合伙关系。

(5)合伙人必须分享利益，并对合伙债务负连带责任。合伙经营的利益是合伙人共同追求的，合伙人共同出资、共同经营的最终目的就是为了分享合伙经营而带来的利益。合伙期间如出现意外事故等风险，其所受损失由合伙人共同负担。合伙的对外债务由合伙人连带承担，即对合伙经营所欠之债，债权人可向任一合伙人追偿，而受追偿的合伙人不能拒绝，包括不得以自己的份额为由进行抗辩。

二、个人合伙与合伙企业的区别

我国合伙分为：个人合伙、法人合伙和合伙企业。其中，只有合伙企业具有企业资格。它与个人合伙最大的不同在于，合伙企业的成立需要有书面协议。这是合伙企业成立的基本条件。

①个人合伙可以订立口头的合伙协议；合伙企业必须有书面的合伙协议。

②起字号的自然人组成的个人合伙与自然人组成的合伙企业实质内容区别不大，只是工商登记不同，前者领取的是个体工商户的营业执照，而合伙企业领取的是合伙企业的营业执照。

③合伙企业可以设立分支机构，分支机构可以使用该合伙企业的字号，个体工商户不可以设立分支机构。

④个人合伙由全体合伙人承担连带责任，而合伙企业存在有限合伙人。

⑤诉讼主体资格。个人合伙的诉讼主体资格：其一，《民通意见》中规定，起字号的

个人合伙，在民事诉讼中，应当以依法核准登记的字号为诉讼当事人。其二，《民诉解释》（2015年2月4日实施《最高人民法院关于适用〈中华人民共和国民事诉讼法〉的解释》，以下简称《民诉解释》）中规定：个人合伙的全体合伙人在诉讼中为共同诉讼人。个人合伙有依法核准登记的字号，应当在法律文书中注明登记的字号。根据新法优于旧法的原则，应当以全体合伙人为共同诉讼人。根据《民事诉讼法》第四十八条和《民诉解释》第五十二条的规定，合伙企业可以作为民事诉讼的当事人。

⑥个人合伙的合伙人没有先诉抗辩权。合伙企业承担的是补充性连带责任，有先诉抗辩权，意思是指由于诉讼主体资格的不同，在对外清偿债务时，只能先要求以合伙企业的财产进行清偿，当然若是起诉可以把合伙企业和全体合伙人都作为被告，参照《最高人民法院关于适用〈中华人民共和国担保法〉若干问题的解释》第一百二十五条："一般保证的债权人向债务人和保证人一并提起诉讼的，人民法院可以将债务人和保证人列为共同被告参加诉讼。但是，应当在判决书中明确在对债务人财产依法强制执行后仍不能履行债务时，由保证人承担保证责任。"

⑦个人合伙因为领取的是个体工商户营业执照，每月要交纳工商管理费，实行定期定额方式纳税和查账征收方式。合伙企业每月向税务局报税，不需交纳工商管理费。两者都要交纳个人所得税。

⑧个人合伙不能依法进行破产，而合伙企业可以依据《中华人民共和国企业破产法》进入破产程序。

⑨个人合伙以非货币资产出资的，没有规定是否需要办理财产权转移手续；而《合伙企业法》规定："以非货币资产出资的，依照法律、行政法规的规定，需要办理财产权转移手续的，应当依法办理。"

⑩合伙协议没有约定或者约定不明确的情况下，个人合伙和合伙企业有关利润分配、亏损分担、清算财产分配的规定不一样。

三、个人合伙的运作

1. 个人合伙的成立

根据《中华人民共和国民法通则》和相关的司法解释及有关的行政法规的规定，关于成立个人合伙的法律要求是：

①合伙人应当对出资数额、盈余分配、债务承担、入伙、退伙、合伙终止等事项，订立书面协议。

②个人合伙可以起字号，依法办理工商登记，在核准登记的经营范围内从事经营活动。

③当事人之间没有书面合伙协议，又未经工商行政管理部门核准登记，但具备合伙的其他条件，又有两个以上无利害关系人证明有口头协议的，应当认定为合伙关系成立。

2. 个人合伙的经营

个人合伙的经营，涉及合伙的经营决策、合伙经营事务的执行、合伙经营的监督、合伙经营结果的承担4个方面。

《民法通则》对上述方面均有明确规定。

①合伙的经营决策，由全体合伙人共同决定。

②合伙经营的事务，由全体合伙人共同执行或者委托合伙人中的一个或数人执行。合伙人可以推举负责人，该负责人对外代表合伙的利益，对内承担经营管理职责。

③合伙经营的监督权，由全体合伙人共同行使或分别行使。

④合伙经营的结果，无论是由合伙负责人还是合伙人委托的其他人造成的，均应由全体合伙人承担民事责任。

3. 个人合伙的加入、退出

个人合伙的加入，又称入伙，是指在合伙经营期间，原合伙人以外的人申请加入合伙并取得合伙人身份的行为。关于入伙的法律要求，根据我国相关的司法解释，在合伙经营过程中增加合伙人，书面合伙协议有约定的，按照约定办理；书面合伙协议未约定的，必须经过全体合伙人的同意，并修改合伙协议，未经全体合伙人同意的，应当认定入伙无效。

个人合伙的退出，又称退伙，是指在合伙存续期间，原合伙人退出合伙组织从而丧失合伙人身份的行为。关于退伙的法律要求，依照我国相关的司法解释，合伙人退伙，书面合伙协议有约定的，按照书面合伙协议处理；书面合伙协议未约定的，原则上应予准许。但因合伙人退伙给其他合伙人造成损失的，应当考虑退伙的原因、理由及当事人的过错，确定应承担的赔偿责任。

四、个人合伙的财产

1. 个人合伙的内部财产

个人合伙的内部财产关系，包括合伙的财产的构成和合伙财产的管理与使用。

根据最高人民法院关于贯彻执行《民法通则》若干问题的意见的规定，个人合伙的财产来源于两个方面：第一是成立合伙时由合伙人投入的财产，包括资金、实物和知识产权。第二是在合伙经营期间积累起来的财产。上述两部分财产都应属于合伙人的共有财产。

对合伙的共有财产，应当由合伙人统一管理和使用以实现成立合伙的目的，在合伙人之间对合伙财产的管理和使用发生分歧时，应当按照少数服从多数或出资少者服从出资多者的原则决定合伙财产的管理和使用事宜。

2. 个人合伙的对外财产

个人合伙的对外财产关系，包括两个方面：

(1)个人合伙与其他民事主体发生的物权法律关系和债权法律关系。个人合伙作为独立的民事主体，可以与其他民事主体就财产归属和财产流转进行民事活动从而取得财产所有权或设定债权。

(2)个人合伙对外承担的债务清偿责任。根据《民法通则》和我国相关司法解释的规定，对合伙的债务，由合伙人按照出资比例或者协议的约定，以各自的财产承担清偿责任；全体合伙人对合伙的债务承担连带清偿责任，但法律另有规定的除外。偿还的合伙债务超过自己应当承担数额的合伙人，有权向其他合伙人追偿。

3. 夫妻离婚时合伙财产权益的分割

(1)根据《关于人民法院审理离婚案件处理财产分割问题的若干具体意见》第九条规定，一方以夫妻共同财产与他人合伙经营的，入伙的财产可分给一方所有，分得入伙财产的一方对另一方应给予相当于入伙财产一半价值的补偿。

(2)根据最高人民法院关于适用《中华人民共和国婚姻法》若干问题的解释(二)第十七条规定，人民法院审理离婚案件，涉及分割夫妻共同财产中以一方名义在合伙企业中的出资，另一方不是该企业合伙人的，当夫妻双方协商一致，将其合伙企业中的财产份额全部或者部分转让给对方时，按以下情形分别处理：

①其他合伙人一致同意的，该配偶依法取得合伙人地位。

②其他合伙人不同意转让，在同等条件下行使优先受让权的，可以对转让所得的财产进行分割。

③其他合伙人不同意转让，也不行使优先受让权，但同意该合伙人退伙或者退还部分财产份额的，可以对退还的财产进行分割。

④其他合伙人既不同意转让，也不行使优先受让权，又不同意该合伙人退伙或者退还部分财产份额的，视为全体合伙人同意转让，该配偶依法取得合伙人地位。

五、入伙与退伙

1. 入伙

(1)入伙的条件。有关入伙的约定，合伙人应在合伙合同中写明或另订书面合同约定，没有约定的，须经全体合伙人同意。若为合伙企业还必须签订书面入伙协议，否则入伙无效，但个人合伙不以书面协议为必要条件。

(2)入伙的法律后果。既存合伙新接纳的合伙人，对他加入之前合伙的债务，与原合伙人负同一的责任(连带责任)。约定新合伙人对前合伙的债务不负责任的，承担了前合伙债务的新合伙人，有权就其承担数额向原各合伙人追偿。

2. 退伙

(1)退伙指合伙人与其他合伙人脱离合伙关系，丧失合伙人身份。退伙分为声明退伙与法定退伙。

①声明退伙指出于合伙人自己意愿的退伙，原则上有当事人自己的意思表示即可生效。

②法定退伙指在发生法律规定的情形如合伙人死亡、丧失行为能力或被开除时出现的退伙。

(2)合伙人退伙，有协议的按照协议处理；协议没有规定退伙的，原则上应当允许退伙，但因退伙人退伙给其他合伙人造成损失的，应当考虑退伙的原因、理由以及双方当事人的过错等情况，确定其应当承担的赔偿责任。

六、个人合伙的债务承担

(1)概念。合伙债务，指合伙关系存续期间合伙组织在从事经营活动中所产生的债务。承担债务的主体是合伙组织，而履行债务的担保和承担债务的财产范围是合伙的共有财产和每个合伙人的个人财产。

(2)个人合伙债务,合伙人应当按照出资比例或合伙协议的约定,以其个人财产承担清偿责任。根据《民法通则》第35条的规定,在对外关系上,全体合伙人对于合伙债务承担无限连带清偿责任。即每一合伙人都有义务清偿合伙的全部债务,而不受各合伙人对合伙财产的出资比例或合伙协议中约定的债务承担份额的限制。对于债权人来说,既可以对某一个合伙人,也可以对某几个或者全体合伙人先后或同时提起履行全部或部分债务的请求。

(3)个人合伙的无限连带责任具有如下特点:

①合伙人的连带责任随合伙债务的产生而产生,随其消灭而消灭。合伙人仅就其合伙债务承担连带责任。

②合伙人的连带责任是一种对外责任。在合伙内部,仍然按照投资比例或协议约定确定债务的承担。因此如果一个合伙人超过自己应当承担的部分对外承担了债务,有权就超过自己应当承担数额的部分向其他合伙人追偿。

③除法律另有规定以外,这种连带责任不以当事人之间有无约定为转移。

(4)对于合伙人而言,如果个人债务与合伙债务并存,原则上应当适用"双重优先权"原则:即合伙财产首先用于偿还合伙债务,偿还之后若有剩余财产的,应根据各合伙人享有的财产份额进行分割,再分别用于偿还合伙人的个人债务;反之,合伙人的个人财产首先用于偿还个人债务,偿还个人债务之后若有剩余的,再用于偿还合伙债务。

(5)新加入的合伙人与其他合伙人享有一样的权利和义务,对其加入之前合伙已经存在但尚未清偿的债务,应与其他合伙人一起承担无限连带责任。合伙人退出合伙的,退伙人对退出合伙前原合伙的债务,仍承担连带清偿责任。

【案例链接】

2013年3月,李某和张某合伙开了一家豆腐店,从孙某开设的粮油商店赊购黄豆,共欠孙某2万元钱,约定年底还钱。2014年年初,孙某在去找李某和张某要钱时却发现,李、张两人因为犯罪被刑拘了,现在豆腐店黄了,他们也没有别的财产。

但是经过多方了解,孙某听说开豆腐店的房子是刘某的,当时因为没钱租房子,李、张两人就和刘某约定,使用刘某的房子,按利润的1/5分成给刘某,刘某不参加经营。还有一个负责做豆腐的王某因为懂技术也不按月开工资,李、张两人也同意让他做股东,占1/5的股份。

2013年年底,豆腐店获利5万元,刘、王各得1万元,李、张各得1.5万元。因此孙某找到刘某和王某要求偿还欠款,但是两人均以自己不是合伙人为由拒绝还款。

本案这种情况,刘某与王某两人是豆腐店的合伙人吗?开粮油商店的孙某是否可以要求他们偿还豆腐店的欠款?

【案例评析】

如果孙某了解的情况属实的话,刘某和王某就是李某与张某合开豆腐店的合伙人,应该与其他合伙人对合伙所负债务承担无限连带责任。

本案中,刘某虽然没有参与合伙经营活动,但是,他按协议向合伙组织提供了房屋，符合实物出资的条件，同时还约定按利润的1/5参与合伙盈余分配，并在年底按比例分得了1万元；王某虽然是做豆腐的，但不是拿固定工资的雇工，而是同样在合伙中占有1/5的股份，并按比例获得了1万元的分成，因此其做豆腐的行为，实际上属于技术出资。根据《最高人民法院关于贯彻执行中华人民共和国民法通则若干问题的意见》（试行）第四十六条关于“公民按照协议提供资金或实物，并约定参与合伙盈余分配，但不参加合伙经营、劳动的，或者只提供技术性劳务而不提供资金、实物，但约定参与盈余分配，视为合伙人”的规定，刘某和王某均属于合伙人。作为合伙人，刘某和王某有义务对合伙债务承担无线连带责任。因此，两人以自己不是合伙人为由，拒绝对合伙债务承担责任是不对的，他们已经成为豆腐店的合伙人，有责任承担豆腐店对孙某欠款的偿还义务。

【练习思考】

（1）2012年10月，甲取得位于某市某镇的林木采伐权。2013年年初，甲与乙、丙三人签订成立“奋进林木企业”的协议，约定共同采伐林木。协议约定，甲以其拥有的林木采伐权为投资，乙、丙以成立林木厂所需投资金为投资，税后利润按4:3:3比例分配，合伙经营期限为5年。经营过程中由于资金融通不畅，对A公司欠款10万元，与此同时，乙因炒股亏欠B公司5万元。2013年年底，乙、丙未经甲的同意，约定丁以出资的形式入伙，且丁已交付资金投入生产。甲发现后不同意其入伙，遂请求有关部门解决。2014年年初，A、B公司分别向人民法院提出诉讼，要求执行该合伙企业的财产来偿还自己的债权。由于该企业经营不善，丙提出退伙，甲、乙不同意，丙擅自搬走了该企业的部分机器设备，使企业经营进一步恶化。于是，该企业经营被迫中止，因债务关系引起诉讼。

问：①甲、乙、丙三人对出资范围的约定是否有效，为什么？

②丁的入伙行为是否有效，为什么？

③人民法院可否执行该合伙企业的财产分别偿还A、B的债权？

④丙强行退伙给企业造成的损失应如何处理？

（2）法律对个人合伙的法律责任是如何规定的？

第二节 农村承包经营户

【基本要求】

（1）了解农村承包经营户的基本概念、特征

（2）理解农村承包经营户的法律地位

（3）熟悉农村承包经营户的权利和义务

重点：农村承包经营户承包经营权的含义、范围及其注意事项

难点：农村承包经营权受侵害的救济方法

【法律知识】

一、农村承包经营户的概念和特征

1. 农村承包经营户的概念

根据《民法通则》的规定,农村集体经济组织的成员,在法律允许的范围内,按照承包合同规定从事商品经营的,为农村承包经营户。

2. 农村承包经营户的主要特征

农村承包经营户是指农村集体经济组织的成员,在法律允许的范围内,依照承包合同承包经营集体所有或者国家所有而由集体使用的土地或者集体的其他财产的家庭或个人。

(1)农村承包经营户是农村集体经济的一个经营层次,所以,农村承包经营户一般为农村集体经济组织的成员。农村承包经营户是由作为农村集体经济组织成员的一人或多人所组成的农户,但他和以往的农户不同,农村承包经营户是在推行联产承包责任制中,通过承包合同的形式,把农民家庭由生活单位变成了生产和生活相结合的单位所产生的。在承包合同中,一方是集体经济组织,另一方是承包经营户,他们或者是本组织的内部成员,或者是非本组织的内部成员,但他们都是农村集体经济组织的成员。

(2)农村承包经营户的“户”,可以是1个人经营,也可以是家庭经营,但必须以户的名义进行经营活动。

(3)农村承包经营户是通过承包合同产生的,其所利用的是集体的资源。承包合同是农村集体经济组织与农村承包经营户之间,为完成某项农业生产任务所签订的协议,包括书面合同、口头合同、任务下达书以及其他能够证明承包关系的事实和文件。根据承包合同,集体经济组织的大部或全部生产资料要转归承包经营户占有、使用和收益,承包经营户享有合法的经营权。在合同规定的范围内,承包经营户自主地安排生产计划、作物布局、增产措施,并统一支配户内劳动力,组织生产协作,独立或相对独立地完成生产任务。承包经营户也要承担经营风险,若违反了承包合同,要承担财产责任。承包经营户依据合同享有权利,也应依据合同承担义务。

(4)农村承包经营户承包集体所有的生产资料,从事生产和经营活动时,必须符合国家法律和政策的规定。从事承包经营的家庭或个人,对于承包的生产资料不享有所有权,只享有经营权。任何人不得买卖土地,不得在承包地上建房、起土、造坟、建坟,更不得哄抢、私分属于集体或国家的财产。对于少数承包经营户因经营不善造成土地荒芜或地力严重下降的,所有权人有权进行干涉或给予惩罚,甚至收回土地。承包经营户在从事经营活动中,不能搞歪门邪道、损人利己,甚至以种种非法手段,挖国家和集体的墙脚,牟取暴利,否则,将依法受到法律的制裁。

二、农村承包经营户的法律地位

农村承包经营户的法律地位,是指农村承包经营户由法律规定的对内、对外的权利、义务关系。具体如下:

(1)农村承包经营户具有经济组织所享有的全部权利,并独立承担其全部义务。包括享有财产所有权、所承包土地及其他生产资料的占有使用权、生产经营计划权、产品收益分配权、雇工权、土地转包权、银行开户权和借款权等广泛的民事权利。《民法通则》第二十八条对此做了规定:“农村承包经营户的各项民事权益,受法律保护。”

(2)农村承包经营户在其合同财产范围内,享有对土地、山林、水面、滩涂等生产资料的生产经营权等各项权利。《中华人民共和国农业法》第十二条至十八条等对农村承包经营户的各项生产经营权利做了具体的法律规定:“个人或集体的承包经营权,受法律保护。承包方承包荒山荒地造林的,按照森林法的规定办理。”“承包期内,经发包方同意,承包方可以转包所承包的土地、山岭、草原、荒地、滩涂、水面,也可以将农业承包合同中的权利和义务概括转让给第三者。承包期满,承包人对原承包的土地、山岭、草原、荒地、滩涂、水面享有优先承包权。承包人在承包期内死亡的,该承包人的继承人可以继续承包。”“国家保护农村承包经营户的合法财产不受侵犯。”“农村承包经营户有权拒绝不符合法律、法规、政策规定的收费、摊派和集资。”由此可以看出,农村承包经营户是享有广泛民事权利和利益的民事主体。

(3)农村承包经营户的民事主体法律地位,是自签订农业承包合同时产生的,农村承包经营户是与发包方(集体经济组织、村民委员会)具有平等权利义务关系的民事主体。双方在农业承包合同的基础上平等地享有合同约定的及法律规定的各项民事权利,平等地履行合同约定的及法律规定的各项民事义务。这里强调其一般合同的性质,即约定性、平等性、强制性,这样有利于稳定农村土地承包经营关系。

(4)农村承包经营户具有一定的从属性,即从属于发包方(集体经济组织、村委会)。当时在计划经济条件下,农业承包合同的目的是为了完成农业生产计划,从而具有行政性合同的性质。《土地管理法》第十五条第(二)款规定:“农民集体所有的土地由本集体经济组织以外的单位或者个人承包经营的,必须经村民会议2/3以上成员或者2/3以上村民代表的同意,并报乡(镇)人民政府批准。”乡镇、区县(市)级的农业主管部门,应加强对农业承包合同的监督管理,指导合同的依法履行。

以上4点表明:农村承包经营户是中国特定历史时期的独立的特殊民事主体。它的主体资格自签订农业承包合同时产生,至合同履行完毕消失,是因签订合同而成立的民事主体。《民法通则》及其他民事法律对此未做出具体、明确的法律规定,只是做出了保护农村承包经营户的合法权益,国家保护他的合法财产不受侵犯等概括的规定。

三、农村承包经营户的财产责任

财产责任是民事责任的重要方式,是指民事主体违反合同义务所应承担的民事责任。农村承包经营户的财产责任是指他在违反农业承包合同义务时所应承担的责任。除合同责任外,财产责任还包括农村承包经营户对其本人、家庭成员应负的责任,即对内责任,以及农村承包经营户的债务,即指对外责任。

对于农村承包经营户的债务,《民法通则》第二十九条规定:“个人经营的,以个人财产承担;家庭经营的,以家庭财产承担。”《民法通则若干问题的意见》第四十四条又规定:“对农村承包经营户的债务,如以其家庭共有财产承担责任时,应当保留家庭成员的生活必需品和必要的生产工具。”

农村承包经营户的财产责任首先是一种合同责任,应遵循合同责任、民事责任的一般规定,即“谁主张,谁举证;谁违约,谁担责”。从《民法通则若干问题的意见》第四十四条的规定看,财产责任应当是有限责任,因该条已明确规定“……应当保留家庭成员的生活必需品和必要的生产工具。”所以我们认为,从现行立法分析看,农村承包经营户的财产责任是既不同于自然人、合伙组织的无限责任,也不同于企业法人的有限责任的一种独立的特殊财产责任。它应以实际投入在生产经营中的全部资产承担有限责任,这样一种财产责任具有现实的客观性和可能性。

四、农村承包经营户的承包经营权

1. 承包经营权的含义及其范围

(1)承包经营权的含义。承包经营权是指农村集体组织、农村承包经营户依照承包合同的规定,对集体所有或国家所有由集体使用的土地、山岭、草原、荒地、滩涂、水面等资源所享有的生产经营和收益的权利。确立承包经营权的目的是用法律形式承认农村承包经营户是一种相对独立的商品生产者,保护承包经营人从事经营并获得收益的权利,从而巩固农村经济体制改革的成果和推动农村经济体制改革的不断深入发展。承包经营权是承包经营责任制在法律上的反映。

(2)承包经营权的范围。农户的承包经营权包括:自主安排生产经营活动的权利,自主支配自有资金的权利,购置生产资料的权利,在完成国家定购合同任务后自主销售农产品的权利,签订经济合同的权利,请求国家机关保护其承包经营权的权利等。

2. 农村承包经营户在行使承包经营权时须注意的问题

(1)承包经营权的取得须合法。承包经营权的取得须发包人和承包人订立承包合同。承包双方的权利和义务依照法律由承包合同规定。承包合同须明确规定:承包项目的名称、坐标、数量、质量和用途;承包期和起止时间;承包项目的使用方向和投入产出指标;发包方提供的生产条件、资金和服务项目及服务收费标准;对所承包的生产资料的使用、维护要求以及考核和奖罚措施;承包方应交付的承包金;在承包期内调整承包指标的条件和办法;违约责任等。

承包合同由双方达成一致意见,并写成文字即可成立,凡依法成立的承包合同受法律保护,但下列承包合同无效:①违反国家法律、政策的承包合同;②损害国家利益和社会公共利益的承包合同;③违背民主议定的承包合同;④采取欺诈、胁迫或其他不正当手段签订的承包合同;⑤发包人无权发包的承包合同;⑥承包人私自转让、转包承包合同以及转包渔利的。

(2)承包人在行使承包经营权时,必须履行合同约定的义务,全面完成各项承包指标,接受集体经济组织的必要指导和管理。承包人在承包期间,除按约定全面认真地完成各项承包指标外,还应当注意对自然资源的保护。承包土地不得破坏地力;承包山林不得乱砍滥伐;承包果园不得为短期收益而破坏果树的长期生长。承包人在承包期间搞破坏性、掠夺性生产经营,发包人劝阻无效要求解除合同的,应予支持,因此而造成的损失应当由承包人负责赔偿,情节严重的可责令其加倍赔偿,直至依法追究刑事责任。

(3)承包人不得擅自将承包合同转让或转包给第三人。转让是指承包人自找对象，由第三者代替自己向发包人履行承包合同的行为。承包人将承包合同转让给第三者，必须经发包人同意，并不得擅自改变原承包合同的生产经营等内容，否则转让无效。转包是指承包人把自己承包项目的部分或全部，以一定的条件发包给第三者，由第二份合同的承包人向第一份合同的承包人履行，再由第一份合同的承包人向原发包人履行合同的行为。转包须经发包人同意，并不得擅自改变原承包合同的生产经营等内容，否则转包合同无效。

(4)承包人不得转包渔利。承包人承包后自己既不从事经营或生产活动，又不承担任何风险，坐收"管理费"或者高价转包的，属于转包渔利。如果转包的价额超出承包价额，而其超出部分大致接近于承包人的投资，加上由于投资应当获得的正常利润，可以视为合理；如果差距过大，则应作为转包渔利论处。转包渔利部分应当收归集体或追缴国库。

3. 承包经营权的侵害及其保护

实践中侵害承包经营权的行为主要有：一是在承包合同履行期间内，发包人任意毁约或有关行政部门违法干预造成毁约，使承包人不能行使承包经营权。二是第三人侵犯承包人的合法权益，妨碍其从事正常的经营活动。

(1)处理农村承包合同纠纷，应当发挥有关农村基层组织以及承包合同管理部门的作用，绝大多数纠纷可以由他们调处。当事人不服处理向人民法院起诉的，人民法院应当依法受理；当事人直接向人民法院起诉的，人民法院也应当依法受理。有些农村承包合同的履行因受自然条件的制约，季节性很强。因此，人民法院对此类合同纠纷要及时立案，尽快审理，必要时可裁定先行恢复生产，然后解决纠纷。

(2)对于因发包人任意毁约或有关行政部门违法干预造成毁约而引起的纠纷案件，当事人诉至人民法院的，人民法院在审理中，应当以维护原合同的效力为原则，承包人要求继续履行的应予支持。发包方毁约给承包人造成经济损失的，应当予以赔偿。因行政部门违法干预而毁约给承包人造成经济损失的，应当先由发包方赔偿，再由行政部门负责处理。发包方无力赔偿的，如果承包合同尚未到期，可以按赔偿数额抵除承包人应上交的承包金额；如果承包合同已经到期，可适当延长承包期，并在承包期内按赔偿数额抵除承包人应上交的承包金额或者延期给付赔偿金。

(3)对于第三人侵害承包经营权的行为，例如向承包人非法摊派、乱收费、强要请吃、侵占承包人的财产等，承包人有权请求人民法院责令其停止侵害、排除妨碍、消除危险、返还财产、恢复原状和赔偿损失。

(4)对于哄抢、偷盗、毁苗、投毒、砍伐林木、威胁、勒索钱财和破坏生产设备，严重侵害承包人合法权益的违法犯罪活动，应当依照我国刑法的规定，追究犯罪分子的刑事责任。

【案例链接】

甲父于1990年请求承包村里长期荒废的一片荒山。村委会经过开会研究、表决，同意了甲父的请求。甲与其兄共同参加了劳动，种上优良桃树，收益甚好。2年后，甲娶妻。10年后，甲父病逝。甲与其兄由于经营不善，加之气候异常，桃园经营困难，负债累累；家中存款不足以清偿债务，而当年约定的上交款项也没有现金支付。于是，村委会要求以甲妻的嫁妆抵偿。甲则声称，其父已病逝，承包合同自然失效，自己不受合同约束，没有再行上交款项的义务，而其妻并未参加劳动，不能动用嫁妆。为讨回欠款，村委会遂诉至法院。

问：甲父死亡后其承包经营合同是否有效？嫁妆能否用来抵债？

【案例评析】

本案中，甲父签订了承包合同并履行义务，就不得再变更或解除承包合同。甲父签订承包合同实质上是代表全家所为，其承包属于家庭共同承包。在承包方有甲及其兄可以继续从事经营，而且当事人没有事先提出变更或者解除合同的情况下，签约人甲父的死亡并不能导致合同效力的自然消灭，合同主体没有发生法律上的变更，因此，原承包合同应当继续有效，甲单方所为的解除承包合同的行为是无效的。既然原承包合同继续有效，甲及其兄应按照合同规定以其所有的财产交纳约定款项。甲及其兄还必须清偿对其他债权人的欠款。农村承包经营户作为特殊的民事主体，可以在法律允许的范围内以自己的名义独立从事民事活动，取得民事权利，承担民事义务。就对外承担债务而言，他们是以户的财产来履行责任。我国《民法通则》第二十九条规定了农村承包经营户的财产责任原则，即："个体工商户、农村承包经营户的债务，个人经营的，以个人财产承担；家庭经营的，以家庭财产承担。"本案中，甲妻未参与经营，不能列入承包合同的主体范围，因而不能以其特有财产来清偿债务。但是，根据我国《婚姻法》实行的是夫妻财产共有原则，在没有约定的情况下，夫妻财产为共有。甲妻的嫁妆因婚姻关系而当然成为夫妻共有财产，甲也因而成为共有人，享有共有权。甲不能借口特定财产是嫁妆就不能用以清偿。

【练习思考】

(1)当前我国农村承包经营户面临的法律问题有哪些？

(2)农村承包经营户的法律地位如何？

第三节　农村个体工商户

【基本要求】

(1)了解个体工商户的基本概念、法律特征

(2)理解个体工商户的法律地位

(3)熟悉个体工商户的权利和义务

重点：个体工商户的财产责任

难点：个体工商户与个人独资企业的区别

【法律知识】

一、个体工商户的概念

个体工商户，是指有经营能力并依照《个体工商户条例》的规定经工商行政管理部门登记，从事工商业经营的公民。《个体工商户条例》第二条第一款规定："有经营能力的公民，依照本条例规定经工商行政管理部门登记，从事工商业经营的，为个体工商户。"

二、个体工商户的法律特征

个体工商户是个体工商业经济在法律上的表现，其具有以下特征：

(1)个体工商户是从事工商业经营的自然人或家庭。自然人或以个人为单位，或以家庭为单位从事工商业经营，均为个体工商户。根据法律及有关政策规定，可以申请个体工商户经营的主要是城镇待业青年、社会闲散人员和农村村民。此外，国家机关干部、企事业单位职工，不能申请从事个体工商业经营。

(2)自然人从事个体工商业经营必须依法核准登记。个体工商户的登记机关是县以上工商行政管理机关。个体工商户经核准登记，取得营业执照后，才可以开始经营。个体工商户转业、合并、变更登记事项或歇业，也应办理登记手续。

(3)个体工商户只能经营法律、政策允许个体经营的行业。

三、个体工商户的法律地位

在依法核准登记的范围内，个体工商户享有从事个体工商业经营的民事权利能力和民事行为能力。个体工商户的正当经营活动受法律保护，对其经营的资产和合法收益，个体工商户享有所有权。个体工商户可以在银行开设账户，向银行申请贷款，有权申请商标专用权，有权签订劳动合同及请帮工、带学徒，还享有起字号、刻印章的权利。

个体工商户在生产经营活动中必须遵守国家的法律，照章纳税，服从工商行政部门的监督和管理。个体工商户从事违法经营的，必须承担民事责任和其他法律责任。

四、个体工商户的财产责任

《民法通则》第二十九条规定：个体工商户的债务，个人经营的，以个人财产承担；家庭经营的，以家庭财产承担。即：以个人名义申请登记的个体工商户，个人经营、收益也归个人者，对债务负个人责任；以家庭共同财产投资，或者收益的主要部分供家庭成员消费的，其债务由家庭共有财产清偿；在夫妻关系存续期间，一方从事个体工商户经营，其收入作为夫妻共有财产者，其债务由夫妻共有财产清偿；家庭全体成员共同出资、共同经营的，其债务由家庭共有财产清偿。

五、个体工商户和个人独资企业的区别

根据《个体工商户条例》及《个人独资企业法》的有关规定，个体工商户与个人独资企业有如下异同点：

1. 相同点

①民事责任的承担都是无限责任。

②都有个人财产承担民事责任与家庭财产承担民事责任的区别。

③都是一个自然人名义投资成立的，该自然人是完全民事责任能力人。

④都要在每年1~6月，登录全国企业信用信息公示系统进行上一年度的年报公示。

2. 不同点

①个体工商户的从业人数有限制，包括经营者本人、请的帮手和带的学徒等，雇工人员不得超过8人；个人独资企业没有从业人数限制，既可以只有投资人一人进行经营，雇工人数也可以超过8人。

②从事临时经营、季节性经营、流动经营和没有固定门面的摆摊经营，不得登记为个人独资企业，但可以登记为个体工商户。

③个人独资企业可以设立分支机构，但个体工商户不行。个人独资企业设立的分支机构可以与个人独资企业在同一登记机关辖区内，也可以与个人独资企业不在同一登记机关辖区内。

④个人独资企业可以变更投资人姓名，而个体工商户只有在家庭经营的组成形式下才能变更经营者姓名，而且必须是家庭成员。

随着全民创业的热潮兴起，个人独资企业这种组织形式越来越受到各地中小投资者的欢迎，近几年个人独资企业也呈蓬勃发展之势。但有不少投资者在创业时遇到一个困惑：是设立个人独资企业好还是设立个体工商户好？同时，各地工商局登记注册机构也会经常接到关于此类问题的咨询。事实上，个人独资企业和个体工商户虽然都具有设立灵活、登记手续简便等特点，但两者还是有不少区别的，需要投资者通盘考虑，根据自身情况选准组织形式。

第一，个人独资企业必须要有固定的生产经营场所和合法的企业名称，而个体工商户可以不起字号、名称，也可以没有固定的生产经营场所，可以进行流动经营。换句话说，合法的企业名称和固定的生产经营场所是个人独资企业的成立要件，但不是个体工商户的成立要件。

第二，个体工商户的投资者与经营者必须为同一人，即投资设立个体工商户的自然人。而个人独资企业的投资人可以委托或聘用他人管理个人独资企业的事务，即所有权与经营权可以分离，这就决定了个人独资企业更符合现代企业制度的特征。

第三，个人独资企业可以设立分支机构，也可以委派他人作为个人独资企业分支机构的负责人，但由设立该分支机构的个人独资企业承担责任。而根据规定，个体工商户不能设立分支机构。由此可以看出，个人独资企业的总规模一般大于个体工商户。

第四，在民事、行政、经济法律制度中，个人独资企业是其他组织或其他经济组织的一种形式，能以企业自身的名义进行法律活动。而个体工商户是否能够作为其他组织或其他经济组织的一种形式，一直是国内有关专家的争论焦点。更多的时候，个体工商户是以公民个人名义来开展法律活动的。另外，个人独资企业与个体工商户作为市场主体，参与市场经济其他活动的能力也不同。例如，个人独资企业可以成为公司的股东,从而以企业名义享有公司股东的权利和义务;而个体工商户一般只能以个人投资者身份成为公司股东。

第五,个人独资企业与个体工商户在财务制度和税收政策上的要求也不尽相同。事实上,这也是投资者比较关心的问题。根据《个人独资企业法》的规定,个人独资企业必须建立财务制度,以进行会计核算。而个体工商户由于情况复杂,是否需要建立会计制度,争论较多。从实际情况看,个体工商户可以按照税务机关的要求建立账簿,如果税务部门不作要求,也可以不进行会计核算。另外,在税收政策方面,一般来说,个体工商户较难被认定为一般纳税人,而符合条件的个人独资企业则可以被认定为一般纳税人。

【案例链接】

陈某与王某是夫妇,2012年,陈某辞职开办了一家个体服装店。但陈某开店的想法一直都遭到丈夫王某的反对,所以双方签订了一份协议,协议约定:陈某开店的一切责任自负,双方的各自收入归个人支配。陈某在经营中效益时好时坏,但王某从不过问。陈某开店后并没有与王某分伙,她也经常以营业收入为家中购置共同的生活用品,但两人的收入的确各自保管。2014年,陈某由于几次进货失误,造成商品严重积压,并欠下8万多元的债务。2015年年初,债主纷纷前来讨债,陈某将全部货物及自己的存款还债,结果仍欠林某2万多元。林某因向陈某要不到全部欠款,便向法院起诉,请求以王某的存款偿还。法院经查实,王某在银行有5万元的存款。

问:(1)我国《民法通则》对于个体工商户的债务有何规定?

(2)林某是否有权请求王某偿还陈某所欠的债务?

【案例评析】

(1)我国《民法通则》第二十九条规定:"个体工商户、农村承包经营户的债务,个人经营的,以个人财产承担;家庭经营的,以家庭财产承担。"判断是个人投资还是家庭投资,应审查两方面:一是投入个体工商户的财产是个人财产还是家庭财产;二是个体工商户经营中的收益是仅用于经营者个人享用还是用于家庭共同享用。

(2)本案中,王某必须承担陈某的债务。我国夫妻财产制是夫妻所得共同制和约定财产制。如果夫妻间没有对整个夫妻关系存续期间的全部财产做特别约定,依据最高人民法院《关于贯彻执行(中华人民共和国民法通则)若干问题的意见(试行)》第四十三条的规定:"在夫妻关系存续期间,一方从事个体经营或者承包经营的,其收入为夫妻共有财产,债务亦应以夫妻共有财产清偿。"本案中陈某与王某仅对个别财产做出约定,即他们仅对经营收入做了约定,所以王某仍要以他的收入对陈某的债务负责。

【练习思考】

(1)个体工商户与个人独资企业有何区别?

(2)谈谈个体工商户的法律责任。

第四节　个人独资企业

【基本要求】

(1)了解个人独资企业的基本概念、特征、设立条件

(2)理解个人独资企业的事务管理、解散与清算

(3)熟悉个人独资企业的权利与义务

重点:个人独资企业法律责任的承担方式

难点:个人独资企业的清算

【法律知识】

一、个人独资企业概述

1. 个人独资企业的概念和特点

个人独资企业是指依照《中华人民共和国个人独资企业法》(以下简称《个人独资企业法》)在中国境内设立,由一个自然人投资,财产为投资人个人所有,投资人以其个人财产对企业债务承担无限责任的经营实体。个人独资企业具有以下特征:

(1)个人独资企业是由一个自然人投资的企业。根据《个人独资企业法》的规定,设立个人独资企业只能是一个自然人,国家机关、国家授权投资的机构或者国家授权的部门、企业、事业单位等都不能作为个人独资企业的设立人。自然人本无国籍的含义,既包括中国公民,也应包括外国公民,但是,《个人独资企业法》第四十七条规定,外商独资企业不适用本法,因此,《个人独资企业法》所指的自然人只指中国公民。关于作为个人独资企业投资人的自然人是否应同时具备权利能力和民事行为能力问题,各国规定不一,有的国家并不要求个人独资企业的投资人必须具备民事行为能力,只要具有权利能力就可以成为个人独资企业的出资人;有的国家则规定必须同时具备权利能力和民事行为能力。我国《个人独资企业法》对此未做出明确规定。

(2)个人独资企业的投资人对企业的债务承担无限责任。由于个人独资企业的投资人是一个自然人,对企业的出资多少、是否追加资金或减少资金、采取什么样的经营方式等事项均由投资人决定。从权利和义务上看,出资人与企业是不可分割的。投资人对企业的债务承担无限责任,即当企业的资产不足以清偿到期债务时,投资人应以自己个人的全部财产用于清偿企业债务。

(3)个人独资企业的内部机构设置简单,经营管理方式灵活。个人独资企业的投资人既是企业的所有者,又可以是企业的经营者,因此,其内部机构的设置较为简单,决策程序也较为灵活。

(4)个人独资企业是非法人企业。个人独资企业由一个自然人出资,投资人对企业的债务承担无限责任,企业的责任即是投资人个人的责任,企业的财产即是投资人的财产。因此,个人独资企业不具有法人资格,也无独立承担民事责任的能力。但个人独资企业是独立的民事主体,可以自己的名义从事民事活动。

2. 个人独资企业法的概念和基本原则

(1)个人独资企业法的概念。个人独资企业法有广义和狭义之分,广义的个人独资企业法,是指国家关于个人独资企业的各种法律规范的总称;狭义的个人独资企业法是指1999年8月30日第九届全国人大常委会第十一次会议通过的《个人独资企业法》,该法共6章48条。

(2)个人独资企业法的基本原则。我国《个人独资企业法》遵循下列基本原则:

①依法保护个人独资企业的财产和其他合法权益。个人独资企业的财产是指个人独资企业的财产所有权,包括对财产的占有、使用、处分和收益的权利;其他合法权益是指财产所有权以外的有关权益,如有关名称权、自主经营权、平等竞争权、拒绝摊派权等。

②个人独资企业从事经营活动必须遵守法律、行政法规,遵守诚实信用原则,不得损害社会公共利益。遵守法律、法规是每个企业应尽的义务,企业只有遵守法律、法规,才能保证生产经营活动的有序进行。个人独资企业遵守的诚实信用原则是我国民事活动的基本原则。诚实是指要客观真实,不欺人,不骗人;信用是指遵守承诺,并及时、全面地履行承诺。企业只有诚实守信用,才能取得他人的信任,这既能增加企业的商业机会,也能树立企业形象,同时也是维护正常的社会经济秩序的需要。个人独资企业不得损害社会公共利益也是我国民法规定的民事活动中必须遵循的基本原则之一。个人独资企业在经营活动中,还必须遵守社会公德,不得滥用权利。

③个人独资企业应当依法履行纳税义务。依法纳税是每个公民和企业应尽的义务。个人独资企业在经营活动中应当依法缴纳国家税收法律、法规及规章规定的各项税款。

④个人独资企业应当依法招用职工。个人独资企业应严格依照劳动法及有关规定招用职工。企业招用职工应当与职工签订劳动合同,劳动合同必须遵循平等自愿、协商一致的原则,并不得违反国家法律、法规和有关政策规定。企业应当遵守劳动保护制度,要依法制定劳动安全技术规程和劳动卫生规程,对女工和未成年工要给予特殊的劳动保护;企业应当遵守国家规定的社会保险与福利制度,如养老保险、待业保险、伤病保险等。

⑤个人独资企业职工的合法权益受法律保护。个人独资企业职工的自主签订合同权、合理的休息权、获取劳动报酬权、接受职业技能培训权、享受保险福利权等劳动法和其他有关法律规定的权利不受侵犯。个人独资企业职工依法建立工会,工会依法开展活动。

二、个人独资企业的设立

1. 个人独资企业的设立条件

根据《个人独资企业法》第八条的规定，设立个人独资企业应当具备下列条件：

（1）投资人为一个自然人，且只能是中国公民。

（2）有合法的企业名称。名称是企业的标志，企业必须有相应的名称，并应符合法律、法规的要求。个人独资企业的名称应当符合国家关于企业名称登记管理的有关规定，企业名称应与其责任形式及从事的经业活动相符合，个人独资企业的名称中不得使用“有限”“有限责任”或者“公司”字样，个人独资企业的名称可以叫厂、店、部、中心、工作室等。

（3）有投资人申报的出资。《个人独资企业法》对设立个人独资企业的出资数额未作限制。根据国家工商行政管理局《关于实施<个人独资企业登记管理办法>有关问题的通知》的规定，设立个人独资企业可以用货币出资，也可以用实物、土地使用权、知识产权或者其他财产权利出资，采取实物、土地使用权、知识产权或者其他财产权利出资的，应将其折算成货币数额。投资人申报的出资额应当与企业的生产经营规模相适应。投资人可以个人财产出资，也可以家庭共有财产作为个人出资。以家庭共有财产作为个人出资的，投资人应当在设立（变更）登记申请书上予以注明。

（4）有固定的生产经营场所和必要的生产经营条件。生产经营场所包括企业的住所和与生产经营相适应的处所。住所是企业的主要办事机构所在地，是企业的法定地址。

（5）有必要的从业人员。即要有与其生产经营范围、规模相适应的从业人员。

2. 个人独资企业的设立程序

（1）提出申请。申请设立个人独资企业，应当由投资人或者其委托的代理人向个人独资企业所在地的登记机关提出设立申请。投资人申请设立登记，应当向登记机关提交下列文件：①投资人签署的个人独资企业设立申请书，设立申请书应当载明的事项有：企业的名称和住所、投资人的姓名和居住地、投资人的出资额和出资方式、经营范围及方式。个人独资企业投资人以个人财产出资或者以其家庭共有财产作为个人出资的，应当在设立申请书中予以明确。②投资人身份证明，主要是身份证和其他有关证明材料。③企业住所证明和生产经营场所使用证明等文件，如土地使用证明、房屋产权证或租赁合同等。④委托代理人申请设立登记的，应当提交投资人的委托书和代理人的身份证明或者资格证明。⑤国家工商行政管理局规定提交的其他文件。从事法律、行政法规规定须报经有关部门审批的业务的，应当提交有关部门的批准文件。

（2）工商登记。登记机关应当在收到设立申请文件之日起15日内，对符合个人独资企业法规定条件的予以登记，发给营业执照；对不符合个人独资企业法规定条件的，不予登记，并发给企业登记驳回通知书。个人独资企业的营业执照的签发日期，为个人独资企业成立日期，在领取个人独资企业营业执照前，投资人不得以个人独资企业名义从事经营活动。

(3)分支机构登记。个人独资企业设立分支机构,应当由投资人或者其委托的代理人向分支机构所在地的登记机关申请设立登记。分支机构的登记事项应当包括:分支机构的名称、经营场所、负责人姓名和居所、经营范围及方式。个人独资企业申请设立分支机构,应当向登记机关提交下列文件:①分支机构设立登记申请书;②登记机关加盖印章的个人独资企业营业执照复印件;③经营场所证明;④国家工商行政管理局规定提交的其他文件。分支机构从事法律、行政法规规定须报经有关部门审批的业务,还应当提交有关部门的批准文件。个人独资企业投资人委派分支机构负责人的,应当提交投资人委派分支机构负责人的委托书及其身份证明。委托代理人申请分支机构设立登记的,应当提交投资人的委托书和代理人的身份证明或者资格证明。

登记机关应当在收到按规定提交的全部文件之日起15日内,做出核准登记或者不予登记的决定。核准登记的,发给营业执照;不予登记的,发给登记驳回通知书。个人独资企业分支机构申请变更登记、注销登记,比照本办法关于个人独资企业申请变更登记、注销登记的有关规定办理。个人独资企业应当在其分支机构经核准设立、变更或者注销登记后15日内,将登记情况报该分支机构隶属的个人独资企业的登记机关备案。个人独资企业向登记机关备案,应当提交下列文件:①分支机构登记机关加盖印章的分支机构营业执照复印件、变更登记通知书或者注销登记通知书;②国家工商行政管理局规定提交的其他文件。分支机构经核准登记后,应将登记情况报该分支机构隶属的个人独资企业的登记机关备案。分支机构的民事责任由设立该分支机构的个人独资企业承担。

三、个人独资企业的投资人及事务管理

1. 个人独资企业的投资人

根据《个人独资企业法》的规定,个人独资企业的投资人为一个具有中国国籍的自然人,但法律、行政法规禁止从事营利性活动的人,不得作为投资人申请设立个人独资企业。根据我国有关法律、行政法规的规定,国家公务员、党政机关领导干部、警官、法官、检察官、商业银行工作人员等人员,不得作为投资人申请设立个人独资企业。

个人独资企业投资人对本企业的财产依法享有所有权,其有关权利可以依法进行转让或继承。企业的财产不论是投资人的原始投入,还是经营所得,均归投资人所有。虽然个人独资企业投资人对企业的债务要承担无限责任,但是,投资人的财产和企业财产是有区别的:一是投资人申办个人独资企业,要申报出资,这一出资的财产与投资人的其他财产不同;二是企业应有一定的稳定的、独立的资金,这是企业生产经营的需要;三是将两者的财产加以区别,有利于计算企业的生产经营成果。

个人独资企业投资人在申请企业设立登记时,明确以其家庭共有财产作为个人出资的,应当依法以家庭共有财产对企业债务承担无限责任。由于出资人与其家庭的特殊关系,出资人的财产往往与其家庭财产难以划清。夫妻财产是共有财产,夫妻一方取得的财产为夫妻双方的共同财产,既然财产是共有的,收益也是共同所有,对债务也应以共有财产清偿;从其他家庭成员之间的关系看,家庭成员允许出资人将家庭财产用于

投资办企业本身就意味着许诺将这部分财产用于承担风险，而出资人取得的收益也是全家共同享用，这就意味着个人独资企业的收益是家庭共同财产的一部分。

2. 个人独资企业的事务管理

个人独资企业投资人可以自行管理企业事务，也可以委托或者聘用其他具有民事行为能力的人负责企业的事务管理。投资人委托或者聘用他人管理个人独资企业事务，应当与受托人或者被聘用的人签订书面合同。合同应订明委托的具体内容、授予的权利范围、受托人或者被聘用的人应履行的义务、报酬和责任等。受托人或者被聘用的人应当履行诚信、勤勉义务，以诚实信用的态度对待投资人，对待企业，尽其所能依法保障企业利益，按照与投资人签订的合同负责个人独资企业的事务管理。

投资人对受托人或者被聘用的人职权的限制，不得对抗善意第三人。所谓第三人是指除受托人或被聘用的人之外与企业发生经济业务关系的人。所谓善意第三人是指第三人在就有关经济业务事项交往中，没有与受托人或者被聘用的人串通，故意损害投资人的利益的人。个人独资企业的投资人与受托人或者被聘用的人之间有关权利义务的限制只对受托人或者被聘用的人有效，对第三人并无约束力，受托人或者被聘用的人超出投资人的限制与善意第三人的有关业务交往应当有效。

我国《个人独资企业法》规定，投资人委托或者聘用的管理个人独资企业事务的人员不得从事下列行为：①利用职务上的便利，索取或者收受贿赂；②利用职务或者工作上的便利侵占企业财产；③挪用企业的资金归个人使用或者借贷给他人；④擅自将企业资金以个人名义或者以他人名义开立账户储存；⑤擅自以企业财产提供担保；⑥未经投资人同意，从事与本企业相竞争的业务；⑦未经投资人同意，同本企业订立合同或者进行交易；⑧未经投资人同意，擅自将企业商标或者其他知识产权转让给他人使用；⑨泄露本企业的商业秘密；⑩法律、行政法规禁止的其他行为。

四、个人独资企业的权利和工商管理

1. 个人独资企业的权利

根据《个人独资企业法》的有关规定，个人独资企业享有以下权利：

(1)依法申请贷款。个人独资企业可以根据《中华人民共和国商业银行法》《合同法》和中国人民银行发布的《贷款通则》等一系列法律法规的规定申请贷款，以供企业生产经营之用。

(2)依法取得土地使用权。个人独资企业可根据《土地管理法》《土地管理法实施细则》和《城镇国有土地使用权出让和转让暂行条例》等规定取得土地使用权。

(3)拒绝摊派权。摊派是指在法律、法规的规定之外，以任何方式要求企业提供财力、物力和人力的行为。《个人独资企业法》规定："任何单位和个人不得违反法律、行政法规的规定，以任何方式强制个人独资企业提供财力、物力、人力；对于违法强制提供财力、物力、人力的行为，个人独资企业有权拒绝。"

(4)法律、行政法规规定的其他权利。个人独资企业除享有上述权利外，还依法享有十分广泛的权利，如：可以依法取得外贸经营权或根据业务需要，委托具有外贸经营权的单位代为办理进出口业务；可以取得专利保护；可以取得商标保护等。

2. 个人独资企业的工商管理

根据《个人独资企业登记管理办法》的规定，个人独资企业存续期间登记事项发生变更的，应当办理变更登记。个人独资企业存续期间登记事项发生变更的，应当在做出变更决定之日起的15日内依法向登记机关申请办理变更登记。个人独资企业变更企业名称、企业住所、经营范围及方式，应当在做出变更决定之日起15日内向原登记机关申请变更登记。个人独资企业变更投资人姓名和居所、出资额和出资方式，应当在变更事由发生之日起15日内向原登记机关申请变更登记。个人独资企业申请变更登记，应当向登记机关提交下列文件：①投资人签署的变更登记申请书；②国家工商行政管理局规定提交的其他文件。从事法律、行政法规规定须报经有关部门审批的业务的，应当提交有关部门的批准文件。委托代理人申请变更登记的，应当提交投资人的委托书和代理人的身份证明或者资格证明。

登记机关应当在收到按规定提交的全部文件之日起15日内，做出核准登记或者不予登记的决定。予以核准的，换发营业执照或者发给变更登记通知书；不予核准的，发给企业登记驳回通知书。个人独资企业变更住所跨登记机关辖区的，应当向迁入地登记机关申请变更登记。迁入地登记机关受理的，由原登记机关将企业档案移送迁入地登记机关。个人独资企业因转让或者继承致使投资人变更的，个人独资企业可向原登记机关提交转让协议书或者法定继承文件，申请变更登记。个人独资企业改变出资方式致使个人财产与家庭共有财产变更的，个人独资企业可向原登记机关提交改变出资方式的文件，申请变更登记。

根据《个人独资企业登记管理办法》的规定，个人独资企业应当按照登记机关的要求，在规定的时间内接受年度检验。登记机关依法对个人独资企业进行审查，以确认个人独资企业继续经营的资格。个人独资企业的营业执照分为正本和副本，正本和副本具有同等法律效力。个人独资企业根据业务需要，可以向登记机关申请核发若干营业执照副本。个人独资企业营业执照遗失的，应当在报刊上声明作废，并向登记机关申请补领。个人独资企业营业执照毁损的，应当向登记机关申请更换。个人独资企业应当将营业执照正本置放在企业住所的醒目位置。任何单位和个人不得伪造、涂改、出租、转让营业执照。任何单位和个人不得承租、受让营业执照。个人独资企业的营业执照正本和副本样式，由国家工商行政管理局制定。

五、个人独资企业的解散和清算

1. 个人独资企业的解散

个人独资企业的解散是指个人独资企业终止活动使其民事主体资格消灭的行为。根据《个人独资企业法》第二十六条的规定，个人独资企业有下列情形之一时，应当解散：①投资人决定解散；②投资人死亡或者被宣告死亡，无继承人或者继承人决定放弃继承；③被依法吊销营业执照；④法律、行政法规规定的其他情形。

2. 个人独资企业的清算

个人独资企业解散时，应当进行清算。《个人独资企业法》对个人独资企业清算做有如下规定：

(1)通知和公告债权人。《个人独资企业法》第二十七条规定,个人独资企业解散,由投资人自行清算或者由债权人申请人民法院指定清算人进行清算。投资人自行清算的,应当在清算前15日内书面通知债权人,无法通知的,应当予以公告。债权人应当在接到通知之日起30日内,未接到通知的应当在公告之日起60日内,向投资人申报其债权。

(2)财产清偿顺序。《个人独资企业法》第二十九条规定,个人独资企业解散时,财产应当按照下列顺序清偿:①所欠职工工资和社会保险费用;②所欠税款;③其他债务。个人独资企业财产不足以清偿债务的,投资人应当以其个人的其他财产予以清偿。

(3)清算期间对投资人的要求。《个人独资企业法》第30条规定,清算期间,个人独资企业不得开展与清算目的无关的经营活动。在按前述财产清偿顺序清偿债务前,投资人不得转移、隐匿财产。

(4)投资人的持续偿债责任。《个人独资企业法》第二十八条规定,个人独资企业解散后,原投资人对个人独资企业存续期间的债务仍应承担偿还责任,但债权人在5年内未向债务人提出偿债请求的,该责任消灭。

(5)注销登记。个人独资企业清算结束后,投资人或者人民法院指定的清算人应当编制清算报告,并于清算结束之日起15日内向原登记机关申请注销登记。个人独资企业申请注销登记,应当向登记机关提交下列文件:①投资人或者清算人签署的注销登记申请书;②投资人或者清算人签署的清算报告;③国家工商行政管理局规定提交的其他文件。登记机关应当在收到按规定提交的全部文件之日起15日内,做出核准登记或者不予登记的决定。予以核准的,发给核准通知书;不予核准的,发给企业登记驳回通知书。经登记机关注销登记,个人独资企业终止。个人独资企业办理注销登记时,应当交回营业执照。

六、违反《个人独资企业法》的法律责任

我国《个人独资企业法》和国家工商行政管理局发布的《个人独资企业登记管理办法》对个人独资企业的违反法律、法规的行为做出了相应的处罚规定。

1. 投资人违法行为应承担的法律责任

①投资人提交虚假文件或采取其他欺骗手段,取得企业登记的,责令改正,处以5000元以下的罚款;情节严重的,并处吊销营业执照。

②个人独资企业使用的名称与其在登记机关登记的名称不相符合的,责令限期改正,处以2000元以下的罚款。

③涂改、出租、转让营业执照的,责令改正,没收违法所得,处以3000元以下的罚款;情节严重的,吊销营业执照。伪造营业执照的,责令停业,没收违法所得,处以5000元以下的罚款。构成犯罪的,依法追究刑事责任。

④个人独资企业成立后无正当理由超过6个月未开业的,或者开业后自行停业连续6个月以上的,吊销营业执照。

⑤未领取营业执照,以个人独资企业名义从事经营活动的,责令停止经营活动,处以3000元以下的罚款。个人独资企业登记事项发生变更时,未按本法规定办理有关变更登记的,责令限期办理变更登记;逾期不办理的,处以2000元以下的罚款。

⑥个人独资企业侵犯职工合法权益,未保障职工劳动安全,不缴纳社会保险费用的,按照有关法律、行政法规予以处罚,并追究有关责任人员的责任。

⑦在清算前或清算期间隐匿或转移财产,逃避债务的,依法追回其财产,并按照有关规定予以处罚;构成犯罪的,依法追究刑事责任。

⑧个人独资企业或投资人应当承担民事赔偿责任和缴纳罚款、罚金,其财产不足以支付的,或者被判处没收财产的,应当先承担民事赔偿责任。

2. 管理人员对投资人造成损害或侵犯投资人权益的法律责任

①投资人委托或者聘用的人员管理个人独资企业事务时违反双方订立的合同,给投资人造成损害的,承担民事赔偿责任。

②投资人委托或者聘用的人员违反《个人独资企业法》,侵犯个人独资企业财产权益的,责令退还侵占的财产;给企业造成损失的,依法承担赔偿责任;有违法所得的,没收违法所得;构成犯罪的,依法追究刑事责任。

3. 企业登记机关及其上级部门有关人员的法律责任

①登记机关对不符合《个人独资企业法》规定条件的个人独资企业予以登记,或者对符合本法规定条件的企业不予登记的,对直接责任人员依法给予行政处分;构成犯罪的,依法追究刑事责任。

②登记机关的上级部门的有关主管人员强令登记机关对不符合《个人独资企业法》规定条件的企业予以登记,或者对符合《个人独资企业法》规定条件的企业不予登记的,或者对登记机关的违法登记行为进行包庇的,对直接责任人员依法给予行政处分;构成犯罪的,依法追究刑事责任。

③登记机关对符合法定条件的申请不予登记或者超过法定时限不予答复的,当事人可依法申请行政复议或提起行政诉讼。

④违反法律、行政法规的规定强制个人独资企业提供财力、物力、人力的,按照有关法律、行政法规予以处罚,并追究有关责任人员的责任。

【案例链接】

甲个人独资企业开头几年由投资人村民老张自行经营,盈利10万元。后因投资人老张年老体弱,很难管理经营企业,便委托小张管理企业。由于小张不会管理与经营,企业连年亏损,现欠债15万元。企业很难再维持下去,故而准备解散和清算。

问:①老张可否决定解散企业?

②甲个人独资企业解散应由谁清算?

③企业解散后的15万元债务应由老张承担,还是小张承担,为什么?

④企业解散的财产应按什么顺序清偿?

⑤如果甲个人独资企业财产不足以清偿债务,怎么办?

【案例评析】

①可以。《个人独资企业法》规定:“个人独资企业有下列情形之一时,应当解散:一、投资人决定解散;二、投资人死亡或者被宣告死亡,无继承人或者继承人决定放弃

继承;三、被依法吊销营业执照;四、法律、行政法规规定的其他情形。”作为个人独资企业投资人,老张可以自行决定解散。

②根据《个人独资企业法》的规定,甲个人独资企业解散,应由投资人老张自行清算或者由债权人申请人民法院指定清算人进行清算。

③由老张承担。因为《个人独资企业法》规定:“个人独资企业解散后,原投资人对个人独资企业存续期间的债务仍应承担偿还责任,但债权人在5年内未向债务人提出偿债请求的,该责任消灭。”小张不是投资人,而是受委托负责企业的事务管理,不承担企业债务。

④根据《个人独资企业法》的规定,甲个人独资企业解散的财产应当按照下列顺序清偿:一、所欠职工工资和社会保险费用;二、所欠税款;三、其他债务。

⑤如果甲个人独资企业财产不足以清偿债务,投资人老张应当以其个人的其他财产予以清偿。

【练习思考】

(1)个人独资企业与“一人公司”有何区别?

(2)个人独资企业的法律特征是什么?

第五节　农民专业合作社

【基本要求】

(1)了解农民专业合作社的基本概念、特征

(2)理解农民专业合作社应遵循的原则和法律地位

(3)熟悉农民专业合作社的设立与登记

重点:农民专业合作社成员的权利和义务

难点:农民专业合作社成员的权利、义务和利益的保护

【法律知识】

一、农民专业合作社的概念

农民专业合作社是以农村家庭承包经营为基础,通过提供农产品的销售、加工、运输、储藏以及与农业生产经营有关的技术、信息等服务来实现成员互助目的的组织。其从成立开始就具有经济互助性,拥有一定的组织架构,成员享有一定的权利,同时负有一定的责任。《中华人民共和国农民专业合作社法》(2006年10月31日第10届全国人大常委会第24次会议通过,2017年12月27日第12届全国人大常委会第31次会议修订)第一章总则中的第二条对农民专业合作社进行了简要的定义,包括两个方面的内容:一

方面，从概念上规定合作社的定义，即“农民专业合作社，是在农村家庭承包经营的基础上，同类农产品的生产经营者或者同类农业生产经营服务的提供者、利用者，自愿联合、民主管理的互助性经济组织”；另一方面，从服务对象上规定了合作社的定义，即“农民专业合作社以其成员为主要服务对象，提供农业生产资料的购买，农产品的销售、加工、运输、储藏以及与农业生产经营有关的技术、信息等服务”。

二、农民专业合作社的基本特征

自愿、自治和民治管理是合作社制度最基本的特征。合作社作为一种独特的经济组织形式，其内部制度与公司型企业相比有着本质区别。股份公司制度的本质特征是建立在企业利润基础上的资本联合，目的是追求利润的最大化，“资本量”的多寡直接决定盈余分配情况。在合作社内部，起决定作用的不是成员在合作社中的“股金”，而是“交易”。合作社的主要功能是为社员提供交易上所需的服务。合作社与社员的交易不以盈利为目的。合作社的盈余，除了一小部分留作公共积累外，大部分要根据社员与合作社发生的交易额的多少进行分配。实行按股分红与按交易额分红相结合，以按交易额分红为主，是合作社分配制度的基本特征。当然，合作社与其他经济主体的交易也是以营利为目的。

综上所述，农民专业合作社的基本特征如下：

(1)农民专业合作社是建立在农村家庭承包经营基础之上，由农民个人自愿联合创办的经济组织。农民专业合作社区别于农村集体经济组织，是由依法享有农村土地承包经营权的农村集体经济组织成员，即农民为主体，自愿组织起来的新型经济组织。加入农民专业合作社不改变家庭承包经营方式。

(2)农民专业合作社是专业的经济组织。农民专业合作社以同类农产品的生产或者同类农业生产经营服务为纽带，来实现成员共同的经济目的，其经营服务的内容具有很强的专业性。这里所称的“同类”，是指以《国民经济行业分类》规定的种类中的分类标准为基础，提供该类农产品的销售、加工、运输、储藏、农业生产资料的购买，以及与该类农业生产经营有关的技术、信息等服务。例如可以是种植专业合作社、养殖专业合作社，也可以是更具体的蘑菇种植、木瓜种植、蔬菜种植、桑蚕养殖、养猪、养鸡、养牛、养鸭、养鱼、茶叶、莲藕等专业合作社。由于农民专业合作社强调的是以产品或者服务为纽带，所以它的发展就不受地域的限制。当然跨地域发展要考虑合作社发展的能力和规模。

(3)农民专业合作社是自愿和民主的经济组织。任何单位和个人不得违背农民意愿，强迫他们成立或参加农民专业合作社；同时，农民专业合作社的各位成员在组织内部地位平等，并实行民主管理，在运行过程中应当始终体现“民办、民有、民管、民受益”的精神。

(4)农民专业合作社是具有互助性质的经济组织。农民专业合作社是以成员自我服务为目的而成立的，参加农民专业合作社的成员，都是从事同类农产品生产、经营或提供同类服务的农业生产经营者，目的是通过合作互助提高规模效益，完成单个农民办不了、办不好、办了不合算的事。这种互助性的特点，决定了其以成员为主要服务对象，决定了“对成员服务不以营利为目的”的经营原则。

三、农民专业合作社成员的权利和义务

1. 农民专业合作社成员的权利

根据《农民专业合作社法》第二十一条的规定，农民专业合作社的成员享有以下权利：

（1）参加成员大会，享有表决权、选举权和被选举权，按照章程规定对本社实行民主管理。

①参加成员大会。这是成员的一项基本权利。成员大会是农民专业合作社的权力机构，由全体成员组成。农民专业合作社的每个成员都有权参加成员大会，决定合作社的重大问题。

②行使表决权，实行民主管理。农民专业合作社是全体成员的合作社，成员大会是成员行使权利的机构。作为成员，有权通过出席成员大会并行使表决权，参加对农民专业合作社重大事项的决议。

③享有选举权和被选举权。理事长、理事、执行监事或者监事会成员，由成员大会从本社成员中选举产生，依照《农民专业合作社法》和章程的规定行使职权，对成员大会负责。所有成员都有权选举理事长、理事、执行监事或者监事会成员，也都有资格被选举为理事长、理事、执行监事或者监事会成员，但是法律另有规定的除外。在设有成员代表大会的合作社中，成员还有权选举成员代表，并享有成为成员代表的被选举权。

（2）利用本社提供的服务和生产经营设施。农民专业合作社以服务成员为宗旨，谋求全体成员的共同利益。作为农民专业合作社的成员，有权利用本社提供的服务和本社置备的生产经营设施。

（3）按照章程规定或者成员大会决议分享盈余。农民专业合作社获得的盈余依赖于成员产品的集合和成员对合作社的利用，本质上属于全体成员。可以说，成员的参与热情和参与效果直接决定了合作社的效益情况。因此，法律保护成员参与盈余分配的权利，成员有权按照章程规定或成员大会决议分享盈余。

（4）查阅本社的章程、成员名册、成员大会或者成员代表大会记录、理事会会议决议、监事会会议决议、财务会计报告和会计账簿。成员是农民专业合作社的所有者，对农民专业合作社的事务享有知情权，有权查阅相关资料，特别是了解农民专业合作社的经营状况和财务状况，以便监督农民专业合作社的运营。

（5）章程规定的其他权利。上述规定是《农民专业合作社法》规定成员应享有的权利，徐此之外，章程在同《农民专业合作社法》不抵触的情况下，还可以结合本社的实际情况规定成员享有的其他权利。

2. 农民专业合作社成员的义务

农民专业合作社在从事生产经营活动时，为了实现全体成员的共同利益，需要对外承担一定的义务，这些义务需要由全体成员共同承担，以保证农民专业合作社及时地履行义务和顺利地实现成员的利益。

根据《农民专业合作社法》第二十三条的规定，农民专业合作社的成员应当履行以下义务：

(1)执行成员大会、成员代表大会和理事会的决议。成员大会和成员代表大会的决议,体现了全体成员的共同意志,成员应当严格遵守并执行。

(2)按照章程规定向本社出资。明确成员的出资通常具有两个方面的意义:一是以成员出资作为组织从事经营活动的主要资金来源。二是明确组织对外承担债务责任的信用担保基础。但就农民专业合作社而言,因其类型多样,经营内容和经营规模差异很大,所以,对从事经营活动的资金需求很难用统一的法定标准来约束。而且,农民专业合作社的交易对象相对稳定,交易相对人对交易安全的信任主要取决于农民专业合作社能够提供的农产品,而不仅仅取决于成员出资所形成的合作社资本。由于我国各地经济发展的不平衡,以及农民专业合作社的业务特点和现阶段出资成员与非出资成员并存的实际情况,一律要求农民加入专业合作社时必须出资或者必须出法定数额的资金,不符合目前发展的现实。因此,成员加入合作社时是否出资以及出资方式、出资额、出资期限,都需要由农民专业合作社通过章程自己决定。

(3)按照章程规定与本社进行交易。农民加入合作社是要解决在独立的生产经营中个人无力解决、解决不好或个人解决不合算的问题,是要利用和使用合作社所提供的服务。成员按照章程规定与本社进行交易既是成立合作社的目的,也是成员的一项义务。成员与合作社的交易,可能是交售农产品,也可能是购买生产资料,还可能是有偿利用合作社提供的技术、信息、运输等服务。成员与合作社的交易情况,按照《农民专业合作社法》第36条的规定,应当记载在该成员的账户中。

(4)按照章程规定承担亏损。由于市场风险和自然风险的存在,农民专业合作社的生产经营可能会出现波动,有的年度有盈余,有的年度可能会出现亏损。合作社有盈余时分享盈余是成员的法定权利,合作社亏损时承担亏损也是成员的法定义务。

(5)章程规定的其他义务。成员除应当履行上述法定义务外,还应当履行章程结合本社实际情况规定的其他义务。

四、农民专业合作社的设立与登记

1. 农民专业合作社的设立

(1)成立一个农民专业合作社至少要有5名以上的成员,在这些成员当中,农民要占80%以上。法律也允许社会团体法人、企业法人加入农民专业合作社,但是为了保障农民的主体地位,也是为了鼓励龙头企业以及一些为农服务的社会团体组织真正地帮助农民把合作社办好,对法人成员的数量在法律上是有一个限制的,就是不能超过5%。例如,合作社成员不到20人的时候,法人成员只能有一个。但是,具有公共管理职能或受委托行使公共管理职能的法人不得加入专业合作社。

(2)制定一个章程。章程是合作社最重要的一个文件,合作社的许多大事都要由章程来规定,比如说对成员的入社条件的要求,合作社盈余的分配,亏损了怎么办,等等。

(3)建立一个组织机构。这个组织机构按照法律的规定,有一个是必须要设立的,即合作社的理事长,因为理事长是合作社的法定代表人。其他的如理事会、执行监事、监事会是否设立由合作社自己决定。

(4)有一处住所,还要起个名字。住所就是合作社的业务活动场所,这个住所可以是合作社自己建立的一个专门的场所,也可以是租用的,也可以设置在合作社领导人的家里,这个都由合作社自己来决定,但是要写在章程里。起个名字就是合作社要起一个字号。合作社登记以后成为法人,就可以用自己的名字去订合同、办贷款,从事经营活动了,这是名字的作用。关于给合作社起名字还有一个问题要注意,就是农民专业合作社的名称应当含有"专业合作社"字样,并符合国家有关企业名称登记管理的规定。

(5)有符合章程规定的成员出资。法律没有要求加入合作社的社员必须得出资。是否出资,用什么方式出资等,这些都可在成立合作社的时候用合作社的章程来规定。但是如果你有出资的话,一定要记载在章程当中。法律为什么对出资做这样的规定呢？因为不同类型的合作社,对资金的需求可能是不一样的,兴办的时候有些合作社可能需要比较大量的资金,有些可能需要比较少的资金,也有的可能根本就不需要出资。为了规范出资,《农民专业合作社登记管理条例》第8条对出资形式做出了一些相应的规定,即"农民专业合作社成员可以用货币出资,也可以用实物、知识产权等能够用货币估价并可以依法转让的非货币财产作价出资。成员以非货币财产出资的,由全体成员评估作价。成员不得以劳务、信用、自然人姓名、商誉、特许经营权或者设定担保的财产等作价出资。成员的出资额以及出资总额应当以人民币表示。成员出资额之和为成员出资总额。"

(6)召开一个设立大会。设立农民专业合作社应当召开由全体设立人参加的设立大会,设立时自愿成为该社的成员的人为设立人。开设立大会的目的主要是制定一个由全体设立人一致通过的章程,选举产生合作社的理事长、理事会、监事会和决定其他的重大事项。

2. 农民专业合作社的登记

成立农民专业合作社需到当地的工商行政管理部门去办理一个登记的手续。法律规定专业合作社办理登记是不收费的。只有经过登记,合作社才能获得法人的资格。什么叫获得法人资格呢？就是获得登记了以后,你就可以用合作社的名义,去从事生产经营活动了,并且你的这些活动是受法律保护的。《农民专业合作社登记管理条例》第11条规定:"申请设立农民专业合作社,应当由全体设立人指定的代表或者委托的代理人向登记机关提交下列文件:

(1)设立登记申请书。

(2)全体设立人签名、盖章的设立大会纪要。

(3)全体设立人签名、盖章的章程。

(4)法定代表人、理事的任职文件和身份证明。

(5)载明成员的姓名或者名称、出资方式、出资额以及成员出资总额,并经全体出资成员签名、盖章予以确认的出资清单。

(6)载明成员的姓名或者名称、公民身份证号码或者登记证书号码和住所的成员名册,以及成员身份证明。

(7)能够证明农民专业合作社对其住所享有使用权的住所使用证明。

(8)全体设立人指定代表或者委托代理人的证明。

农民专业合作社的业务范围有属于法律、行政法规或者国务院规定在登记前须经批准的项目的，应当提交有关批准文件。”

五、合作社成员利益的保护

保护农民成员的利益是《农民专业合作社法》里面一项非常重要的内容，在这方面法律做了以下四方面规定：

1. 成员账户

合作社成员账户的作用主要有两个：一是明确合作社成员和合作社之间的财产关系；二是要以账户为依据作为合作社盈余分配的根据。这个账户的性质实际上就是要记录合作社里的社员在合作社里边有多少财产，从中明确了合作社成员与合作社之间的财产关系。法律规定，合作社的成员以其账户记载的财产为基础对合作社承担有限责任。合作社成员账户主要记录三项内容：一是成员在加入合作社时对合作社的出资；二是记载这个合作社成员在合作社期间合作社提取的公共积累，量化为这个成员的份额；三是记载这个成员在合作社期间与合作社进行交易的情况。

2. 盈余分配

盈余分配是合作社财务管理工作的核心，也是处理成员与组织之间以及成员相互之间利益关系的核心。对于合作社而言，与一般的企业法人不同，其利润的形成既有成员出资的贡献，也有成员与合作社之间交易的贡献，因此，合作社的盈余分配，关键是要合理确定交易量返还与按照出资分配的界限。法律规定：“在弥补亏损、提取公积金后的当年盈余，为农民专业合作社的可分配盈余。可分配盈余按照下列规定返还或者分配给成员，具体分配办法按照章程规定或者经成员大会决议确定：①按成员与本社的交易量（额）比例返还，返还总额不得低于可分配盈余的60%；②按前项规定返还后的剩余部分，以成员账户中记载的出资额和公积金份额，以及本社接受国家财政直接补助和他人捐赠形成的财产平均量化到成员的份额，按比例分配给本社成员。”

3. 财务公开

财务公开是合作社实行民主管理的一个非常重要的基础。所谓财务公开，就是有关合作社经济活动的情况，成员有权去了解、去掌握。关于财务公开，《农民专业合作社法》做了4个方面的规定。①农民专业合作社的理事长，或者理事会，应当在每年财务年度终了之前，制作相关的财务报表，包括年度业务报告、盈余分配方案、亏损处理方案以及财务会计报告，这些财务会计报告应当在成员大会召开15日前，公开放在合作社的办公地点，供成员查阅。②合作社的成员有权查阅合作社的财务报表和会计账簿。③合作社的理事长或者理事会编制了这些财务报告之后，要向成员大会或者成员代表大会报告，并且获得成员大会或者成员代表大会的批准。④对于每年的财务活动，合作社的执行监事或者监事会要负责进行内部的审计，如果没设执行监事或者监事会的话，这个审计活动就是由成员在查账的时候，或者是在成员代表大会审查报告的时候进行的。合作社成员大会或者成员代表大会也有权决定对合作社的财务报告委托有关的审计机关进行外部审计。这些财务公开的规定，核心的内容只有一个，即要保证农民成员的知情权，要让农民全面地了解和掌握合作社经济活动的情况，只有成员充分地了解和掌握了这些经济活动的情况之后，才有可能进行真正的、民主的管理。

4. 民主管理

合作社是农民自愿兴办的，农民在其中享有充分的民主权利，合作社是农民拥有的一个企业，农民对于合作社的重大事项有充分的管理的权利，这就是合作社民主管理的基本含义。关于民主管理，法律主要做如下规定：①关于(设立)成员大会或者成员代表大会的规定。法律明确规定了合作社成员大会的八项职权，其中最主要的是修改章程，选举罢免合作社的领导成员，决定合作社的重大经济活动，决定合作社的合并、分立、解散、清算，等等。合作社的成员大会是由合作社的全体成员组成的。如果合作社规模比较大，合作社的成员大会也可以决定设立成员代表大会。②关于表决权的规定。法律规定，合作社成员在合作社成员大会中的表决权是一人一票，这是合作社民主管理的基础，充分体现了合作社成员在合作社当中地位平等。

六、农民专业合作社的法律责任

法律对于合作社管理人员侵犯合作社财产的行为是否要受到法律制裁也做了明确的规定："农民专业合作社的理事长、理事和管理人员不能有下列行为：①侵占、挪用或者私分本社资产；②违反章程规定，或者未经成员大会同意，将本社资金借贷给他人，或者以本社资产为他人提供担保；③接受他人与本社交易的佣金归为已有；④从事损害本社经济利益的其他活动。如果合作社的理事长、理事和管理人员违反前款规定，所得的收入应当归本社所有，给本社造成损失的，应当承担赔偿责任。"

《农民合作社法》第七十条规定："农民专业合作社向登记机关提供虚假登记材料或者采取其他欺诈手段取得登记的，由登记机关责令改正；情节严重的，撤销登记。"第七十二条规定："农民专业合作社在依法向有关主管部门提供的财务报告等材料中，作虚假记载或者隐瞒重要事实的，依法追究法律责任。"

【案例链接一】

农民李大、李二、李三、李四、李五、李六想共同出资设立一个农民专业合作社，其中，李大有一家绿茶专卖店管理经营良好，欲以其出色的管理才能作价出资；李二虽然没有财产，但是曾经在银行办理了一张信用卡，银行出具了信用良好的记录，欲以其信用出资；李三以货币出资；李四在养鸡期间有个养鸡专业技术，已经向国家申请了专利，有专利证书，此次，这项专利技术正好可以用上，以其专利技术作价出资。李五说："俺没钱、没卡也没啥技术，俺今后两年就只在咱合作社干活，不拿工资，把这当作俺的出资"；李六有欠钱人给他出具的10万元欠据，拟以这张欠据作为出资。

问：关于上述出资人的出资，哪些是合法的？

【案例评析】

本案例中，农民李大是以其管理才能出资，属于以劳务出资；李二是以信用出资；李三是以货币出资；李四是以自己的专利技术出资；李五是以劳务出资。根据《农民专业合作社登记管理条例》的第八条规定："农民专业合作社成员可以用货币出资，也可以用实物、知识产权等能够用货币估价并可以依法转让的非货币财产作价出资。成员以非货币财产出资的，需全体成员评估作价。成员不得以劳务、信用、自然人姓名、商誉、特许经营权或者设定担保的财产等作价出资。"本案例中，除了李三用货币出资、李四用专利技术出资合法外，其他都不符合法律的规定。

【案例链接二】

旭日葡萄专业合作章程规定，经全体成员表决权的过半数通过可将合作社的资金借贷给他人或为他人提供担保。理事长张某未经成员大会的同意，将合作社的20万元资金借给朝阳玉米合作社，还为帮民养鸡专业合作社向银行的贷款50万元提供担保，帮民合作社给了张某贷款数额的10%作为好处费。后来，朝阳玉米合作社破产，旭日葡萄专业合作社只取回了12万元的借款。旭日合作社因帮民养鸡专业合作社到期无法偿还银行贷款20万元，被银行以保证人的身份告上法庭。

问：①张某未经合作社成员大会的通过给帮民合作社所做的保证是否有效？

②张某应承担什么责任？

【案例评析】

①合作社是法人，具有保证的资格，而张某是合作社的法定代表人，以其合作社名义进行的行为即合作社的行为，合作社不能以内部对法定代表人权利的限制对抗不知情的第三人，所以此保证是有效的。

②张某违反了《农民专业合作社法》第三十六条的规定，擅自以合作社资产为第三人做保证，因而造成损失20万元；擅自将资金借贷给他人未收回又造成8万元损失，因此张某应对合作社的28万元损失承担赔偿责任。

此外，张某在用合作社资产为他人做保证时，收回了5万元的好处费，应将该5万元收归合作社所有。

【练习思考】

(1)如何理解农民合作社的法律地位？

(2)农民合作社成员的权利、义务是什么？

第三章 农民合同权益法律保护

第一节 合同法概述

【基本要求】

(1)了解合同的基本概念、特征

(2)理解合同的原则

(3)熟悉合同的分类

重点:合同的分类

难点:合同分类的意义及其标准

【法律知识】

一、合同的概念与分类

1. 合同的概念与特征

(1)合同的概念。合同,又叫契约、协议,是指平等主体的自然人、法人、其他组织之间设立、变更、终止民事权利义务关系的协议。

在理解合同的概念时,应注意区分民法上的合同概念与合同法的适用范围。我国合同法上的合同仅指当事人设立、变更和终止财产权的双方法律行为,就身份关系而达成的协议不适用合同法的规定。对此,《中华人民共和国合同法》(以下简称《合同法》)第二条第(二)款规定:“婚姻、收养、监护等有关身份关系的协议,适用其他法律的规定。”而民法上的合同概念不受上述身份关系的限制。

(2)合同的特征。

①合同是一种民事法律行为,因此民法通则中关于民事法律行为的规定除合同法另有规定外,均适用于合同。

②合同以设立、变更、终止民事权利义务关系为目的。

③合同是当事人意思表示一致的协议。所谓意思表示一致,也称为合意,是指当事人各方做出的意思表示在内容上互相吻合,不存在分歧。

2. 合同的分类

合同按照不同的标准,可以分为不同的种类。常见的合同种类有:

(1)双务合同与单务合同。

单务合同:单务合同是只有一方当事人承担义务的合同,如赠与、借用、自然人借款等。

双务合同:是双方当事人互负对待给付义务的合同。合同法所规定的多数合同均为双务合同。

①区分标准:是否双方互相承担给付义务。

②区分意义:是否具有双务合同中的履行抗辩权。

(2)有偿合同与无偿合同。

有偿合同:当事人要取得权益必须支付相应对价。有偿合同是商品交换最典型的法律形式,如买卖、租赁、运输等合同。

无偿合同:当事人取得权益无须支付相应对价,如赠与、无偿借用、无偿保管等合同。

①区分标准:享有权利是否需要支付一定对价。

②区分意义:

- 注意义务:无偿合同中当事人的注意义务较有偿合同为轻。
- 行为能力:无偿合同中纯获利益的行为不要求受益人的行为能力。

(3)诺成合同(不要物合同)与实践合同(要物合同)。

诺成合同:又称不要物合同,指只要行为人意思表示一致,就能成立的合同。实践中大多数合同均为诺成合同。

实践合同:又称要物合同,指除意思表示一致外,还需要以物的交付为成立(有效)要件的合同。主要的实践合同有动产质押、定金、借用等合同。注意,赠与合同是诺成合同。

①区分标准:是否以标的物的交付为合同的成立要件或者生效要件。

②区分意义:不交付标的物的责任(违约还是缔约过失)。

(4)要式合同与不要式合同。

要是合同:法律规定必须采取一定形式的合同,如不动产买卖合同。

不要式合同:法律不要求采取特定形式的合同。

①区分标准:以合同的成立是否须采用法律规定或当事人约定的形式。

②要式合同的要式种类:书面、登记、批准、公证等。

③区分意义:关系合同的效力——欠缺法定形式的合同效力如何认定。

(5)主合同与从合同。

主合同:在两个关联合同存在的场合,不依赖其他合同而能单独存在的合同是主合同。

从合同:在两个关联合同存在的场合,必须依赖其他合同的存在为前提的合同是从合同。

例如,借款合同与保证合同之间,前者为主合同,后者为从合同。

①区分标准:是否能够独立存在。

②区分意义:决定从合同的效力,从合同服从主合同之效力。

二、合同法概述

合同法是指调整平等当事人之间合同关系的法律规范的总称。合同法调整的主要内容包括合同的订立、效力、履行、担保、变更、解除、终止、违约责任等。1986年制定的《中华人民共和国民法通则》规定了合同的一些内容,成为我国规范合同行为的重要法律。我国又于1999年颁布了《中华人民共和国合同法》,比较全面地对有关合同的法律关系进行了规范。

为了指导合同法的贯彻执行,适应复杂的社会生活,《合同法》确立了以下基本原则:平等原则、自愿原则、公平原则、诚实信用原则、遵守法律和公共秩序的原则。

1. 平等原则

《合同法》第三条规定:“合同当事人的法律地位平等,一方不得将自己的意志强加给另一方。”平等原则贯彻于合同的全部过程中,它要求合同当事人以平等、协商的方式,设立、变更或消灭合同关系,避免一方将自己的意志强加于对方的情况发生。

2. 自愿原则

自愿原则,是指合同当事人享有出于内心真实想法而自愿订立合同的自由。合同自愿原则赋予合同当事人从事民事活动的一定的意志自由,要求当事人在民事活动中应表达自己的真实意志。

3. 公平原则

《合同法》第五条规定:“当事人应当遵循公平原则确定各方的权利和义务。”合同的公平原则要求合同双方当事人之间的权利义务要基本平衡,即双方当事人之间给付与对待给付之间要具有等值性。

4. 诚实信用原则

《合同法》第六条规定:“当事人行使权利、履行义务,应当遵循诚实信用原则。”诚实信用原则是民法的最基本原则,它要求民事主体在从事活动时,应讲究信用,恪守诺言,诚实不欺,公平衡量并兼顾双方利益,以善意的心理方式履行义务,不得滥用权利,规避法律,不得损害社会公共利益和第三人的利益。

5. 遵守法律和社会公共秩序的原则

《合同法》第七条规定:“当事人订立、履行合同,应当遵循法律、行政法规,尊重社会公德,不得扰乱社会经济秩序,损害社会公共利益。”

【案例链接一】

新年将至,赵某到甲百货大楼为小孩购买旱冰鞋两双,一双留给自己8岁大的儿子,另一双送给了侄子。考虑到小孩子调皮,为防止万一,赵某又到乙保险公司为儿子购买了意外伤害保险一份。

问:赵某共形成了几个合同?这些合同属于什么类型?

【案例评析】

案例中,赵某向商场购买冰鞋的买卖合同是双务合同,赵某的合同义务是支付冰鞋的价格,而商场的合同义务是提供约定的合乎质量的冰鞋。赵某将冰鞋赠送给侄子的赠与合同就是单务合同,赵某的合同义务是将冰鞋无偿送交给侄子,而其侄子无须支付任何代价。赵某和甲百货大楼的买卖合同以及赵某购买的保险合同同时也都是有偿合同,赵某将旱冰鞋赠送给侄子的赠与合同为无偿合同。赵某为儿子购买的保险合同是涉他合同。以上买卖合同、赠与合同、保险合同等都是有名合同。

【案例链接二】

甲、乙双方达成协议,约定甲将房屋无偿提供给乙居住,乙则无偿教甲的女儿学钢琴。

对于该协议,属于什么类型的合同?

【案例评析】

本案中,甲将房屋无偿借给乙,乙则无偿教甲的女儿学钢琴,此内容在《合同法》上无独立名称,故属于无名合同。对于无名合同,应适用合同总则的规定,同时参照最类似的合同规定。本案中,甲虽然是无偿将房屋借用给乙,但乙以无偿教甲的女儿学钢琴为对价,该合同内容与租赁合同最为类似。

【思考练习】

(1)区分有偿合同与无偿合同的法律意义是什么?

(2)如何理解合同法的诚实信用原则?

第二节 合同的订立

【基本要求】

(1)了解合同的内容及形式

(2)理解缔约过失责任的概念及适用

(3)熟悉合同订立的程序

重点:要约与要约邀请的区别,要约与承诺的效力,要约和承诺的要件

难点:要约的撤回、撤销,要约与要约邀请的区别

【法律知识】

一、合同订立的程序

合同的订立是指当事人就合同条款的权利义务协商一致,从而达成协议的法律行为。合同订立的过程主要包括要约和承诺两个阶段。订立合同时,当事人之间通常经历“要约—新要约—承诺”这样一个动态的过程,一般由一方当事人先提出订立合同的意思表示,然后当事人之间可能要经过若干次讨价还价的协商,最后双方达成一个明确的协议。经过合同订立这个复杂的过程后形成了明确的静态的协议,才标志着合同的成立。

1. 要约

(1)要约的概念。要约,即订约提议,是一方当事人向他人提出的希望以一定条件订立合同的意思表示。发出要约的一方为要约人,接受要约的一方为受要约人或相对人。

(2)要约的要件。

①要约是由特定人做出的意思表示。要约旨在与他人订立合同,所以,要约人必须是订立合同的一方当事人,这就要求要约人必须是特定之人。

②要约是以订立合同为直接目的的意思表示。如不是以订立合同为目的向对方当事人发出的意思表示,不能视为要约。

③要约必须向要约人希望与之订立合同的受要约人发出。要约只有向要约人希望与之订立合同的受要约人发出,才能唤起受要约人的承诺,从而订立合同。

④要约的内容必须具体、确定。要约一旦为受要约人承诺,合同就已经成立。因此,要约应该包含订立合同的主要条件,如合同的标的、质量、价金、履行期限等,以便受要约人了解要约的真实含义,从而决定是否做出承诺。

(3)要约邀请。如果一方只是表示了订约愿望而没有提出合同的主要条件,则不构成要约,只能视为要约邀请(又称要约引诱)。要约邀请的直接目的是希望他人向自己发出订立合同的要约,生活中常见的要约邀请如商业广告、寄送的价目表、拍卖公告、招标公告、招股说明书等。但商业广告如果符合要约条件的视为要约,例如,广告注明本身就是要约的,又如广告写明相对人只要做出规定行为就可以使合同成立的。

(4)要约的法律效力。

①要约对要约人的法律效力。要约自送达受要约人时起生效。要约可规定受要约人做出承诺的期限,这个期限就是要约的有效期;若要约中未规定期限的,则以合理的期限为要约的有效期。在要约有效期内,如果受要约人接受要约,要约人必须与其订立合同。要约人在要约生效后,变更或撤销要约而给受要约人造成损失的,应承担民事责任。

②要约对受要约人的法律效力。受要约人自要约生效时起取得做出承诺的资格。受要约人是否要做出承诺从而订立合同,是受要约人的权利,因而除了法律另有规定或者双方事先另有约定外,受要约人没有答复的义务。即使要约人单方面在要约中规定受要约人不答复即视为承诺,该规定对受要约人也没有法律约束力。

(5)要约的生效时间。根据《合同法》第十六条的规定:“要约到达受要约人时生效。”针对数据电文的特殊性,采用数据电文发出的要约,如果收件人指定特定系统接收的,以该数据电文(即要约)进入该特定系统的时间,视为到达时间;如果收件人未指定特定系统的,以该数据电文进入收件人的任何系统的首次时间,视为到达时间。

(6)要约的失效。要约在一定条件下会失去其法律约束力,这就是要约的失效。根据《合同法》第二十条的规定,在下列情形下会导致要约失效:

①拒绝要约的通知到达要约人。要约生效后,受要约人可以承诺也可以拒绝。如果受要约人拒绝接受要约,则在拒绝要约的通知到达要约人时,要约失效。

②要约人依法撤回、撤销要约。要约可以撤回,撤回要约的通知应先于要约到达或同时到达。要约也可以撤销,撤销要约的通知应当在受要约人发出承诺通知之前到达受要约人。为保护当事人的利益,《合同法》第十九条规定,有下列情形之一的,要约不得撤销:“要约中确定了承诺期限以及其他形式明示要约不可撤销;受要约人有理由认为要约是不可撤销的,并且已经为履行合同作了准备工作。”

③要约有效期限届满,受要约人未做出承诺。有的要约人在要约中明确了承诺的期限,这样承诺必须在规定期限内做出,超过期限,则该要约自行失效。

④受要约人对要约的内容做出实质性变更。受要约人对要约中有关合同标的、数量、质量、价款或报酬、履行期限、履行地点和方式、违约责任以及纠纷解决办法等内容的变更,就视为对要约内容的实质性变更。

2. 承诺

(1)承诺的概念和要件。

《合同法》第二十一条规定:“承诺是受要约人同意要约的意思表示。”根据合同法的规定及理论通说,承诺须具备以下要件:

①承诺应是由受要约人向要约人做出的意思表示。要约和承诺是典型的相对人之间的行为,因此非受要约人所做的意思表示,不是承诺;受要约人同意要约的意思表示应向要约人做出,否则也不是承诺。

②承诺的内容应当与要约的内容一致。承诺作为受要约人愿意按照要约的内容与要约人订立合同的意思表示,承诺的内容应是与要约的内容一致的。如果受要约人对要约的内容只是部分接受,或做出实质性变更(实质性变更包括对有关合同标的、数量、质量、价款或报酬、履行期限、履行地点和方式、违约责任以及纠纷解决办法等内容的变更),则不构成承诺,而是成为一个新的要约。为了方便生活,便于交易,《合同法》同时也规定承诺在对要约进行非实质性变更后也生效的情况,即如果承诺对要约的内容做出非实质性变更,除该要约人及时表示反对或者要约本身规定承诺不得对要约的内容做出任何变更的以外,该承诺有效,合同的内容以承诺的内容为准。

③承诺应在要约的有效期内做出。要约规定了期限的,意味着要约在其存续期间才有效力,承诺必须在此期间内做出。要约没有规定期限的,承诺应在以下期限内做出:要约以对话方式做出的,应当立即承诺;要约以非对话的方式做出的,应当在合理的期限内承诺。凡是在要约有效期满后的答复,是迟到的承诺,除要约人及时通知受要约人该承诺有效的以外,不发生承诺的法律效力,只能构成一个新的要约。

承诺的方式，是指承诺人采用何种办法将承诺的通知送达要约人。按照我国《合同法》的规定，承诺一般应当以通知的方式做出，同时根据交易习惯或者要约表明可以通过行为做出承诺的也可以行为的方式进行承诺。其中通知的方式可以是口头的、书面的；行为一般是合同履行行为，如预付价款、装运货物等。生活中如在超市购物，看到货架上的商品实物及其价格，你愿意购买，于是取下该商品然后直接到收银台付款，买卖成功。超市货架上摆放的商品及其标明的价格就是超市向顾客发出的要约，顾客则以付款的行为来做出承诺，这样顾客和超市之间的买卖合同就成立并履行了。注意，单纯地沉默不构成承诺。

（2）承诺的法律效力。承诺的法律效力，是指承诺引起的法律后果。我国《合同法》规定，承诺的效力在于承诺生效时合同成立，当事人于此时开始负有履行合同的义务。承诺的生效，一般应于承诺通知到达要约人时生效。承诺不需要通知的，应于有符合交易的性质、习惯所确定的方式或者要约表明的其他方式的情形时生效。

《合同法》规定承诺有下列情形时不发生效力：

①承诺被撤回。承诺被撤回是受要约人在其做出的承诺生效之前将其撤回的行为。撤回承诺的通知必须先于承诺或者与其同时到达要约人；否则，已做出的承诺仍然有效，合同已经成立，双方当事人要受合同内容的约束。承诺被撤回，视为承诺未发出。

②迟到的承诺。受要约人超过要约期限发出的承诺，为迟到的承诺。迟到的承诺，除非要约人及时通知受要约人该迟到承诺仍然有效的以外，都不发生承诺的效力；但因其又符合要约的条件，所以构成一个新的要约。

承诺的迟到如是因意外的原因而导致的，并不一概无效。我国《合同法》第二十九条规定："受要约人在承诺期限内发出承诺，按照通常情形能够及时到达要约人，但因其他原因承诺到达要约人时超过承诺期限的，除要约人及时通知受要约人因承诺超过期限不接受该承诺的以外，该承诺有效。"

二、合同的内容及形式

1. 合同的内容

合同的内容是指合同中当事人达成的明确双方权利义务的条款。由于合同的种类和性质不同，合同的内容也不完全相同。针对这样的情况，我国《合同法》规定，合同的具体内容由当事人约定，一般包括如下条款：①当事人的名称或者姓名和住所；②标的；③质量；④数量；⑤价款或酬金；⑥履行的期限、地点和方式；⑦违约责任；⑧解决争议的办法。

合同条款可分为必要条款和一般条款。

（1）必要条款。必要条款也称主要条款，是指合同必须具备的条款。它决定着合同的类型和当事人的基本权利和义务，因而具有重要意义。合同必要条款的确立标准主要有：

①法律的规定。例如，《合同法》第一百九十七条中关于借款合同中币种的规定。

②合同类型或性质决定。如买卖合同中的价款、租赁合同中的租金。

③当事人约定，即当事人要求必须订立的条款。

（2）一般条款。一般条款即合同必要条款以外的条款。一般条款包括两种情况：一是法律未直接规定，也不是合同的类型和性质要求必须具备的，当事人也无意使其成为主要条款的合同条款，例如，包装物返还的约定。二是当事人并未写入合同，甚至未经协商，但基于当事人的行为，或基于合同的明示条款，或基于法律规定，理应存在的合同条款，又如被保险船舶应有适航能力、交易惯例与行业惯例之遵守等。

2. 合同的形式

合同的形式，是指当事人记载合同内容的方式。《合同法》规定当事人的合同形式有书面形式、口头形式和其他形式。

（1）书面形式。书面形式是以文字记载当事人所订合同的形式。书面形式可以表现为合同书、信件以及数据电文（包括电报、电传、传真、电子数据交换和电子邮件）。书面形式的优点是当事人权利义务明确，有据可查，发生纠纷时便于分清责任。因此重要的、内容复杂的合同最好采取书面形式。

（2）口头形式。口头形式是当事人只用语言进行意思表示订立的合同。口头形式简便易行，在日常生活经常被采用，但不足之处是发生纠纷时难以举证。一般现货交易、商店零售等数额较小、能及时结清的合同多采用口头形式。例如到饭店吃饭消费、到日杂商店购买日用品等都是以口头形式订立的合同。

（3）其他形式。其他形式是指以书面和口头以外的形式订立的合同，包括推定形式和默示形式。推定形式指一方当事人只用行为向对方发出要约，对方以一定或指定行为做出承诺，合同即告成立。如校园里的自动售货机，顾客将规定的货币投入机器内，买卖合同就成立。默示形式是指当事人以不作为进行意思表示的形式。此形式仅限于有法律规定、商业惯例或者当事人预约承认的情况下采用。

合同应该尽可能尊重当事人的意愿，因此具体采用何种合同形式，一般由当事人协商决定。但是法律、行政法规规定采取书面形式的合同，应当采取书面形式；当事人约定采取书面形式的，也应当采取书面形式。特别要注意的是，法律、行政法规规定或者当事人约定采取书面形式订立合同，当事人未采取书面形式但一方已经履行了合同的主要义务，对方已接受的，该合同仍然成立。

3. 格式条款合同

《合同法》第三十九条规定："格式条款是当事人为了重复使用而预先拟定，并在订立合同时未与对方协商的条款。"采用格式条款订立合同的，提供格式条款的一方应当遵循公平原则确定当事人之间的权利和义务，并采取合理的方式提请对方注意免除或者限制其责任的条款，按照对方的要求，对该条款予以说明。格式条款具有《合同法》第五十二条和第五十三条规定情形的（后文关于合同的无效和可撤销处会涉及），或者提供格式条款一方免除其责任、加重对方责任、排除对方主要权利的，该条款无效。对格式条款的理解发生争议的，应当按照通常理解予以解释。对格式条款有两种以上解释的，应当做出不利于提供格式条款一方的解释。格式条款和非格式条款不一致的，应当采用非格式条款。

经营者不得以格式合同、通知、声明、店堂告示等方式做出对消费者不公平、不合理的规定，或者减轻、免除其损害消费者合法权益应当承担的民事责任。

【案例链接一】

甲公司因建楼急需水泥，遂向乙水泥厂发函称："我公司愿购贵厂××型水泥50吨，单价每吨300元，货到付款。"第二天乙水泥厂即向甲公司发出货物。

请问甲公司的发函行为是否构成要约？

【案例评析】

甲向特定的相对人乙做出意思表示，并且内容具体、确定，符合要约的构成要件，应当构成要约。

【案例链接二】

如甲向乙发出要约，要求乙在10日内做出答复，并表明若在10日内乙未进行答复的视为接受。

若乙在10日内未答复，那么乙的沉默是否构成承诺？

【案例评析】

仍然不构成承诺，合同不能成立。根据《合同法》的规定："承诺通知到达要约人时生效。承诺不需要通知的，根据交易习惯或者要约的要求做出承诺的行为时生效。"因此，承诺一般是以明示的方式做出，单纯的沉默不构成承诺。

【案例链接三】

甲商场是一家主要经营电器的商场。2014年1月20日，某电视机厂向甲商场发函称：愿以每台电视机2400元的价格卖给甲商场300台某型号的电视机。甲商场回函：要以每台2100元的价格买200台。电视机厂收到商场函后又发一函称：愿以每台2200元的价格卖给甲商场200台电视，且函到发货。甲商场因对条件不满意，故未予理睬。1月30日，该电视机厂将200台电视运至商场，商场拒绝接收。后该电视机厂到法院起诉甲商场。

问：甲商场与某电视机厂是否存在买卖电视机的合同，为什么？

【案例评析】

某电视机厂向甲商场第一次发出的函即是希望同甲商场订立电视机买卖合同的要约。甲商场的回函把价格由2400元变为2100元，数量由300台减为200台，已经对电视机厂要约的内容做了实质性变更，所以甲商场的回函并非承诺，而是向电视机厂发出一个新的要约。

此时针对甲商场的新要约，作为受要约人的电视机厂没有承诺，其第二次所发的函也是一个新要约，其中规定的"函到即发货"，表明不须甲商场承诺该买卖合同就生效，依据要约的效力，此规定对受要约人甲商场没有效力。

某电视机厂第二次函所发出的新要约，甲商场未予以理会，既未发出新要约进一步讨价还价，也未做出承诺，因而甲商场和某电视机厂没有达成关于买卖电视机的协议，合同没有成立。

综上所述，甲商场没有接受电视机厂所发的货物并付款的义务。电视机厂应当为自己的行为承担损失。

【思考练习】

（1）2012年9月3日，原告肖某与新婚妻子刘某将其在婚礼上拍摄的一卷富士胶卷交由被告某彩色打印服务部（以下简称彩扩部）冲洗，约定第二天取照，原告肖某依惯例预交了18元的冲洗费，彩扩部开出了一张取照用的冲印单。第二天，原告肖某来到彩扩部要求领取冲洗好的照片，被告称其胶卷暂时找不到，可能被人误领，告知其过几天再来。原告后经多次催告，被告均拿不出照片。原告为此要求赔偿，被告只愿赔偿胶卷和退还预收费。肖某遂于2013年4月4日向某市某区人民法院起诉，以被告将原告拍有结婚内容的胶卷遗失，给原告带来无法弥补的精神损失为由，要求被告赔礼道歉并赔偿精神损失5000元。

被告辩称：胶卷确实由于自己的原因被遗失，愿意为此赔礼道歉，但原告所提出的精神损失费5000元我们不能接受。据某市摄影行业协会的统一行业规定，“如遇意外损坏或遗失，只赔同类同号胶卷”，由于该行业规定的文本已悬挂于营业场所的显眼位置，原告肯定看到，既然原告在看到该行规后仍然愿意将胶卷交由我们冲洗，那就等于同意将该规定作为合同格式条款之一。所谓约定必须信守，原告只能按照合同约定得到同类胶卷的赔偿和预交款的返还。

问：被告的辩称是否成立？

（2）你对格式合同中的免责条款如何理解？

第三节　合同的效力

【基本要求】

（1）了解合同不成立、无效、被撤销或不被追认的法律后果

（2）理解合同生效的要件、可撤销合同的概念

（3）熟悉合同无效的具体情形、效力待定合同的情形

重点：可撤销合同的法定情形

难点：无效合同和可撤销（变更）合同的区别

【法律知识】

一、合同的生效

合同的生效，是指已经成立的合同在当事人之间产生的法律拘束力。合同经过要约、承诺订立，但是，此时的合同还只是体现当事人意思自由的结果，只能说在当事人之间成立了；成立的合同是否生效还要经过法律的评价，看其是否符合法律的要求。即成立的合同符合法律要求则生效，与法律的要求相抵触的，则要么无效，要么被撤销，要么效力待定。

按照《民法通则》第五十五条和《合同法》第五十二条、第四十四条的规定,合同的生效要件一般为以下四个方面:

1. 订约当事人主体合法

如果当事人是自然人,其订立合同,应具有相应的民事权利能力和民事行为能力。限制行为能力人只有在从事与其年龄、智力状况相适应的民事活动时订立的合同才生效。无民事行为能力人从事民事活动须由其监护人代理。但无行为能力人订立的自己纯获利益的或者义务完全免除的合同(如接受赠与而获得压岁钱、玩具等),和与其智力状况、年龄相适应的满足其日常学习、生活需要的合同则有效。

如果当事人是法人,则情况有所不同。依据《民法通则》和《合同法》的规定,原则上要求法人在开展经营活动中订立合同须受其章程及经营范围的限制,但是随着市场经济的发展,一般法人超越经营范围订立的合同,只要没有违背法律的强制性规定,仍然认为是有效的;但违反国家限制经营、特许经营以及法律、行政法规禁止经营的规定而订立的合同是无效的。

2. 意思表示真实

意思表示真实,是指当事人在缔约过程所做的要约和承诺都是自己内在真实意志的表示,即当事人行为的外部表示与内心意思是完全一致的。

3. 合同内容不违反法律规范及社会公共利益

合同的内容不得违反法律法规的强制性规定,也不得违背社会公共利益。社会公共利益是指社会上多数人的利益,凡是我国的政治基础、社会秩序、道德准则和风俗习惯等都包括在内。

4. 合同标的要确定和可能

标的确定,即合同标的明确、具体。标的可能,即标的存在客观上的现实性,交易目的是当事人能够实现的。

以上为合同生效的一般要件,此外当事人对合同的效力可以约定附条件。附生效条件的合同,自条件出现时生效。附解除条件的合同,自条件出现时失效。当事人为自己的利益不正当地阻止条件成就的,视为条件已成就;不正当地促成条件成就的,视为条件不成就。

当事人对合同的效力也可以约定附期限。附生效期限的合同,自期限届至时生效。附终止期限的合同,自期限届满时失效。

二、合同的无效

无效合同,是指成立的合同因不符合法定生效条件而不具有法律效力的合同。

依法成立的合同,自订立时起就具有法律效力,产生了对当事人的法律约束力,双方都应当遵守合同内容,任何一方当事人不得擅自变更或解除合同。任何一方违反合同,应当承担违约责任。无效合同从其订立时起就不发生法律效力,对合同双方当事人均无约束力,不受国家法律的承认和保护。

无效合同分为全部无效合同和部分无效合同。全部无效合同，又称合同绝对无效，是指合同的全部条款不发生任何法律效力的合同；部分无效合同，是指其中某些条款因违反法律法规而无效，但其他部分仍具有法律效力的合同。

1. 合同绝对无效的情形

根据我国《合同法》第五十二条的规定，绝对无效的合同有下列6类：①无民事行为能力人依法不能独立订立的合同；②一方以欺诈、胁迫手段订立损害国家利益的合同；③恶意串通，损害国家、集体或者第三人利益的合同；④以合法形式掩盖非法目的合同；⑤损害社会公共利益的合同；⑥违反法律、行政法规的强制性规定的合同。

在这里，欺诈是指一方当事人故意捏造虚假事实，或歪曲、掩盖真实情况，使得对方当事人陷于错误认识而做出不合其真实意思的表示。胁迫则是一方当事人以施加肉体或者精神压力的方式，使对方当事人陷入恐惧而做出不合其真实意思的表示。

2. 合同部分条款无效的情形

按照《合同法》第五十三条的规定，如果合同中约定了下列免责条款，该免责条款无效：一是造成对方人身伤害的；二是因故意或者重大过失造成对方财产损失的。

三、可撤销(或可变更)的合同

1. 可撤销合同的概念和特征

可撤销的合同，是指合同因当事人意思表示不真实而欠缺生效条件，享有撤销权的当事人可通过法定机关或者程序，使合同不再具有法律效力的合同。

我国《民法通则》第五十九条将因重大误解订立的和显失公平的民事行为归为可撤销、变更的民事行为的范畴。相对绝对无效合同而言，可撤销合同在有撤销权一方行使撤销权前，对当事人均有法律效力，而当其行使撤销权，经法院或仲裁机构同意撤销该合同时，该合同无效，且无效自合同成立时起，因而可撤销合同又称相对无效合同。

2. 可撤销合同的法定情形

按照《合同法》第五十四条的规定，下列合同，当事人一方有权请求人民法院或者仲裁机构变更或者撤销：

(1)因重大误解订立的合同。重大误解，是指一方当事人对合同的内容或者条款在理解上存在重大的错误，并使自己遭受较大损失。现实生活中重大误解的情形主要包括：一是对合同的性质发生误解；二是对标的物种类的误解；三是对标的物质量的误解；四是对标的物价值的误解；五是对当事人特定身份认识的错误。

(2)显失公平的合同。显失公平的合同是指一方在情况紧迫或缺乏经验的情况下，订立对自己明显有重大不利的合同。此种合同违反了公平和等价有偿的合同法原则，使合同当事人双方的权利义务明显不对等，经济利益上明显不均等。导致显失公平的原因可以是欺诈、胁迫、乘人之危、重大误解、当事人缺乏行为能力，也可能是其他的因素。

(3)以欺诈、胁迫手段订立的合同。以欺诈、胁迫手段订立的合同,作为可撤销合同,在构成条件上与合同法第五十二条规定的无效情形是有区别的,两者的区别主要在于损害的利益不同,无效合同的欺诈、胁迫,在其构成要件上须损害国家利益,因而构成合同的当然无效,而此处的欺诈、胁迫则不以此为构成要件。

(4)乘人之危的合同。乘人之危的合同,是指行为人面临危难处境或紧迫需要的情形,在没有价格竞争的条件下,迫于对方压力订立的不符合事实意思表示的合同。

显失公平、乘人之危、以欺诈和胁迫手段订立的合同,在不损害国家利益时才构成可撤销的合同,否则为无效合同。

3. 撤销权的行使

合同符合可撤销的情形时,合同的受害人获得撤销权,即受害人可通过单方面的意思表示使合同失去法律效力。撤销权的实现须是在受害人知道或者应该知道撤销事由之日起1年内,向仲裁机构或者法院提出撤销合同的请求,由仲裁机构和法院认定。可撤销的合同在被撤销前是有法律效力的,在被权利人撤销后,合同自始无效。在受害人获得撤销权的同时,为保持生活和经营的正常秩序,充分考虑到各方当事人的合法权益,合同法规定如果受害人在1年内不行使撤销权,或者明确放弃撤销权的,其撤销权归于消灭。无效的合同或者被撤销的合同自始没有法律约束力。合同部分无效,不影响其他部分效力的,其他部分仍然有效。

在合同出现可撤销的原因时,合同中的受害人也同时具备了合同的变更权。受害人可以就合同中有瑕疵的部分(即重大误解和显失公平之处)要求改变合同的相应内容。行使变更权的方式、期限与撤销权一样。

四、效力待定的合同

效力待定的合同,是指合同虽然成立,但不具备合同的生效要件,其效力能否发生尚未确定,须经权利人追认或者拒绝才能确定效力的合同。效力待定的合同与无效的合同、可撤销的合同是有区别的。效力待定的合同在成立时并没有生效,其法律效力是悬而未决的,之后经权利人追认才有效,权利人拒绝追认则无效。相比较而言,可撤销的合同本身有效,但是,如果受害方当事人主张了撤销权则合同无效。无效的合同自始至终无效,之后的任何行为都不改变合同的无效地位。

效力待定的合同究其原因主要是合同当事人主体资格的瑕疵所造成的,一般如下:

(1)限制民事行为能力人订立的合同。根据合同的有效要件,限制民事行为能力人不能独立订立合同,因而其独立订立的合同属于效力待定的合同。限制民事行为能力人订立的合同,经其法定代理人追认后,该合同有效,合同相对人可以催告法定代理人在1个月内予以追认。法定代理人未做表示的,视为拒绝追认。合同被追认之前,相对人有撤销合同的权利。

如前文提及,限制民事行为能力人订立的不需要其法定代理人追认而当然有效的合同包括:纯获利益的合同;与其年龄、智力、精神状况相适应而订立的合同或者义务被免除的合同。

(2)无权代理人以被代理人名义订立的合同。行为人没有代理权、超越代理权或者代理权终止后以被代理人名义订立的合同,未经被代理人追认的,对被代理人不发生效力,由行为人承担责任。相对人可以催告被代理人在1个月内予以追认。合同被追认之前,善意相对人有撤销的权利。撤销应当以通知的方式做出。

在构成表见代理(即行为人没有代理权、超越代理权或者代理权终止后以被代理人名义订立的合同,相对人有理由相信行为人有代理权的)的情况下,出于保护相对人的合法利益的目的,该表见代理有效,被代理人须承担合同义务。由此产生的后果,被代理人可以要求无权代理人来承担。

(3)以无权处分形式订立的合同。无处分权的人处分他人财产,经财产权利人追认或者无处分权的人订立合同后取得处分权的,该合同有效。无处分权人不能取得处分权或权利人不予追认的合同无效,但其无效不适用善意取得的情形。

五、合同不成立、无效、被撤销或不被追认的法律后果

合同不成立、无效、被撤销或不被追认的,只是不发生订约当事人所预期的法律效力,并非不产生任何法律上的后果,这些法律后果包括返还财产、缔约过失责任和行政处罚等。

合同无效或者被撤销后,因该合同取得的财产,应当予以返还;不能返还或者没有必要返还的,应当折价补偿。合同不成立、无效、被撤销或不被追认的,当事人一方因此受到损失时,有过错的一方应当按照缔约过失责任承担责任。合同无效还可能产生追缴财产、罚款等行政处罚。

【案例链接一】

甲某为满足自己的毒瘾,而同乙某达成购买20克海洛因的协议。

此买卖合同经过甲、乙双方的要约承诺在形式上已经成立,但法律能够承认此买卖合同的效力并进而保护合同双方当事人的的权利和义务吗?

【案例评析】

显然,贩卖毒品是我国法律禁止的行为,甲、乙的合同虽然符合合同成立的条件,却不会产生法律上的效力,反而是要被禁止的。由此可见,成立了的合同,不一定有效而被法律承认和保护。

【案例链接二】

李某的父亲生前是一个集邮爱好者,去世时还留有几本邮票。李某对邮票从不感兴趣,李某觉得这些邮票不好处理。一日,李某的朋友刘某来吃饭,无意间发现了这几本邮票,刘某也是一集邮爱好者,他随即表示愿意全部购买,最后以5000元的价格将邮票全部拿走,李某对这一价格也比较满意。事过不久,李某从父亲生前的一朋友处得知,他父亲所留的邮票中,有5张相当珍贵,可能每张都值5000元;同时另一同事告诉他,刘某正在寻找买主。李某立即找到刘某,要求退还刘某的5000元钱,取回邮票,但

刘某坚决不同意。双方协商不成，李某诉至法院，要求撤销合同，返还邮票。

李某与刘某间买卖邮票的行为的效力如何？

【案例评析】

《民法通则》第四条规定："民事活动应当遵循自愿、公平、等价有偿、诚实信用的原则"。在这一交易过程中，虽然当事人双方是平等自愿的，但是因为李某缺乏对邮票相关知识以及市场行情的了解，导致他对买卖标的物的价值有严重的误解，而刘某应该知道此邮票的价值仍以较低价格换取，显然违背了我国民法的基本原则。《民法通则》第五十九条规定：行为人对行为内容有重大误解及行为显失公平的，当事人可以请求人民法院对已成立的民事行为予以变更或撤销。因此，刘某与李某之间的买卖行为属可变更、可撤销的民事行为。

【思考练习】

(1)小雨的父母热衷于购买彩票，15岁的小雨深受影响，平时也比较关注彩票的中奖情况。一天，小雨放学途经一彩吧，花10元钱买了5张福利彩票，后得知其中1张中奖1万元。第二天，小雨拿着有效证件到彩吧领奖时，工作人员以小雨未成年为由，拒绝支付，并认为小雨作为未成年人，购买彩票的行为无效。小雨的父母知道后，与彩吧发生纠纷，后以小雨的名义把彩吧告上法庭。

试分析小雨购买彩票的行为性质如何，彩吧是否应当支付奖金？

(2)试述无效合同的种类。

第四节　合同的履行

【基本要求】

(1)了解合同履行的原则

(2)理解合同履行中的抗辩权和合同履行保全的含义

(3)熟悉合同内容约定不明确时的履行规则、双务合同履行中的抗辩权

重点：债权人的代位权和债权人的撤销权的构成要件

难点：同时履行抗辩权、先履行抗辩权的成立要件及两者的区别

【法律知识】

一、合同履行的原则

合同的履行，是指合同当事人全面、适当地完成其合同义务。合同履行的结果，是债务人完成了合同约定的义务，同时债权人实现了其合同权益的统一。当事人订立合同的目的在于将合同所约定的权利转化为一定的经济利益，在合同成立生效后，当事人所期望的经济利益能否实现，就取决于合同债务人的履行情况。

我国《合同法》规定了合同履行时的一些原则，这些原则除了诚实信用、公平、平等等合同法的基本原则外，还有以下专属于合同履行的原则：

(1)适当履行原则。此原则又叫全面履行原则，要求当事人按照合同约定的标的及其质量、数量，由适当的主体在适当的履行期限、履行地点，以适当的履行方式，全面完成合同的义务。

(2)协作履行原则。协作履行原则，是指当事人在全面履行自己合同债务的同时，应当基于诚实信用的要求，在必要的限度内，配合协助对方当事人履行债务。这个原则表明，合同的履行不仅仅是债务人的单方面的事，它需要双方积极配合、相互协作才能使合同的内容得以实现。

(3)经济合理原则。合同履行本身也需要一定的成本支出，比如标的的运输方式，履行期的选择等，经济合理原则要求债务人在完成合同义务时，讲求经济效益，付出最小的成本，取得最好的合同利益。

二、合同履行的主要规定

1. 合同内容约定不明确时的履行规则

合同生效后，当事人应严格按照合同约定进行履行。如果合同中当事人就质量、价款或报酬、履行地点等内容没有约定或者约定不明确的，可以协议补充；达不成补充协议的，按照合同有关条款或者交易习惯确定。如果仍不能确定的，则按照以下规定履行：

①质量要求不明确的，按照国家标准、行业标准履行；没有上述标准的，按照通常标准或者符合合同目的的特定标准履行。

②价款或报酬不明确的，按照订立合同时履行地的市场价格履行；依法应当执行政府定价或指导价的，按照规定履行。

③履行地点不明确的，给付货币的，在接受货币一方所在地履行；交付不动产的，在不动产所在地履行；其他标的，在履行义务一方所在地履行。

④履行期限不明确的，债务人可以随时履行，债权人也可随时履行，但应当给对方必要的准备时间。

⑤履行方式不明确的，按照有利于实现合同目的的方式履行。

⑥履行费用的负担不明确的，由履行义务一方负担。

2. 执行政府定价或者政府指导价合同的履行规则

执行政府定价或者政府指导价的，在合同约定的交付期内政府价格调整时，按照交付时的价格计价。逾期交付标的物的，遇价格上涨时，按原价格执行；价格下降时，按照新价格执行。逾期提取标的物或者逾期付款的，遇价格上涨时，按照新价格执行；价格下降时，按照原价格执行。

3. 合同履行涉及第三人时的规则

(1)向第三人履行的合同(涉他合同)。当事人约定由债务人向第三人履行债务的，债务人未履行债务或履行债务不符合约定的，应由债务人向债权人承担违约责任。

（2）由第三人履行的合同。当事人约定由第三人向债权人履行债务的，第三人未履行债务或履行债务不符合约定的，应由债务人向债权人承担违约责任。

三、双务合同履行中的抗辩权

双务合同中的抗辩权，是指当事人一方在符合法定条件时，对抗对方当事人要求履行合同的请求，暂时拒绝履行其债务的权利。它包括同时履行抗辩权、先履行抗辩权和不安抗辩权。

1. 同时履行抗辩权

（1）同时履行抗辩权的概念。同时履行抗辩权是指当事人互负债务且没有先后履行顺序，一方当事人在对方未履行合同义务之前，拒绝履行自己的义务的权利。

（2）同时履行抗辩权的成立条件。①当事人须因同一双务合同而互负债务；②当事人双方互负的债务没有先后履行顺序，并且已到履行期限；③对方当事人未履行债务或未按约定履行债务；④对方当事人的债务是可能履行的。

（3）同时履行抗辩权的效力。同时履行抗辩权的行使能暂时阻止对方当事人要求自己履行债务，但是如果对方在适当履行了合同义务后，同时履行抗辩权失去其存在的理由，主张同时履行抗辩权的当事人应当履行自己的合同义务。

2. 先履行抗辩权

（1）先履行抗辩权的概念。先履行抗辩权是指在有先后履行顺序的双务合同中，应当先履行的一方当事人没有履行合同义务的，后履行一方当事人拒绝履行自己的合同义务的权利。先履行抗辩权是为保护有先后履行顺序的合同中后履行义务当事人的合法权利（顺序利益）。

（2）先履行抗辩权的成立条件。①当事人因同一双务合同而互负合同债务；②当事人之间的合同债务有先后履行的顺序；③先履行一方到期未履行债务或未按约定履行债务。

（3）先履行抗辩权的效力。后履行一方当事人行使后履行抗辩权后，可以暂时中止履行债务，并以此来对抗先履行一方要求其履行债务的请求。先履行一方若采取了补救措施或者改变违约为适当履行的情况下，先履行抗辩权则消失，后履行一方须按照合同约定履行其债务。在行使先履行抗辩权的同时，后履行一方当事人还可以要求对方承担违约责任。

3. 不安抗辩权

（1）不安抗辩权的概念。不安抗辩权是指在双务合同中，应当先履行义务的当事人有确切证据证明对方有丧失或可能丧失履行能力的情形时，中止履行自己义务的权利。不安抗辩权的目的是保护先履行义务的当事人的合法利益。

（2）不安抗辩权的成立条件。①当事人之间的合同是双务合同，当事人相互向对方负有合同债务；②行使不安抗辩权的当事人一方负有先履行的债务，并且已到债务履行期;③后履行债务一方有丧失或可能丧失履行义务能力的下列情形:经营状况严重恶化的,转移财产、抽逃资金,以逃避债务的,严重丧失商业信誉的,其他丧失或者可能丧失履行债务能力的情形;④后履行债务一方当事人未提供适当担保。

(3)不安抗辩权的效力。不安抗辩权的主要效力在于中止合同,先履行一方有权中止履行,但应及时通知对方。对方提供担保的,应当恢复履行。中止履行后,对方在合理期限内未恢复履行能力并且未提供担保的,先履行合同义务的一方可以解除合同。

四、合同的保全

合同保全,是指为预防债务人的财产不当减少而给债权人的债权带来危害,法律赋予债权人行使代位权或撤销权,维护其债权的法律制度。

合同保全的目的是为了促使合同义务的履行,通过对债务人总体财产的控制,以督促合同债务人履行债务。

我国合同法中规定合同有两种保全方式:债权人的代位权和债权人的撤销权。

1. 代位权

代位权,是指当合同债务人怠于行使其对第三人享有的权利而危及债权人的债权时,合同债权人可以向法院请求以自己的名义代替行使合同债务人对第三人的权利。

债权人行使代位权要符合以下条件:

①合同债务人对次债务人(即债务人的债务人)享有到期债权。此处的权利限于非专属于债务人本身的权利。专属于债务人本身的权利主要是基于扶养关系、继承关系等产生的给付请求权和劳动报酬、养老金、人身伤害赔偿请求权等权利。

②债务人怠于行使其到期债权。

③债务人已陷于延迟履行合同义务。

④延迟履行已对债权人造成损害,即有保全债权的必要。

代位权的行使人是合同债权人,如果债权人有多个,则债务人的各个债权人在符合法律规定的条件下都可以行使代位权。代位权的行使方式,是债权人以自己的名义向法院起诉,由法院通过诉讼程序决定。债权人行使代位权所产生的必要费用,由次债务人承担。代位权的范围以债权人的债权为限,并须对债务人的权利尽到善良管理人的注意义务,如给债务人造成损失的,债权人应负赔偿责任。

2. 撤销权

(1)债权人的撤销权的概念。债权人的撤销权,又称撤销诉权,是指债权人对于债务人实施不当减少其财产而危害债权的行为,可以请求法院予以撤销的权利。

(2)债权人的撤销权的成立要件。撤销权成立的条件有客观要件和主观要件两个方面。客观要件是债务人实施了有害于债权的行为,包括以下情况:债务人放弃了其到期债务;债务人无偿转让财产;债务人以明显不合理的低价转让财产等。主观条件是指行为人行为时具有的主观恶意,即债务人与第三人为法律行为时,明知行为有害于债权而为之的心理状态。

行使撤销权的主体、方式和范围与代位权相同。撤销权的行使还有时间限定，即撤销权应在债权人知道或者应当知道撤销事由之日起1年内行使；自债务人的行为发生之日起5年内没有行使撤销权的，该撤销权消灭。

【案例链接一】

甲与乙订立合同，双方约定：甲应于2015年9月1日向乙交付货物，乙则应于9月8日向甲支付货款。8月底，甲发现乙经营状况严重恶化，并有确切证据可以证明。

问：在9月1日期限到来时甲应该如何应对？

【案例评析】

甲有权拒绝交货，除非乙提供了相应担保。根据《合同法》第六十八条规定，应当先履行债务的当事人，有确切证据证明对方有下列情形之一的，可以中止履行：①经营状况严重恶化；②转移财产、抽逃资金，以逃避债务；……该题符合第（一）款规定的情形，因此，甲有权中止履行。

【案例链接二】

2012年5月，乙公司向甲公司购买了一批空调，采取的是先提货后付款的方式，总价款为90万元，合同约定的付款终止日期为2012年9月30日。乙公司在合同约定的付款日期到来之际向甲公司支付了货款50万元，但一直未支付余下的40万元货款。甲公司向乙公司追讨期间，发现乙公司已严重亏损，濒临破产。后来终于发现乙公司对丙公司有一笔到期的25万元债权，甲公司要求乙公司催讨债权向自己清偿，但乙公司对此采取无所谓的态度，既不向丙公司收债，也不还甲公司的钱。甲公司找乙公司收款不能，便要求丙公司直接将其所欠乙公司的25万元交给自己，遭丙公司拒绝。甲公司无奈，于2013年3月将丙公司起诉到法院，请求法院判令丙公司归还乙公司的货款，并支付给甲公司。丙公司则辩称原告甲公司无权过问其与乙公司的债务。

问：甲公司的诉讼请求是否有理由，为什么？

【案例评析】

上述案例中，甲公司作为乙公司的合同债权人，甲公司有权向丙公司主张代位权，丙公司以甲公司无权过问为由拒绝偿还乙公司货款是没有理由的。因此依据代位权的规定，法院应当判决丙公司将其对乙公司的25万元债务直接支付给甲公司，在支付后，丙公司欠乙公司的25万元债务以及乙公司欠甲公司的25万元债务均告消灭。这样，乙公司还欠甲公司的余下15万元债务应当另行解决。

【思考练习】

（1）2015年1月，甲、乙公司签订了一项房屋买卖合同，合同约定甲公司于当年9月1日向乙公司交付房屋100套，并办理登记手续，乙公司则向甲公司分三次付款：第一期支付2000万元，第二期支付3000万元，第三期则在当年9月1日甲公司向乙公司交付房屋时支付5000万元。在签订合同后，乙公司按期支付了第一期、第二期款项共5000万元。9月1日，甲公司将房屋的钥匙移交乙公司，但并未立即办理房产所有权移转登记手续。因此，乙公司表示剩余款项在登记手续办理完毕后再付。在合同约定付款日期(9月1日)7日后，乙公司仍然没有付款，甲公司遂以乙公司违约为由诉至法院，请求乙公司承担违约责任。甲公司则以乙公司未按期办理房产所有权移转登记手续为由抗辩。

问：乙公司是否构成违约，法院能否支持甲公司的主张？

(2)试述不安抗辩权行使的条件。

第五节　合同的担保

【基本要求】

(1)了解合同担保的概念、分类以及合同定金的含义

(2)理解一般保证和连带保证的区别和联系

(3)熟悉不能作为保证人的范围以及可用于抵押财产的范围

重点：质押合同的生效，留置权的效力

难点：抵押合同的生效与抵押权的生效的区别

【法律知识】

一、合同担保的概念

合同的担保是指依照法律规定或由当事人双方经过协商一致约定而设立的为保障合同债权实现的法律措施。

合同订立后，如一当事人不履行合同或不适当履行合同，就会给对方造成损失，使对方所期望的经济利益无法实现。为了使合同得以切实履行，使债权得以实现，在法律上设立了担保制度。

合同担保分为一般担保和特别担保。一般担保是指债务人以其自身的全部财产作为履行债务、承担责任的担保。特别担保是指在一般担保的基础上设定特别的担保形式，是针对单个债务特别设立的担保。我们通常所说的担保，指的就是特别担保。

二、合同担保的分类

按担保所用的标的性质，合同担保分为人的担保、物的担保和金钱担保。

1. 人的担保

人的担保，是指债务人以外的第三人以自己的信用担保债务的履行，于债务人不履行或者不能履行时代替债务人履行债务。在我国的担保制度中，保证是比较典型的人

的担保。由于人的担保是以确保债权为目的的，当债务人不履行债务时，债权的实现只有通过担保人来完成。人的担保最终还是以担保人的财产来承担责任。

2. 物的担保

物的担保，是指以债务人或债务人以外的第三人的特定物作为债权的担保，于债务人不履行债务时债权人得就该担保物优先受偿。物的担保与人的担保不同，它排除了人的信誉的担保能力，而单纯以一定的财产为担保标的，一旦设定，就具有物权效力。物的担保方式主要有抵押权、质权、留置权。

3. 金钱担保

金钱担保，是指以金钱作为设立标的的担保，是在债务以外支付一定数额的金钱，该金钱的得失与债务是否履行联系在一起，从而促使债务人积极履行债务。其方式主要是定金。

三、合同担保的主要方式

1. 保证

保证，是指保证人和债权人约定，当债务人不履行债务时，保证人按照约定履行债务或者承担责任的行为。

（1）保证人。保证人必须符合法律规定的资格。按照《中华人民共和国担保法》（以下简称《担保法》）第七条的规定："具有代为清偿债务能力的法人、其他组织或者公民，可以作为保证人。"因此，一般情况下，对于保证人的主体资格法律上没有限制。但《担保法》也做了特别的规定，下列几种不能作为保证人：

①国家机关不得作为保证人，但经国务院批准为使用外国政府或国际经济组织贷款进行转贷时的除外。

②学校、幼儿园、医院等以公益为目的的事业单位、社会团体不得作为保证人，但是以营利为目的的学校等作为保证人的有效。

③企业法人的分支机构、职能部门不得作为保证人。

• 企业法人的分支机构有法人书面授权的，可以在授权范围内提供保证。

• 企业法人的分支机构经法人书面授权提供保证的，如果法人的书面授权不明，法人的分支机构应当对保证合同约定的全部债务承担保证责任。

• 企业法人的分支机构经营管理的财产不足以承担保证责任的，由企业法人承担民事责任。

• 企业法人的分支机构提供的保证无效后应当承担赔偿责任的，由分支机构经营管理的财产承担。企业法人有过错的，按照《担保法》第二十九条的规定处理。

• 企业法人的职能部门提供保证的，保证合同无效。债权人知道或者应当知道保证人是企业法人的职能部门的，因此造成的损失由债权人自行承担。

（2）保证合同。保证合同是指保证人与债权人签订的在主债务人不履行其债务时，由保证人承担债务的协议。保证合同必须采用书面形式，保证合同应当包括以下内容：

①被保证的主债权种类、数额。

②债务人履行债务的期限。

③保证的方式。

④保证担保的范围。

⑤保证的期间。

⑥双方认为需要约定的其他事项。

(3)保证范围。保证担保的范围是指保证关系中保证人所承担的保证责任范围。保证合同有约定的,按照约定;无约定时按照《担保法》第二十一条的规定处理,即包括主债权及利息、违约金损害赔偿金和实现债权的费用。

(4)保证方式。保证方式有一般保证和连带责任保证两种。

①一般保证。一般保证是指当事人在保证合同中约定,在债权人不能履行债务时,由保证人承担保证责任。一般保证的最大的特点是体现了保证的补充性,即债务人不能履行债务时,保证人才补充性地承担责任,这里的不能履行是指客观不能,即经过法律程序对债务人的财产依法强制执行仍不能履行债务,而不是有能力履行但主观上不愿意履行。

②连带责任保证。连带责任保证是指当事人在保证合同中约定保证人与债务人承担连带责任的保证。债务人在主合同规定的债务履行期届满没有履行债务的,债权人可以要求债务人履行债务,也可以要求保证人在其保证范围内承担保证责任。

值得注意的情况,当事人对保证方式没有约定或者约定不明确的,按照连带责任保证承担保证责任。

(5)保证期间。保证期间是指保证人承担保证责任的时间范围。也就是说保证人在保证期间内才承担保证责任,超出这个时间段,保证人就不承担保证责任。保证期间应由当事人明确规定。无此规定的,一般保证的情况下,保证期间为主债务履行期届满之日起6个月;在连带责任保证的情况下,债权人有权自主债务履行期届满之日起6个月内要求保证人承担保证责任。

《担保法》第二十七条规定:“保证人依照本法第十四条规定就连续发生的债权作保证,未约定保证期间的,保证人可以随时书面通知债权人终止保证合同,保证人对于通知到债权人前所发生的债权,承担保证责任。”

(6)保证责任的免除。保证责任是在担保事项出现时,保证人应当承担的法律责任。保证合同设立的目的就是确保合同的全面履行,以使债权得以实现。

保证责任是基于保证合同而产生的,保证合同出现某些违反保证目的的变化情况时,就可免除保证责任。保证责任的免除是指在法律规定的事由出现时,免除保证人保证责任的承担。主要包括:主合同当事人双方恶意串通,骗取保证人提供保证的;主合同债权人采取欺诈、胁迫等手段,使保证人违背真实意思的情况下提供保证的;保证期间,债权人依法将主债权转让给第三人,而保证人与债权人事先约定仅对特定的债权人承担保证责任或者禁止债权转让的等。

2. 抵押

抵押是指债务人或者第三人以其特定财产不转移占有,将该财产作为对债权的担保。债务人不履行债务时,债权人有权依法以该财产折价或以拍卖、变卖该财产的价款优先受偿。在抵押关系中,债务人或者第三人为抵押人,债权人为抵押权人,提供担保的财产为抵押物。

抵押权是对物的直接支配权,是债权人享有在债务人不履行债务时变卖抵押物,从所得价款中优先受偿的权利。

(1)抵押物。抵押人只能以法律规定可以抵押的财产提供担保;法律规定不可抵押的财产,抵押人不得用于抵押担保。

根据《担保法》第三十四条的规定,可以用于抵押的财产有:

①抵押人所有的房屋和其他地上定着物。

②抵押人所有的机器、交通运输工具和其他财产。

③抵押人依法有权处分的国有的土地使用权、房屋和其他地上定着物。

④抵押人依法有权处分的国有的机器、交通运输工具和其他财产。

⑤抵押人依法承包并经发包方同意抵押的荒山、荒沟、荒丘、荒滩等荒地的土地使用权。

⑥依法可以抵押的其他财产。

根据《担保法》第三十七条的规定,禁止抵押的财产有:

①土地所有权。

②耕地、宅基地、自留地、自留山等集体所有的土地使用权,但法律有特别规定的除外。

③学校、幼儿园、医院等以公益为目的的事业单位、社会团体的教育设施、医疗卫生设施和其他社会公益设施。

④所有权、使用权不明或有争议的财产。

⑤依法被查封、扣押、监管的财产。

⑥依法不得抵押的其他财产。

(2)抵押合同。抵押合同是指抵押人与抵押权人就抵押事宜签订的合同。抵押人和抵押权人应当以书面形式订立抵押合同。

①抵押合同的内容。

- 被担保的主债权种类、数额。
- 债务人履行债务的期限。
- 抵押物的名称、数量、质量、状况、所在地、所有权权属或者使有权权属。
- 抵押担保的范围。
- 当事人认为需要约定的其他事项。

抵押合同不完全具备前款规定内容的,可以补正。

②抵押合同的生效。抵押合同自签订之日起生效。

需要注意的情况,抵押合同的生效和抵押权的生效不同。《中华人民共和国物权法》(以下简称《物权法》)第十五条规定:“当事人之间订立有关设立、变更、转让和消灭不动产物权的合同,除法律另有规定或者合同另有约定外,自合同成立时生效;未办理物权登记的，不影响合同效力。”换言之，抵押合同本身不需要办理登记；后来的物权登记办理与否，并不能反过来影响合同的效力；而抵押合同一旦生效，如果抵押人不依照法律规定或合同约定吧办理抵押登记手续，则构成违约，抵押权人有权要求抵押人赔偿损失；依照《物权法》的规定，不动产抵押需要办理抵押登记手续，即办理抵押登记手续后，不动产抵押权成立且生效，债权人对该不动产享有优先受偿权，即债务人不履行到期债务或者发生当事人约定的实现抵押权的情形时，债权人有权将抵押财产折价或者拍卖、变卖，并就拍卖、变卖该抵押财产所得的价款优先受偿。

3. 质押

质押是指债务人或第三人将其特定财产移交债权人占有，作为债权的担保。债务人不履行债务时，债权人有权依法以其特定财产折价或以拍卖、变卖的价款优先受偿。在质押关系中，债务人或第三人为出质人，债权人为质权人，用于作为担保的财产为质物。

(1)质押的形式。质押分为动产质押和权利质押。

①动产质押。动产质押，是指债务人或第三人将其动产移交债权人占有，将该动产作为债权的担保。原则上，除不动产及法律禁止流通的动产外，其他一切动产都可设定质押。债务人不履行债务时，债权人有权依照《担保法》的规定以该动产折价或者以拍卖、变卖该动产的价款优先受偿。

②权利质押。权利质押的标的为具有财产内容并可以转让的权利，包括：

- 汇票、支票、本票、债券、存款单、仓单、提单。
- 依法可以转让的股份、股票。
- 依法可以转让的商标专用权、专利权、著作权中的财产权。
- 依法可以转让的债权。
- 依法可以质押的其他权利。

(2)质押合同。出质人和质权人应当以书面形式订立质押合同。

①质押合同的内容。

- 被担保的主债权种类、数额。
- 债务人履行债务的期限。
- 质物的名称、数量、质量、状况。
- 质物移交的时间。
- 质押担保的范围。

质押合同中对质押的财产约定不明，或者约定的出质财产与实际移交的财产不一致的，以实际交付占有的财产为准。

②质权的设立(生效)。

- 质权自出质人交付质押财产时设立。
- 以汇票、支票、本票、债券、存款单、仓单、提单出质的，质权自权利凭证交付之日起设立。

• 以依法可以转让的股票、股份、知识产权出质的，应该向有关管理部门办理出质登记，质权自登记之日起设立。

4. 留置

留置是指债权人按照合同约定占有债务人的动产，债务人不按照合同约定履行债务时，债权人有权依照法律规定留置该财产，以该财产折价或以拍卖、变卖该财产的价款优先受偿。

《物权法》第二百三十二条规定，法律规定或者当事人约定不得留置的动产，不得留置。《物权法》的这一规定突破了原来《担保法》对留置权范围的限定，即因保管合同、运输合同、加工承揽合同发生的债权。

(1)留置权的效力。留置担保的范围包括主债权及利息、违约金、损害赔偿金、留置物保管费用和实现留置权的费用。为保证留置权人权益，《担保法》对留置的财产的价值做了规定，留置的财产为可分物的，留置物的价值应当相当于债务的金额。

留置权人负有妥善保管留置物的义务。因保管不善致使留置物灭失或者毁损的，留置权人应当承担民事责任。

同一动产上已设立抵押权或者质权，该动产又被留置的，留置权人优先受偿。

(2)留置权的实现。债权人与债务人应当在合同中约定，债权人留置财产后，债务人应当在不少于两个月的期限内履行债务。没有约定的，债权人留置财产后，应当确定两个月以上的期限，通知债务人在该期限内履行债务。但鲜活易腐等不易保管的动产除外。

债务人逾期仍不履行的，债权人可以与债务人协商将留置物折价，也可以依法拍卖、变卖留置物。留置物折价或者拍卖、变卖后，其价款超过债权数额的部分归债务人所有，不足部分由债务人清偿。

5. 定金

定金是指合同当事人为了确保合同的履行，依据法律规定或当事人的约定，由当事人一方在合同订立时或订立后、履行前，按合同标的一定比例，预先给付对方当事人的金钱或其他代替物。

在实践中应注意将定金与其他形式的金钱担保加以区别。《最高人民法院关于适用〈中华人民共和国担保法〉若干问题的解释》中第一百一十八条规定："当事人交付留置金、担保金、保证金、订约金、押金或者订金等，但没有约定定金性质的，当事人主张定金权利的，人民法院不予支持。"

定金数额由当事人约定，但不得超过主合同标的额的20%，超过部分人民法院不予保护。当事人应当约定交付定金的期限。根据担保法的规定，定金应当以书面形式约定，定金合同从实际交付定金之日起生效。

定金的效力如下：债务人履行债务后，定金应当抵作价款或者收回；给付定金的一方不履行约定债务的，无权要求返还定金；收受定金的一方不履行约定的债务的，应当双倍返还定金。

【案例链接一】

某发展公司向银行贷款经营，银行要求发展公司提供担保，该发展公司的法定代表人找到其担任医院院长的表兄，要求医院提供担保，表兄答应为其担保。

问：医院可以为其担保吗？

【案例评析】

医院不能为发展公司担保。根据《担保法》第三十七条的规定：“学校、幼儿园、医院等以公益为目的的事业单位、社会团体不得作为保证人。”在本案中医院院长承诺为他人担保的行为是无效的。

【案例链接二】

2015年6月某乡村民钟某为提高家庭经营能力，打算向乡农村信用社贷款4万元购买2辆农用车，信用社要求其提供相应的担保。钟某提出以自家承包经营的3.33公顷荒山作抵押，并说明所承包的荒山已经种上了果树，很快就有收成。但信用社以承包土地不能用于抵押为由，不同意以此作贷款担保。

问：钟某能以自己所承包的荒山作贷款抵押吗？

【案例评析】

钟某承包的荒山可以用作贷款的抵押。根据《担保法》第三十四条的规定，抵押人依法承包并经发包方同意抵押的荒山、荒沟、荒丘、荒滩等荒地的土地使用权可以用作抵押。由此可见，信用社的说法是不正确的。

【思考练习】

(1)某市居民张某欲购买1辆价值45万元的轿车，手头现金不足，想向银行贷款10万元，以便一次性付清车款。当张某向某银行提出贷款时，银行要求其必须提供价值相应的财产作担保。张某手上除有市值13万元的股票外，无其他价值较大的财产，张某想以股票作担保。

问：张某是否可以用股票作担保？

(2)2015年5月，甲因电视机出现故障送至乙处修理。由于甲逾期未支付修理费，乙将电视机留置，并通知甲应在30日内支付其应付的费用，但甲仍未能按期交付，乙遂将该电视机变价受偿。

问：乙的做法是否有法律依据？

(3)谈谈你对抵押物的种类的认识。

第六节　合同的变更、转让和终止

【基本要求】

(1)了解合同变更的概念和条件以及合同终止的概念

(2)理解债权转让的概念与条件、债务承担的概念与条件、合同权利义务的概括转移

(3)熟悉导致合同终止的情形

重点:法律规定的合同解除条件

难点:法律规定的合同解除条件

【法律知识】

一、合同的变更

1. 合同变更的概念

合同的变更,是指合同依法成立后尚未履行或者尚未完全履行前,经双方当事人同意,依照法律规定的条件和程序,对原合同条款进行的修改或补充。

合同的变更通常分为广义变更和狭义变更。从广义上讲,它是指合同的内容和主体发生变化;从狭义上讲,仅指合同内容的变更。我国《合同法》上所称的变更仅指狭义的合同变更,即合同内容的变更。而合同主体的变更则称为合同的转让。

合同的变更可分为协议变更和法定变更两种情况。协议变更是合同双方当事人协商同意变更合同内容。法定变更是在合同成立以后,当发生法定的可以变更合同的事由时,经一方当事人的要求而对合同的内容做出变更。前文提及的因重大误解而订立合同的情况下,受损方诉请法院变更合同就属于法定变更的情形。

2. 合同变更的条件

合同依法成立即具有法律效力,当事人各方应当严格履行,任何一方不得随意变更合同。但是如果合同成立后,客观的情况发生了变化,原合同已不能履行或不应履行,当事人可以依照法律规定变更合同。合同的变更要符合以下条件:

(1)原已存在着有效的合同关系。变更就是改变原合同关系,其前提是有原合同关系的存在,由此无效的合同、被撤销的合同、被拒绝追认的效力待定的合同无变更的余地。

(2)合同的内容发生变化,可能是合同标的、履行条件、合同价金、合同性质(如租赁变买卖)、合同所附条件或期限、合同担保以及其他内容的变更。当事人对合同内容变更的约定必须明确,约定不明确之处,视为未变更。

(3)须依当事人协议或依法律的规定。若当事人协商达不成一致意见,便不发生合同变更的法律效力。

(4)须遵守法律要求的方式。基于重大误解、显失公平等意思表示不真实的合同,须经法院或者仲裁机构的裁决才能变更。法律、行政法规规定变更合同应当办理批准、登记等手续的,合同变更应当办理相应的手续。

3. 合同变更的效力

合同变更后,当事人应按照变更后的合同内容做出履行,任何一方违反变更后的合同内容将构成违约。

合同变更原则上对将来发生效力,未变更的权利、义务继续有效,已经履行的债务不因合同的变更而失去合法性。

合同的变更,不影响当事人要求赔偿损失的权利。例如,有重大误解的合同变更时,有过错一方应当赔偿对方因此而受到的损失。

二、合同的转让

合同的转让,是指在合同内容不变的情况下,一方当事人依法将其合同权利、义务全部或部分转让给第三人,由第三人来行使合同的债权或者承担合同的债务。相对于合同变更而言,合同的转让是内容不变而合同主体改变,合同的变更则是主体(即双方当事人)不变,而合同内容变更。合同的转让,可分为合同权利的转让、合同义务的转移、合同权利义务的一并转让,即债权让与、债务承担和权利义务的概括转让。

1. 债权转让

债权转让,又称债权让与,指债权人通过协议将其债权全部或者部分转让给第三人享有的行为。其中,债权人叫作让与人,第三人称为受让人。例如,甲购买电影票,后将票送给乙,原本是甲与电影院订立的合同,然后甲将其权利(即凭票观看电影)转让给乙,由乙享有合同权利。

债权转让应当符合以下条件:①须存在着有效的债权,即让与人具有处分该债权的权限。②被让与的债权具有可转让性,一般的要求是债权让与不违背法律的强制性规定、社会秩序和公共道德。同时,合同法还规定了三类债权不得转让,即依据合同性质不得转让的债权、按照当事人约定不得转让的债权、依照法律规定不得转让的债权。③让与人和受让人须就合同债权的转让达成协议。

债权人转让债权无须债务人的同意,但应当通知债务人,债务人收到债权让与通知后,即应当将受让人作为债权人来履行债务。未经通知的,该转让对债务人不发生效力。当然债权让与通知原则也存在一些例外,例如,当事人之间约定债权不得转让的,若债权人欲转让,则必须经过债务人同意;又如无记名的债券如车船票、电影票等的权利转让不需通知债务人,债务人应当按照票据载明的权利履行义务。

债权转让后产生下列法律效果:①受让人获得合同债权人的地位。若债权全部让与,受让人取代让与人的法律地位而成为新的债权人,让与人则脱离原有的债的关系;若债权只是部分转让,则让与人与受让人共同享有债权。②债务人的抗辩权随之转移,债务人接到债权转让通知时,债务人对让与人的抗辩,可以向受让人主张。③债务人仍可主张抵销,债务人对让与人享有债权的,债务人仍然可以依法向受让人主张抵销。

2. 债务承担

债务承担,即债务的转让,是指不改变合同内容,债权人或者债务人依法将合同义务全部或部分转移给第三人承担的行为。该第三人称作承担人。债务承担包括免责的债务承担和并存的债务承担。在免责的债务承担中,第三人取代原债务人的地位承担全部债务,而原债务人脱离债的关系;并存的债务承担则是指债务人并不脱离合同债的关系,而由第三人加入到债的关系中来,与债务人连带承担合同债务。

债务承担应当符合以下条件:①存在有效的债务。②所转移的债务具有可转让性,这就是要排除不具有可转让性的债务,包括性质上不可转移的债务(如演出合同等义务与债务人特定身份有密切联系的合同)、当事人特别约定不得转移的债务、法律规定不得转让的债务。③债权人或者债务人与第三人就债务转让达成协议。第三人既可以同债务人达成承担债务的协议,也可以同债权人订立协议进行债务的转移。④债务承担须经债权人同意。第三人与债权人达成协议承担债务本身已经表明债权人同意,不需另外的表示;而在第三人与债务人达成债务承担协议时,必须有债权人同意的表示才能生效。

债务承担后发生下列法律效果:①在免责的债务承担中,承担人取代原债务人成为新的合同债务人,原债务人不再承担责任;在并存的债务承担中,第三人加入到债的关系中,和原债务人一起承担连带债务,第三人和原债务人也可约定按比例承担债务。②债务承担后,抗辩权随之转移,新债务人可以主张原债务人对债权人的抗辩。③债务承担后,合同的从债务一并转移,新债务人应当承担与主债务有关的从债务。

3. 合同权利义务的概括转移

合同权利义务的概括转移,是指原合同当事人一方将其合同权利义务一并转移给第三人,由第三人继受这些权利义务的行为。合同权利义务的概括转移的一种情况是出让人将其全部权利义务转移给承受人,即全部转移。全部转移将使承受人完全取代出让人的法律地位,成为合同的新的当事人。概括转移的另一种情况是出让人只转移一部分权利义务,即一部转移。一部转移时出让人和承受人应确定各自享有的权利和承担的义务的份额,若没有约定或约定不明的,视为出让人和承受人负连带责任。

合同权利义务的概括转移,由于既转让权利,又转移义务,因而只存在于双务合同中,并经过对方当事人同意后才能生效。发生合同权利义务的概括转让的原因可以是当事人之间的合意,也可是法律的直接规定。合意的概括转让(又称合同承受),指当事人一方和第三人达成协议,并在经对方当事人同意后将自己在合同中的权利和义务一并转让给第三人的情形。法定的概括转移主要有三种情形:一是因继承而发生的被继承人的权利义务的转移;二是基于“买卖不破除租赁”原则而产生的权利义务转移;三是企业的合并和分立。企业作为当事人订立合同后与其他企业合并的,由合并后的新企业行使合同权利,履行合同义务。企业作为当事人订立合同后分立的,除债权人和债务人另有约定的以外,由分立的法人或者其他组织对合同的权利和义务享有连带债权,承担连带债务。

权利义务概括转移的法律效果,适用债权让与和债务承担的规定。

三、合同的终止

1. 合同终止的概念

合同的终止,即合同权利义务的终止,是指当事人之间的合同权利和合同义务消灭,当事人不再受合同关系的约束。

合同终止的原因主要是三类:一是基于合同目的达到而终止,例如,合同得以清偿、混同等;二是基于当事人的意思而终止,例如,合意解除合同、债务人义务被免除;三是基于法律的直接规定而终止。合同的终止使合同关系归于消灭,同时也使合同的担保以及其他权利义务不复存在。合同终止后,当事人应当遵循诚实信用的原则,根据交易习惯,履行通知、协助、保密等义务。

2. 导致合同终止的情形

合同终止的情形是多种多样的,根据我国《合同法》第九十一条的规定,合同终止的情形主要有以下7种:

(1)清偿。清偿,是指合同的履行。合同债务人全面地履行了合同义务,债权人完全实现了自己的权利,当事人双方订立合同的目的得以实现。清偿后,合同自然终止。

(2)合同解除。合同解除,是指在合同有效成立后尚未完全履行前,基于当事人的约定、协商或者法律规定而使合同关系消灭的行为。合同解除包括约定解除、法定解除和当事人协商解除三种情形。

①约定解除是指当事人在合同中设立了解约条款,约定一方或者双方保留合同的解除权,当出现解约条款规定的条件时,享有解除权的当事人可以单方面通知对方当事人解除合同。

②法定解除是指当事人一方依照法律规定合同解除条件,行使解除合同的权利。法律规定的合同解条件有:

- 因不可抗力不能实现合同目的。
- 在履行期限届满前,当事人一方明确表示或者以自己的行为表明不履行主要债务。
- 当事人一方迟延履行主要债务,经催告后在合理期限内仍未履行。
- 当事人一方迟延履行债务或者有其他违约行为致使不能实现合同目的。
- 法律规定的其他情形。

③协商解除是指当事人没有事先约定解除权,也没有法律直接规定的情况下,就合同的解除协商一致,从而使合同关系消灭。

合同解除后,尚未履行的部分,终止履行;已经履行的,根据履行情况和性质,当事人可以要求恢复原状或采取补救措施,并有权要求赔偿损失。

(3)抵销。抵销,是指当事人双方相互负有债务,将各自债务相互充抵,使其债务与对方债务在对等额内相互消灭。抵销可分为法定抵销和合意抵销。法定抵销的条件:一是双方互负有债务,互享有债权;二是双方债务的给付为同一种类;三是双方的债务均届清偿期;四是双方的债务均为可抵销的债务。当事人因此而主张抵销的,应当通知对方,通知自到达对方时生效。合意抵销是当事人基于协议而实行的抵销。按照合同法规定,当事人互负到期债务的,标的物种类、品质不相同的,经双方协商一致,也可以抵销。

(4)提存。提存,是指债务人的债务已届履行期时,由于债权人的原因使其无法向债权人清偿债务,债务人可将标的物提交给提存机关,以消灭合同债务的行为。有下列情况之一,难以履行债务的,债务人可以依法办理提存:①债权人无正当理由拒绝受领标的物;②债权人下落不明;③债权人死亡但未确定继承人或者丧失行为能力但未确定法定代理人;④法律规定的其他情形。如果标的物不适合提存或者提存费用过高的,债务人可以依法拍卖或者变卖标的物,提存所得的价款。提存后,意味着债务人已经履行债务,债权人可以随时领取提存物。提存还涉及提存机关,提存机关有保管提存物的义务,提存费用由债权人负担。

(5)免除债务。债务免除,是指债权人免除债务人的债务而使合同权利义务部分或全部终止的意思表示。债务免除的效力是使合同消灭。债务全部免除的,合同债务全部消灭;债务部分免除的,合同债务于免除的范围内部分消灭。主债务因免除而消灭的,从债务也随之免除。

(6)混同。混同,是指债权与债务同归于一人,而使合同关系消灭的事实。发生混同的原因有两种:一是概括承受,即合同关系的一方当事人概括承受对方当事人的权利与义务,如企业合并;二是因债权让与或债务承担而承受权利与义务。

(7)法律规定或者当事人约定终止的其他情形。

【案例链接一】

2015年年初,甲服装批发公司(以下简称甲公司)与乙服装厂(以下简称乙厂)签订了购买3000套童装(每套40元)与3000套儿童连衫裙(每套45元)的合同,合同规定5月初交货。合同还对童装与连衫裙的式样、面料、花式、规格、质量等做了规定。合同订立后,甲公司向乙厂支付了20万元预付款。同年4月30日,甲公司向乙厂询问货物是否备齐,乙厂答复五一劳动节后送货上门。5月4日,甲公司因未收到货物,遂派人前往乙厂处,发现乙厂仅生产出1500套童装和1000套连衫裙,而大量的工人在生产另外的服装,甲公司提出因乙厂已违约,决定将已做好的童装与连衫裙提回,其余的服装请乙厂不要生产了。乙厂提出制作童装与连衫裙的面料已备齐,不能终止合同,最后甲公司同意乙厂最迟于5月20日交货,否则如赶不上六一儿童节前的展销会,则不必再发。5月20日,乙厂未能将货送到,直到5月28日,乙厂才告知甲公司,货已备齐,希望甲公司接受。甲公司认为合同已解除,拒绝收货,并请乙厂退回9.5万元货款。乙厂拒绝退款,甲公司遂向法院起诉,要求解除合同,退回货款,赔偿损失。

【案例评析】

本案中,被告乙厂本应于5月初交货,但在交货期到来之时没有按时履行义务,在原告甲公司的多次催促下,仍迟至5月底才交货,已构成严重违约。依据法定解除合同的第三种情况(当事人一方迟延履行主要债务,经催告后在合理期限内仍未履行),甲公司有权解除合同,并且可要求乙厂赔偿因违约而导致的损失。

【案例链接二】

某中学与某服装厂在2014年11月签订了一份服装加工合同。合同规定:由服装厂为某中学加工校服500套,平均每套支付加工费30元,共计15000元;某中学负责提供布料、服装型号和规格;某中学在接到服装厂取货通知后2天内付款,服装厂接到货款后3天内将校服送达某中学。服装厂在规定的时间里完成了服装加工任务并收到货款,依约在第3天将校服送达某中学,可由于该校领导班子正处于调整之中,无人负责接收该批校服。连续一周仍无人出面接收校服。因此服装厂只好将该校服提存。在提存之后,服装厂认为既然某中学领导班子未定,待领导班子确定后再通知某中学来领校服。15天后服装厂才通知某中学领取提存物,某中学在领取提存物时被要求交付15天的保管费用,某中学拒交,认为服装厂未能及时通知学校去取校服,导致校服提存15天,应由服装厂支付提存费用。

问:某中学拒绝支付提存费用的理由是否有法律依据?

【案例评析】

根据《合同法》第一百零二条的规定:"标的物提存后,除债权人下落不明的以外,债务人应当及时通知债权人或者债权人的继承人、监护人。"本案中,债务人提存的原因是债权人的领导班子处于调整之中,暂无人负责工作造成校服无法送达,属于债权人迟延受领而非债权人下落不明。因此,服装厂在提存标的物后应及时通知某中学。15天后才通知属于不及时通知,故某中学不应为此承担责任。

【思考练习】

(1)试述合同的解除条件。

(2)试述导致合同终止的情形。

第七节 违约责任

【基本要求】

(1)了解违约责任的特征

(2)理解违约行为的具体情形

(3)熟悉承担违约责任的方式以及违约责任的免责事由

重点:承担违约责任的方式

难点:承担违约责任的方式

【法律知识】

合同依法成立后，即具有法律约束力，双方当事人必须按照合同规定全面、适当地履行义务，非经双方协商或者法定事由不得擅自变更或解除合同，否则构成违约，应该对自己的违约行为承担相应的法律责任，违约责任是合同法律制度的核心。

一、违约行为

(1)履行不能。履行不能是指债务人由于某种情形，在客观上已经没有履行能力，从而导致事实上已经不可能再履行债务。

(2)延迟履行。延迟履行，又称债务人逾期履行，是指债务人能够履行，但在履行期限届满时却未履行债务的现象。

(3)拒绝履行。拒绝履行是指当事人一方明确表示或者以自己的行为表明不履行合同义务。拒绝履行与不能履行存在着明显的不同，拒绝履行的当事人有履行能力而不履行，履行不能则主要强调客观上不能履行。当事人一方明确表示或者以自己的行为表明不履行合同义务的，对方可以在履行期限届满之前要求其承担违约责任。

(4)不完全履行。不完全履行是指债务人虽然履行了债务，但其没有完全按照合同约定的内容履行完毕。

二、违约责任

违约责任，是指当事人不履行合同义务或不按合同约定履行合同义务时应当承担的法律责任。其特征表现为：

1. 违约责任基本上是一种财产责任

违约责任是随着合同制度的产生而产生的。在古代合同制度的违约责任中，违约责任既是一种财产责任，又是一种人身制裁。而现代合同制度的违约责任，仅仅是一种财产责任，法律一般只强制违约者用其财产来补偿违约给对方所造成的财产损失，虽然这种补偿有时含有惩罚性，但它只限于财产责任，是违约者对造成他人损害而必须承担的一种义务，而不是对违约者的人身惩罚。

2. 违约责任仅存在于合同当事人之间

违约责任，是合同一方当事人因违反合同而产生的民事责任。如合同关系不成立，违约责任问题就不可能存在，因此，违约责任只能存在于合同当事人之间，其责任只能由违约者自己承担。

3. 违约责任基于法律的规定或当事人的约定而产生

在通常情况下，合同当事人违约之所以承担违约责任，并非出于当事人自己的约定，而是由合同的法律效力决定的。当事人违约时即使合同中没有明确违约责任条款，也不影响违约责任的存在。当事人违约时，仍然要承担民事责任。

4. 违约责任是不履行或不适当履行合同义务所引起的法律后果

如果当事人违反的不是合同义务，而是法律规定的其他义务，则应负其他责任。例如，行为人违反了侵权法所规定的不得侵害他人财产和人身的义务，造成对他人的损害，则行为人应负侵权责任。再如，订约当事人在订约阶段，违反了依诚实信用原则产生的忠实、保密的义务，造成另一方信赖利益的损失，则将产生缔约上的过失责任。所以违反合同义务是违约责任与侵权责任、不当得利返还责任、缔约过失责任等责任相区别的主要特点。

三、承担违约责任的方式

依据《合同法》规定，当事人一方明确表示或者以自己的行为表明不履行合同义务的，对方当事人可以在履行期限届满之前要求其承担违约责任。当事人一方不履行合同义务或者履行合同义务不符合约定的，应当承担继续履行、采取补救措施、赔偿损失、承担违约金、定金责任。合同法赋予当事人可以根据合同履行的不同情况，选择不同的违约救济措施。

1. 继续履行

继续履行，是指一方当事人违反合同义务时，另一方当事人请求法院强制违约方继续履行合同义务的责任形式。

（1）金钱债务的继续履行。金钱债务是指以给付一定数额的金钱为目标的债务。金钱债务具有特殊性，它只存在迟延履行，不存在履行不能，因而非违约方要求违约方继续履行金钱债务，违约方就应当继续履行。

（2）非金钱债务的继续履行。《合同法》在确认当事人可以要求非金钱债务继续履行的同时，也规定了不能实际履行的情形：

①法律上或者事实上不能履行。

②债务的标的不适于强制履行或者履行费用过高。

③债权人在合理期限内未要求履行。

此种情况意味着债权人主动放弃履行请求权。

在可以履行的条件下，违反合同的当事人无论是否已经承担赔偿金或者违约金责任，对方当事人都有权要求违约方继续按照合同约定履行其尚未履行的义务。

2. 采取补救措施

履行质量不符合约定的，应当按照当事人的约定承担违约责任，受损害方可以根据标的性质以及损失大小，合理选择请求对方采取修理、更换、重做、退货、减少价款或者报酬等补救措施。

3. 赔偿损失

赔偿损失，是指一方当事人不履行合同义务或者履行合同义务不符合约定，给对方造成财产损失的，违约方给予对方的经济补偿。当事人违约，在继续履行义务或者采取补救措施后，对方还有其他损失的，应当赔偿损失。

（1）完全赔偿原则。赔偿损失的目的主要是补偿未违约方的财产损失，因此，以实际发生的损害为赔偿标准。损失赔偿额应当相当于因违约所造成的损失，包括实际损失和合同履行后可以获得的利益损失。

（2）合理预见规则。损失赔偿不得超过违反合同一方订立合同时能够预见到或者应当预见到的因违约合同可能造成的损失。

(3)减轻损失规则。当事人一方违约后,对方应当采取适当措施防止损失的扩大;没有采取适当措施致使损失扩大的,不得应扩大的损失要求赔偿。当事人因防止损失扩大而支出的合理的费用,由违约方承担。

4. 支付违约金

违约金是指当事人在合同中预先约定的在一方违约时应当向对方支付的一定数额的金钱。当事人既可以约定违约金的数额,也可以约定违约损失赔偿额的计算方法。

5. 定金

定金也为一种违约责任方式,在当事人违约后,就产生了定金责任。但是,如果当事人既约定了定金又约定了违约金条款时,只能选择适用违约金或者定金条款。

四、违约责任的免除

违约责任的免除,是指在合同履行过程中,因出现法定的或约定的不可归责于债务人的免责事由而导致合同不能履行、迟延履行时,债务人可免予承担违约责任。

在发生违反合同的事实后,当事人主张免除自己违约责任的事实和理由,被称为免责事由。免责事由包括法定的免责事由和约定的免责事由。法定的免责事由,是指法律规定的免除责任的事由,主要是指不可抗力;约定的免责事由,是指当事人通过合同约定的免除责任的事由,主要是当事人约定的免责条款。

1. 不可抗力

(1)不可抗力是指当事人在订立合同时不能预见,对其发生和后果不能避免并不能克服的事件。《合同法》所称的不可抗力,是指不能预见、不能避免并不能克服的客观情况。一般而言,不可抗力包括:自然灾害和战争等。

(2)不可抗力的法律后果。根据《合同法》第一百一十七条的规定,因不可抗力不能履行合同的,根据不可抗力的影响,部分或全部免除责任,但法律另有规定的除外。

(3)当事人的义务。当事人一方因不可抗力不能履行合同的,应当及时通知对方,以减轻可能给对方造成的损失,并应当在合理期限内提供证明。

2. 免责条款

免责条款,是指合同双方当事人在合同中约定一定的事由或条件,当违约符合所约定的条件时,可以免除违约方的违约责任。由此可见,免责条款并不是产生于法律的直接规定,而是由双方当事人通过事先协商在合同中设定,这符合当事人意思自治的原则。只要双方的约定不违反法律,不损害社会公共利益和公序良俗,则为有效,双方当事人可依据此免责条款,免除违约方应承担的违约责任。

【案例链接一】

某国游客到中国旅游,尤喜民间菜肴,某日于“圆缘”餐厅就餐,在一盘菜肴中发现一只硕大的蟑螂,立即晕倒。经抢救,才得以脱险。

“圆缘”餐厅的行为应如何定性?

【案例评析】

餐厅的行为是违约行为。作为餐厅应当保证饭菜的质量，这是其应当承担的合同义务，否则构成违约，应承担违约责任。本案中“圆缘”餐厅饭菜的质量有瑕疵，应承担违约责任。

违约是指合同一方当事人不履行合同义务或履行合同义务不符合约定的行为，即违反合同义务的行为。

【案例链接二】

王先生因新房装修与某地板公司签订一份购买并安装地板的合同，购买了该公司生产的某品牌的地板，并由该公司派人进行了安装。数日后，王先生发现地板的踢脚线拱起多处，遂与地板公司交涉。

王先生可以提出哪些诉讼要求呢？

【案例评析】

王先生可请求采取补救措施，如修理、更换、重做、退货、减少价款或者报酬等补救措施，本案可要求对方修理。

【思考练习】

(1)2015年某日下午，某市一辆公交客车发生一起交通事故。当时公交车刚出站，一辆小货车从后面疾驶而来，眼看两车就要相撞，公交车司机紧急刹车。结果公交车的反光镜给撞坏，司售人员疏散了车上的20多名乘客，未发现有人受伤。交警认定了事故双方的责任：小货车司机负主要责任，公交车司机负次要责任。交通管理部门对事故做了处理：小货车司机赔偿公交公司人民币50元。

一个月以后，一名妇女手持一张一元钱车票和人民币1000多元医药费单据，找到公交公司索赔。她称：客车的那次事故，造成她腹内胎儿流产。原来，已怀孕两月的这名妇女在那天下午，一人乘车回娘家。随着紧急刹车，她的身体也猛地向前一倾，当时她虽觉腹部有些疼痛，但未加理会。当她在售票员安排下转车时，情况却严重起来。当天她只好在妹妹陪伴下到医院检查。据医生反映：“她来院时，腹痛剧烈，左侧阴道有少量流血，次日晚上她流产了。”流产后，仍感腹痛难忍的她，先后去了市妇幼保健院、第一人民医院等处，花去了人民币1000多元医疗费。

公交公司承认她拿来的车票的确是某日出事的那辆车上售出的，由此可推定她乘坐了出事的那辆车。不过，公交公司认为即便她的流产是刹车所致，但该公交车司机属紧急避险而刹车，主观上无过错；她应向小货车索赔。交涉未果之下成讼。经一审法院判决，被告公交公司赔偿原告人民币7000余元；二审时双方达成调解，公交公司一次性赔偿她人民币5000元。

问：你对本案有何认识？

(2)谈谈你对违约责任的认识。

第四章　农民外出务工法律实务

第一节　劳　动　法

【基本要求】

(1)了解劳动法的概念与特征
(2)理解事实劳动关系
(3)熟悉工资的概念、特征以及工作时间与休息休假
重点:劳动合同的效力、内容、变更、解除、终止
难点:劳动关系的认定和劳动争议的解决

【法律知识】

一、劳动法概述

1. 劳动法的概念

劳动法是调整劳动关系以及与劳动关系有密切联系的其他社会关系的法律规范的总称。

劳动关系,是指在实现社会劳动过程中,劳动者与所在单位(用人单位)之间的社会劳动关系。劳动,是指人们为创造社会财富所进行的有意识、有目的的活动。

狭义的劳动法:是指由最高权力机关颁布的关于调整劳动关系以及与劳动关系有密切联系的其他关系的全国性的、综合性的法律,即1994年7月5日通过,1995年1月1日起施行的《中华人民共和国劳动法》(以下简称《劳动法》)。

广义的劳动法:包括劳动法律、劳动行政法规、劳动行政规章、地方性劳动法规和规章,以及具有法律效力的其他规范性文件、关于劳动法的司法解释等。我们学习和运用劳动法时,不仅应以《劳动法》为核心,而且要了解其他的劳动法律规范。

2. 劳动法的基本特征

(1)公法与私法的兼容。公法与私法的划分源于罗马法。公法涉及宏观利益(国家利益和社会公共利益),它不能由当事人以协议方式约定或变更,而是完全依法设定;私法涉及私人利益,依意思自治原则运行。民法是私法的典型,而行政法是公法之著

例。劳动关系最初是作为雇佣关系而纳入民法的调整范畴的，当时是将其作为一种纯粹的私法关系来看待的。当劳动关系从民法中独立出来由劳动法调整后，继续允许雇主与劳动者以合同形式确立劳动关系和明确相互权利义务，但同时又对劳动关系做出许多必须由雇主严格遵循的规定，如最低就业年龄、最高工作时间、最低工资标准、劳动安全卫生条件等劳动基准规定。而雇主遵守这些基准性规定不仅是对劳动者的义务也是对国家的义务，否则，就由有关行政机关强制执行。于是劳动法在西方国家，就被称为私法公法化的法律部门。

而在我国劳动关系和劳动法的变化与西方国家恰恰相反。在计划经济体制中，实行的是统分统配的就业制度、统规统调的工资制度和统包统揽的保险制度，劳动关系实际上是劳动行政关系的延伸和附属物，属于公法关系。因而这种条件下的劳动法其实是劳动行政法。实行市场经济体制后，劳动合同普遍推行，劳动关系的运行和内容越来越取决于双方的合意，劳动行政的职能也由决定和支配，转化为对劳动关系的指导、监督和保障。因此，劳动关系中也就被赋予了私法性质的内容。所以有学者认为我国的劳动法是一个公法私法化的法律部门。

（2）保护劳动者权益与维护社会劳动秩序的统一。就劳动法的宗旨来说，存在两种观点，一种认为是劳动者保护法，另一种则认为是劳动管理法。其实，劳动法是两者的统一。毋庸置疑，劳动法的最突出的特点就是它对劳动者的倾斜性保护。这主要表现在4个方面：一是在权利义务的规定中，偏重劳动者的权利和用人单位的义务；二是以强制性规范规定保障劳动者的基本权益，例如，最低工资保障以及女同志产假不得少于90天等都是强制性规定，单位必须遵照执行；三是对单位的劳动合同解除权进行限制，而劳动者的合同解除权则相对宽松；四是一般只把用人单位作为劳动监察的对象。

（3）实体法和程序法的统一。劳动法并不像其他法律那样，属于单纯的实体法或程序法，它兼有实体和程序两种性质的条文。例如，在劳动关系的订立方面，有招工程序和劳动合同订立程序的规定；在劳动争议处理上，有劳动争议调解和仲裁程序的规定；还有劳动监察等方面的规定等都属于程序性规定。在众多的劳动法规中也是实体和程序性规定兼而有之。

3. 劳动法的基本原则

（1）公民有劳动的权利和义务的原则。劳动权，是指公民在法律规定的条件下，能够享有平等的就业机会权和选择职业的自主权。“在社会主义市场经济条件下，就业是以市场为导向的，国家进行宏观调控，通过促进经济和社会发展，为公民创造就业条件，扩大就业机会，而公民则以劳动主体的资格，在市场竞争的基础上，与用人单位相互选择，并通过签订劳动合同实现其劳动权。”劳动义务：国家提倡劳动者义务劳动；劳动者在劳动岗位上应认真履行各项劳动义务，要完成劳动任务，提高职业技能，执行劳动安全卫生规程，遵守劳动纪律和职业道德。

（2）劳动者有享受职业培训的权利和义务的原则。职业培训，是指培养和提高人们直接从事各种职业所需要的专业技术、业务知识和操作技能的一种培养训练制度。职业培训分为就业前的职业培训和在职职业培训。宪法规定：“国家对就业前的公民进行必要的劳动就业训练。""发展职业教育,对工人、农民、国家工作人员和其他劳动者进行政治、文化、科学、技术、业务的教育。"

(3)劳动者享有按劳分配和社会保险的权利的原则。《宪法》第四十五条规定:"中华人民共和国公民在年老、疾病或者丧失劳动能力的情况下,有从国家和社会获得物质帮助的权利。国家发展为公民享受这些权利所需要的社会保险、社会救济和医疗卫生事业。"第四十四条规定:"国家依照法律规定实行企业事业组织的职工和国家机关工作人员的退休制度。退休人员的生活受到国家和社会的保障。"

(4)劳动者享有休息和劳动安全卫生保护的权利的原则。休息权,是指劳动者除了规定的工作时间以外可以自行支配时间的权利。《宪法》第四十三条规定:"中华人民共和国劳动者有休息的权利。国家发展劳动者休息和休养的设施,规定职工的工作时间和休假制度。"劳动安全卫生是指对劳动者在劳动过程中的安全和健康的法律保障。《宪法》第42条规定:"国家通过各种途径加强劳动保护,改善劳动条件。"

(5)劳动者有组织工会和民主参与权利的原则。《宪法》第三十五条规定:"中华人民共和国公民有结社的自由。"第十六、十七条规定:"国有企业依照法律规定,通过职工代表大会和其他形式,实行民主管理。集体经济组织依照法律规定实行民主管理,由它的全体劳动者选举和罢免管理人员,决定经营管理的重大问题。职工代表大会有审议权、否决权、决定权、评议监督权、选举权。"

(6)在劳动方面男女平等、民族平等的原则。《宪法》第四十八条规定:"中华人民共和国妇女在政治的、经济的、文化的、社会的和家庭的生活等各方面享有同男子平等的权利。""国家保护妇女的权利和利益,实行男女同工同酬、培养和选拔妇女干部。"

4. 劳动法的调整对象

劳动法的调整对象是劳动关系及与劳动关系有密切联系的其他关系。

劳动关系是指在实现社会劳动的过程中,劳动者与所在单位(用人单位)之间的社会劳动关系。劳动关系的特征如下:

①与劳动有着直接的联系。

②当事人中一方为劳动者,另一方是提供生产资料的用人单位。

③劳动者一方要成为另一方用人单位的成员,并遵守单位的内部劳动规则。

与劳动关系有密切联系的其他关系则包括:管理劳动力方面的关系;社会保险方面的关系;处理劳动争议时所发生的某些关系;工会组织与单位行政之间的关系;有关国家机关对劳动法的执行进行监督检查时所发生的关系等。

二、劳动合同概述

1. 劳动合同的概念

劳动合同,是指劳动者与用人单位之间为确立劳动关系,依法协商达成的双方权利和义务的协议。

劳动合同是劳动者与用人单位确立劳动关系、明确双方权利和义务的协议。订立和变更劳动合同,应当遵循平等自愿、协商一致的原则,不得违反法律、行政法规的规定。根据《中华人民共和国劳动合同法》(以下简称《劳动合同法》)规定:“在中华人民共和国境内的企业、个体经济组织(以下统称用人单位)和与之形成劳动关系的劳动者,适用本法。国家机关、事业组织、社会团体和与之建立劳动合同关系的劳动者,依照本法执行。”

劳动合同的主体双方一方是劳动者,另一方是用人单位。我国对劳动者和用人单位都是有限制的。劳动者一般应当是年满16周岁的人,否则需要经过批准,不然要按照非法用工处理。非法用工的话一旦发生工伤事故,根据国务院颁布的《工伤保险条例》第六十三条的规定:“用人单位不得使用童工,用人单位使用童工造成童工伤残、死亡的,由该单位向童工或者童工的直系亲属给予一次性赔偿,赔偿标准不得低于本条例规定的工伤保险待遇。具体办法由国务院劳动保障行政部门规定。前款规定的伤残职工或者死亡职工的直系亲属就赔偿数额与单位发生争议的,以及前款规定的童工或者童工的直系亲属就赔偿数额与单位发生争议的,按照处理劳动争议的有关规定处理。”也就是说,此时发生工伤事故不能按照工伤保险进行处理,而要由用人单位自己比照工伤赔偿金额承担赔偿责任,而且赔偿是一次性地支付赔偿金。如果双方对赔偿达不成一致,应当按照劳动争议处理程序,先仲裁,后诉讼。另外,劳动者也不应包括高级管理人员,例如,董事长、总经理等。因为这些人,虽然也是具有劳动者的身份,但是又具有一般劳动者无法企及的特权,在他们身上附加了许多单位机构权利,例如公章使用权、用工决定权、工资报酬决定权等。目前,在司法实践中,我们就遇到许多单位的高管利用职权,用手中掌握的公章与自己签订大额的工资欠款单,并在单位面临破产清算等时候,向单位主张偿还欠薪,同时作为高管又代表公司对欠薪情况予以承认,以达成和解或调解或判决。这样一来就对其他的破产债权人造成了损害。

我国对用人单位也有具体的限制性要求。首先,对用人单位在地域上有具体要求,即必须在中华人民共和国领域内有办事机关。例如,外资公司在国内开设的子公司、分公司或办事处。其次,用人单位应当经过依法登记,未经登记的单位或没有用工资格的单位,不能与劳动者签订劳动合同。

对用人单位的限制还与劳动争议管辖权有关。司法解释规定,劳动争议案件由用人单位所在地或者劳动合同履行地的基层人民法院管辖。劳动合同履行地不明确的,由用人单位所在地的基层人民法院管辖。但是,有些单位往往在劳动合同中对纠纷解决地做出约定。如果约定的履行地超出法律的规定的,属于当然无效的约定。但是,由于法律规定的管辖地并非唯一,如果双方在两个管辖地中择一约定,就会引起区际法律冲突。例如,江苏企业在上海开设的分公司,与员工约定按照江苏的标准交纳养老保险,并约定纠纷由企业所在地的江苏法院管辖。这一约定是符合法律规定的,但显然是侵害了劳动者的合法权益。

2. 劳动合同的效力

依法订立的劳动合同,其生效时间始于合同签订之日,如果该劳动合同需要鉴证或公证的,其生效时间始于鉴证或公证之日。

《劳动合同法》第二十六条规定下列劳动合同无效:①以欺诈、胁迫的手段或者乘人之危,使对方在违背真实意思的情况下订立或者变更劳动合同的;②用人单位免除自己的法定责任、排除劳动者权利的;③违反法律、行政法规强制性规定的。无效合同又分为全部无效和部分无效。无效的劳动合同,从订立的时候起就没有法律约束力。确认劳动合同部分无效的,如果不影响其余的效力,其余部分仍然有效。

3. 劳动合同的变更

劳动合同的变更,是指在劳动合同开始履行但尚未完全履行之前,因订立劳动合同的主客观条件发生了变化,当事人依照法律规定的条件和程序,对原合同中的某些条款修改、补充的法律行为。

允许变更的条件:

①订立劳动合同时所依据的法律、法规已经修改或废止。

②企业经有关部门批准转产、调整生产任务,或者由于上级主管机关决定改变单位的工作任务。

③企业严重亏损或发生自然灾害,确实无法履行劳动合同规定的义务。

④当事人双方协商同意。

⑤法律允许的其他情况。

在劳动合同没有变更的情况下,用人单位不得安排职工从事合同规定以外的工作,以下情况除外:①发生事故或遇灾害,需要及时抢修或救灾;②因工作需要而临时调动工作;③发生短期停工;④单位行政依法任命、调动职工工作;⑤法律允许的其他情况。

变更程序:①及时提出变更合同的要求;②按期作出答复;③双方达成书面协议。

4. 劳动合同的解除

(1)概念。劳动合同的解除是指劳动合同当事人在劳动合同期限届满之前终止劳动合同关系的法律行为。解除劳动合同是维护劳动合同当事人正当权益的重要保证。从表面上看来,它对维护劳动关系是一种消极行为,但实际上具有积极作用,有利于发挥合同机制的作用,维护劳动合同的严肃性,增强当事人的责任心。

(2)形式。根据解除劳动合同的情形的不同,用人单位应向劳动者支付一次性的经济补偿金(即所谓"离职费"或"遣散费")的标准也有所不同:

第一种情形:双方协商解除。双方协商解除的条件:一是双方自愿;二是平等协商;三是不得损害另一方利益。双方协商解除劳动合同,必须达成解除劳动合同的书面协议。这种情况下,用人单位应根据劳动者在本单位的工作年限,每满1年发给相当于1个月工资的经济补偿金,最多不超过12个月。工作时间不满1年的按1年的标准发给经济补偿金。

第二种情形:用人单位单方面解除。因劳动者不符合录用条件或者有严重过错或触犯刑律,用人单位可以随时通知劳动者解除劳动合同。具体情况包括:

①劳动者在试用期间证明不符合录用条件的。

②严重违反劳动纪律或用人单位规章制度的。

③严重失职,营私舞弊,对用人单位利益造成重大损害的。

④被依法追究刑事责任的。

在这4种情况下,用人单位可以不支付劳动者经济补偿金,也不受《劳动法》第29条规定的单位不得解除合同的情形的限制。

《劳动法》第二十九条规定,劳动者有下列情形之一的,单位不得依第26条和第27条的规定解除劳动合同:

①患职业病或因负伤并被确认丧失或部分丧失劳动能力的。

②患病或负伤,在规定的医疗期内的。

根据劳动部《企业职工患病或非因工负伤医疗期规定》的规定,医疗期的具体标准为:

- 实际工作年限(连续工龄)10年以下的,在本单位工作年限(本企业工龄)5年以下的医疗期为3个月;本企业工龄5年以上的医疗期为6个月。
- 连续工龄10年以上的,本企业工龄5年以下的医疗期为6个月;本企业工龄5年以上10年以下的医疗期为9个月;本企业工龄10年以上15年以下的医疗期为12个月;本企业工龄15年以上20年以下的医疗期为18个月;本企业工龄20年以上的医疗期为24个月(上述本企业工龄应包括试用期在内。)

③女职工在孕期、产期、哺乳期的。

④法律、行政法规规定的其他情形。

如果劳动者在医疗期、孕期、产期和哺乳期内,劳动合同期限届满,用人单位不得终止劳动合同。劳动合同的期限自动延续至医疗期、孕期、产期和哺乳期满为止。

第三种情形:劳动者单方面解除。劳动者单方面解除合同,也即我们通常说的"炒老板的鱿鱼",从法律上来说是劳动者辞职权的行使。我国劳动立法为了改变劳动者在劳动关系中的弱势地位,在对用人单位的权力做出一定限制的同时赋予了劳动者较多的特权,劳动者辞职权的行使就是一个典型的例证。按劳动法的规定,只要劳动者想辞职并依法提出,是不需要征得用人单位的同意的。

①劳动者提前30天以书面形式通知用人单位解除劳动合同,无须征得用人单位同意。超过30天,劳动者向用人单位提出办理解除劳动合同的手续,用人单位应予以办理。解除劳动合同是《劳动法》赋予劳动者的权利,也是促进劳动者合理流动、适应经济发展的要求。但劳动者行使此项权利必须依法进行,或按劳动合同约定的条件解除,不得滥用。

《劳动法》之所以规定劳动者解除劳动合同要提前30天书面通知用人单位,是出于维护劳动合同的严肃性,维持劳动关系的相对稳定考虑。一方面使用人单位有所准备,安排他人接替工作;另一方面,也便于审查合同的解除是否符合法律规定或合同约定。

如果劳动者解除劳动合同时违反了法律规定或合同的约定,给用人单位造成了经济损失,就要赔偿用人单位的下列损失:①招收录用费用;②培训费,双方另有约定的按约定办理;③对生产、经营、工作造成的直接经济损失;④合同约定的其他赔偿费用。

②《劳动法》规定,劳动者在下列情况下可以随时通知用人单位解除劳动合同:一是在试用期内的;二是用人单位以暴力、威胁或者非法限制人身自由的手段强迫劳动的;三是用人单位未按劳动合同约定支付劳动报酬或提供劳动条件的。

5. 没有劳动合同的事实劳动关系

根据《劳动法》第十六条和第十九条的规定，凡是形成劳动关系的劳动者和用人单位之间都应该订立书面的劳动合同。然而在现实生活中，没有劳动合同的用工关系却大量存在。这种用人单位与劳动者之间没有签订劳动合同，但劳动者在事实上为用人单位提供有偿劳动的关系，我们称之为“事实劳动关系”。形成事实劳动关系的原因是多方面的，有的是因为当事人的法制观念淡薄；有的是由于用人单位的故意；有的是因为劳动合同期满后双方没有续签。在这种情况下，一旦发生了劳动纠纷，是否可以适用劳动法来进行调整呢？

《劳动法》第九十八条规定：“用人单位违反本法规定的条件解除劳动合同或者故意拖延不订立劳动合同的，由劳动行政部门责令改正；对劳动者造成损害的，应当承担赔偿责任。”劳动与社会保障部的有关规章（劳部发〔1995〕309号、劳部发〔1995〕223号、劳部发〔1996〕354号）也规定：“用人单位与劳动者之间形成了事实劳动关系，而用人单位故意拖延不订立劳动合同，即招用后故意不按规定订立劳动合同及劳动合同到期后故意不及时续订劳动合同，给劳动者造成损害的，应赔偿劳动者损失。”“有固定期限的劳动合同期满后，因用人单位方面的原因未办理终止或续订手续而形成了事实劳动关系的，视为续订劳动合同。用人单位应及时与劳动者协商办理续订手续。由此给劳动者造成损失的，该用人单位应当依法承担赔偿责任。”

6. 劳动合同的终止

劳动合同的终止是指劳动合同丧失法律效力。发生劳动合同终止的情形有：①劳动合同期限届满；②劳动者被除名、开除、劳动教养或判刑；③劳动者完全丧失劳动能力或死亡。

7. 违反劳动合同的法律责任

（1）用人单位的责任。

①由于用人单位的原因订立无效合同，给劳动者造成损害的，承担赔偿责任。

②用人单位违反《劳动法》规定的条件解除劳动合同或者故意拖延不订立劳动合同的，由劳动行政部门责令改正；给劳动者造成损害的，应承担赔偿责任。

③用人单位克扣或者无故拖欠劳动者工资的，以及拒不支付劳动者延长工作时间工资报酬的，除在规定的时间内全额支付劳动者工资报酬外，另加发工资的25%的经济补偿金。

④用人单位支付劳动者的工资报酬低于当地工资标准的，要在补足后，另外支付低于部分25%的经济补偿金。

⑤危害劳动者身体健康，造成职业病、致伤致残的，按国家规定的条件给予医疗并保证其享受其他保险待遇。

⑥用人单位招用尚未解除劳动合同的劳动者，给原用人单位造成经济损失的，该用人单位应承担连带赔偿责任。

⑦对于滥用职权，侵犯劳动者合法权益的，或者打击报复陷害劳动者的，应分别给予行政处分，追究刑事责任。

(2)劳动者的责任。

①劳动者违反《劳动法》规定的条件解除劳动合同或者违反劳动合同中约定的保密事项,给用人单位造成经济损失的,应承担赔偿责任。

②对于违反劳动纪律达到一定程度的,应分别情况给予行政处分或经济处罚。

③违法行为情节严重,触犯刑律的,由司法机关依法追究刑事责任。

三、工资和工作时间

工资和工作时间、劳动保护都属于劳动基准法的范畴。

1. 工资部分

《劳动法》第五十条规定:"工资应当以货币形式按月支付给劳动者本人,不得克扣或者无故拖欠劳动者的工资。"劳动部的《工资支付暂行规定》对单位可以代扣劳动者工资的情形做了规定:

①用人单位代扣代缴的个人所得税。

②用人单位代扣代缴的应由劳动者个人负担的各项社会保险费用。

③法院判决、裁定中要求代扣的抚养费、赡养费。

④法律、法规规定的可以从劳动者工资中扣除的其他费用。

⑤对于因劳动者本人原因造成用人单位经济损失的,用人单位可以按照劳动合同的约定要求其赔偿经济损失。可以从劳动者本人的工资中扣除,但每月扣除的部分不得超过劳动者当月工资的20%。若扣除后剩余工资部分低于当地月最低工资标准,则按最低工资标准支付。在发生以上情形时,必须给劳动者留下必要的生活费用。

(1)工资的概念。工资,又称薪金,是指基于劳动关系,用人单位根据劳动者提供的劳动数量和质量,按照劳动合同约定支付的货币报酬。从性质上讲,工资是一种劳动报酬。而劳动报酬权是劳动权利的核心,它不仅是劳动者及其家属的生活保障,也是社会对其劳动的承认和评价。

(2)工资的特征。工资较之其他劳动报酬具有如下特征:

①工资是职工基于劳动关系所获得的劳动报酬。

②工资是用人单位对职工履行劳动义务的物质补偿,也就是说这是用人单位必须履行的义务。

③工资额的确定必须以劳动法规、劳动政策、集体合同和劳动合同的规定为依据。

④工资必须以法定的方式支付,一般只能用法定货币支付,并且要定期、持续地支付。

(3)工资的作用。

①分配职能。即向职工分配个人消费品的社会形式,职工所得的工资额也就是社会分配给职工的个人消费品份额。

②保障职能。即工资作为职工的生活来源,其首要作用是保障职工及其家庭的基本生活需要。

③激励职能。工资是对职工劳动的一种评价尺度和手段,对职工劳动积极性具有鼓励作用。

④杠杆职能。工资是国家用来进行宏观经济调解的经济杠杆，对劳动力的总体布局、劳动力市场、国民收入分配、产业结构变化等都有直接或间接的调节作用。

(4)最低工资制度。最低工资是指用人单位对单位时间劳动必须按法定最低标准支付的工资。

《劳动法》第四十八条规定，国家实行最低工资保障制度，用人单位支付劳动者的工资不得低于当地最低工资标准。需要注意的是，最低工资标准适用的前提是劳动者提供了正常的劳动，也就是在法定的工作时间内履行了正常的劳动义务。劳动者因探亲、结婚、直系亲属死亡等按照规定休假期间，以及依法参加国家和社会活动期间(如参加选举)，视为提供了正常劳动。劳动者因本人原因造成在法定工作时间内未提供正常劳动的，不适用最低工资保障。

①确立最低工资制度的意义。最低工资制度是建立我国劳动力市场的基本条件；最低工资制度作为国家干预分配的手段，可以保障劳动者权益，保证社会的发展和稳定；使我国工资制度与国际劳工组织工资制度接轨。

②最低工资标准的确定。《劳动法》第四十八条规定："最低工资具体标准由省、自治区、直辖市人民政府规定，报国务院备案。"应当综合参考以下因素：劳动者本人及平均赡养人口的最低生活费用；社会平均工资水平；劳动生产率；就业状况；地区之间经济发展水平的差异。

③最低工资的给付。根据我国2004年3月1日起施行的《最低工资规定》的要求，下列各项不得作为最低工资组成部分：加班加点工资；中班、夜班、高温、低温、井下、有毒有害等特殊工作环境、条件下的津贴；国家法律、法规、政策规定的劳动保险、福利待遇等。支付的程序和办法：必须张贴和宣传最低工资的有关政策和法律、法规；张贴本地区、本行业最低工资标准；公告本企业计件工资或提成工资等与最低工资标准的折算办法和折算率；张贴有关政府监督检查的程序和办法；必须以法定货币按时支付。

(5)工资制度中三方的权利。

①劳动者的工资权。包括：工资取得权、工资支配权、工资保障权、工资分配参与权。

②用人单位的分配自主权。《劳动法》第四十七条规定："用人单位根据本单位的生产经营特点和经济效益，依法自主确定本单位的工资分配方式和工资水平。"严格意义上讲，享有分配自主权的仅限于经营性单位，对于全额拨款和差额拨款的事业组织只对工资总额的一定部分享有工资分配的自主权。我国正处于计划经济向市场经济转轨的过程中，不同用人单位的工资分配自主权不尽相同。需要注意的情况，这里的自主权并非完全由单位说了算，应通过职工代表大会进行讨论。

③国家的工资管理权。一是对全社会工资的一般管理，主要是通过制定工资政策和法规，控制工资总量，确定最低工资标准，管理工资基金，协调城乡居民收入比例关系和不同地区、行业、职业之间的工资比例关系；二是对企业工资的间接管理，主要是对企业工资总额进行动态的、适度的宏观调控，指导企业选择和完善工资制度，监督企业在工资分配过程中遵守工资政策法规；三是对国家机关工资的直接管理，主要是确定

国家机关工资分配的制度和方案，根据经济发展状况并参照企业平均工资水平去核定调整国家机关工资水平。

（6）工资形式：指计量劳动和支付工资的形式。

①计时工资：指按照职工技术的熟练程度、劳动的繁重程度和工作时间的长短支付工资的一种形式。如月工资、日工资和小时工资等。

②计件工资：指按照合格产品的数量和预先规定的计件单位来计算的工资。

③奖金：指对在工作和生产建设中取得卓越成绩的职工的一种奖励。

④津贴：指补偿职工在特殊条件下的劳动消耗及生活费额外支出的工资补充形式。如矿山井下津贴、高温补贴、野外施工津贴、山区津贴等。

（7）特殊情况下的工资：指依法或按协议在非正常工作情况下支付给职工的工资。

①履行国家和社会义务期间的工资。如依法行使选举权和被选举权；当选代表出席乡、区以上政府、党派、工会、青年团、妇女联合会等组织召开的会议；出任人民法庭证明人；不脱产工会基层委员会委员因工会活动占用的生产或工作时间；其他依法参加的社会活动。

②加班工资。延长工作时间的，不低于150%；休息日的，不低于200%；法定休假日的，不低于300%。

③婚、丧假工资

④年休假工资。

⑤探亲假工资。职工探望配偶和未婚职工探望父母的往返路费由所在单位负担；已婚职工探望父母的往返路费，在本人月工资标准30%以内由本人自理，超过部分由单位负担。

⑥停工期间的待遇。职工因本身过失造成的停工，不发给过失者津贴；非因职工本身过失造成的停工，一般按本人标准工资75%发给停工津贴；试用新机器、新工具，试行先进经验及合理化建议期间，非职工本人过失造成的停工，按照本人标准工资100%发给停工津贴；停工期间的地区津贴、野外津贴、生活补贴均按停工津贴发给。

⑦企业依法破产时劳动者的工资。

（8）工资保障：指《劳动法》调整的工资支付办法、禁止任意扣发工资和工资监督等制度。

工资支付办法：①工资应以法定货币支付，不得以实物及有价证券代货币支付；②支付工资时，用人单位必须书面记录支付劳动者工资的数额、时间、领取者的姓名以及签字，并保存两年以上备查；③支付工资时，应向劳动者提供一份其个人的工资清单；④工资必须在用人单位与劳动者约定的日期支付，如遇节假日或休息日，应提前在最近的工作日支付；⑤工资至少每月支付一次，实行周、日、小时工资制的可按周、日、小时支付工资。

工资保障措施：①用人单位不得克扣劳动者的工资。②有下列情况之一的，用人单位可以代扣劳动者工资：用人单位代扣代缴个人所得税；用人单位代扣代缴应由劳动者个人负担的各项社会保险费用；法院判决、裁定中要求代扣的抚养费、赡养；法律、法规规定从劳动者工资中扣除的其他费用。③扣除数额的限制：不得超过当月工资的20%。

工资保障的监督：①劳动行政部门要监督国家工资法规的正确实施，监督、检查工资待遇的执行情况；②工会组织要监督企业行政切实执行国家工资法规的规定；③人民银行办理对工资基金的管理工作，监督企业执行工资基金使用计划和通知开户银行办理工资基金转移手续。

2. 工作时间部分

劳动者有休息的权利，这是保护劳动者身心健康和提高劳动效率所必需的。

(1)工作时间和休息休假。

①工作时间：又称法定工作时间，指劳动者为履行劳动义务，根据国家规定，在一昼夜之内或一周之内用于完成本职工作的时间。它包含以下三个要点：

- 工作时间是劳动关系中劳动者为用人单位履行劳动义务而从事劳动或工作的时间。
- 工作时间的长度由法律直接规定，或者由集体合同和劳动合同依法约定。
- 劳动者不遵守工作时间要承担相应的法律责任。

②休息休假。

休息和休假：指劳动者在任职期间，根据国家规定，不从事劳动和工作而自行支配的休息时间和法定节假日。它包括以下4个要点：

- 劳动者在休息时间免于履行劳动给付义务。
- 休息时间由劳动者自行支配，这是实现休息权的必要保证。
- 劳动者在休息时间内的生活保障由用人单位提供。
- 用人单位不得非法占用劳动者的休息时间。

注意：工作时间既包括作业时间，也包括准备工作时间、结束工作时间以及法定非劳动消耗时间(例如劳动者自然需要中断的时间，女职工哺乳婴儿时间等)；而休息时间，包括日常休息和休假，日常休息即工作日内不计入工作时间的间歇时间，如吃饭时间、午休时间。

(2)标准工作时间制。《劳动法》第三十六条规定："国家实行劳动者每日工作时间不超过8小时，平均每周工作时间不超过44小时的工时制度。"1995年国务院修订的《关于职工工作时间的规定》规定："职工每日工作8小时，每周工作40小时。"要求在1997年5月1日前所有企业都必须执行，在1996年5月1日前所有事业单位都必须执行。对于实行计件工作的劳动者，用人单位应根据标准工时制度合理确定其劳动定额和计件报酬标准。

上述规定的工时都是最高工时标准。

所谓最高工时标准，又称法定最长工时，是指法律规定的在一定自然时间(一日或一周)内工作时间的最长限度。它有法定日最长工时和周最长工时两种形式。

最高工时标准是法定的强制性标准，其法律效力主要表现在以下5个方面：

①在全国范围内应当普遍执行最高工时标准，除了具备法定特殊情形外，用人单位不得突破其限制。

②对实行计件工资的劳动者，用人单位应当根据日或周最长工时，合理确定其劳动定额和劳动报酬。

③企业因生产特点不能按照法定日和周最长工时的要求实行作息办法而采用其他工时形式的，必须符合法定条件，并且履行法定审批程序。

④实行综合计算工时工作制的，其平均日(周)工时应当与法定最长工时基本相同。

⑤用人单位不遵守最高工时标准、违法延长工时的，应当追究法律责任。

目前，我国允许实行缩短工作日的情形限于以下几种：

• 特定岗位。包括从事矿山井下作业、高山作业、严重有毒有害作业、过度紧张工作、特别繁重体力劳动等。

• 夜班。实行三班制的企业，从事夜班的工作时间比白班减少1小时(夜班指当日晚10时至次日6时之间的当班)。

• 哺乳期女工。哺乳未满周岁婴儿的女职工，每班工作时间内可哺乳两次(包含人工喂养)，每次30分钟(多胞胎多一婴增加30分钟)；一班内两次哺乳时间可以合并使用，哺乳时间和哺乳往返时间算作工作时间。

• 未成年工和怀孕女工。未成年工实行少于8小时工作日制度，怀孕7个月以上的女职工，在正常的工作时间内应安排一定的休息时间。

(3)延长工作时间(加班加点)的法律规定。

①加班：是指单位行政经过法定批准手续，要求职工在法定节日或公休假日从事工作的时间。

②加点：是指单位行政经过法定批准手续，要求职工在正常工作日之外延长工作的时间。

用人单位由于生产经营的需要，经与工会、劳动者协商后可以延长工作时间(即“加班加点”)。但单位延长劳动者的工作时间是有限制的：一般每日延长不得超过1小时；因特殊原因需要延长工作时间的，在保障劳动者身体健康的条件下每日延长不得超过3小时，但每月不得超过36小时。

《劳动法》第42条规定，在下列情形下，工作时间的延长是不受限制的：

• 发生自然灾害、事故或因其他原因，威胁劳动者生命健康和财产安全，需要紧急处理的。

• 生产设备、交通运输线路、公共设施发生故障，影响生产和公众利益，必须及时抢修的。

• 法律、法规规定的其他情形。

虽然法律规定了劳动者的休息休假权利，但对于在一些外企、私营企业中工作的劳动者来说，延长工作时间已经成了家常便饭。由于劳动者在延长工作时间期间的劳动付出的额外性，所以劳动法规定，用人单位应当支付高于劳动者正常工作时间工资的报酬：

• 安排劳动者延长工作时间的，支付不低于工资的150%的工资报酬。

• 安排劳动者在休息日工作又不能安排补休的，支付不低于工资200%的报酬。

• 安排劳动者在法定节假日工作的，支付不低于工资的300%的工资报酬。

(4)休息休假法律制度。为了保证劳动者的休息权落到实处，《劳动法》具体规定了劳动者休息时间的长度和种类：

①工作日内的间歇时间。这是指劳动者在每个工作日应有的休息和用膳时间，即午休时间。间歇时间一般不少于半个小时；实行单班制或双班制的企业，间歇时间应规定在工作开始后4小时；对怀孕7个月的女职工应给予工间休息时间。

②两个工作日间的休息时间。一般为15～16小时，无特殊情况应保障职工连续使用不得间断。

③每周公休假日。国家机关、企业事业单位实行统一的工作和休息时间，每周的星期六和星期日为休息日。对于因生产工作需要等不能在公休假日休息的，可使职工在一周内的其他时间轮流休息。

④法定节假日。包括元旦、春节、国际劳动节、国庆节以及法律法规规定的其他休假节日。对这些法定节假日期间劳动者休假时间的长短，应依照国务院的通知或规定统一安排，用人单位不能随意缩短。

⑤年休假。《劳动法》第四十五条规定："劳动者连续工作一年以上的，享受带薪年休假。具体办法由国务院规定"。年休假，是指职工每年享有保留职务和工资的一定期限连续休息的假期。关于年休假，应当注意以下几个方面：

• 年休假的适用范围：一般规定已实行特殊休假的单位就不再实行年休假。

• 条件：一般规定需要有一定的工龄条件、年出勤率条件，不在受各种处分期间。

• 期限：一般规定了起点假期后，每工作一年，年休假期递增一天，递增到一定天数就不再增加。

• 待遇：主要规定年休假期间工资、奖金、津贴等待遇。

• 奖励休假的规定：一般对先进人物、模范工作者等规定了多于一般年休假的期限，给予鼓励。

• 年休假的具体使用办法：一般规定年休假应连续使用，不得间断使用或合并使用。

⑥探亲假。凡在国家机关、人民团体和国有企业事业单位工作满1年的职工，与配偶或与父母不住在一起，又不能在公休假日团聚的，可以享受探亲待遇，但职工与父亲或母亲一方能在公休假日团聚的，不享受探望父母的待遇。

• 探望配偶的，每年给一方探亲假一次，假期30天。

• 未婚职工探望父母，原则上每年给假一次，假期20天，如果因为工作需要，单位不能给假，或职工自愿两年探亲一次的，可以两年给假一次，假期为45天。

• 已婚职工探望父母的，每4年给假一次，假期为20天。

四、劳动争议的解决

劳动争议，是指劳动关系当事人之间因执行劳动法规、履行劳动合同及其他劳动问题发生的劳动权利义务方面的纠纷。

应当重视劳动争议的预防工作，把劳动争议由事后的消极处理转为事先采取积极措施，把劳动争议消除在萌芽状态，从而防止争议的发生。这一工作要由劳动关系的各个方面来共同努力。如果劳动关系各方都严格依法办事，是可以有效地预防争议的发生的。

一方面，应当加强劳动法制的普及、宣传教育，提高劳动者和管理者的劳动法律意识和知法、守法观念，自觉依法办事；另一方面，要对企业内部的规章制度严格检查，既要符合法律法规，又要符合企业的实际情况；同时，工会应完善职工民主管理和民主监督机制，使职工与企业之间的矛盾及时解决，不致酿成劳动争议。

当然，如果能够避免劳动争议的发生是最理想的。一旦发生了劳动争议，劳动争议是否得到及时妥善的处理，不仅关系到能否保护当事人的合法权益，而且影响双方当事人的生产和生活。

为及时有效地妥善处理劳动争议，《劳动法》第七十九条规定："劳动争议发生后，当事人可以向本单位劳动争议调解委员会申请调解；调解不成，当事人一方要求仲裁的，可以向劳动争议仲裁委员会申请仲裁。当事人一方也可以直接向劳动争议仲裁委员申请仲裁。对仲裁裁决不服的，可以向人民法院提起诉讼。"

可见，解决劳动争议的途径主要有调解、仲裁、诉讼三种方式。仲裁是诉讼之前的必经程序。当事人不管从何种途径主张自己的权利，都要注意法律规定的权利行使的时效：

①当事人申请调解，应当自知道或应当知道其权利被侵害之日起30日内，以口头或书面形式向调解委员会提出，并填写"劳动争议调解申请书"。

②当事人提出仲裁要求的，应当自劳动争议发生之日起60日内向劳动争议仲裁委员提出书面申请。

③当事人对仲裁裁决不服的，自收到裁决书之日起15日内，可以向人民法院起诉；期满不起诉的，裁决书即发生法律效力。要注意的是，实践中，有些当事人对仲裁裁决的法律约束力认识不足，误以为仲裁裁决没有强制执行力而拒不履行。事实上，劳动争议仲裁可以适用调解和裁决两种方式，无论是调解书还是裁决书，只要是依法做出，都具有法律约束力，一方当事人逾期不履行的，另一方可以申请人民法院强制执行。

【案例链接一】

某公司招聘销售员，陆先生前去应聘，经洽谈协商，双方签订了一份一年期的劳动合同，合同约定：陆先生的工作岗位是销售部销售员；又约定：因公司经营需要或陆先生工作能力等原因，公司可以调动陆先生的工作岗位，陆先生对此可以提出异议，但在改变决定前应当服从公司的安排。合同签订后，陆先生开始上班。半年后，公司因市场变化而调整经营范围，为此，需对营销人员结构作相应调整。经部门列出的资料分析，公司对各营销人员的工作状态做了考核，经考核排列，陆先生的工作业绩排名最后。于是，公司即通知陆先生调动其工作岗位至后勤总务部门，并要求择日报到。陆先生认为公司调动其工作岗位属于变更劳动合同的行为，因未与本人协商，通知变更工作岗位不能成立，于是拒绝了公司的工作调动通知。公司经多次通知陆先生去新岗位报到无效后，就以陆先生拒不服从公司的工作安排，严重违反劳动纪律为由，根据公司员工手册的规定对陆先生做出了解除劳动合同的处理决定。陆先生不服公司做出的处理决定，他认为：自己与公司在劳动合同中约定了工作岗位，公司不经协商即通知调动岗位违反了劳动法关于劳动合同变更的有关规定，要求公司撤销解除劳动合同的决定，并恢复其原劳动关系。而公司则认为：公司因经营情况变化而调整人员结构，调整陆先生的工作岗位符合双方劳动合同的约定，陆先生不服从公司的安排违反了合同约定并违反了公司规章制度，公司可以依据有关规定做出相应处理。

问：①《劳动合同法》关于劳动合同的订立和履行方面有哪些规定？

②公司调整陆先生的工作岗位是否存在违法行为，为什么？

③陆先进的主张是否合理，为什么？

【案例评析】

①《劳动合同法》第三条规定："订立劳动合同，应当遵循合法、公平、平等自愿、协商一致、诚实信用的原则。依法订立的劳动合同具有约束力，用人单位与劳动者应当履行劳动合同约定的义务。"《劳动合同法》第二十九条规定："用人单位与劳动者应当按照劳动合同的约定，全面履行各自的义务。"《劳动合同法》第三条第(二)款规定："劳动者严重违反用人单位规章制度的"，用人单位可以解除劳动合同。

②在履行劳动合同的过程中，公司根据经营需要和员工的工作能力等原因调动员工的工作岗位，是履行劳动合同约定条款的行为，不是变更劳动合同内容的行为。

③不合理。陆先生应当履行劳动合同约定的义务服从公司的工作安排。陆先生拒不接受公司的工作安排，既违反了劳动合同的约定也违反了公司的劳动纪律，公司可以依据《劳动合同法》的相关规定和企业制订的规章制度对陆先生做出解除劳动合同的处理决定。

【案例链接二】

2016年4月，吴某被聘为某商场的营业员，并与该商场签订了为期两年的劳动合同，合同规定：吴某需先交200元风险抵押金，如果吴某违约，则200元押金不再退还，吴某试用期为6个月，试用期每月工资为500元，试用期满后每月工资800元。合同还规定，如果吴某严重违反商场的劳动纪律或者患病住院、怀孕等，商场有权立即解除劳动合同，并且不需要给吴某任何经济补偿。

问：该劳动合同存在哪些违反《劳动合同法》的条款？

【案例评析】

该劳动合同中存在以下违法地方：①吴某需先交200元风险抵押金，如果吴某违约，则200元押金不再退还，依据《劳动合同法》第二十五条之规定除服务期条款、保守商业秘密条款和竞业限制条款外用人单位不得与劳动者约定由劳动者承担违约金。②吴某试用期为6个月，依据《劳动合同法》第十九条之规定，"劳动合同期限为一年以上不满三年的，试用期不得超过3个月"。③试用期工资为500元，依据《劳动合同法》第二十条之规定，"劳动者在试用期的工资不得低于本单位相同岗位最低档工资或者劳动合同约定工资的80%，并不得低于用人单位所在地的最低工资标准"。该劳动合同约定的工资为800元，所以试用期的工资不得低于640元。④如果吴某严重违反商场的劳动纪律或者患病住院、怀孕等，商场有权立即解除劳动合同，并且不需要给吴某任何经济补偿。依据《劳动合同法》第四十二条之规定，"患病或者非因工负伤，在规定的医疗期内的;女职工在孕期、产期、哺乳期的”不得解除合同。⑤该劳动合同没有涉及社会保险,依据《劳动合同法》第十七条第(七)款之规定,劳动合同中必须包括社会保险。

【练习思考】

(1)村民小李托亲戚找朋友好不容易进了一家公司,当时没有签合同,进去后干的活很杂,工作岗位不固定,每个月领的工资也不一样。一年后,他多次与公司协商签订劳动合同,想把工作岗位、内容、工资等各方面固定下来,可公司总是以“我们需要的就是一个能干杂活的人”“公司效益不固定工资也不能固定”“如果不想干就另谋高就”等各种理由予以推托。结果,他干了一年多,合同也没签成。后来公司换了个老板,一上任就把他辞退了。

请谈谈你的认识。

(2)小刘是某建筑公司的农民工,与建筑公司签订了为期10年的合同,合同虽然仅几十条,却规定了10多项违约金条款,有一项是如果小刘跳槽,需一次性支付10万元违约金。工作半年后,小刘发现了另一家建筑公司招人,开出的条件和待遇都比现在的单位好很多。他想跳槽,但面对巨额违约金,又陷入了深深的苦恼之中。

请谈谈你的看法。

第二节　工伤保险条例

【基本要求】

(1)了解工伤保险的概念、特征与作用

(2)理解劳动能力鉴定及其程序

(3)熟悉用人单位的法律责任

重点:农民工的权利与用人单位的义务、工伤认定

难点:工伤保险待遇的范围及其标准、工伤认定

【法律知识】

一、工伤保险概述

1. 工伤保险的概念

工伤保险,是指劳动者在工作中或在规定的特殊情况下,遭受意外伤害或患职业病导致暂时或永久丧失劳动能力以及死亡时,劳动者或其遗属从国家和社会获得物质帮助的一种社会保险制度。

工伤保险的认定:劳动者因工负伤或患职业病暂时失去劳动能力。工伤不管由什么原因造成,责任在于个人或在于企业,劳动者都享有社会保险待遇,即补偿不究过失原则。

工伤保险，又称职业伤害保险，是指通过社会统筹的办法，集中用人单位缴纳的工伤保险费，建立工伤保险基金，对劳动者在生产经营活动中遭受意外伤害或患职业病，并由此造成死亡、暂时或永久丧失劳动能力时，给予劳动者实用性的法定的医疗救治以及必要的经济补偿的一种社会保障制度。这种补偿既包括医疗、康复所需费用，也包括保障基本生活的费用。

2. 工伤保险的特征

（1）工伤保险的对象的范围是指在生产劳动过程中的劳动者。由于职业危害无所不在、无时不在，任何人都不能完全避免职业伤害。因此，工伤保险作为抗御职业危害的保险制度适用于所有职工，任何职工发生工伤事故或遭受职业疾病，都应毫无例外地获得工伤保险待遇。

（2）工伤保险的责任具有赔偿性。因为劳动者的生命健康权、生存权和劳动权受到影响、损害甚至被剥夺了，因此工伤保险是基于对工伤职工的赔偿责任而设立的一种社会保险制度，而其他社会保险是基于对职工生活困难的帮助和补偿责任而设立的。统一专属工伤保险方案与社保完全对接，补充了对一次性伤残就业补助金的赔偿。

（3）工伤保险实行无过错责任原则。无论工伤事故的责任归于用人单位还是职工个人或第三者，用人单位均应承担保险责任。

（4）工伤保险不同于养老保险等险种，劳动者不需缴纳保险费，全部费用由用人单位负担，即工伤保险的投保人为用人单位。

（5）工伤保险的待遇相对优厚，标准较高，但因工伤事故的不同而有所差别。

（6）工伤保险作为社会福利，其保障内容比商业意外保险要丰富。除了在工作时的意外伤害，也包括职业病的报销、急性病猝死保险金、丧葬补助（工伤身故）。

商业意外险提供的是工作和休息时遭受的意外伤害保障，其优势体现为时间、空间上的广度。如上下班途中遭遇的意外，假如是机动车交通事故，则伤害可以由工伤保险赔偿，而其他情况下的意外伤害则不属于工伤保险的保障范围。

3. 工伤保险的作用

（1）工伤保险作为社会保险制度的一个组成部分，是国家通过立法强制实施的，是国家对职工履行的社会责任，也是职工应该享受的基本权利。工伤保险的实施是人类文明和社会发展的标志和成果。

（2）工伤保险保障了工伤职工的医疗以及基本生活、伤残抚恤和遗属抚恤，在一定程度上解除了职工和家属的后顾之忧。工伤补偿体现出国家和社会对职工的尊重，有利于提高他们的工作积极性。

（3）建立工伤保险有利于促进安全生产，保护和发展社会生产力。工伤保险与生产单位改善劳动条件、防病防伤、安全教育、医疗康复、社会服务等工作紧密相连，对提高生产经营单位和职工的安全生产，防止或减少工伤、职业病，保护职工的身体健康，至关重要。

(4)工伤保险保障了受伤害职工的合法权益,有利于妥善处理工伤事故和恢复生产,维护正常的生产、生活秩序,维护社会安定。

二、农民工(劳动者)的权利和用人单位的义务

1. 农民工(劳动者)的权利

(1)免费参加工伤保险。作为劳动者,农民工在外出务工工伤保险方面最主要的权利就是免费参加工伤保险。《工伤保险条例》第十条规定:"用人单位应按时缴纳工伤保险费,职工个人不缴纳工伤保险费。"

(2)解除劳动合同。用人单位未依法为劳动者缴纳社会保险费(或工伤保险费)的,劳动者可以解除劳动合同。对于因公致残被鉴定为五级至十级伤残的劳动者,经其本人提出,可以与用人单位解除或者终止劳动关系,由工伤保险基金支付一次性工伤医疗补助金,由用人单位支付一次性伤残就业补助金。具体标准由省、自治区、直辖市人民政府规定。

(3)拒绝管理人员违章指挥、强令冒险作业。劳动者对用人单位的管理人员违章指挥、强令冒险作业,有权拒绝执行,且该行为不视为违法劳动合同;对危害生命安全和身体健康的行为,有权提出批评、检举和控告。与之相对,劳动者在劳动过程中负有严格遵守安全操作规程的义务。

(4)举报工伤保险的违法行为。劳动者有权举报有关工伤保险的违法行为。社会保险行政部门对举报应当及时调查,按照规定处理,并为举报人保密。

(5)提出工伤认定申请。劳动者发生工伤事故或者按照职业病防治规定被诊断、鉴定为职业病,应由所在单位在规定期限内提出工伤认定申请。如果用人单位未在规定期限内提出工伤认定申请的,工伤职工或者其近亲属、工会组织在工伤事故发生之日或者被诊断、鉴定为职业病之日起1年内,可以直接向用人单位所在地统筹地区社会保险行政部门提出工伤认定申请。

(6)依法申请行政复议或提起行政诉讼。有下列情形之一的,有关单位或者个人可以依法申请行政复议,也可以依法向人民法院提起行政诉讼:

①申请工伤认定的职工或者其近亲属、该职工所在单位对工伤认定申请不予受理的决定不服的。

②申请工伤认定的职工或者其近亲属、该职工所在单位对工伤认定结论不服的。

③用人单位对经办机构确定的单位缴费费率不服的。

④签订服务协议的医疗机构、辅助器具配置机构认为经办机构未履行有关协议或者规定的。

⑤工伤职工或者其近亲属对经办机构核定的工伤保险待遇有异议的。

(7)享受工伤医疗待遇。劳动者因工作遭受事故伤害或者患有职业病进行治疗,享受工伤医疗待遇。在停工留薪期满后仍需治疗的,继续享受工伤医疗待遇。但是有下列情形之一的,停止享受工伤保险待遇:

①丧失享受待遇条件的。

②拒不接受劳动能力鉴定的。

③拒绝治疗的。

2. 用人单位的义务

(1)参加工伤保险并缴纳保险费。用人单位的这一主要义务对应于劳动者免费参加工伤保险的主要权利。用人单位必须依法参加工伤保险,为所属劳动者按时缴纳工伤保险费。

(2)具备相应的安全生产条件。企业取得安全生产许可证,应当依法参加工伤保险,为从业人员缴纳保险费。否则,不能取得安全生产许可证,不能从事生产活动。

(3)公示工伤保险情况。用人单位应当将参加工伤保险的有关情况在本单位内公示。

(4)解除或终止劳动合同时出具相关证明并办理工伤保险转移手续。用人单位应当在解除或者终止劳动合同时出具解除或者终止劳动合同的证明,并在15日内为劳动者办理档案和社会保险关系转移手续。

(5)遵守安全生产规定,减少职业危害,及时救治工伤劳动者。用人单位应当遵守有关安全生产和职业病防治的法律法规,执行安全卫生规程和标准,预防工伤事故的发生,避免和减少职业病的危害。劳动者发生工伤事故时,用人单位应当采取措施使工伤劳动者得到及时救治。

(6)劳动部门调查核实工伤时应予以协助。社会保险行政部门受理工伤认定申请后,根据审核需要可以对事故伤害进行调查核实,有关单位和个人应当予以协助。用人单位、工会组织、医疗机构以及有关部门应当安排相关人员配合工作,据实提供情况和证明材料。

(7)特定情形下承担举证责任。当发生事故造成伤害时,劳动者或者其近亲属认为是工伤,用人单位不认为是工伤的,由用人单位承担举证责任。用人单位拒不举证的,劳动保障行政部门可以根据受伤职工提供的证据依法做出工伤认定结论。

三、用人单位的法律责任

(1)用人单位未按时足额缴纳社会保险费的,由社会保险费征收机构责令其限期缴纳或者补足。用人单位逾期仍未缴纳或者补足社会保险费的,社会保险费征收机关可以向银行或者其他金融机构查询其存款账户,并可以申请县级以上有关行政部门做出划拨社会保险费的决定,书面通知其开户银行或者其他金融机构划拨社会保险费。用人单位账户余额少于应当缴纳的社会保险费的,社会保险费征收机构可以要求该用人单位提供担保,签订延期缴费协议。用人单位未足额缴纳社会保险费且未提供担保的,社会保险费征收机构可以申请人民法院扣押、查封、拍卖其价值相当于应当缴纳社会保险费的财产,以拍卖所得抵缴社会保险费。用人单位未按时足额缴纳社会保险费的,自欠缴之日起,按日加收0.5‰的滞纳金;逾期仍不缴纳的,由有关行政部门处欠缴数额1倍以上3倍以下的罚款。

(2)生产经营单位与从业人员订立协议,免除或者减轻其对从业人员因生产安全事故伤亡依法应承担的责任的,该协议无效;对生产经营单位的主要负责人、个人经营的投资人处2万元以上10万元以下的罚款。

(3)生产经营单位发生生产安全事故造成人员伤亡、他人财产损失的,应当依法承担赔偿责任;拒不承担或者其负责人逃匿的,由人民法院依法强制执行。生产安全事故的责任人未依法承担赔偿责任,经人民法院依法采取执行措施后,仍不能对受害人给予足额赔偿的,应当继续履行赔偿义务;受害人发现责任人有其他财产的,可以随时请求人民法院执行。

(4)用人单位依照《工伤保险条例》应当参加工伤保险而未参加的,由社会保险行政部门责令改正;未参加工伤保险期间用人单位职工发生工伤的,由该用人单位按照《工伤保险条例》规定的工伤保险待遇项目和标准支付费用。

(5)造成劳动者工伤、医疗待遇损失的,除按国家规定为劳动者提供工伤、医疗待遇外,用人单位还应支付劳动者相当于医疗费用25%的赔偿费用。

四、农民工办理工伤保险的地点

1. 通常情形

通常情况下,劳动者应当由其用人单位到所在地的工伤保险经办机构办理工伤保险。但有下列几种例外情形:

(1)跨地区、生产流动性较大的行业,可以采取相对集中的方式异地参加统筹地区的工伤保险。具体办法由国务院劳动保障行政部门会同有关行业的主管部门制定。

(2)劳动者被派遣出境工作,依据前往国家或者地区的法律应当参加当地工伤保险的,参加当地工伤保险,其国内工伤保险关系中止;不能参加当地工伤保险的,其国内工伤保险关系不中止。

(3)劳动者在两个或两个以上用人单位同时就业的,各用人单位应当分别在其所在地为劳动者缴纳工伤保险费。劳动者发生工伤,由受到伤害时其工作的单位依法承担工伤保险责任。

2. 针对农民工的特殊情形

由于农民工的流动性较大,绝大多数都属于跨越各级行政区划外出务工,所以,确定农民工办理、享受、转接工伤保险和治疗工伤的地点就是非常实际的问题。为此,有如下相关的专门规定:

(1)用人单位注册地与生产经营地不在同一统筹地区的,原则上在注册地参加工伤保险。未在注册地参加工伤保险的,农民工受到事故伤害后,在参保地进行工伤认定、劳动能力鉴定,并按参保地的规定依法享受工伤保险待遇。用人单位在注册地和生产经营地均未参加工伤保险的,农民工受到事故伤害后,在生产经营地进行工伤认定、劳动能力鉴定,并按生产经营地的规定依法由用人单位支付工伤保险待遇。

(2)跨地区流动就业的农民工,工伤后的长期待遇有一次性支付和长期支付两种方式,供工伤农民工选择,进一步方便农民工领取和享受工伤待遇。

(3)劳动者发生工伤后,应当在统筹地区的协议医疗机构进行治疗,病情危急时可送往就近医疗机构进行抢救;在统筹区域以外发生工伤的劳动者,可在事故发生地优先选择协议医疗机构治疗。凡未在统筹地协议医疗机构救治的工伤劳动者,用人单位要及时向经办机构报告工伤劳动者的伤情及救治医疗机构的情况,并待病情稳定后转回统筹地区的协议医疗机构治疗。

(4)为了使农民工能够确实享有工伤保险方面的权利,我国相关法律法规提供了相关制度上的保障。

①国家采取措施,建立健全劳动者社会保险关系跨地区转移接续制度。

②各级政府探索建立在注册地与生产经营地工伤保险经办机构之间的参保协查机制,以确认用人单位是否确实为所属劳动者办理了工伤保险。用人单位已在注册地为农民工办理了参保手续的,要向生产经营地工伤保险经办机构提供相关证明。用人单位未在注册地为农民工办理参保手续的,由生产经营地工伤保险经办机构根据协查结果,要求其在生产经营地为招用的农民工办理参加工伤保险手续。

五、工伤的认定

1. 应当认定为工伤的情形

根据我国2011年1月1日实行的新修订的《工伤保险条例》,工伤一般包括因工伤亡事故和职业病,有以下情形之一的,应当被认定为工伤:

(1)在工作时间和工作场所内,因工作原因受到事故伤害的。“工作时间”和“工作场所”是两个必须同时具备的条件,同时还得是“因工作原因”而受到的负伤、致残或者死亡。事故伤害是指职工在劳动过程中发生的人身伤害、急性中毒事故等类似伤害。

(2)工作时间前后在工作场所内,从事与工作有关的预备性或者收尾性工作受到事故伤害的。工作时间前后是指非工作时间内,具体讲是开工前或收工后的一段时间,如工作时间为9点到12点、14点到18点,职工提前在8点30分到岗或者下班后做完收尾工作时间到18点半等,均可以认定为“工作时间前后”。有一点需特别重要,其目的必须是从事预备性或收尾性工作,如为启动机器做准备工作,或者关闭机器后收拾与工作有关的机器、工具等。

(3)在工作时间和工作场所内,因履行工作职责受到暴力等意外伤害的。“工作时间”和“工作场所”必须同时具备,并且必须是在履行本职工作,这里受到的伤害是“非工作原因”,是来自本单位或者外界的“暴力、意外等”所致。例如,有人在职工履行工作职责的时候蓄意对职工进行打击报复,对其人身进行直接攻击,致使职工负伤、致残或者死亡等。

(4)患职业病的。职业病,是指企业、事业单位和个体经济组织的劳动者在职业活动中,因接触粉尘、放射性物质和其他有毒、有害物质等因素而引起的疾病。

(5)因工外出期间,由于工作原因受到伤害或者发生事故下落不明。“因工外出期间”含因工出差以及因工临时外出办理业务等,同时必须是在发生事故时正在履行工作职责,即因工作原因外出,受到伤害或者发生事故时下落不明。

(6)职工在合理时间内往返于工作地与配偶、父母、子女居住地的合理路线的上下班途中发生事故的。例如,上下班途中受到非本人主要责任的交通事故或者城市轨道交通、客运轮渡、火车事故伤害的。“上下班途中发生事故”(最高院关于工伤认定的司法解释,2014年9月1日起施行)是指从居住的住所到工作区域之间的必经路途、必要时间所发生的人身伤害事故。受到机动车事故伤害的,还应该增加关于非法驾驶的问题,对于非法驾驶(无证驾驶)的,达到交通肇事程度的,不予认定工伤。

(7)法律、行政法规规定应当认定为工伤的其他情形。这是一条法律上的兜底条款规定,由于工伤事故的复杂性和不确定性不仅需要专门的法律、行政法规的规范性强制性规定,也需要其他法律法规做出相应调整,对于法律、行政法规规定为工伤的其他情形,也应当纳入本条例调整的工伤范畴中。

2. 视同工伤的情形

《工伤保险条例》第十五条规定,职工有下列情形之一的,应当视同为工伤:

(1)在工作时间和工作岗位,突发疾病死亡或者在48小时内经抢救无效死亡的。两个条件须同时具备:"工作时间"和"工作岗位"。"突发疾病死亡"是指:①职工突发与工作无关的疾病导致死亡。如果是与工作有关的疾病而导致死亡,应当按照《工伤保险条例》第十四条的规定认定工伤。②在工作岗位上突发与工作无关并没有导致立即死亡的疾病,但是在48小时内经抢救无效死亡的,视同为工伤。

(2)在抢险救灾等维护国家利益、公共利益活动中受到伤害的。

(3)职工原在军队服役,因战、因公致残,已取得伤残军人证,到用人单位后旧伤复发的。针对转业军人的保护,军人在战斗中或者在履行职责中负伤致残,依据《革命伤残军人评定伤残等级的条件》之规定,军人伤残对于经有关部门评残,取得伤残军人证的退伍军人,如果在用人单位旧病复发,视同为工伤。这主要考虑到革命军人为国家利益已经付出代价,为切实保障革命军人的利益而做出这样的规定。

3. 不得认定为工伤的情形

《工伤保险条例》第十六条规定,职工符合本条例第十四条、第十五条的规定,但有下列情形之一的,不得认定为工伤或者视同工伤:

①故意犯罪的;

②醉酒或者吸毒的;

③自残或者自杀的。

六、工伤认定的受理和调查核实

1. 申请工伤认定应提交的材料

提出工伤认定申请时应当提交下列材料:

(1)工伤认定申请表。工伤认定申请表应当包括事故发生的时间、地点、原因以及职工伤害程度等基本情况。

(2)与用人单位存在劳动关系(包括事实劳动关系)的证明材料。

(3)医疗诊断证明或者职业病诊断证明书(或者职业病诊断鉴定书)。

(4)有下列情形之一的,还应当分别提交相应证据:

①职工死亡的,提交死亡证明。

②在工作时间和工作场所内,因履行工作职责受到暴力等意外伤害的,提交公安部门的证明或者其他相关证明。

③因工外出期间,由于工作原因受到伤害或者发生事故下落不明的,提交公安部门

的证明或者相关部门的证明。

④上下班途中，受到非本人主要责任的交通事故或者城市轨道交通、客运轮渡、火车事故伤害的，提交公安机关交通管理部门或者其他相关部门的证明。

⑤在工作时间和工作岗位，突发疾病死亡或者在48小时之内经抢救无效死亡的，提交医疗机构的抢救证明。

⑥在抢险救灾等维护国家利益、公共利益活动中受到伤害的，提交民政部门或者其他相关部门的证明。

⑦属于因战、因公负伤致残的转业、复员军人，旧伤复发的，提交《革命伤残军人证》及劳动能力鉴定机构对旧伤复发的确认。

⑧用人单位未参加工伤保险的，提交用人单位的营业执照或者工商行政管理部门出具的查询证明。

(5)其他有关证明文件。

2. 工伤认定的受理

社会保险行政部门收到工伤认定申请后，应当在15日内对申请人提交的材料进行审核，材料完整的，做出受理或者不予受理的决定；材料不完整的，应当以书面形式一次性告知申请人需要补正的全部材料。社会保险行政部门收到申请人提交的全部补正材料后，应当在15日内做出受理或者不予受理的决定。

社会保险行政部门决定受理的，应当出具《工伤认定申请受理决定书》；决定不予受理的，应当出具《工伤认定申请不予受理决定书》。

劳动者或者其近亲属、用人单位对不予受理决定不服的，可以依法申请行政复议或者提起行政诉讼。

3. 工伤认定的调查核实

社会保险行政部门受理工伤认定申请后，根据审核需要可以对事故伤害和所提供的证据进行调查核实，有关单位和个人应当予以协助。用人单位、医疗机构、有关部门及工会组织应当负责相关人员配合工作，据实提供情况和证明材料。

社会保险行政部门在进行工伤认定时，对申请人提供的符合国家有关规定的职业病诊断证明书或者职业病诊断鉴定书，不再进行调查核实。职业病诊断证明书或者职业病诊断鉴定书不符合国家规定的格式和要求的，社会保险行政部门可以要求出具证据部门重新提供。这一规定表明，职业病诊断结论和职业病诊断鉴定结论具有类似于工伤认定结论的效力，但职业病要被确认为工伤仍须经过工伤认定程序。

社会保险行政部门受理工伤认定申请后，可以根据工作需要，委托其他统筹地区的社会保障行政部门或相关部门进行调查核实。

4. 工伤认定中的举证责任

劳动者或者其近亲属认为是工伤，用人单位不认为是工伤的，由该用人单位承担举证责任。用人单位拒不举证的，劳动保障行政部门可以根据受伤害劳动者提供的证据依法做出工伤认定结论。

七、劳动能力鉴定及其程序

1. 劳动能力鉴定

劳动能力鉴定，是指相关机构对劳动者身体或精神所受到的损害导致本人工作能力减弱状况所做的专业性结论意见或证明；《工伤保险条例》将之定义为“劳动功能障碍程度和生活自理障碍程度的等级鉴定”。劳动者发生工伤，经治疗伤情相对稳定后存在残疾、影响劳动能力的，应当进行劳动能力鉴定。劳动功能障碍分为10个伤残等级，最重的为1级，最轻的为10级。生活自理障碍分为三个等级：生活完全不能自理、生活大部分不能自理和生活部分不能自理。

2. 劳动能力鉴定的程序

（1）申请劳动能力鉴定。劳动能力鉴定采取“不告不理”的原则，由用人单位、工伤职工或者其近亲属向设区的市级劳动能力鉴定委员会提出申请，并提供工伤认定决定和劳动者工伤医疗的有关资料。

工伤认定程序实际上是劳动能力鉴定程序的前置程序。工伤认定的目的是决定劳动者能否享受工伤保险待遇，劳动能力鉴定的目的则是决定劳动者能够享受什么样的工伤保险待遇。

（2）费用承担。对于劳动能力鉴定费用的负担，目前并没有明确具体的规定。根据《工伤保险条例》和某些地方性法规的有关规定，一般而言，初次劳动能力鉴定所需费用，参加了工伤保险的由工伤保险基金支付；未参加工伤保险的由用人单位支付。用人单位或个人申请再次鉴定的，由申请方预交鉴定费，再次鉴定结论与初次鉴定结论一致的，或者再次鉴定结论认为丧失劳动能力的原因与工伤无因果关系的，鉴定费用由申请方承担；再次鉴定结论与初次鉴定结论不一致的，鉴定费用由统筹地区的工伤保险基金支付。

（3）做出鉴定结论。设区的市级劳动能力鉴定委员会收到劳动能力鉴定申请后，应当依法组成专家组，由专家组提出鉴定意见；然后根据这一鉴定意见做出工伤劳动者劳动能力鉴定结论；必要时，可以委托具备资格的医疗机构协助进行有关的诊断。

设区的市级劳动能力鉴定委员会应当自收到劳动能力鉴定申请之日起60日内做出劳动能力鉴定结论，必要时，做出劳动能力鉴定结论的期限可以延长30日。劳动能力鉴定结论应当及时送达申请鉴定的单位和个人。

劳动能力鉴定委员会组成人员或参加鉴定的专家与当事人有利害关系的，应当回避。

（4）申请再次鉴定。申请鉴定的单位或个人对设区的市级劳动能力鉴定委员会做出的鉴定结论不服的，可以在收到该鉴定结论之日起15日内向省、自治区、直辖市劳动能力鉴定委员会提出再次鉴定申请。省、自治区、直辖市劳动能力鉴定委员会做出的劳动能力鉴定结论为最终结论。

（5）申请复查鉴定。自劳动能力鉴定结论做出之日起1年后，工伤劳动者或者其近亲属、所在单位或者经办机构认为伤残情况发生变化的，可以申请劳动能力复查鉴定。

八、工伤保险待遇

1. 工伤医疗待遇

工伤医疗待遇，是指职工发生工伤事故后，治疗工伤所需费用符合工伤保险诊疗项目目录、工伤保险药品目录、工伤保险住院服务标准的，从工伤保险基金支付。工伤保险诊疗项目目录、工伤保险药品目录、工伤保险住院服务标准，由国务院劳动保障行政部门会同国务院卫生行政部门、药品监督管理部门等部门规定。

职工治疗工伤应当在签订服务协议的医疗机构就医，情况紧急时可以先到就近的医疗机构急救。工伤职工治疗非工伤引发的疾病，不享受工伤医疗待遇，按照基本医疗保险办法处理。

根据《工伤保险条例》的规定，工伤医疗待遇主要包括：

(1)职工治疗工伤应当在签订服务协议的医疗机构就医，情况紧急时可以先到就近的医疗机构急救。

(2)治疗工伤所需费用符合工伤保险诊疗项目目录、工伤保险药品目录、工伤保险住院服务标准的，从工伤保险基金支付。

(3)职工住院治疗工伤的伙食补助费，以及经医疗机构出具证明，报经办机构同意，工伤职工到统筹地区以外就医所需的交通、食宿费用从工伤保险基金支付，基金支付的具体标准由统筹地区人民政府规定。

(4)工伤职工到签订服务协议的医疗机构进行工伤康复的费用，符合规定的，从工伤保险基金支付。

(5)工伤职工因日常生活或者就业需要，经劳动能力鉴定委员会确认，可以安装假肢、矫形器、假眼、假牙和配置轮椅等辅助器具，所需费用按照国家规定的标准从工伤保险基金支付。

(6)生活不能自理的工伤职工在停工留薪期需要护理的，由所在单位负责。

工伤职工已经评定伤残等级并经劳动能力鉴定委员会确认需要生活护理的，从工伤保险基金按月支付生活护理费。

生活护理费按照生活完全不能自理、生活大部分不能自理或者生活部分不能自理三个不同等级支付，其标准分别为统筹地区上年度职工月平均工资的50%、40%或者30%。

2. 因工伤残待遇

因工伤残待遇，是指职工因工受伤医疗终结后经劳动能力鉴定机构做出劳动能力鉴定结论后，根据伤残程度和劳动能力下降程度而享受的社会保险待遇，包括护理费、辅助器具费、一次性伤残补助金、伤残津贴、一次性医疗补助金和就业补助金等。具体如下：

(1)护理费。工伤职工在停工留薪期结束，即医疗终结后，经劳动能力鉴定机构对其劳动能力进行鉴定，根据工伤职工日常生活对他人的依赖程度确定护理标准，并确定护理费标准。生活自理与对他人的依赖是一个问题的两个方面，生活自理能力差，对他人依赖程度高；生活自理能力强，对他人依赖程度低。一般根据工伤职工的进食、翻身、大小便、穿衣及洗漱、自我移动等情况确定护理标准，从而确定工伤护理待遇。《工伤保险条例》第三十四条第(一)款规定："工伤职工已经评定伤残等级并经劳动能力鉴定委员会确认需要生活护理的，从工伤保险基金按月支付生活护理费。"与停工留薪期间由用人单位负担工伤职工的护理费用相比，伤残护理待遇是社会保险经办机构支付、护理费用社会化的工伤保险待遇。伤残护理待遇是大多数国家工伤保险待遇的组成部分。

(2)辅助器具费。工伤职工因日常生活需要或者因辅助从事生产劳动需要，必须安置假肢、义眼、镶牙和配置轮椅或其他代步工具等辅助器具的，按照相关标准配置。相关费用从工伤保险基金中支付。《工伤保险条例》第三十二条规定："工伤职工因日常生活或者就业需要，经劳动能力鉴定委员会确认，可以安装假肢、矫形器、假眼、假牙和配置轮椅等辅助器具，所需费用按照国家规定的标准从工伤保险基金中支付。"上述辅助器具的市场价格有较大落差，质量有优有劣，辅助器具的配置应当按照国家标准执行。目前，工伤职工辅助器具配置的国家标准尚未出台。考虑到中国仍处于社会主义初级阶段的现实，辅助器具以国产普及型标准定位，不仅可以降低工伤保险基金支出，同时，也能够保证工伤职工权益的尽快实现。

(3)一次性伤残补助金。一次性伤残补助金一般是指职工因工负伤或患职业病，由劳动能力鉴定机构确认致残和进行劳动能力鉴定后，按其伤残程度给付一次性补偿的工伤待遇。《工伤保险条例》第三十五条、第三十六条、第三十七条都对一次性伤残补助金做了规定，即社会保险经办机构对1~10级伤残的工伤职工都支付一次性伤残补助金，即从工伤保险基金中支付一次性伤残补助金。一次性伤残补助金的发放体现了社会对工伤职工的抚慰和同情，亦是垫平工伤致残获得补偿与非因工致残获得民事赔偿差距的一大举措。停工留薪制度替代工伤津贴之后，工伤职工在停工医疗期间收入不会降低，所获得的一次性伤残补助金更主要是对今后生活的补贴。工伤职工所得到的伤残津贴低于其在工作岗位期间的劳动收入，一次性伤残补助金，一方面对工伤职工是一种心理抚慰，另一方面，能够对日后生活起到一定的补贴作用。

需要提示的是，一次性伤残补助金待遇的享受有一项排除性的规定。《工伤保险条例》第15条规定，职工原在军队服役，因战、因公负伤致残，已取得革命伤残军人证，到用人单位后旧伤复发的不能享受一次性伤残补助金待遇。这是因为取得革命伤残军人证的伤残军人国家已经给予了一次性伤残补助，这种伤残补助既是为补助伤残军人的基本生活所需，也是对伤残军人身体伤残的一种抚慰。工伤职工如原是伤残军人的，在现单位工作期间旧伤复发，视同工伤，这是国家优抚政策和优抚法律制度的组成部分，伤残军人旧伤复发根据法律规定可以享受定期性的工伤保险待遇。

(4)年金性伤残津贴。亦称永久性伤残待遇或定期伤残待遇，是指根据法律、法规规定按月、以工伤职工工资水平的一定比例发放给工伤职工的生活补助。年金性伤残津贴对工伤职工而言至为重要，这部分伤残待遇是工伤职工基本生活的来源或依托。工伤保险法律制度建立的宗旨之一就是消除民事赔偿一次性了断而当事人将来生活无法预期的难题。年金性伤残津贴不仅保有其永续性，而且，工伤职工亦会分享社会进步成果，在工资调整中，其年金性工伤待遇亦会相应得到提高。

《工伤保险条例》第三十五条规定，对于1～4级伤残的工伤职工，年金性伤残津贴从工伤保险基金中支付。考虑的因素是1～4级伤残职工一般完全丧失劳动能力，这部分劳动者基本上与原用人单位没有太多瓜葛。而对于5～6级伤残职工年金性伤残津贴则由其用人单位负担，实质上，这种模式是雇主强制责任模式，工伤职工的年金性伤残津贴没有社会化。从另一个层面上讲，工伤职工将继续面临企业经营好坏的风险，未来仍不可知。对于用人单位而言，年金性伤残津贴仍由单位负担，包袱依然沉重，所缴纳的工伤保险费只是换来一次性的伤残补助，与商业保险中的雇主责任保险相比，体现不出任何优越性。同时，《工伤保险条例》规定由用人单位支付工伤职工的年金性伤残津贴，但没有明确是发生工伤事故导致职工人身伤害的用人单位，还是以后的用人单位。如果是前者，工伤职工永远在该用人单位享受伤残津贴直至退休，既不符合市场经济就业市场化的客观实际，也不符合工伤保险制度为用人单位规避经营风险的需要。

（5）一次性医疗补助金和就业补助金。对于5～6级、7～10级伤残的工伤职工而言，只是大部分或部分丧失了劳动能力，并不完全妨碍其就业，劳动者仍保留市场就业的机会和权利。为此，一次性医疗补助金和就业补助金能够使工伤职工成为市场中的就业者，部分丧失劳动能力的残疾人具有平等的就业权，他们一样具有选择市场的权利。一次性医疗补助金和就业补助金为他们谋取新的工作岗位提供了相应的条件。如同5～10级伤残的工伤职工的伤残津贴发放一样，一次性医疗补助金和就业补助金亦应由工伤保险基金或残疾人就业基金负担，而不应落在用人单位一方。否则，用人单位缴纳的工伤保险费与继续承担伤残津贴、一次性医疗补助金、就业补助金将形成理论上的逻辑冲突。目前，工伤保险积累不足绝不是建立不彻底的工伤“保险”制度的借口。

此外，《工伤保险条例》第三十八条规定：“工伤职工旧伤复发，确认需要治疗的，享受本条例第三十条、第三十二条和第三十三条规定的工伤待遇。”这些待遇包括工伤医疗待遇、停工留薪待遇、辅助器具费补助待遇以及医护护理待遇等。

3. 因工死亡待遇

因工死亡待遇，是指职工因工伤事故直接导致死亡、停工医疗期间死亡、工伤旧伤复发死亡（包括1～4级伤残职工停工留薪期满后死亡），社会保险经办机构支付给工伤职工所供养亲属的相关待遇。因工死亡待遇包括：丧葬补助金、供养亲属抚恤金和一次性工亡补助金。

职工因工死亡，其近亲属按照下列规定从工伤保险基金领取丧葬补助金、供养亲属抚恤金和一次性工亡补助金：

（1）丧葬补助金为6个月的统筹地区上年度职工月平均工资。

（2）供养亲属抚恤金按照职工本人工资的一定比例发给由因工死亡职工生前提供主要生活来源、无劳动能力的亲属。标准为：配偶每月40%，其他亲属每人每月30%，孤寡老人或者孤儿每人每月在上述标准的基础上增加10%。核定的各供养亲属的抚恤金之和不应高于因工死亡职工生前的工资。供养亲属的具体范围由国务院社会保险行政部门规定。

（3）一次性工亡补助金的标准为上一年度全国城镇居民人均可支配收入的20倍。伤残职工在停工留薪期内因工伤导致死亡的，其近亲属享受本条第1款规定的待遇。

1~4级伤残职工在停工留薪期满后死亡的，其近亲属可以享受本条第1款第1项、第2项规定的待遇。

4. 非法用工情形下的因工伤亡待遇

根据《工伤保险条例》第六十六条和《非法用工单位伤亡人员一次性赔偿办法》的规定，非法用工单位是指无营业执照或者未经依法登记、备案的单位以及被依法吊销营业执照或者撤销登记、备案的单位。非法用工伤亡赔偿的项目及标准规定如下：

(1)一次性赔偿包括受到事故伤害或患职业病的职工或童工在治疗期间的费用和一次性赔偿金，一次性赔偿金数额应当在受到事故伤害或患职业病的职工或童工死亡或者经劳动能力鉴定后确定。

(2)劳动能力鉴定按属地原则由单位所在地设区的市级劳动能力鉴定委员会办理。劳动能力鉴定费用由伤亡职工或者童工所在单位支付。

(3)职工或童工受到事故伤害或患职业病，在劳动能力鉴定之前进行治疗期间的生活费、医疗费、护理费、住院期间的伙食补助费及所需的交通费等费用，按照《工伤保险条例》规定的标准和范围，全部由伤残职工或童工所在单位支付。

(4)伤残的一次性赔偿金按以下标准支付：

1级伤残的为赔偿基数的16倍；

2级伤残的为赔偿基数的14倍；

3级伤残的为赔偿基数的12倍；

4级伤残的为赔偿基数的10倍；

5级伤残的为赔偿基数的8倍；

6级伤残的为赔偿基数的6倍；

7级伤残的为赔偿基数的4倍；

8级伤残的为赔偿基数的3倍；

9级伤残的为赔偿基数的2倍；

10级伤残的为赔偿基数的1倍。

(5)受到事故伤害死亡或患职业病造成死亡的，按赔偿基数的10倍支付一次性赔偿金。

(6)赔偿基数，是指单位所在地工伤保险统筹地区上年度职工年平均工资。

【案例链接一】

刘某系汽车销售公司业务员，2015年9月9日公司指派其到汽车制造厂联系业务，10日上午9时刘某到汽车制造厂看样车，途中因急于赶路而违章穿行，被夏利出租汽车撞断双腿。此事故经当地公安交管部门处理，认定刘某负事故主要责任。事后，刘某向单位提出工伤保险待遇申请，单位以刘某在交通事故中负主要责任为由，不同意认定工伤。刘某又向当地劳动保障部门提出申请。当地社会保障部门经调查，确认其事实，刘某是在去外地出差、联系业务期间发生交通事故受伤的，当地社会保障部门认定其为工伤。

【案例评析】

当地社会保障部门处理的意见是符合政策规定的。职工受企业领导指派出差联系业务，属从事本单位的工作，外出期间应视为工作时间。因工作原因，发生交通事故无论有无责任或责任大小，只要不属自杀、自残行为，都应按照工伤保险实行无责任赔偿原则进行工伤认定。对这种情况的处理不应和上下班交通事故的工伤认定同等对待。本案例中刘文奎受单位指派到汽车制造厂联系业务期间，违章横穿马路，发生交通事故，显然是不对的，自己也身受其苦，但主要是因急于办理业务，不存在自杀、自残的可能性，到外地不熟悉环境也是一个客观因素，因此，对这种情形应认定为工伤。

【案例链接二】

甲公司是广东省一建筑工程公司，现甲将一个建筑工程承包给刘某，而后刘某雇佣赵某到建筑工地干活。赵某在工地施工时，因脚手架坍塌倒地受伤。

赵某受到的事故伤害是否属于工伤？若是工伤，则应由谁来承担工伤保险责任？

【案例评析】

赵某是在刘某承包的建筑工地施工时受到事故伤害，符合《工伤保险条例》第十四条第（一）款规定的应当认定为工伤的情形，即“在工作时间和工作场所内，因工作原因受到事故伤害的”，因此，本案中赵某受到的事故伤害属于工伤。在确定了此情形属于工伤后，我们面临一个选择，到底应当由谁来承担赵某的工伤保险责任，是承包人刘某还是甲公司？本案中，甲公司将一工程承包给自然人刘某，伤者赵某是刘某的雇员，然而承包人刘某并不具备用人单位资格。虽然发包人甲公司具备用人单位资格，但赵某与甲公司之间没有直接的劳动关系。根据《广东省工伤保险条例》的第四十二条规定：“用人单位实行承包经营，使用劳动者的承包人不具备用人单位资格的，由具备用人单位资格的发包人承担工伤保险责任。”因此本案中的甲公司承担赵某的工伤保险责任。

【练习思考】

（1）颜某是内蒙古某县人，颜某于2013年8月到北京打工，在一家食品厂工作。2003年10月25日她在休息时间替别人上班，操作和面机时手指被绞伤，该厂将她送到医院治疗并支付了医疗费。现在颜某已出院，但因手指伤残无法再从事原来的工作。颜某听说，像她这种情况应由企业向劳动保障部门申报工伤，得到劳动保障部门认定后可由企业重新安排岗位。但该厂却说颜某是替他人上班不能算工伤，所以坚持不报。

请问，厂里不给她报工伤，颜某自己能不能报？如能报，需要什么材料呢？申报工伤有无时间限制？

（2）我国法律对工伤保险待遇有何规定？

第三节 职业病防治

【基本要求】

(1)了解职业病的概念与特点、职业病的类型

(2)理解职业病的构成要件

(3)熟悉职业病的待遇

重点:农民工(劳动者)的权利和用人单位的义务、职业病的诊断与鉴定

难点:工伤职业病纠纷的解决

【法律知识】

一、职业病概述

1. 职业病的概念与特点

(1)职业病的概念。根据《中华人民共和国职业病防治法》(以下简称《职业病防治法》)的规定:职业病是指企业、事业单位和个体经济组织等用人单位的劳动者在职业活动中,因接触粉尘、放射性物质和其他有毒、有害物质等因素而引起的疾病。各国法律都有对于职业病预防方面的规定,一般来说,凡是符合法律规定的疾病才能称为职业病。

在生产劳动中,接触生产中使用或产生的有毒化学物质、粉尘气雾、异常的气象条件、高低气压、噪声、振动、微波、X射线、γ射线、细菌、霉菌;长期强迫体位操作,局部组织器官持续受压等,均可引起职业病,一般将这类职业病称为广义的职业病。对其中某些危害性较大,诊断标准明确,结合国情,由政府有关部门审定公布的职业病,称为狭义的职业病,或称法定(规定)职业病。

(2)职业病的特点。与其他职业伤害相比,职业病有以下四方面的特点:

①职业病的起因是由于劳动者在职业性活动过程中或长期受到来自化学的、物理的、生物的职业性危害因素的侵蚀,或长期受不良的作业方法、恶劣的作业条件的影响。这些因素及影响可能直接或间接地、个别或共同地发生着作用。

②职业病不同于突发的事故或疾病,其病症要经过一个较长的逐渐形成期或潜伏期后才能显现,属于缓发性伤残。

③由于职业病多表现为体内生理器官或生理功能的损伤,因而是只见“疾病”,不见“外伤”。

④职业病属于不可逆性损伤,很少有痊愈的可能。换言之,除了促使患者远离致病源自然痊愈之外没有更为积极的治疗方法,因而对职业病预防问题的研究尤为重要。

可以通过作业者的注意、作业环境条件的改善和作业方法的改进等管理手段减少患病率。

可见，职业病虽然被列入因工伤残的范围，但它同工伤伤残又是有区别的。

2. 职业病的构成要件与类型

（1）职业病的构成要件。《职业病防治法》规定的职业病，必须同时具备以下4个条件：

①患病主体是企业、事业单位或个体经济组织的劳动者。

②必须是在从事职业活动的过程中产生的。

③必须是因接触粉尘、放射性物质和其他有毒、有害物质等职业病危害因素引起的。

④必须是国家公布的职业病分类和目录所列的职业病。

（2）职业病的类型。一般认为，它包括10大类，分别是：①尘肺。有硅肺、煤工尘肺等。②职业性放射病。有外照射急性放射病、外照射亚急性放射病、外照射慢性放射病、内照射放射病等。③职业中毒。有铅及其化合物中毒、汞及其化合物中毒等。④物理因素职业病。有中暑、减压病等。⑤生物因素所致职业病。有炭疽、森林脑炎等。⑥职业性皮肤病。有接触性皮炎、光敏性皮炎等。⑦职业性眼病。有化学性眼部烧伤、电光性眼炎等。⑧职业性耳鼻喉疾病。有噪声聋、铬鼻病等。⑨职业性肿瘤。有石棉所致肺癌、间皮癌，联苯胺所致膀胱癌等。⑩其他职业病。有职业性哮喘、金属烟热、职业性变态反应性肺泡炎、棉尘病等。

3.《职业病防治法》的适用范围

《职业病防治法》的适用范围包括地域、民事主体和职业病种类三个方面。

（1）地域范围。《职业病防治法》适用于我国领域内的职业病防治活动。

（2）民事主体。《职业病防治法》对适用对象做了现在看来不尽合理的限制，即将用人单位限定为企业、事业单位和个体经济组织，其范围窄于《工伤保险条例》《劳动合同法》（没有明确包括民办非企业单位、国家机关、社会团体）以及《劳动法》（没有明确包括国家机关和社会团体）。虽然该法第八十六条做出了“本法第二条规定的用人单位以外的单位，产生职业病危害的，其职业病防治活动可以参照本法执行”的规定，但由于“可以参照”的用词不具有强制性，所以其实际意义较为有限。至于劳动者，《职业病防治法》没有做具体的规定，可以认为与《劳动法》《劳动合同法》和《工伤保险条例》保持一致。

（3）职业病的种类。2013年12月23日国家卫生计生委、人力资源社会保障部、安全监管总局、全国总工会4部门联合印发《职业病分类和目录》，该《分类和目录》将职业病分为职业性尘肺病及其他呼吸系统疾病、职业性皮肤病、职业性眼病、职业性耳鼻喉口腔疾病、职业性化学中毒、物理因素所致职业病、职业性放射性疾病、职业性传染病、职业性肿瘤、其他职业病10类132种。

（4）农民工的职业病防治。农民工属于劳动者，而职业病属于工伤的一种，所以，前述关于农民工参加工伤保险的政策同样适用于农民工的职业病防治。

二、农民工(劳动者)的权利和用人单位的义务

1. 农民工(劳动者)的权利

基于职业病的工伤属性,前述劳动者在工伤保险中所享有的权利同样是他们在职业病防治中的权利,而鉴于职业病的特殊性,劳动者在职业病防治中还享有以下权利:

(1)职业卫生保护。具体而言,劳动者享有下列职业卫生保护权利:

①获得职业卫生教育、培训。

②获得职业健康检查、职业病诊疗、康复等职业病防治服务。

③了解工作场所产生或者可能产生的职业病危害因素、危害后果和应当采取的职业病防护措施。

④要求用人单位提供符合防治职业病要求的职业病防护设施和个人使用的职业病防护用品,改善工作条件。

⑤对违反职业病防治法律、法规以及危及生命健康的行为提出批评、检举和控告。

⑥拒绝违章指挥和强令进行没有职业病防护措施的作业。

⑦参与用人单位职业卫生工作的民主管理,对职业病防治工作提出意见和建议。

(2)索取本人职业健康档案复印件。劳动者离开用人单位时,有权索取本人职业健康监护档案复印件,用人单位应当如实、无偿提供,并在所提供的复印件上签章。

(3)选择职业病诊断机构并申请诊断。劳动者可以选择用人单位所在地或者本人居住地的职业病诊断机构进行诊断。

(4)申请职业病诊断的鉴定或再鉴定。在申请劳动能力鉴定之前,如劳动者对职业病诊断有异议的,可以在接到职业病诊断证明书之日起30日内,向做出诊断的医疗卫生机构所在地设区的市政府卫生行政部门申请鉴定。

劳动者对设区的市级职业病诊断鉴定委员会的鉴定结论不服的,可以在接到职业病诊断鉴定书之日起15日内,向原鉴定机构所在地省级卫生行政部门申请再鉴定。

(5)随机抽取职业病诊断鉴定的专家。申请鉴定的当事人可以在职业病诊断鉴定办事机构的主持下,从专家库中以随机抽取的方式确定参加职业病诊断鉴定的专家。当事人也可以委托职业病诊断鉴定办事机构抽取专家。

(6)享受职业病待遇。职业病病人依法享受国家规定的职业病待遇。

(7)工作单位变动时待遇不变。职业病病人变动工作单位,其依法享有的待遇不变。

2. 用人单位的义务

用人单位的义务与其在工伤保险中的义务基本相同,包括参加工伤保险并缴纳保险费;不得解除劳动合同;遵守安全生产规定和及时救治工伤劳动者;出具相关证明并办理工伤保险转移手续;公示工伤保险情况和职业病防治的有关事项;在法定期限内提出工伤认定申请或负担有关费用;特定情形下承担举证责任;发给、报销或承担有关费用;用人单位发生变化时承担工伤保险;具备相应的安全生产条件。

《职业病防治法》的立法导向是通过赋予用人单位各种职业病的防治义务来保护劳动者的权益，除上述义务外，用人单位在职业病防治中还承担以下义务：

（1）建立健全劳动安全卫生制度，创造职业卫生环境。用人单位必须建立健全劳动安全卫生制度，对劳动者进行劳动安全卫生教育。

（2）组织劳动者定期进行职业健康检查。对从事有职业病危害作业的劳动者应当定期进行健康检查。

（3）建立健全职业病防治责任制。用人单位应当建立健全职业病防治责任制，加强对职业病防治的管理，提高职业病防治水平，对本单位产生的职业病危害承担责任。

（4）工作场所应当达标。

（5）申报职业病危害项目。存在或者产生职业病危害项目的用人单位，应当及时、如实向所在地县级卫生行政部门申报，提交《职业病危害项目申报表》，接受监督。

（6）特定情形下提交职业病危害预评价报告和进行职业病危害控制效果评价。

（7）劳动过程中防护与管理的义务。

①采取多种职业防治管理措施。

②如实告知有关事项。

③建立、保存劳动者职业健康档案并无偿提供复印件。

④及时报告并应对（急性）职业病危害事故。

⑤注意保护特定劳动者。

⑥保障劳动者行使职业卫生方面的权利。

（8）报告职业病病人或疑似职业病病人并及时安排疑似职业病病人诊断。

（9）承担有关费用。

（10）如实提供有关职业卫生和健康监护资料。

（11）妥善安排职业病病人的治疗、复查和工作。

（12）承担未参加工伤保险的职业病病人的医疗和生活保障。

（13）用人单位发生特定情形时的义务。

三、职业病的待遇

（1）职业病是一种工伤，那么，患职业病的劳动者如符合《工伤保险条例》所规定的工伤保险待遇享受条件，自然可以享受前述各种工伤保险待遇。所以，职业病病人的诊断、康复费用，伤残以及丧失劳动力能力的职业病病人的社会保障，按照国家有关工伤社会保险的规定执行。

（2）但是罹患职业病与因事故而遭受工伤毕竟有所区别，故职业病病人除依法享受工伤保险待遇外，还依法享受国家规定的职业病待遇。此外，用人单位应当按照国家有关规定，安排职业病病人进行治疗、康复和定期检查；用人单位对不适宜继续从事原工作的职业病病人，应当调离原岗位，并妥善安置；用人单位对从事接触职业病危害的作业的劳动者，应当给予适当岗位津贴。

（3）劳动者被诊断患有职业病，但用人单位没有依法参加工伤社会保险的，其医疗费用和社会保障费用由最后的用人单位承担；最后的用人单位有证据证明该职业病是由先前的用人单位造成的，则由先前的用人单位承担。

四、职业病的诊断与鉴定

职业病的诊断和鉴定是职业病防治过程中的重要环节，是患职业病的劳动者能否享受相关待遇的决定因素。

1. 职业病的诊断机构

（1）有资格从事职业病诊断工作的医疗卫生机构应当经过省级以上人民政府卫生行政部门的批准。

（2）从事职业病诊断的医疗卫生机构，应当具备以下条件：

①持有医疗机构执业许可证。

②具有与开展职业病诊断相适应的医疗卫生技术人员，具体是指有三名以上与所申请的诊断项目相适应的有资格的诊断医师。

③具有与开展职业病诊断相适应的仪器、设备。

④具有健全的职业病诊断质量管理制度。

（3）职业病诊断机构的职责。

①在批准的职业病诊断项目范围内开展职业病诊断。

②出具职业病报告。

③承担卫生行政部门交付的有关职业病诊断的其他工作。

（4）职业病诊断机构依法独立行使诊断权，并对其做出的诊断结论承担责任。

2. 职业病的诊断

（1）职业病诊断的地点。

①劳动者可以选择用人单位所在地或者本人居住地依法承担职业病诊断的医疗卫生机构进行职业病诊断，包括用人单位所在地或本人居住地的本县（区）、本县所在市和省（自治区、直辖市）的任何职业诊断机构。具体而言，职业病诊断机构是指用人单位所在地或劳动者居住地所在县及其县所在设区的市、自治州，及其市、州所在的省、自治区或者直辖市辖区内依法承担职业病诊断的县级、设区的市级和省级的任何医疗卫生机构；不包括横向跨县（区）、跨设区的市（自治州）或者跨省、自治区、直辖市的职业病诊断机构。

②劳动者申请职业病诊断时，应当首选本人居住地或用人单位所在地（以下简称本地）的县（区）行政区域内的职业病诊断机构进行诊断；如本地县（区）行政区域内没有职业病诊断机构，可以选择本地市行政区域内的职业病诊断机构进行诊断；如本地市行政区域内没有职业病诊断机构，可以选择本地省级行政区域内的职业病诊断机构进行诊断。

（2）申请职业病诊断时应提供的材料。

①职业史、既往史。

②职业健康监护档案复印件。

③职业健康检查结果。

④工作场所历年职业病危害因素检测、评价资料。

⑤既往诊断活动的资料。

⑥诊断机构要求提供的其他必需的有关材料。

用人单位和有关机构应当按照诊断机构的要求,如实提供必要的资料。

没有职业病危害接触史或者健康检查没有发现异常的,诊断机构可以不予受理。

(3)做出职业病诊断。

①没有证据否定职业病危害因素与病人临床表现之间的必然联系的,在排除其他致病因素后,应当诊断为职业病。

职业病诊断机构在进行职业病诊断时,应当组织三名以上取得职业病诊断资格的职业医师进行集体诊断。

对职业病诊断有意见分歧的,应当按多数人的意见诊断;对不同意见应当如实记录。

②职业病诊断与鉴定需要用人单位提供有关职业卫生和健康监护等资料时,用人单位应当如实提供,用人单位不提供或者不如实提供的,卫生行政部门可视其为未按照规定建立健全职业卫生档案和劳动者健康监护档案或者未按照规定安排职业病病人、疑似职业病病人进行诊治,依据《职业病防治法》第七十条第(二)款、第七十一条第(四)款、第七十二条第(六)款规定情形处理。

用人单位不提供或者不如实提供诊断所需资料的,职业病诊断与鉴定机构应当根据当事人提供的自述材料、相关人员证明材料和卫生监督机构或取得资质的职业卫生技术服务机构提供的有关材料,按照《职业病防治法》第四十六条的规定做出诊断或鉴定结论。

③职业病诊断是技术行为,不是行政行为,没有行政级别区分,任何一个职业病诊断机构出具的职业病诊断证明均具有同等效力。对任何一个职业病诊断结论不服的,当事人都应按照《职业病防治法》第五十二条规定的程序申请职业病鉴定。

④职业病诊断机构在职业病诊断过程中应当严格执行职业病诊断的相关规定,按照职业病目录和职业病诊断标准进行。凡违反规定做出的诊断结论,视为无效诊断,卫生行政部门应当按照《职业病防治法》第七十九条、第八十条的规定进行处理。

(4)职业病诊断说明书。职业病诊断机构做出职业病诊断后,应当向当事人出具职业病诊断证明书。职业病诊断证明书应当明确是否患有职业病,对患有职业病的,还应当载明所患职业病的名称、程度(期别)、处理意见和复查时间。

职业病诊断证明书应当由参加诊断的医师共同签署,并经职业病诊断机构审核盖章。

职业病诊断证明书应当一式三份,劳动者、用人单位各执一份,诊断机构存档一份。

职业病诊断证明书的格式由卫生部统一规定。

(5)重新诊断。某一诊断机构已做出职业病诊断的,在没有新的证据资料时,其他诊断机构不得进行重复诊断。

在尘肺病诊断中涉及晋级诊断或复查的,原则上应当在原诊断机构进行诊断。对职业病诊断结论不服的,应当按照《职业病防治法》申请鉴定,而不宜寻求其他机构再次诊断。

3. 职业病的鉴定

(1)当事人对职业病诊断有异议的,在接到职业病诊断证明书之日起30日内,可以向做出诊断的医疗卫生机构所在地设区的市级卫生行政部门申请鉴定。设区的市级卫生行政部门组织的职业病诊断鉴定委员会负责职业病诊断争议的首次鉴定。当事人对设区的市级职业病诊断鉴定委员会的鉴定结论不服的,在接到职业病诊断鉴定书之日起15日内,可以向原鉴定机构所在地省级卫生行政部门申请再鉴定。

省级职业病诊断鉴定委员会的鉴定为最终鉴定。

(2)职业病诊断与劳动能力鉴定一样不可诉,其争议的处理即职业病的鉴定。当事人对职业病诊断结论有异议时,应当按照职业病诊断鉴定的有关规定申请鉴定。在没有新的证据资料时,不应重新申请诊断。

(3)职业病诊断鉴定委员会承担职业病诊断争议的鉴定工作。职业病诊断鉴定委员会由卫生行政部门组织。

(4)参加职业病诊断鉴定的专家,由申请鉴定的当事人在职业病诊断鉴定办事机构的主持下,从专家库中以随机抽取的方式确定。当事人也可以委托职业病诊断鉴定办事机构抽取专家。

(5)申请职业病诊断鉴定时需提供的材料。

①职业病诊断鉴定申请书。

②职业病诊断证明书。

③职业史、既往史。

④职业健康监护档案复印件。

⑤职业健康检查结果。

⑥工作场所历年职业病危害因素检测、评价资料。

⑦既往诊断活动资料。

⑧其他有关资料。

(6)职业病诊断鉴定办事机构应当自收到申请资料之日起10日内完成材料审核,对材料齐全的发给受理通知书;材料不全的,通知当事人补充。职业病诊断鉴定办事机构应当在受理鉴定之日起60日内组织鉴定。

(7)职业病诊断鉴定书应当包括以下内容:

①劳动者、用人单位的基本情况和鉴定事由。

②参加鉴定的专家情况。

③鉴定结论及其依据,如果为职业病,应当注明职业病名称及程度(期别)。

④鉴定时间。

参加鉴定的专家应当在鉴定书上签字,鉴定书加盖职业病诊断鉴定委员会印章。

职业病诊断鉴定书应当于鉴定结束之日起20日内由职业病鉴定办事机构发送给当事人。

五、工伤职业病劳动争议的解决

《工伤保险条例》第五十四条规定："职工与用人单位发生工伤待遇方面的争议，按照处理劳动争议的有关规定处理。"因此，有关工伤职业病的争议适用劳动争议的处理规定。但是以下工伤职业病的相关问题需要在争议解决中予以注意。

1. 工伤职业病争议的劳动仲裁申请时效

《劳动争议调解仲裁法》第二十七条规定："劳动争议申请仲裁的时效期间为1年，仲裁时效期间从当事人知道或者应当知道其权利被侵害之日起计算。前款规定的仲裁时效，因当事人一方向对方当事人主张权利，或者向有关部门请求权利救济，或者对方当事人同意履行义务而中断。从中断时起，仲裁时效期间重新计算。因不可抗力或者有其他正当理由，当事人不能在本条第（一）款规定的仲裁时效期间申请仲裁的，仲裁时效中止。从中止时效的原因消除之日起，仲裁时效期间继续计算。"

在《劳动争议调解仲裁法》实施之前的法律法规中，亦有仲裁时效从"劳动争议发生之日"起算的说法。《劳动部关于贯彻〈中华人民共和国劳动法〉的意见》第八十五条规定："劳动争议发生之日"是指当事人知道或者应当知道其权利被侵害之日。"知道"是指明确知道，"应当知道"是没有证据证明明确知道，但根据其他证据能够推定知道的情况。可见，两种表达在实质上没有差别。

但是，"知道或应当知道其权利侵害之日"并不等于"工伤发生或职业病确诊之日"。例如，劳动者在工伤认定后与用人单位就赔偿问题发生争议，那么这个争议发生之时，才是"知道或应该知道权利受到侵害之日"。因此，仲裁申请时效的起算时间需要具体情况具体分析。

2. 职业病争议解决时工伤保险待遇和人身损害赔偿的关系

（1）由于第三人的原因造成的工伤，第三人不支付工伤医疗费用或者无法确定第三人的，由工伤保险基金先行支付。工伤保险基金先行支付后，有权向第三人追偿。因用人单位以外的第三人侵权造成劳动者人身损害，赔偿权利人请求第三人承担民事赔偿责任的，人民法院应予支持。

（2）对于是否可以对用人单位提起人身损害诉讼，《职业病防治法》第五十八条规定："职业病病人除依法享有工伤社会保险外，依照有关民事法律，尚有获得赔偿的权利的，有权向用人单位提出赔偿要求。"《中华人民共和国安全生产法》第四十八条规定："因生产安全事故受到损害的从业人员，除依法享有工伤社会保险外，依照有关民事法律尚有获得赔偿的权利的，有权向本单位提出赔偿要求。"

【案例链接一】

甲，女，30岁，某企业办公室打字员。2015年8月5日，甲到市劳动保障行政部门咨询，自述参加工作5年多来，一直在企业办公室担任打字员，由于长期从事电脑工作，患上了"干眼症"、颈椎病等疾病，而且近来症状有所加重，经常出现头晕、恶心等反应。现在企业正在裁减人员，自己这半年由于此病经常请假，所以很有可能要被裁掉。

甲咨询：自己感觉所患的病与自己的职业有关，是否可以享受职业病待遇？企业在裁员时能不能对她有些照顾？

【案例评析】

本案的焦点在于甲从事电脑工作患上的“干眼症”、颈椎病是否属于法定职业病。在我国现阶段，构成“法定职业病”必须具备以下三个要素：①患病主体必须是企业、事业单位或者个体经济组织中的劳动者；②必须是在职业活动中接触职业危害因素而引起的疾病；③必须属于法定的职业病病种。本案中甲某所患疾病应该说与其从事的职业活动有关，但却不在国家公布的法定职业病目录范围中，因此是不能诊断为职业病的，也不能享受职业病待遇。不过，法定职业病目录不是一成不变的，随着经济社会的不断发展，该名单也会不断随之修订。至于说像甲某这样的职业相关疾病，虽然目前不列入法律适用范围，但可以用行政、教育以及健康促进等手段加以管理。

另外，依据《中华人民共和国劳动法》的规定，用人单位濒临破产进行法定整顿期间或者生产经营状况发生严重困难，确需裁减人员的，应当提前30日向工会或者全体职工说明情况，听取工会或者职工的意见，经向劳动行政部门报告后，可以裁减人员。用人单位依据本条规定裁减人员的，在6个月内录用新人员时，应当优先录用被裁减掉的人员。甲某可以依据此规定保护自己的合法权益。

【案例链接二】

2015年6月1日上午，某鞋厂有8名工人因头晕、乏力、皮下瘀斑等症状到当地卫生院就医，当地卫生防疫站接报后到现场调查发现：该厂工人使用和接触标签为“甲苯”的清洁剂、黄胶、白乳胶和快干剂。经追踪观察，该厂有37人被诊断为职业性苯中毒。该中毒事故的原因是该厂使用的“甲苯”清洁剂和胶水中含苯量高，生产车间布局不合理，通风不良，导致苯浓度严重超标。该厂投产前未向卫生防疫站申报，所以未获必要的卫生监督。接触苯作业的工人均未接受就业前体格检查，也未被告知所从事的工作有毒，也未让他们采取任何防护措施。

问：我国关于职业病预防和保护的管理有些什么规定和要求？本案中该鞋厂违反了哪些法律规定？

【案例评析】

本案的焦点是我国关于职业病预防和保护的法律规定。关于职业病的防治，我国至今颁布了《中华人民共和国职业病防治法》《中华人民共和国安全生产法》《中华人民共和国尘肺病防治条例》《职业健康监护管理办法》《职业病诊断与鉴定管理办法》《工伤保险条例》等法律法规。这些法律法规对职业病的诊断方法、职业病患者的待遇、企业对职业病预防和保护的责任和义务等进行了明确的规定。例如，《中华人民共和国职业病防治法》规定：用人单位设有依法公布的职业病目录所列职业病的危害项目的，应当及时、如实向卫生行政部门申报，工作场所的职业卫生状况应当符合法定的职业卫生要求。在劳动过程中，用人单位应当采取符合法律规定的职业病防治管理措施，对工作过程中可能产生的职业病危害及其后果、职业病防护措施和待遇等应当如实告知劳动者，并按法律规定为劳动者提供防护用品，采取防护措施。用人单位还应当对劳动者进行上岗前和在岗期间的职业卫生培训,为劳动者建立职业卫生监护档案,对劳动者进行上岗前、在岗期间和离岗时的职业健康检查,并将检查结果如实告知劳动者。用人单位和医疗卫生机构发现职业病病人或者疑似职业病病人时,应当及时向所在地的卫生行政部门报告。对遭受或者可能遭受急性职业病危害的劳动者,用人单位应当及时组织救治,进行健康检查和医学观察,并承担所用药的费用等。

本案中,某鞋厂违反了我国法律关于职业病防治管理中的职业病危害项目申报制度、工作场所的基本要求、职业危害告知制度、职业卫生培训制度、健康监护制度、职业病报告制度以及职业危害事故的防范与调查处理制度等相关规定,造成了严重的后果,应该承担相应的法律责任。

【练习思考】

(1)劳动者在职业病防治中享有哪些权利?

(2)我国法律对工伤职业病劳动争议的解决有哪些规定?

第五章　农民婚姻家庭继承关系

第一节　结婚相关法律问题

【基本要求】

(1)了解结婚的概念与特征

(2)理解结婚的实质条件、形式条件与禁止条件

(3)熟悉结婚的登记机构与程序

重点:婚姻行为能力

难点:结婚的条件

【法律知识】

一、结婚的概念与条件

1. 结婚的概念和特征

(1)结婚的概念。结婚,又称婚姻的成立,是指男女双方依照法律规定的条件和程序,确立夫妻关系的民事法律行为。婚姻法明确的基本原则包括:婚姻自由;一夫一妻;男女平等;保护妇女、儿童和老人的合法权益;计划生育。其中应当了解的原则:①婚姻自由原则:是指公民按照法律的规定,有权自由决定自己的婚姻,其缔结或解除婚姻关系不受任何人的强迫或干涉。婚姻自由包括结婚自由和离婚自由两个方面。②一夫一妻制原则:是指一男一女结为夫妻的婚姻制度。它的内容是指任何人只能有一个配偶,不能同时有两个以上的配偶;已婚者在配偶死亡或离婚之前,不得再行结婚;一切公开的、隐蔽的一夫多妻或一妻多夫的两性关系都是非法的。

(2)结婚的特征。

①结婚,是指男女双方按照法律规定的条件和程序,确立夫妻关系的双方民事法律行为。

②结婚是一种身份行为,且法律对身份行为做了严格的规定。

2. 结婚的条件

(1)实质要件。

①必须是异性男女,我国不承认同性婚姻。

②具有结婚合意。

• 同意结婚的意思表示时当事人有婚姻行为能力。需要注意的情况,婚姻行为能力相较其他一般民事行为能力具有特殊性:婚姻行为能力以达到法定婚龄、具有婚姻意思能力为条件;已成年未达法定婚龄、已达法定婚龄但欠缺完全民事行为能力的、在表示意思时处于精神错乱或无意识状态的,均不能为有效的同意结婚的意思表示;是否举行结婚仪式,则与婚姻成立无关。

• 同意结婚的意思表示不是受胁迫的结果。如果同意结婚的意思表示是受胁迫的结果,则婚姻属于可撤销婚姻。但是,因受欺诈而结婚的,婚姻关系是有效的,只能通过离婚解决。

• 同意结婚的意思表示必须符合法定方式。婚姻行为是要式行为,即申请结婚的男女双方需到婚姻登记管理机关办理结婚登记手续。

③达到法定婚龄。根据《中华人民共和国婚姻法》(以下简称《婚姻法》)第六条的规定:"结婚年龄,男不得早于二十二周岁,女不得早于二十周岁。"

④符合一夫一妻制。要求结婚的男女,必须是无配偶(包括未婚、丧偶、离婚)的人。

⑤不存在婚姻障碍。譬如重婚;直系血亲和三代以内的旁系血亲;患有医学上认为不应当结婚的疾病,但患者在治愈之后,可以获准结婚。

(2)形式要件——登记。

①登记的效力。经依法登记的婚姻具有以下效力:

• 结婚登记是我国法定的结婚程序。

• 结婚是一种要式的身份行为,不能代理;《婚姻法》第八条规定,要求结婚的男女双方必须亲自到婚姻登记机关进行结婚登记。

• 婚姻成立时间:完成登记颁发结婚证之时。

②未登记的效力——事实婚姻与同居关系。

• 事实婚姻。即没有配偶的男女,虽未进行婚姻登记,但符合婚姻的实质要件,并且以夫妻名义共同生活。事实婚姻的要件有:未依法办理婚姻登记手续,欠缺形式要件;符合婚姻的实质条件,从而有别于非法同居关系;具有目的性和公开性,即必须公开地以夫妻名义生活在一起;必须是在1994年2月1日《婚姻登记管理条例》实施前,实施以后不论是否符合结婚实质条件,一律按照同居对待。

• 同居关系。非法同居关系,是指男女双方或一方有配偶,未办理结婚登记,不以夫妻名义,持续、稳定地共同居住。同居关系则是男女双方未办结登记,以夫妻名义共同生活,但不符合事实婚姻的法定条件的两性结合。

事实婚姻关系和非法同居关系不是有效婚姻,事实婚姻关系和非法同居关系的法律后果不能按婚姻关系处理。

3. 结婚的禁止条件

（1）禁止一定范围的血亲结婚。

①直系血亲和三代以内的旁系血亲禁止结婚，包括婚生和非婚生的。

②三代以内的旁系血亲是指与己身出自同一父母或同一祖父母、外祖父母，除直系血亲外的所有血亲。其范围具体包括：同源于父母的兄弟姐妹，包括同父母、同父异母或同母异父的兄弟姐妹；同源于祖父母或外祖父母的辈分不同又性别相异的亲属；同源于祖父母、外祖父母的辈分相同的堂兄弟姐妹、姑表兄弟姐妹、舅表和姨表兄弟姐妹。

（2）限制患有法律规定的某种疾病的人结婚。

二、结婚登记机关和程序

1. 结婚登记机关

结婚的男女必须亲自到婚姻登记机关进行结婚登记。具体内容如下：

（1）我国内地居民办理婚姻登记的机关在城市是市辖区、不设区的市人民政府的民政部门，在农村是县级人民政府民政部门或乡、镇、民族乡的人民政府；省、自治区、直辖市人民政府也可以按照便民原则确定农民办理婚姻登记的具体机关。

（2）我国公民同外国人，内地居民与我国香港和澳门特别行政区、台湾地区居民和华侨在我国内地办理结婚登记的机关，统一由省级人民政府民政部门或者省级民政部门确定的机关办理。

（3）婚姻登记管理机关管辖的范围，原则上与户籍管辖范围相适应。户口不在同一地区的结婚双方当事人可以到任何一方户口所在地的婚姻登记机关办理结婚登记。

2. 结婚登记的程序

（1）申请。

①自愿结婚的男女，必须双方亲自到一方户口所在地的婚姻登记管理机关申请结婚登记，填写结婚申请书。

②申请结婚时，必须双方当事人亲自到场，不能由一方单独申请，也不能委托他人代理申请。

③申请时，应当持下列证件和证明材料：

• 内地居民：户口簿、居民身份证、本人无配偶以及与对方当事人没有直系血亲和三代以内旁系血亲关系的签字声明。

• 我国香港居民、澳门居民、台湾居民：本人的有效通行证、身份证；经居住地公证机构公证的本人无配偶以及与对方当事人没有直系血亲和三代以内旁系血亲关系的声明。

④离过婚的当事人申请再婚或复婚，还须持离婚证或已经发生法律效力的准予离婚的民事判决书。

（2）审查。

①婚姻登记管理机关应当依法对当事人的结婚申请和相关证件进行全面审查核实：审查当事人所持证件是否真实、完备，有无伪造、涂改或冒名顶替的行为，必要时可亲自调查、核实；审查当事人双方是否都符合结婚的法定实质要件。

②在审查中，如果发现当事人有下列情形之一的，婚姻登记管理机关不予登记：

- 未达到法定结婚年龄的。
- 非自愿的。
- 已有配偶的。
- 属于直系血亲或者三代以内旁系血亲的。
- 患有法律规定禁止结婚或者暂缓结婚的疾病的。

(3)登记——当事人从取得结婚证起，确立夫妻关系。

①对当事人符合结婚条件的，应当当场予以登记，发给结婚证。

②对当事人不符合结婚条件不予登记的，应当向当事人说明理由。

- 婚姻登记管理机关对当事人的结婚登记申请不予登记的，应当以书面形式说明不予登记的理由。
- 结婚当事人认为符合婚姻登记条件而婚姻登记管理机关不予登记的，可以依据行政复议法的规定申请复议。
- 对复议决定不服的，可依行政诉讼法的规定提起行政诉讼。

③离婚的男女双方自愿恢复夫妻关系的，应当到婚姻登记管理机关办理复婚登记；婚姻登记管理机关则首先应当注销其离婚证，再颁发结婚证。

④因胁迫结婚的，受胁迫的当事人依据婚姻法的规定向婚姻登记管理机关请求撤销其婚姻的，应当出具下列证明材料：本人的身份证、结婚证；能够证明其受胁迫结婚的证明材料。婚姻登记管理机关经审查认为受胁迫结婚的情况属实且不涉及子女抚养、财产及债务问题的，应当撤销该婚姻，宣告结婚证作废。

【案例链接】

王莉与张学斌自由恋爱，并按当地风俗举行了订婚仪式。王莉的母亲李玉芝以张学斌经常赌博为由反对两人恋爱，并介绍本单位男青年刘军与王莉相识，并确立了恋爱关系。王莉在与刘军恋爱后曾口头通知张学斌解除婚约。半年后，当王莉与刘军向婚姻登记机关提出结婚登记申请时，张学斌向当地人民法院起诉，提出以下请求：①自己与王娜订婚在先，王莉单方解除婚约无效，已形成的未婚夫妻关系应予保护；②订婚时，按当地风俗曾给王莉金项链一条、钻戒一枚作为彩礼，应予返还；③李玉芝有干涉婚姻自由的行为，应予惩罚。

根据本案案情，回答下列问题，并说明理由：

(1)王莉与张学斌的婚约是否应予保护？

(2)王莉接受张学斌的彩礼是否应予返还？

(3)李玉芝的行为是否构成干涉婚姻自由？

【案例评析】

(1)婚约可以解除。因为婚约不是结婚的法定要件或法定程序。

(2)彩礼可以要回，依据婚姻法的相关规定当事人请求返还按照习俗给付的彩礼的，如果查明属于以下情形，人民法院应当予以支持：①双方未办理结婚登记手续的；②双方办理结婚登记手续但却未共同生活的；③婚前给付并导致给付人生活困难的。

(3)李玉芝的行为不构成干涉婚姻自由。因为王莉与张学斌只有婚约,而且李玉芝反对的理由合情合理,行为并无违法。

【练习思考】

(1)张某,女,曲阳县某村人,1994年出生。王某,男,行唐县某村人,1994年出生。2014年,经人介绍,两人相识并确定百年好合,当时张某和王某均20周岁,王某不够结婚年龄,领不到结婚证,在父母的操持下二人举行了结婚仪式,第二年生下一儿子,婚后两人不断发生矛盾,争执吵闹。2016年,国庆节前夕,两人矛盾激化,吵闹不止并大打出手,一气之下张某跑回了娘家。最近,张某来到妇联上访时听说王某要与其他女子结婚。张某十分想念自己的儿子,并且想回去和王某和好,但被王某拒绝。

谈谈你对此案的认识。

(2)婚姻法对结婚的条件都有哪些规定?

第二节　婚姻的效力

【基本要求】

(1)了解无效婚姻的含义及其情形、可撤销婚姻的种类

(2)理解无效婚姻的法律后果、可撤销婚姻的要件

(3)熟悉事实婚姻关系和非法同居关系的含义及其法律特征

重点:事实婚姻关系和非法同居关系的处理

难点:事实婚姻关系和非法同居关系的处理

【法律知识】

一、无效婚姻

1. 无效婚姻的原因

凡是不符合上述结婚实质要件的婚姻均为无效婚姻。需要注意的情况,受胁迫的婚姻是可撤销婚姻,婚姻因被撤销而归于无效。

2. 无效婚姻的情形

根据《婚姻法》第十条的规定,无效婚姻的情形包括4种:重婚;有禁止结婚的亲属关系;婚前患有医学上认为不应当结婚的疾病,婚后尚未治愈;未到法定婚龄。下面两种情形不属于无效婚姻:婚前患有医学上认为不应当结婚的疾病,婚后治愈的;结婚时未到法定婚龄,但是结婚后已经到达法定婚龄的。

3. 无效婚姻的确认

无效婚姻的确认应当符合下列条件：

(1)无效婚姻必须经法院确认。

(2)可以申请无效婚姻的主体。

①婚姻当事人可以申请。

②利害关系人可以申请：以重婚为由申请宣告婚姻无效的，为当事人的近亲属及基层组织；以未到法定婚龄为由申请宣告婚姻无效的，为未达法定婚龄者的近亲属；以有禁止结婚的亲属关系为由申请宣告婚姻无效的，为当事人的近亲属；以婚前患有医学上认为不应当结婚的疾病，婚后尚未治愈为由申请宣告婚姻无效的，为与患病者共同生活的近亲属。

4. 无效婚姻的法律后果

(1)婚姻自始无效。

(2)被宣告无效或被撤销的婚姻，当事人同居期间所得的财产，按共同共有处理。但有证据证明为当事人一方所有的除外。同居生活期间双方共同所得的收入和购置的财产，按一般共有财产处理。该期间双方各自继承和受赠的财产，一般按照个人财产处理。

二、事实婚姻与非法同居关系

1. 事实婚姻

(1)事实婚姻的概念。事实婚姻，是指没有配偶的男女未办结婚登记手续，便以夫妻名义同居生活，群众也认为是夫妻关系，并且符合我国结婚实质条件的男女两性结合。

(2)事实婚姻的法律特征。

①未依法办理结婚登记手续，而欠缺结婚的法定形式要件。

②具有目的性和公开性，即双方当事人具有终生共同生活的目的，并以夫妻名义公开共同生活，被群众也认为是夫妻关系，从而与临时和隐蔽性的通奸、姘居等非法两性关系相区别。

③符合结婚的实质条件，即符合结婚的法定条件和禁止条件，从而有别于非法同居关系。

2. 非法同居关系

(1)非法同居关系的概念。非法同居关系，是指男女双方或一方有配偶未办理结婚登记手续，不以夫妻名义，持续、稳定地共同居住，或男女双方未办结婚登记手续而以夫妻名义共同生活，但不符合事实婚姻的法定条件的两性结合。

(2)非法同居关系的案件办理。

①当事人请求解除的同居关系属于“有配偶者与他人同居”的情形的，或者当事人解除同居的请求涉及财产分割及子女抚养纠纷的，人民法院应当依法审理。这是因为

"有配偶者与他人同居"属于婚姻法明令禁止的行为，如果当事人提起诉讼要求解除这一同居关系，人民法院当然应当受理，并依法解除同居关系。

②至于无婚姻关系的男女双方的同居关系，因不是法律保护的社会关系，当事人如果起诉仅仅要求解除同居关系，人民法院应当不予受理。

③如果当事人就同居期间的财产分割和子女抚养问题提起诉讼，人民法院应当受理。这是因为，当事人在同居期间形成的财产关系、子女抚养关系，是属于法律保护的民事法律关系，人民法院应当依法给予保护。

3. 事实婚姻关系和非法同居关系的处理

(1)对事实婚姻关系的处理原则。

①事实婚姻关系具有婚姻的效力。凡认定为事实婚姻关系的，实际是确认其为合法有效的婚姻关系，双方当事人的关系适用婚姻法中有关夫妻权利义务的规定。

②审理事实婚姻案件，当事人撤诉的，确认婚姻关系有效，发给裁定或应判决准予离婚。

③事实婚姻关系离婚时，子女的抚养、财产的分割及对生活困难一方的经济帮助等问题，适用婚姻法第三十六条至第四十二条的有关规定。

(2)非法同居关系的处理原则。

①自1994年2月1日民政部《婚姻登记管理条例》实施后，未办结婚登记手续以夫妻名义共同生活的男女，双方符合结婚实质条件的，补办登记后，则产生合法婚姻的效力。

②未补办结婚登记的，其非法同居关系的处理原则如下：

- 经查确属非法同居关系的，应一律判决解除非法同居关系。
- 离婚后，双方未再婚，未履行复婚登记手续，又以夫妻名义同居生活，一方起诉"离婚"的，一般应解除非法同居关系。
- 人民法院审理非法同居关系的案件，如涉及非婚生子女抚养和财产分割问题，应一并予以解决。具体分割财产时应照顾妇女、儿童的利益，考虑财产的实际情况和双方的过错程度，妥善分割。解除非法同居关系时，同居生活期间双方共同所得的收入和购置的财产，一般按共有财产处理。在此期间双方各自继承和受赠的财产，一般按个人财产对待。

③同居生活期间一方死亡，另一方要求继承死者遗产，如果认定为事实婚姻关系的，可以配偶身份按继承法的有关规定处理。

- 如果在同居期间双方均符合结婚的实质条件，另一方补办登记后，可以配偶身份主张享有继承权。
- 如果认定为非法同居关系，而又符合《中华人民共和国继承法》(以下简称《继承法》)第十四条规定的，可根据相互扶养的具体情况，作为法定继承人以外的人分得适当的遗产。

三、可撤销婚姻

(1)可撤销婚姻只有一种，即受胁迫成立婚姻。

①受胁迫的一方当事人(只能是受胁迫一方,另外一方当事人不能提出)可依法向婚姻登记机关或人民法院请求撤销婚姻。

②当事人一方以胁迫为由请求撤销婚姻关系,须具有以下要件:

• 须有胁迫的故意。

• 须有胁迫的行为。该胁迫行为可以是对方当事人,也可以是第三人,还可以是被胁迫方的父母。

• 胁迫须具有违法性。

• 须被胁迫人因恐惧心理而为意思表示与胁迫行为之间具有因果关系。

(2)撤销权的行使。撤销权人行使撤销权的意思表示,须向婚姻登记管理机关或人民法院做出,而不是向相对人做出。

(3)除斥期间。时间限制为自结婚登记之日起1年。被非法限制人身自由的,自恢复人身自由之日起1年。这个1年的期限为除斥期间,不适用诉讼时效的中止、中断和延长。

(4)撤销权行使的后果。无效或被撤销的婚姻,自始无效,当事人间不具有夫妻的权利和义务。

【案例链接一】

某甲(男,22周岁)为达到与某乙(女,19周岁)结婚的目的,故意隐瞒乙的真实年龄办理了结婚登记。两年后,因双方经常吵架,乙以办理结婚登记时未达到法定婚龄为由向法院起诉,请求宣告婚姻无效。

请问:人民法院应如何处理?为什么这样处理?

【案例评议】

人民法院应对乙的请求不予支持。因为《婚姻法》第十条规定,有下列情形之一的,婚姻无效:①重婚的;②有禁止结婚的亲属关系的;③婚前患有医学上认为不应当结婚的疾病,婚后尚未治愈的;④未到法定婚龄的。《最高人民法院关于适用〈中华人民共和国婚姻法〉若干问题的解释(一)》第八条规定:"当事人依据婚姻法第十条规定向人民法院申请宣告婚姻无效的,申请时,法定的无效婚姻情形已经消失的,人民法院不予支持。"本案中,虽然甲、乙结婚时是不符合结婚的条件的,但是在乙起诉申请宣告婚姻无效时,无效的情形已经消失,即乙此时已经年满20周岁,达到了法定婚龄,因此不能支持其婚姻无效的请求。

【案例链接二】

某甲已婚。某日,在外出游玩时,某甲与某乙一见钟情。某甲对某乙谎称未婚,返程后与某乙在教堂举行婚礼。此后,二两以夫妻名义共同生活。后某甲之妻找上门来,某乙梦醒,遂不愿与某甲共同生活。

根据我国相关法律,某甲与某乙的关系如何处理?

【案例评议】

按照一夫一妻原则,有配偶者只有在婚姻终止,即配偶死亡或依法离婚后始得再行结婚,否则便构成重婚。重婚是对一夫一妻制的严重破坏。我国实行严格的一夫一妻制的婚姻制度,重婚不具有婚姻的法律效力。本案中,某甲对某乙谎称未婚,而与某乙以夫妻名义共同生活的行为构成重婚。重婚具有以下几方面的法律效果:①在民事上,重婚是结婚的禁止条件(婚姻障碍)、婚姻无效的原因。前婚尚未终止又申请结婚的,不予办理结婚登记;已经构成重婚的,应依法确认其无效。②在离婚时,重婚也是引发损害赔偿请求权的根据,我国《婚姻法》第四十六条规定,有下列情形之一,导致离婚的,无过错方有权请求损害赔偿:重婚的;有配偶者与他人同居的;实施家庭暴力的;虐待、遗弃家庭成员的。③在刑事上,犯重婚罪的依法追究刑事责任。按照我国刑法的有关规定,有配偶而重婚的,或者明知他人有配偶而与之结婚的,处2年以下有期徒刑或者拘役。明知是现役军人的配偶而与之同居或者结婚的,处3年以下有期徒刑。

就本案而言,某乙可以向人民法院请求解除同居关系。最高人民法院《关于适用〈中华人民共和国婚姻法〉若干问题的解释(二)》第一条规定:"当事人起诉请求解除同居关系的,人民法院不予受理。但当事人请求解除的同居关系,属于《婚姻法》第三条、第三十二条、第四十六条规定的'有配偶者与他人同居'的,人民法院应当受理并依法予以解除。当事人因同居期间财产分割或者子女抚养纠纷提起诉讼的,人民法院应当受理。"某甲之妻如果向某甲提出离婚,可依据《婚姻法》第四十六条请求损害赔偿。

【练习思考】

(1)何谓事实婚姻,其法律后果是如何规定的?

(2)村民甲女与乙男于1998年7月同居生活,10月又在乙男老家举办了婚礼。2000年11月生育一女儿,但双方一直没有办理结婚登记手续。2005年3月双方因感情破裂,甲女向法院起诉离婚,要求女儿由自己抚养。

请问:法院应当如何处理此案?

第三节 离婚相关法律问题

【基本要求】

(1)了解协议离婚、诉讼离婚的含义、条件

(2)理解诉讼离婚的管辖

(3)熟悉诉讼离婚的诉讼程序

重点:离婚的法律后果(子女关系、债务清偿、财产处理、无过错方的赔偿请求权)

难点:离婚诉权的限制和离婚事由

【法律知识】

一、协议离婚

1. 协议离婚的条件

协议离婚,是指夫妻双方依照法律规定自愿达成离婚协议,从而解除婚姻关系的行为。协议离婚应当具备下列条件:

(1)协议离婚的当事人双方必须具有合法配偶身份。这里的合法配偶,既不包括同居的男女双方,也不包括不为法律承认的“事实婚姻”。

(2)协议离婚的当事人双方必须具有完全的民事行为能力。一方或者双方当事人为限制民事行为能力或者无民事行为能力的,不得通过行政登记程序协议离婚。

(3)协议离婚当事人必须具有离婚的合意,且已就子女及财产分割达成了协议。

(4)协议离婚由民政部门主管。协议离婚必须由当事人双方亲自到婚姻登记管理机关申请离婚登记,婚姻登记管理机关经过审查,对于符合离婚条件的,应当当场予以登记,发给离婚证,注销结婚证。

2. 婚姻登记机关不予受理的离婚登记申请

(1)一方当事人请求登记离婚的。

(2)双方当事人请求离婚,但对子女抚养、夫妻一方生活困难的经济帮助、财产分割、债务清偿未达成协议的。

(3)双方或一方当事人为限制民事行为能力人或无民事行为能力人的。

(4)双方当事人未办理过结婚登记的。

3. 协议离婚的法律后果

(1)当事人从取得离婚证起,解除夫妻关系。

(2)子女归属、财产归属等均由当事人约定。

(3)法院应当受理:

①因履行离婚协议中财产分割协议发生纠纷提起诉讼的。

②男女双方当事人协议离婚后1年内就财产分割问题反悔,诉至法院请求变更或者撤销财产分割协议的。

二、诉讼离婚

1. 诉讼离婚的概述

(1)诉讼离婚的概念。诉讼离婚,是指人民法院对离婚纠纷进行管辖与处理的法律制度。从另一个角度说,凡属由人民法院管辖和处理的离婚纠纷都是诉讼离婚。即使当事人在人民法院审理离婚案件的过程中经达成协议离婚,亦属诉讼离婚。

(2)诉讼离婚的管辖。根据《中华人民共和国民事诉讼法》及《民诉解释》的规定,诉讼离婚管辖应当遵循以下原则:

①原则上应由被告住所地人民法院管辖。

②但被告离开住所地超过1年的，由原告住所地人民法院管辖。

③双方离开住所地超过1年的，由被告经常居住地人民法院管辖。

④没有经常居住地的，由原告起诉时居住地人民法院管辖。

⑤被告不在中华人民共和国领域内居住、下落不明或者宣告失踪、被劳动教养或者被监禁的，由原告住所地或者经常居住地人民法院管辖。

⑥非军人对非文职军人提起离婚诉讼，由原告住所地人民法院管辖。

⑦双方当事人都是军人的，由被告住所地或者被告所在的团级以上单位驻地的人民法院管辖。

⑧中国公民双方在国外但未定居，一方向人民法院起诉离婚的，由原告或者被告原住所地的人民法院管辖。

(3)诉讼离婚的诉讼程序。

①调解：《婚姻法》第三十二条第(二)款前项规定，人民法院审理离婚案件，应当进行调解。因此调解原则上是人民法院审理离婚案件的必经程序。如果当事人确因特殊情况无法出庭参加调解的，除本人不能表达意志的以外，应当出具书面意见。

②代理人：离婚案件的当事人可以依法委托诉讼代理人。但即使有诉讼代理人的，本人除不能表达意志的以外，仍应出庭。确因特殊情况无法出庭的，必须向人民法院提交书面意见。

③判决：对于调解无效的离婚案件，人民法院应及时判决。人民法院可以依法判决离婚，也可以依法判决不准离婚。一审判决离婚的，人民法院在宣告判决时必须告知当事人在判决发生法律效力前不得另行结婚。如当事人违反告知另行登记结婚的，构成重婚。

④上诉：当事人不服一审判决的有权依法上诉。第二审人民法院审理上诉案件时可以进行调解。经调解双方达成协议的，自调解书送达时起原审判决即视为撤销；第二审人民法院做出的判决是终审判决。凡判决不准离婚和调解和好的离婚案件，没有新情况、新理由，原告在6个月内不得重新起诉。

2. 离婚事由

(1)感情确系破裂为离婚的唯一理由。

(2)下列情形为感情破裂的推定理由，即有下列情形之一的，应准予离婚：

①重婚或有配偶者与他人同居的。

②实施家庭暴力或虐待、遗弃家庭成员的。

③有赌博、吸毒等恶习屡教不改的。

④因感情不和分居满2年的。

⑤一方被宣告失踪，另一方提出离婚诉讼的。

(3)离婚诉权的限制。

①对现役军人配偶离婚诉权的限制。

• 现役军人是指正在人民解放军和人民武装警察部队服役、具有军籍的人员。不包括退役军人、复员军人、转业军人和军事单位中不具有军籍的职工。

• 现役军人的配偶仅指现役军人的非军人配偶，双方都是现役军人的不适用这一规定。

• 只限制现役军人配偶的离婚请求权，现役军人本人提出离婚不在此限。

• 本条规定只适用于一方提出离婚，不适用于双方合意的离婚。

• 军人有重大过错的不适用本规定。

②对妇女的特殊保护。女方在怀孕期间、分娩后1年内或中止妊娠后6个月内，男方不得提出离婚；但是如果是由女方提出离婚的或人民法院认为确有必要受理男方离婚请求的，则不受上述限制。

3. 离婚的法律后果

(1)子女关系的处理。

①离婚不影响父母与子女之间的关系。

②未成年子女和父母一方生活，但父母双方均为其监护人。关于该子女与哪一方共同生活以下列方式确定：

• 双方达成协议的依协议。

• 达不成协议的由法院判决：离婚后，哺乳期内的子女，以随哺乳的母亲抚养为原则。哺乳期后的子女，如双方因抚养问题发生争执不能达成协议时，由人民法院根据子女的权益和双方的具体情况判决。

• 不与子女共同生活的一方应当支付子女必要的生活费和教育费的一部分或全部。

③关于探望权。

• 不直接抚养子女的父或母，有探望子女的权利，另一方有协助的义务。

• 父或母探望子女，不利于子女身心健康的，由人民法院依法中止探望的权利；中止的事由消失后，应当恢复探望的权利。

• 如果生效的离婚判决中未涉及探望权的，当事人有权单独就探望权起诉。

(2)财产处理。

①共同财产进行分割，原则上一人一半；自己单独所有的财产仍然归自己所有。

• 夫妻共同财产由双方协议处理，协议不成的，法院按照照顾子女和女方权益的原则判决。

• 如果一方有隐匿、变卖、毁损共同财产或企图侵占另一方财产的，对有过错方，法院应判决其少分或不分。

• 另一方当事人如果是在离婚后发现上述行为的，可起诉请求再次分割共同财产。

• 离婚后如一方生活困难，另一方应给予适当的经济帮助。

②特殊财产的处理。

• 如果分割发放到军人名下的复员费、自主择业费等一次性费用的，以夫妻婚姻关系存续年限乘以上述费用的平均值，所得数额部分属于夫妻共有财产，应当进行分割。

• 对于夫妻共有财产中的房屋价值及归属存在争议时，按以下方式处理：双方均主张所有权且同意竞价的，按竞价处理；一方主张所有权的，依法估价，由取得方给予另一方相应的补偿；双方均不主张所有权的，拍卖后分割所得价款。

③对于以一方名义在有限责任公司的出资额，另一方不是公司股东的，按具体情况分别处理：

• 双方同意将出资额部分或全部转让给该股东配偶，过半数股东同意，且其他股东明确表示放弃优先权的，该配偶即为该公司股东。

• 双方就出资额转让事宜达成一致，但过半数股东不同意转让，而愿意以同等价格购入的，可以对转让出资所得进行分割；过半数股东不同意转让，又不愿意以同等价格购买该出资额的，视为同意转让，该配偶亦为公司股东。

需要注意的情况，对于股份有限公司的股份不需要考虑这点，因为股份有限公司的股份转让是自由的。

④对于以一方名义在合伙企业中的出资，另一方不是该企业合伙人的，当双方同意将其合伙份额全部或者部分转让给对方时，按下列规则处理：

• 其他合伙人一致同意的，该配偶即成为合伙人。

• 其他合伙人不同意转让，在同等条件下行使优先权的，可对转让所得进行分割。

• 其他合伙人不同意转让，也不行使优先权，但同意该合伙人退伙或退还部分财产份额的，可对退还财产进行分割。

• 其他合伙人不同意转让，也不行使优先权，又不同意该合伙人退伙或退还财产份额的，视为全体合伙人同意转让，该配偶即为合伙人。

⑤对于以一方名义投资设立独资企业的，按下列规则处理：

• 一方主张经营该企业的，先评估，再由取得方给予另一方相应补偿。

• 均主张经营的，竞价确定经营者，由取得方给予另一方相应补偿。

• 均不愿经营的，清算后依法分割财产。

⑥离婚后彩礼的返还问题。在下列情形下，当事人请求返还彩礼的，应当予以支持：

• 双方未办理结婚登记的。

• 已办理结婚登记手续但未共同生活，现已离婚。

• 婚前给付并致使给付人生活困难，现已离婚的。

(3)债务清偿。

①个人债务：由个人的财产予以清偿。个人债务的情形如下：

• 婚前所负债务。

• 婚后以个人名义所负以供养没有抚养义务之人。

• 约定分别财产制并且债权人知道的情形下的个人所负的债务。

• 婚后所负担但与债权人明确约定为个人所负的债务。

②夫妻共同债务的情形：

• 婚后所负债务，且不属于上述作为个人债务的情形。

• 婚前所负债务用于婚后家庭共同生活的应为夫妻共同债务，以共同财产偿还；如该项财产不足清偿时，由双方协议清偿；协议不成的，由法院判决。

• 夫妻中一方死亡的，生存一方应当对婚姻关系存续期间的共同债务承担清偿责任。

(4)无过错方的赔偿请求权。

①无过错方有权请求损害赔偿的情形,《婚姻法》第四十六条规定:重婚;有配偶者与他人同居;实施家庭暴力;虐待、遗弃家庭成员。导致离婚的过错是法定的,即必须是以上4种情形之一。

②主体。

• 只有因婚姻当事人一方过错导致离婚的无过错方,才有请求权。

• 赔偿请求的对象只能是离婚案件的当事人,而不能是其他人,如所谓的二奶、第三者等。

③损害赔偿请求权的行使。

• 只能在离婚诉讼中一并提出,不离婚单独要求损害赔偿的不予受理,即以判决准予离婚为前提。

• 离婚诉讼中没有提出,离婚后又要求赔偿的人民法院不予受理。

• 如果无过错方作为被告并且同意离婚的,可以在离婚诉讼中要求损害赔偿。一审中没有提出赔偿请求,但在二审期间提出的,法院调解。调解不成,告知当事人在离婚后1年内另行起诉。

• 如果被告不同意离婚也不提起损害赔偿诉讼的,被告可以在人民法院判决准予离婚后1年内就此单独提起诉讼。

④承担责任的内容:物质损害赔偿和精神损害赔偿。

【案例链接一】

方某原来有一个幸福的家庭,但现在,他们的婚姻却亮起了红灯。原来,几年前,丈夫染上了赌博的恶习,常常连夜鏖战不说,还把家中的财产输了个光。为此,双方多次发生争吵,但家人的规劝都未能让他"金盆洗手"。无奈之下,方某表示要与丈夫离婚,但丈夫却说,他们之间的夫妻感情还在,誓死不同意分手。经过多次的反复,方某对丈夫的"回归"已不抱希望。

方某想知道,如果自己起诉离婚的话,法院能否一次判离?

【案例评析】

可以。我国《婚姻法》规定,法院审理离婚案件,应当进行调解,如感情确已破裂,调解无效,应准予离婚。司法实践中,双方当事人第一次诉讼离婚,如果没有特殊情况,法院都会努力调解,即使调解无效,一方若坚持不离,法院有时也会不支持原告的离婚请求,目的是希望给双方当事人一个从重认识、重新接纳对方的机会。不过法律也同时规定,如果有赌博、吸毒等恶习屡教不改的,经调解无效的,应准予离婚。据此,方某的丈夫染有赌博恶习,且屡教不改,已经严重影响了夫妻感情,如法院对方某夫妇调解无效,可以一次判离。

【案例链接二】

王女士与李某结婚8年,因感情不和准备离婚。他们家共有两套房屋,一套房屋的产权在王女士名下,是其在婚前取得的个人产权。另一套房屋产权在丈夫李某的名下,是他们办理完结婚登记后,李某的父母出资20万元给他们购买的。离婚时两人对两套房屋的归属发生争议,丈夫李某认为,在他名下的房屋是由他父母出资购买的,应归他所有。而王女士名下的房屋由于结婚8年,已转化为夫妻共同财产,应由双方平均分割。王女士认为李某说的没有道理。

请问,本案中对房产的分割应如何处理?

【案例评析】

夫妻离婚时分割房产,首先应区分该房产是否属于夫妻共同财产,如果是某一方的个人房产,应归个人所有,不存在分割问题。如果属于夫妻共同房产,在离婚时由双方共同分割。在本案中,王女士名下的房屋,因所有权在婚前就归王女士所有,属个人财产,而且该房产的权属并不随夫妻结婚时间的长短而转化为夫妻共同财产。对于本案中王女士丈夫李某名下的房产,因所有权是在结婚之后所取得,并且夫妻双方对该房屋的权属并没有特别的约定,因此该房屋属于夫妻共同财产。对于李某的父母因买房而出资的20万元,在法律上属于一种赠与行为,除非李某父母在赠与时,明确表示赠与李某个人,否则应当认定是对夫妻两人的赠与。因此,李某名下的房屋是夫妻共同财产,离婚时应由双方共同来分割。

【练习思考】

(1)村民甲与妻子感情较好,但因其妻接连生了两个女孩而欲离婚,对此法院应如何处理?为什么这样处理?

(2)婚姻法对夫妻离婚后财产分割有何规定?

(3)方梅和曾军是同村村民,两人自幼青梅竹马。2005年,两人一同参加高考,曾军考取,而方梅则落榜。在曾军上大学期间,两人感情进展顺利。2009年,曾军分配到某机关工作,与方梅正式结婚,婚后两人感情不错。2010年,方梅在做家务时,面部被烧伤。双眼几乎失明。住院后,曾军对护理方梅渐感厌烦,产生了遗弃方梅的念头。他先试探与方梅离婚,但方梅坚决不同意,于是他就搬到外面去住,不回家照顾方梅,并同本单位同事赵倩打得火热。而方梅在家得不到丈夫的关怀与照顾,生活无着落。无奈,2012年5月,方梅向法院起诉,要求曾军付给扶养费。

问题:

①曾军的行为是否正确?

②法院应如何处理本案?

第四节　夫妻法律关系

【基本要求】

(1)了解夫妻人身关系、夫妻财产关系的概念

(2)理解夫妻人身关系、夫妻财产关系的内涵以及配偶权的含义

(3)熟悉约定财产制、法定财产制的情形

重点:一般夫妻共同共有财产、夫妻一方个人财产、特殊的夫妻个人和共同共有财产的界定

难点:夫妻财产关系的处理

【法律知识】

一、夫妻人身关系

1. 夫妻地位平等

(1)夫妻的地位平等。

(2)夫妻的人身自由权。我国法律赋予夫妻双方以充分、平等的人身自由权。双方都有参加生产工作的权利,都与参加学习的自由,都有参加社会活动的权利。

(3)夫妻的姓名权。《婚姻法》第十四条规定:“夫妻双方都有使用自己姓名的权利。”在婚姻存续期间,夫妻中的任何一方都有权使用或依法改变自己的姓名,他方既不得干涉,也不得盗用、假冒。这一规定是针对我国旧社会妻从夫姓的制度,彻底实现男女平等。

(4)互相不得实施家庭暴力。

(5)住所选定权。登记婚姻后,根据男女双方约定,女方可以成为男方家庭的成员,男方可以成为女方家庭的成员。

2. 配偶权

所谓配偶权是基于配偶身份,夫妻之间相互享有的身份权,具体内容则包括:

(1)同居请求权,即请求对方和自己共同生活的权利。不过该项权利无法通过诉请法院强制实现,一方违反该项义务达到两年对方可以要求离婚。

(2)继承权,夫妻相互为另一方的第一顺序法定继承人。

(3)监护权,一方为无行为能力或者限制行为能力时另一方为其监护人。

(4)失踪和死亡宣告申请权。

(5)贞操请求权,即要求对方不为婚外性交的权利。一方如果和他人发生婚外性关系,对方可以要求离婚,在离婚的时候可以以其有过错请求损害赔偿(包括精神损害在内)。

(6)扶养请求权,在一方没有收入时有权要求对方扶养。

(7)计划生育义务。

二、夫妻财产关系

1. 约定财产制

(1)夫妻双方可以对婚前、婚后取得的财产的归属、处分以及在婚姻关系解除后的财产分割达成协议,基于意思自治原则法律自无干预的必要。

(2)约定的形式,法律明确要求采取书面形式。

(3)夫妻财产的所有形式可以是各自所有、共同所有或部分各自所有、部分共同所有。

(4)约定的财产范围,包括婚前和婚后取得的各种财产。

(5)约定的有效条件与合同相同。

2. 法定夫妻财产制

法定夫妻财产制是指夫妻双方在婚前、婚后都没有约定或约定无效时,直接适用有关法律规定的夫妻财产制度。

(1)一般夫妻共同共有财产(《婚姻法》第十七条)。

①工资、奖金。

②生产、经营所得收益。

③知识产权的收益(包括实际取得或者已经明确可以取得的财产性收益)。

④继承、受赠所得财产(《婚姻法》第十八条第三项规定的除外)。

⑤其他应当归共同所有的财产。

(2)夫妻一方个人财产(《婚姻法》第十八条)。

①一方的婚前财产。

②一方因身体受到伤害获得的医疗费、残疾人生活补助费等费用。

③遗嘱或赠与合同中确定只归夫或妻一方所有的财产。

④一方专用的生活用品。

⑤其他应当归一方的财产。

(3)特殊的夫妻个人、共同共有财产。

①如果遗嘱(包括遗嘱继承与遗赠)或赠与合同中约定只归夫或妻一方所有的财产,属于个人财产,而非夫妻共同财产。

②在婚前父母为双方购置房屋出资的,该出资是对自己子女的个人赠与,除非父母明确表示赠与双方。

③婚后,父母为双方购置房屋出资的,该出资是对夫妻双方的赠与,除非父母明确表示赠与一方。此项与前项的区别主要在于出资发生的时间点。婚前一方父母表示如果结婚则给双方买房,结婚后也按照表示出了钱,则应当按照婚后出资处理。

④一方以个人财产投资所得的收益属于夫妻共有财产。

⑤男女双方实际取得或者应当取得的住房补贴、住房公积金、养老保险金、破产安置补偿费属于夫妻共有财产。

⑥由一方婚前承租、婚后用共有财产购置的房屋，虽房屋产权证明登记在一方名下，仍认定为夫妻共有财产。

⑦军人的伤亡保险金、伤残补助金、医药生活补助费属于个人财产。

【案例链接】

杨某(男)与马某(女)于1990年登记结婚。后因感情恶化，于2001年11月经协商，双方到婚姻登记机关办理了离婚登记，并对夫妻共同财产进行了分割。2005年12月3日，马某得知，杨某曾于2001年8月以10万元购买一套房屋，在办理离婚手续时并没有告知马某，致使这一本属夫妻共同财产的房屋为杨某独自占有，因而于2006年1月向人民法院起诉，要求重新分割这部分财产。杨某辩称：当初离婚时，双方已经就夫妻共同财产进行了分割，现在已经4年多，诉讼时效已过，马某再来请求分割财产，没有法律依据。

根据本案案情，回答下列问题，并说明理由：

(1)马某能否请求再次分割夫妻共同财产？

(2)本案中，马某请求权的诉讼时效从何时起算？是否已超过诉讼时效？

(3)人民法院应当如何处理这一案件？

【案例评析】

(1)可以再次分割。依据《婚姻法》第四十七条的规定："离婚时，一方隐藏、转移、变卖、毁损夫妻共同财产，或伪造债务企图侵占另一方财产的，分割夫妻共同财产时，对隐藏、转移、变卖、毁损夫妻共同财产或伪造债务的一方，可以少分或不分。离婚后，另一方发现有上述行为的，可以向人民法院提起诉讼，请求再次分割夫妻共同财产。"

(2)诉讼时效为从知道杨某隐匿财产事实的次日开始起算两年内。本案没超出诉讼时效。

(3)法院应受理，先调解，调解不成再对共同财产进行重新分割。

【练习思考】

(1)牛强是某医院医生，1998年经人介绍与杨兰认识。因牛强家贫，而杨家又只有杨兰一个女儿，故两家决定招牛强为上门女婿，但条件是将来两人的孩子须随母姓。婚后两人感情很好。2001年，杨兰产下一子，取名杨小鹏。渐渐地，牛对自己在杨家的地位感到不满，尤其是对孩子随了母姓这件事不舒服。2002年，他没有与杨兰商量，就到派出所把孩子的名字改为牛小鹏。杨兰得知后，觉得牛不同自己商量就把孩子的名字改了，是不尊重自己，觉得很委屈。杨兰父亲得知后，更是气愤，要求将孩子的名字再改过来。

请谈谈你的看法。

(2)王某与周某结婚时签订书面协议，约定婚后所得财产归各自所有。周某婚后即辞去工作在家奉养公婆，照顾小孩。王某长期在外地工作，后与李某同居，周某得知后向法院起诉要求离婚。

请问：周某的下列哪些请求可以得到法院的支持，为什么能得到支持？

(3)李某与前夫离婚后,与3岁的女儿一起生活。今年,李某经人介绍认识了钱某,并与钱某结婚。因李某嫌一家三口三个姓不好听,便未经前夫同意就给女儿改随继父姓。前夫得知后不同意,声明如果不给女儿改回原姓就不支付抚养费,双方因此发生纠纷。

请问,李某有权单方给女儿改姓吗?前夫可以因为女儿改姓而不支付抚养费吗?

第五节 继承与遗产

【基本要求】

(1)了解继承的概念
(2)理解继承权的含义
(3)熟悉遗产的范围
重点:遗产范围的认定
难点:继承权丧失的情形

【法律知识】

一、继承的概念

继承,是指死者生前所有的,在死亡时遗留的个人合法财产,依法由有资格继承的人所取得。这里需要强调的有“死亡”“个人”“合法”“有资格”4个关键词。“死亡”,包括自然死亡和宣告死亡。“个人”是指个人所有的财产,而不是共同财产,例如,夫妻共同财产就不完全是个人财产,只有属于夫或妻所有的那一部分才是死者的个人财产。“合法”是指只有合法所有的财产才能被继承,而通过非法手段获取的财产是不在继承之列的。“有资格”是指具有继承权的人,没有继承资格就没有继承权,也就无法继承被继承人的财产。

二、继承权的含义

继承权是继承人依法享有被继承人遗产的权利,同时履行因继承而产生的义务。在这里需要注意以下几个问题:

1. 只有公民才享有继承权

享有继承权的主体是公民个人,即自然人,排除国家、集体、法人和其他社会组织。这些非自然人在一定条件下也可能取得全部或者部分遗产,但这不是基于继承关系,而是基于法律的其他规定,要么是遗赠和遗赠扶养协议,要么是无人继承的遗产。

2. 继承权可以放弃

根据“权利可以放弃,义务必须履行”的法律规则,继承权可以放弃,但继承权的放弃必须是在继承开始后，遗产分割前，并且应当以明示的方式做出。而在接受继承之后，因继承而产生的义务也是必须履行的。

3. 胎儿没有继承权，但应保留继承份额

继承权作为一项法律权利，是针对活人而言的，因此胎儿和死亡了的人没有继承权。但基于继承法的特别规定，胎儿应分得一份遗产，这在法律上表述为"遗产分割时，应保留胎儿的继承份额"。

4. 继承权在一定条件下会丧失

继承权在依法取得并受法律保护的同时，也会在一定条件下丧失。继承权在下列几种情况下会丧失：

（1）故意杀害被继承人的。根据最高人民法院司法解释，不管杀害行为的动机如何，也不管既遂未遂，均丧失继承权。

（2）为争夺遗产而杀害其他继承人的。这里强调杀害其他继承人的动机在于为争夺遗产，否则就不丧失继承权。

（3）遗弃被继承人或者虐待被继承人情节严重的。根据司法解释，只要情节严重，不论是否被追究刑事责任，均丧失继承权，但是以后确有悔改表现，并且被继承人生前又表示宽恕的，可以不确认其丧失继承权。何为情节严重，在司法实践中大多是从手段、时间及后果和社会影响等方面去认定。

（4）伪造、篡改或者销毁遗嘱情节严重的。何为情节严重，有待司法解释进一步明确，目前明确了的一种情况为：继承人伪造、篡改或者销毁遗嘱，侵害了缺乏劳动能力又没有生活来源的继承人的利益，并造成其生活困难，应当认定其行为情节严重。另外，在此情况下订立的遗嘱，即使没有篡改，由于其违反《继承法》第十九条之规定，应当对缺乏劳动能力又没生活来源的继承人保留必要份额的规定，而部分无效。

三、遗产的范围

遗产是指公民死亡时遗留的个人合法财产。刚才已将强调了"死亡""个人""合法"这三个词，现在就不再赘述。关于遗产这部分，特别需要注意的是遗产的范围，《继承法》中列举了7类，分别是：公民的收入；公民的储蓄、房屋和生活用品；公民的林木、牲畜和家禽；公民的文物、图书资料；法律允许公民所有的生产资料；公民的著作权、专利权中的财产权利；公民的其他合法财产。

其中需要说明的一点是第7项，公民的其他合法财产主要是指股票、债券等有价证券，另外，对在司法实践中经常遇到的保险金、抚恤金等能否作为遗产略作说明。

（1）关于保险金：如果保险合同指定了受益人的，则由受益人取得保险金；如果保险合同未指定受益人，则保险金可以作为遗产加以继承。

（2）关于抚恤金：抚恤金是对生者家属的经济补偿，不能算作遗产，不发生继承。但是依据近几年的判例来看，抚恤金应当作为直系亲属和配偶的共同财产，参照法定继承进行平均分割。

（3）关于残疾赔偿金等费用：伤残者丧失劳动能力所获得的赔偿费用，如果领取后伤残者死亡，这可作为遗产加以继承。但在事故发生时受害者即死亡所得的死亡赔偿金等费用，由于《最高人民法院关于审理人身损害赔偿案件若干问题的规定》的司法解释将因人身损害死亡后的赔偿权利人界定为受害者的近亲属，故此类财产不按遗产性质处理（如用此偿还死者个人债务），但也可以参照遗产继承的分割方式进行处理。

【案例链接】

王华是位汽车驾驶员，家庭经济状况较好。王华生育三个儿子，其妻早年去世。2015年5月，王华的第三个儿子因车祸死亡，此时，其妻子李莉已怀孕3个月。同年10月，王华突然发病死亡，安葬完毕之后，其长子与次子将王华遗留的11万元的现金和一栋价值16万元的楼房进行了分割。李莉得知后，遂向两位哥哥提出异议，认为其怀孕胎儿应分得一份遗产。为此，两位哥哥反对，认为弟弟已去世，李莉腹中胎儿不具有继承权。李莉诉至法院，要求保护腹中胎儿的合法权益。

【案例评析】

依据我国《继承法》第二十八条的规定，胎儿没有继承权，但是应当为胎儿保留必要的继承份额，所以，李莉腹中的胎儿应当享有一定的继承份额。

【练习思考】

（1）丁磊幼年丧父，与母亲共同生活，2006年承包鱼塘，很快富裕起来，2008建造一新房，价值约10万元。不久母亲过世。2010年丁磊与李兰结婚，婚后不久，丁磊不幸病逝，此时李兰已怀孕。办理丧事后，丁磊之弟与李兰争议，李兰及其娘家人将丁磊之弟打成重伤。李兰也因故意伤害罪被判处有期徒刑3年，但考虑李兰身怀有孕决定监外执行。这时，李兰生了一子，但出生后没几天就夭折了。丁磊之弟认为李兰已不是丁家的人了，因此要赶走李兰占有丁磊所建的房。李兰认为自己虽与丁磊结婚时间不长，但毕竟是丁磊之妻，因此这栋房应归自己所有。双方争执不下，诉诸法院。

问：①李兰被判处有期徒刑后，是否仍享有继承权，为什么？

②出生后几天又夭折的婴儿是否享有继承权？

（2）我国《继承法》对遗产的范围是如何规定的？

第六节 继承的种类

【基本要求】

（1）了解法定继承与遗嘱继承的含义

（2）理解代位继承和转继承的含义

（3）熟悉法定继承人的范围

重点：法定继承遗产分配的原则和遗嘱效力的认定

难点：遗赠和遗赠扶养协议的应用

【法律知识】

我国继承法主要规定了两种继承的形式，分别是法定继承和遗嘱继承。另外，还有两种遗产处理方式：遗赠和遗赠扶养协议。

一、法定继承

法定继承是指按法律的直接规定来继承遗产的一种方式。

1. 法定继承人的范围

法定继承人分为两个顺序。第一继承顺序：①配偶；②父母；③子女。其中，代位继承中的晚辈直系血亲和对公婆、岳父母尽了主要赡养义务的丧偶儿媳或丧偶女婿也可以作为第一继承顺序继承人。第二继承顺序：①兄弟姐妹；②祖父母；③外祖父母。继承发生时，由第一顺序继承人先继承。只有没有第一顺序继承人的情况下，才发生第二顺序继承人继承。

(1)配偶。首先要区分事实婚姻与非法同居的界限：①于1986年3月15日《婚姻登记办法》施行之前，未办理结婚登记即以夫妻名义同居生活，群众也认为是夫妻关系的，如果一方死亡时，双方均符合结婚的法定条件的，则为事实婚姻关系，可列为继承人中的配偶。②1986年3月15日《婚姻登记办法》实施后，1994年2月1日《婚姻登记管理条例》实施以前，男女双方已符合结婚实质条件的，按事实婚姻处理，也可以作为继承人中的配偶。③1994年2月1日《婚姻登记管理条例》施行之日起，未办理结婚登记手续而以夫妻名义同居生活的，同居时男女双方符合结婚实质要件的，如能补办结婚登记，则补办后从符合结婚实质要件时起，作为配偶继承。

另外，1950年《婚姻法》实施以前已经存在，以后又未解除的一夫多妻关系，夫与妻、妾之间均有继承权，但妻、妾之间无继承权(根据推导)。当然此种情况少，从年龄上看，应该在70岁以上的人才存在此种情况。

(2)子女。需要注意的是子女包括婚生子女、非婚生子女、养子女、有扶养关系的继子女。需要注意的情况，养子女必须以合法有效的收养关系为前提，否则诸如寄养等就不享有继承权。

(3)父母。亲生父母、养父母、有扶养关系的继父母均享有继承权。

(4)兄弟姐妹。包括同父异母、同母异父(即常说的同天不同地、同地不同天的情况)以及养兄弟姐妹和有扶养关系的继兄弟姐妹。

(5)祖父母、外祖父母。同样包括养祖父母、养外祖父母、有扶养关系的继祖父母和有扶养关系的继外祖父母。

(6)丧偶儿媳、女婿。此种情况判定的标准是：是否尽了主要赡养义务。若是尽了主要赡养义务的丧偶儿媳、女婿，则可以第一顺位进行继承。

2. 关于代位继承和转继承

代位继承是法定继承的一种特殊情况，是指在被继承人的子女先于被继承人死亡的情况下，由被继承人的子女的晚辈直系血亲代替该先死亡的子女继承被继承人的遗产的法律制度。关于代位继承注意4点：

(1)适用于自然血亲和拟制血亲。

(2)代位继承不受辈数限制。

(3)代位继承一般只能继承他的父亲或者母亲有权继承的遗产份额。

(4)代位继承以被代位继承人未丧失继承权为前提。如果被代为继承人丧失了继承权,那么被代为继承人的晚辈直系血亲也将不享有代为继承权。

转继承,是指被继承人死亡后,遗产分割前,未放弃继承权的继承人又死亡的,其应得的遗产份额转由他的继承人继承。

3. 关于法定继承的遗产分配

同一顺序继承人的遗产分配原则:一般应当均等。

"均等"是指一般情况下的分配原则,同时法律还规定了应当或者可以不均等的几种特殊情况:

(1)对生活有特殊困难的缺乏劳动能力的继承人,分配遗产时,应当予以照顾。

(2)对被继承人尽了主要扶养义务或者与被继承人共同生活的继承人,分配遗产时,可以多分。

(3)有扶养能力和扶养条件的继承人,不尽扶养义务的,分配遗产时,应当不分或少分。

二、遗嘱继承

1. 遗嘱继承的概念与范围

遗嘱继承又称为指定继承,是指公民生前依法处分自己的财产和安排有关事务,并于死后生效的单方民事法律行为。

遗嘱继承人的范围与法定继承人的范围相同,但是遗嘱继承不受继承顺序的限制。

2. 遗嘱继承的效力

遗嘱继承的效力,是指遗嘱具备法定条件,能发生法律效力,可以被执行。决定遗嘱效力的因素主要有以下几个:①遗嘱人是否具有完全的民事行为能力,若遗嘱人属于无民事行为能力人或限制民事行为能力人,其所立的遗嘱是无效的。②意思表示是否真实,遗嘱应当是遗嘱人真实意思的反映,现实生活中有好多继承人逼迫遗嘱人立下违背自己真实意思的遗嘱,这在法律上属于胁迫行为,这样的遗嘱并不具有法律效力。③是否违反了法律的强制性规定,民法上尊重意思自治,只要遗嘱人所立遗嘱没有违反我国相关法律的强制性规定,那么该遗嘱是有效的。需要注意,以上这三个要素必须要同时满足,若是有其中一项不满足,那么该遗嘱就是无效遗嘱。

3. 遗嘱的形式

我国继承法规定了以下5种遗嘱形式:①公证遗嘱;②自书遗嘱;③代书遗嘱;④录音遗嘱;⑤口头遗嘱。其中应当注意的是在上述5种形式的遗嘱中,代书遗嘱、录音遗嘱、口头遗嘱都必须有两个以上的见证人在场作证。此外在这5种形式中还有两种遗嘱也应特别注意,一种是自书遗嘱,是指由遗嘱人亲笔书写制作的遗嘱。这种遗嘱设立形式简便易行,具有较强的保密性,是最常用的遗嘱形式。一种是公证遗嘱,是指经过国家公证机关依法认可其真实性与合法性的书面遗嘱。其证明力最强,效力最高。因此,如果所立遗嘱涉及处分的财物价值较大或者事关重大,最好采用公证遗嘱,相对保险些。

这里顺便提一下代书遗嘱、录音遗嘱、口头遗嘱中的见证人问题。遗嘱见证人必须具有完全的民事行为能力,并与继承人、受遗赠人没有利害关系。我国《继承法》第十八条规定了下列人员不得作为遗嘱见证人:一是无民事行为能力人、限制民事行为能力人;二是继承人、受遗赠人;三是与继承人、受遗赠人有利害关系的人,包括继承人、受遗赠人的近亲属以及继承人、受遗赠人的债权人和债务人、共同经营的合伙人。

4. 遗嘱的撤销、变更

遗嘱的撤销、变更在理论上可分为两种形式:

(1)明示形式。即遗嘱人明确表示撤销或者变更遗嘱。其中值得注意的是,变更公证遗嘱必须以公证的方式进行。

(2)推定形式。即基于当事人的行为推定遗嘱撤销或变更。如遗嘱人生前的行为与遗嘱的意思表示相反,而使遗嘱处分的财产在继承开始前灭失、部分灭失或所有权转移、部分转移的,遗嘱视为被撤销或部分被撤销。推定方式主要有以下三种:

①遗嘱人立有数份遗嘱,且内容相互抵触的,以最后所立的遗嘱为准,推定后立的遗嘱变更或撤销前立的遗嘱。

②遗嘱人生前的行为与遗嘱的意思表示相反,而使遗嘱处分的财产在继承开始前灭失、部分灭失,或所有权移转、部分移转的,遗嘱视为被撤销或部分被撤销。

③遗嘱人故意销毁遗嘱的,推定遗嘱人撤销原遗嘱。原遗嘱毁坏后是否又立有新遗嘱不影响推定的效力。

三、遗赠

现实生活中,用遗赠的方式来处理个人的生前合法财产已屡见不鲜,那么什么是遗赠呢?

所谓遗赠,是公民以立遗嘱的方式将个人合法财产的一部分或全部赠送给国家、集体组织或者法定继承人以外的其他公民,并于遗嘱人死亡时发生执行效力的单方法律行为。

1. 遗赠的特征

(1)遗赠,是指给他人以财产利益的无偿行为。不同于法定继承人的是,受遗赠人与遗赠人之间没有法律上的血缘关系、扶养关系等,遗赠人给予他人的财产利益,是无偿转让,不以受遗赠人应尽法律上的义务为前提。在遗赠中,虽然有时也有附有某种义务,但这种义务不可能是对等的。遗赠人不能只将财产义务赠与他人,也不能使受遗赠人所负的义务超过其所享受的权利,所以,遗赠必须是无偿的。

(2)受遗赠人,是指国家、集体组织或法定继承人以外的人。法定继承人不能作为受遗赠人,而只能称为遗嘱继承人。法定继承人基于遗嘱取得遗产也可能是无偿的,但在继承法上把这归于遗嘱继承的遗产取得方式。法定继承人只能是自然人,而受遗赠人不仅可以是自然人,也可以是法人和集体组织;遗嘱继承人限于法定继承人的范围内,受遗赠人只能在法定继承人范围以外指定。

2. 遗赠要具有法律效力的条件

(1)据以确认受遗赠权的遗嘱必须是合法有效的遗嘱。遗嘱无效,当然导致遗赠的无效。

(2)遗赠人须有遗嘱能力。也就是说,遗赠人必须和立遗嘱人一样,具有完全民事行为能力。

(3)遗赠人须为缺乏劳动能力又没有生活来源的继承人保留必要的遗产份额。之前我们谈到,遗嘱人所立遗嘱如果违反强制性规定则遗嘱无效,这里也体现了这一规定。如果继承人中有缺乏劳动能力又没有生活来源的人,而遗赠人又没有为其保留必要的遗产份额,则涉及这一部分的遗赠行为无效。

(4)遗赠人所立的遗嘱符合法定的形式。遗赠是要式法律行为,如果遗赠人设立的遗嘱不符合法定形式,遗赠无效。

(5)受遗赠人须为在遗赠人的遗嘱生效时生存之人。先于遗赠人死亡或者与遗赠人同时死亡的公民,不能成为受遗赠人,因为其不具备民事主体资格,不具有民事权利能力。

(6)遗赠的财产须是在遗赠人死亡时能够执行遗赠的合法遗产。如果遗赠财产不属于遗产,或者于遗赠人死亡时该项财产已不存在或因其他原因不能执行,则遗嘱无效。

应注意,和放弃继承不同,接受遗赠必须以明示方式做出,受遗赠人接受遗赠的,应于法定期间内做出接受遗赠的明确的意思表示。我国《继承法》第二十五条规定:“受遗赠人应当在知道受遗赠后两个月内,做出接受或者放弃受遗赠的表示。到期没有表示的,视为放弃接受遗赠”。而遗嘱继承人自继承开始后,遗产分割前未明确表示放弃继承的,则视为接受继承,放弃继承权必须于此期间内做出明确的意思表示。

四、遗赠扶养协议

遗赠扶养协议是指遗赠人与扶养人签订的,由扶养人承担遗赠人生养死葬的义务,遗赠人将自己的合法财产的一部分或全部于其死后转移给扶养人所有的协议。这里的扶养人可以是公民和集体所有制组织。

遗赠扶养协议的特征如下:

(1)遗赠扶养协议是双方法律行为,必须在协议双方当事人之间达成一致。

(2)遗赠扶养协议是有偿法律行为,双方当事人都承担一定的义务。

(3)遗赠扶养协议自签订时生效,如撤销、变更遗赠扶养协议必须经当事人双方协商一致。

(4)遗赠扶养协议是要式法律行为,应以书面形式订立。

(5)遗赠扶养协议实质上是双务合同,双方当事人的权利义务具有对应性,协议订立后,扶养人或集体组织无正当理由不履行协议,致使协议解除的,不能享有受遗赠的权利，其已经支付的供养费用一般不予以补偿。遗赠人无正当理由不履行协议，致使协议解除的，应偿还扶养人或集体组织已支付的供养费用。

以上所介绍的这4种继承形式，究竟该以何种形式为先呢？这里就涉及这几种继承的效力优先顺序的问题。按照继承法的规定，继承开始后，有遗赠扶养协议的，应先执行遗赠扶养协议；没有遗赠扶养协议或者协议无效的，按照遗嘱和遗赠的内容办理；没有遗嘱和遗赠或者遗嘱和遗赠无效时，才适用法定继承，也就是说，法定继承是最后发生的。

【案例链接一】

吴老伯早2008年年底曾立下遗嘱：他死后的全部遗产由大儿子吴东及小儿子吴西平均继承，并且到公证机关进行了公证。但在2009年7月，吴老伯突发疾病，在临终时又当着家人、医生和护士的面，说他的遗产要分成三份，其中的2/3由兄弟俩人分别继承，其余的1/3赠送给他的前妻，说完吴老伯便去世了。按照吴老伯的口头遗嘱计算，兄弟两人每人将少得遗产10万元。兄弟两人与吴老伯的前妻就遗产的问题争执不下，兄弟两人认为，应该按照在公证处公证过的遗嘱继承遗产，而吴老伯的前妻认为，吴老伯在临终前更改了遗嘱，应以吴老伯最后的口头遗嘱为准。

【案例评析】

在这种情况下，经过公证的遗嘱效力要高于口头遗嘱的效力，所以应当按照公证遗嘱的规定分割遗产。需要注意的是口头遗嘱，这种形式只能是在危急情况下采取，如果危急情况解除后，遗嘱人能够用书面或者录音的形式立遗嘱而未采取的，所立的口头遗嘱无效。

【案例链接二】

胡平与自幼残疾的儿子胡波相依为命，共同生活。为了在自己死后，胡波有人照顾，胡平立下遗嘱：把自己财产中的3间房屋和4万元存款在自己死后赠给邻居陈强，但陈强必须照顾胡波的生活。胡平在遗嘱中指定居委会主任作为遗嘱执行人。2012年2月，胡平去世后，陈强没有照顾胡波的生活，却提出要胡平的遗产，遭居委会主任拒绝，于是向法院起诉，请求居委会主任履行交付胡平的遗产。

问：(1)胡平对陈强的遗赠属什么性质的遗赠？

(2)法院应作何判决？

【案例评析】

(1)胡平在遗嘱中对遗赠财产给陈强附有一定的义务，即陈强必须照顾胡波的生活。此种遗赠是附义务的遗赠或叫附条件的遗赠。

(2)我国《继承法》第二十一条规定，“遗嘱继承或者遗赠附有义务的，继承人或受遗赠人应当履行义务。没有正当理由不履行义务的，经有关单位或者个人请求，人民法院可以取消他接受遗产的权利。”根据该规定，陈强没有履行照顾胡波生活的义务，法院应判决驳回陈强的诉讼请求，取消陈强接受遗产的权利。

【练习思考】

(1)甲的父母已去世,生前生育有三个子女:甲、乙、丙。甲因工受伤,家庭生活困难且丧失劳动力。现在乙、丙要求平均分配遗产,但是甲以自己丧失劳动力为由,要求予以适当照顾。

甲的请求能否得到支持?

(2)甲丧偶,有四子均已成家各有子女,并与甲分家单过。一日,甲同长子乙乘车外出,坠入山涧双亡。甲遗有一笔财产。

问:①此案当如何继承?

②乙妻和乙子应各得多少遗产?

③若有证据证明乙先于甲死亡,乙妻和乙子又应各得多少?

第七节 遗产处理的相关问题

【基本要求】

(1)了解继承开始的时间、无人继承的遗产和"五保户"遗产的处理

(2)理解遗产的分割原则

(3)熟悉遗产的分割办法

重点:遗产的确定和遗产债务的清偿

难点:遗产继承的相关误区

【法律知识】

一、继承开始的时间

继承于被继承人死亡时开始。

相互有继承关系的几个人在同一事件中死亡,如不能确定死亡先后时间的,推定没有继承的人先死亡;死亡人各自都有继承人的,如几个死亡人辈分不同,推定长辈先死亡,几个死亡人辈分相同,推定同时死亡,彼此不发生继承,由他们各自的继承人分别继承。

二、遗产的分割

1. 遗产的确定

遗产是被继承人死亡时遗留的个人所有的合法财产。在这里需要明确五个问题:

(1)不能将遗产与夫妻共同财产混淆,在被继承人死亡后,夫妻共同财产应当去除夫或妻的份额后才能视作被继承人的个人财产。

(2)不能将遗产和家庭共同财产混淆。遗产如果在家庭共有财产之中,遗产分割时,应当先分出既不属于被继承人个人财产也不属于夫妻共同财产的他人(包括子女)财产。

(3)不能将遗产与其他共有财产相混淆,如合伙或共有。在以上这两项中被继承人的个人合法财产应当是被继承人在这两种财产中所占的份额,绝对不是全部共同财产。

(4)遗产应先扣除被继承人生前所欠的债务或应交的税款;应先扣除被继承人用合法有效的遗嘱方式赠给国家、集体和他人的财产;应当先扣除依法应给予法定继承人之外的,依靠被继承人抚养或者对被继承人尽抚养义务较多的人的份额;应先扣除为胎儿保留的必要的遗产份额。

(5)遗产分割应当有利于生产和生活需要,不损害遗产的效用。对不宜分割的遗产,可以采取折价、适当补偿或者共有方法处理。

2. 遗产的分割原则

在分割遗产时,各继承人除严格按照我国《继承法》规定的男女平等、养老育幼、优先照顾缺乏劳动能力和没有生活来源的继承人的利益以及提倡互谅互让、和睦团结的精神外,还必须遵循以下原则:

(1)遗嘱继承优先于法定继承的原则。我国《继承法》第五条规定:“继承开始后,按照法定继承办理;有遗嘱的,按照遗嘱继承或者遗赠办理。”因此,继承人在分割遗产前要注意死者是否留有遗嘱,如果留有遗嘱,首先应按遗嘱继承方式分割被继承人的财产。虽有遗嘱,但有下列情形之一的,遗产中的有关部分按照法定继承办理:①遗嘱继承人放弃继承或者受遗赠人放弃受遗赠的;②遗嘱继承人丧失继承权的;③遗嘱继承人、受遗赠人先于遗嘱人死亡的;④遗嘱无效部分所涉及的遗产;⑤遗嘱处分的遗产。

(2)保留胎儿继承份额的原则。在分割遗产时,如死者遗有未出生的胎儿,应给胎儿保留应当继承的遗产份额,其应继承的数额一般以共同参加继承的各法定继承人的平均数额为参考数额。如果胎儿生下是活体,这份遗产由胎儿这一继承人继承;如果胎儿出生是死胎,这份遗产由被继承人的继承人继承。

(3)物尽其用的原则。遗产分割应当有利于生产和生活需要,不损害遗产的效用。对于不宜分割的遗产,可以采取折价、适当补偿或者共有等办法处理。继承人在分割遗产时,要注意贯彻这一精神。如:对房屋要照顾缺房的继承人;对生产工具要照顾有生产需要的继承人;对图书资料要照顾从事有关业务的继承人,等等。这样才能有利于生产和生活的需要。

3. 遗产的分割办法

在继承发生后,分割财产的主要方法如下:

(1)实物分割。遗产分割在不违反分割原则的情况下,可以采取实物分割的方式。适用实物分割的遗产,可以是可分物也可以是不可分物。对可分物,可以做总体的实物分割。如对粮食,可划分出每个继承人应继承的数量。但对不可分物,则不能做总体的分割,只能做个体的分割,如电视机、冰箱等。对不可分物不能做实物分割的,应当采取折价补偿的办法。

（2）变价分割。对不宜实物分割的遗产，可以将其变卖，换取价金，再由各继承人按照自己应得的遗产份额的比例，对价金进行分割，各自取得与应得遗产份额相对应的价金。

（3）作价补偿。对不宜分割的遗产，如果继承人中有人愿意取得该遗产，则由该继承人取得该遗产的所有权。取得遗产所有权的继承人按照其他继承人应继份的比例，分别补偿给其他继承人相应的价金。

（4）保留共有（属按份共有关系）。遗产不宜实物分割，继承人又都愿意取得遗产，或继承人愿意继续保持遗产共有状况的，则可将其作为共同所有的财产，由各继承人按各自应得的遗产份额，确定该项财产所应享有的权利与应分担的义务。

4. 遗产债务的清偿

继承人在继承遗产时应当依法清偿被继承人生前所负的债务。纵观各国立法，根据继承方式的不同，清偿的责任有两种：一是概括继承制度，即继承人概括地继承被继承人的全部财产权利，同时必须承担全部财产义务，即便继承人继承的财产不足以清偿全部债务也不得拒绝履行还债义务；二是限定继承制度，即继承人只在其继承财产的范围内承担还款义务，如果继承的财产不足以偿还债务，则超出部分的债务无须偿还。我国现行继承法采取的是限定继承制度。《继承法》第三十三条规定："继承遗产应当清偿被继承人依法应当缴纳的税款和债务，缴纳税款和清偿债务以他的遗产实际价值为限。超过遗产实际价值的部分，继承人自愿偿还的不在此限。继承人放弃继承的，对被继承人依法应当缴纳的税款和债务可以不负偿还责任。"

继承开始后，从保护债权人利益和遗产全面分割的角度，继承人应积极查清遗留债务的数额，通知债权人被继承人死亡的事实。在查明债务数额时，应当正确区分被继承人的个人债务和被继承人与他人的共同债务，个人债务当然应当以被继承人的个人财产清偿，共同债务应共同偿还。常见的共同债务有：家庭、夫妻共同债务，合伙债务，约定共同债务，共同侵权债务等。对于共同债务中的连带责任债务，如果债权人主张以被继承人的财产清偿全部债务的，以被继承人的财产清偿后，继承人可以依法向其他债务人追偿。

遗产分割时，在清偿债务前，应当为依赖被继承人生活的丧失劳动能力的继承人保留必要的财产，之后才能清偿债务和分割遗产。这里所说的丧失劳动能力的人，应根据被继承人死亡时该继承人的状况进行判断。这是法律保护弱势作用的体现。

至于债务清偿的顺序，继承法未做明确规定，笔者认为，大致有两种情况，一种情况是继承开始后财产分割前，债权人请求继承人偿还债务，或者是继承人主动在遗产分割前通知债权人清偿债务的情况。这种情况相对好办，在确定债权范围后，用遗产进行偿还就可以了。另一种情况是，遗产分割前，因继承人不知道债权人的存在，或者继承人故意没有通知债权人，导致债权人不知道继承发生的事实，在遗产分割后才知道继承发生的事实的。继承法规定，这种情况下应由各继承人按照各自继承遗产的比例进行偿还，并以继承的遗产为限。对于同时存在遗赠、遗嘱和法定继承的情况，《最高人民法院关于贯彻执行〈中华人民共和国继承法〉若干问题的意见》第六十二条明确规定："遗产已被分割而未清偿债务时，如有法定继承又有遗嘱继承和遗赠的，首先由法定继承人用其所得遗产清偿债务；不足清偿时，剩余的债务由遗嘱继承人和受遗赠人按比例用所得遗产偿还；如果只有遗嘱继承和遗赠的，由遗嘱继承人和受遗赠人按比例用所得遗产偿还。"该条规定体现了对遗嘱继承人和受遗赠人优先保护的法律精神。

对于债权人来说，要以遗产来偿还债务是一件很麻烦的事，由于遗嘱执行人和遗产管理人制度的缺失，继承人容易转移、隐匿遗产，这样债权人很难查清遗产的范围，或是由于遗产分割后被挥霍很难追回，从而损害了债权人的利益。有学者提议在未来的新继承法中设立遗嘱执行人制度，赋予遗产债权人在债权没有得到清偿或继承人没有提供担保的情况下，可以向继承人、遗产管理人或人民法院请求禁止分割遗产而首先用于清偿遗产债权的权利，从而保护债权人的利益，平衡债权人和继承人之间的利益。不过，目前只能通过设定担保、申请法院保全、积极调查被继承人财产等来保护债权人的利益。

5. 无人继承的遗产和"五保户"遗产的处理

这主要是针对孤寡老人而言的。法律规定，既无人继承又无受遗赠人的遗产，归国家所有；死者生前是集体所有制组织成员的，归所在的集体所有制组织所有。集体组织对"五保户"实行"五保"时，双方有扶养协议的，按协议处理；没有协议的，死者的遗嘱继承人或法定继承人要求继承遗产的，按遗嘱继承或法定继承处理，但集体组织有权要求扣回"五保费用"。

三、关于继承法的若干误区

1. 误区一：既然有法定继承，有没有遗嘱都一样

有人认为，老人在世的时候，老提什么遗嘱、遗产的事情兆头不好，再说财产继承这事，有国家明文的《婚姻法》《继承法》管着，就是自己不立遗嘱或老人没有立遗嘱，继承时也不会乱，法律怎么规定就怎么来。因此，立不立遗嘱都一个样。

但是，前面已经提到，法定继承、遗嘱继承、遗赠、遗赠扶养协议这几种方式的效力是反其道而行之的，即遗赠扶养协议优先于遗赠，遗赠优先于遗嘱继承，遗嘱继承优先于法定继承。民法上讲求意思自治，也就是说，对公民的财产继承，公民是有权做出处分的，如果财产所有权人生前立有遗嘱，只要该遗嘱是合法有效的，就必须按遗嘱继承，而不能先进行法定继承。如此一来，有没有遗嘱就不一样了。

2. 误区二：只要立了遗嘱，一切就好办了

许多人也有这样一种观念，只要立了遗嘱，身后事就已经安排好了。其实，事情并非这么简单。

有了遗嘱，并不意味着遗嘱人的意愿就能全部实现。首先，遗嘱继承能够顺利进行的前提条件是所立遗嘱必须合法有效。如果遗嘱最终被认定为无效，遗嘱继承显然无法实现。

其次，遗嘱对财产及财产线索写得不明晰。例如，遗嘱人在遗嘱中只说明了自己有多少财产，但这些都以何种形式存在、财产在何处都未说明，这样的遗嘱很难得以实

现。再如,遗嘱人只在遗嘱中说自己有多少存款,但不知钱存在哪个银行,存单放于何处,可以想象,后人的“寻宝”之路该是何等艰辛。如若找不到相应的凭证,这些财产无异于“流失”。

再者,遗嘱若未能妥善保存,立了等于没立。实践中,有些人立了遗嘱就自己收了起来,他人对此并不知晓。试想,若遗嘱人突然离世,那么没有人知道其曾立有遗嘱,若遗嘱又没被发现,那么,这样的遗嘱立了等于白立。曾经有这样一个案件,老父亲在世时曾多次说过自己立好遗嘱了,而且一些人还见过,但是老父亲去世后,谁也没找到那份遗嘱,这样的话,遗产的处理问题就变得相当麻烦。

最后,成为遗嘱中指定的继承人,并不意味着一定就能得到遗产。我国法律规定,出现法律规定的情形,继承人会丧失继承权。丧失继承权的情形有:故意杀害被继承人的;为争夺遗产而杀害其他继承人的;遗弃被继承人的或者虐待被继承人情节严重的;伪造、篡改或者销毁遗嘱情节严重的。

3. 误区三:不赡养老人就不能分遗产

不赡养老人或者说对老人所尽赡养义务比较少的,从道德上应加以谴责,但从法律上来讲,这样的人不一定就丧失继承权。《最高人民法院关于贯彻执行〈中华人民共和国继承法〉若干问题的意见》第三十四条规定:“有扶养能力和扶养条件的继承人虽然与被继承人共同生活,但对需要抚养的被继承人不尽扶养义务,分配遗产时,可以少分或者不分。”一般在不赡养老人但又没有证据证明其曾伤害过老人的情况下,这样的“不孝”子女还并不当然丧失继承权。

4. 误区四:只要是老人的血脉就有一份

现实生活中有许多这样的情况,由于父母常年外出打工或者离异,导致孩子一直和祖辈一起生活,当祖辈去世时,共同生活的孙子或孙女却无法分得老人的遗产,导致许多人困惑不解,为什么明明是自己的子孙却没有权利继承老人的财产?事实上法定继承中是有顺序限制的,只有当第一顺序无继承人时,才能由第二顺序继承人继承。第一顺序继承人是配偶、父母、子女,第二顺序继承人是,兄弟姐妹、祖父母、外祖父母,两个顺序中均没有孙子、孙女或外孙子和外孙女出现,也就是说,第三代人并不在法定继承人之列。因此,在孩子父亲在世的情况下,孙子是不能直接分得祖辈留下的遗产的。

【案例链接一】

张三(张三老婆已死)生前欠李四10万元债务,且已届清偿期,这时张三突然死亡。张三在生前留有遗嘱,遗嘱写明将自己所拥有的3万元现金留给自己的儿子张小三,张三在死后尚留有价值5万元的房产一套,这时李四向张小三主张债权。

请问张三的债务是否需要偿还?

【案例评析】

如果张小三没有明确表示放弃继承,那么答案是肯定的,张小三应当用所继承的价值8万元的财产进行偿还,剩下的2万元就不用还了。法律如此规定,是为了保障债权人不因债务人死亡而丧失债权。但是法律还同时规定了,对债权人清偿债务,以遗产的实际价值为限。如果债务超过了继承财产的价值,继承人在遗产价值范围内进行偿还后,不再对超出部分的债务负有偿还义务。也就是说,在现在的继承法下,我们不再盲目地遵循“父债子还”,而是有条件的“父债子可不还”。

【案例链接二】

被继承人刘三于2001年5月病故。其有二子一女,长子刘甲,次子刘乙,幼女刘丙。刘甲在其父病故一个月后也相继去世,有妻夏桂兰、子刘明川。刘丙于1999年8月去世,有丈夫马行空、女儿马玉花。刘三于1998年10月立有一份遗嘱,言明:“次子刘乙一向拒绝赡养自己,不能继承遗产。邻居张大叔与自己故交,可继承房屋1间,现金1万元;幼女刘丙生活困难,可分得房屋3间,现金3万元。另者,多年好友赵大伯对他有恩,现其家境不好,可分得现金3万元”。经查明,刘三有遗房17间,现金11万元。赵大伯于2001年1月病故,有妻张桂花、子赵海。

问:(1)本案中哪些是继承人?哪些是受遗赠人?刘乙与刘丙是否为继承人?

(2)刘三的遗嘱应做何处理?

(3)剩余的遗产如何继承?

【案例评析】:

(1)本案的法定继承人有刘甲;代位继承人有马玉花;受赠人有张大叔、赵大伯;刘乙被遗嘱取消继承权,不是继承人;刘丙在被继承人之前死亡,也不是继承人。

(2)刘三的遗嘱应做如下处理:

刘乙因被遗嘱取消继承权,不能继承遗产。

张大叔可依遗嘱分得遗房1间,现金1万元。

刘丙依遗嘱本来可分得遗房3间和现金3万元,但她于被继承人之前死亡,所以,遗嘱中为其指定的遗产转为法定继承,由刘三的法定继承人继承。

赵大伯作为受赠人在被继承人之前死亡,依继承法规定,赵大伯的法定继承人不能继承遗赠人的遗产。

(3)本案遗产除去被张大叔继承的1间遗房和1万元现金外,其余遗房16间和现金10万元,应由刘甲与马玉花(代位继承)二人平均分割。

【练习思考】

(1)小亮在父母离婚时被判给父亲抚养。小亮的父亲经常出差,因此,小亮基本上都是跟爷爷奶奶在一起生活。去年,小亮的爷爷去世,身为长孙的小亮却未分得丝毫家产。对此,小亮的母亲非常不解。她觉得,这是小亮的叔叔们欺负人。

请谈谈你的看法。

(2)请谈谈你对遗产分割原则的理解。

第六章　农民实用经济法律制度

第一节　消费者权益保护法

【基本要求】

（1）了解消费者的概念、特征和范围，消费者权益保护的基本原则，消费者协会的功能

（2）理解“生活消费”的界定和惩罚性赔偿

（3）熟悉消费者的权利和经营者的义务

重点：消费者的权利

难点：惩罚性赔偿与补偿性赔偿的关系

【法律知识】

一、消费者的概念、特点及范围

1. 消费者的概念

消费者是社会消费的主体，包括生产性消费和生活性消费两种。消费者权益保护法中所涉及的“消费者”，主要是指生活资料的消费者，在特殊情况下也包括生产资料的消费者，如农民的生产性消费活动等。在1994年1月1日正式施行的《中华人民共和国消费者权益保护法》（以下简称《消费者保护法》，2009年8月27日第一次修正，2013年10月25日第二次修正）第二条规定，“消费者为生活消费需要购买、使用商品或者接受服务，其权益受本法保护”。

消费者问题的出现是商品经济发展到一定时期的特有现象。随着市场竞争的日益激化，普通消费者在市场上越来越处于软弱不利的地位。特别是到了19世纪末20世纪初，资本主义由高度发达的自由竞争阶段向垄断阶段过渡。这时，一方面先进的生产技术和细微的专业化分工使得消费者客观上越来越难判断自己的消费行为的合理性和产品的真实性；另一方面，垄断资本集团利用市场优势控制市场的行为频频发生，如抬高价格、虚假广告、缩减生产以维持高额利润以及直接以假冒伪劣产品进行出售等，对消费者利益形成更大的威胁。因此，消费者纷纷组织起来，维护自身的合法权益。

2. 消费者的特征

(1)消费者是在市场上购买商品或接受服务的人。这就是说,消费者既可能是亲自购买商品的个人,也可能是使用和消费他人购买的商品的人;既可能是有关服务合同中接受服务的一方当事人,也可能是接受服务的非合同当事人。消费者不能完全等同于买受人。买受人是指买卖合同中,支付价款并受领买卖标的物的一方当事人。而消费者是指以消费为目的进行交易、取得商品或接受服务的人。

(2)消费者购买商品或者接受服务时不得以盈利为目的。消费者购买商品或接受服务,并不是为了将这些商品转让给他人从而盈利,消费者购买商品或接受服务的目的主要是用于个人与家庭的消费。这就是说,购买商品和接受服务的消费者是为了个人的消费,个人消费包括两部分,一部分是物质资料的消费,另一部分是劳务消费,即接受各种形式的服务。当然,消费者购买商品或接受服务的目的也不完全限于个人的直接消费,也可能是用于储存、欣赏,或作为赠品赠送给他人等。另一方面,消费者购买商品或接受服务,也可能是用于家庭或单位的消费,这些直接使用商品或接受服务的个人虽然不是合同的当事人,但也是消费者。相反,如果不是用于个人消费,而是用于生产和经营,则不是法律上所说的消费者。

(3)消费者是指购买商品或者接受服务的个人。消费者作为一个特定的法律用语,它是指个人而不是指单位(包括企事业单位和其他组织体),更不包括政府。所谓消费行为,不是指单位的消费,而是指个人的消费。消费者权益保护法始终是与对消费者个人权益的保护联系在一起的。

消费者权益保护法中所指的“消费者”原则上仅限于自然人,不应当包括单位。单位因消费而购买商品或接受服务,应当受合同法的调整,而不应当受消费者权益保护法的调整。单位作为商品的买受人和服务合同的订立者,与经营者相比,根本不是处于一种弱势的地位,它和经营者之间在谈判的地位、所掌握的交易的信息等各方面都是等同的,没有必要通过消费者权益保护法对其进行特别的保护。

3. 如何界定“生活消费”

消费包括生产消费与生活消费两大类,两者都要消耗物质资料和非物质资料,但它们的不同之处在于,生产性消费的直接目的是延续和发展生产,生活性消费的直接目的是延续和发展人类自身;生产性消费是指在物质资料生产过程中的生产资料的耗费,生活性消费是指在人们生存发展过程中的生活资料的消耗;生产性消费是在生产领域进行的,而且是包含在生产之中的,而生活消费与人们的日常生活息息相关,它是个人维持生存与发展所必需的活动。一般认为,消费者权益保护法调整的是生活消费关系,保护的是生活消费者的合法权益;而产品质量法调整的是生产消费。对于《消费者保护法》第六十二条的规定:“农民购买、使用直接用于农业生产的生产资料,参照本法执行”,这是为强化对农民合法权益的保护而做出的例外性规定。由于依据《消费者保护法》第二条前段的规定,消费者只有在为“生活消费”需要而购买、使用商品或者接受服务时,其权益才受到消费者权益保护法的保护,因此消费者权益保护法所调整的范围就是消费者为生活消费的需要,购买、使用商品或者接受服务时,而与经营者所形成的关系,也可以简称为“生活消费关系”。

生活消费的概念实际上在范围上是十分广泛的。“生活消费”其实就是经济学理论中所谓的“个人消费”，与“生产消费”相对应，含义是指人们为满足个人生活需要而对各种物质资料、精神产品的消费，是人们生存和发展的必要条件。它首先包括吃饭、穿衣、住房以及使用日用品和交通工具等消费活动；其次包括满足人们精神文化需要的消费活动，如阅读书报杂志，看电影、电视，旅游等。而生产消费则是指物质资料生产过程中生产资料和劳动力的消费。生产消费的结果就是新产品的产生。

判断是否是“生活消费”不应仅考虑购买者的目的与动机，也不应当完全考虑其购买的产品是否属于生活消费品，判断某个人是否是消费者可以从如下几个方面来考虑：①购买、使用商品或接受服务的主体是个人还是单位；②是否与经营者形成了一种买卖合同关系和服务合同关系；③如果没有形成某种合同关系，是否合法地实际地使用了某种商品或接受了某种服务；④个人购买商品和接受服务是否为了将商品或者服务再次转手，是否是专门从事某种商品交易活动；⑤凡不以转售他人商品为目的而购买的人，都是消费者；⑥购买某种商品是为了满足生活消费还是满足生产消费。

4. 消费者权益保护的基本原则

（1）国家保护原则。在经济生活中，由于各种原因，个体消费者的合法权益极易受到不法侵害，却没有足够的力量充分保护自己；这种侵害不仅对于消费者自身，而且对国家经济民主的维持、社会经济整体的有效运行、社会秩序的稳定都有极大的危害。因为消费者消耗和利用商品或服务的活动，虽属于经济生活的微观层面，但垄断势力和不正当竞争行为的泛滥，使消费者在付出了极大的经济代价之后，仍无法得到满意的商品和服务，这样，社会经济生产的最终目标——为满足人们的需要而创造物质和非物质消费品——就遭到了扭曲。为了校正这种情况，以国家为核心的公权力主动介入到微观经济层面，站在消费者一边，通过保护消费者的合法权益，去规范和控制不法经营者的行为，达到经济协调、社会稳定的目标。

（2）全社会保护原则。全社会保护原则的实质，就是在国家保护的基础上将对消费者权益的保护扩大到全社会范围，动用一切社会力量，对经营者及其他可能或实际侵害消费者的行为进行预防、控制、规范和监督。消费者利益的总和就是社会利益的体现，只有动员全社会的力量才能使消费者权益得到切实保护。国家和代表国家行使权力的行政司法部门是社会的组织者、管理者，对侵害消费者权益的行为客观上不可能全部进行查处和惩办，因此明确消费者权益的社会保护是十分必要的，它有利于及时、迅速、深入、妥善地保护消费者的各项权益。

（3）法律保护与经济发展水平相适应原则。各国在不同时期，由于物质经济条件的局限，对消费者权益进行国家保护和社会保护的法律原则的贯彻并非是绝对的、无条件的，而是应与经济发展水平相协调。我国是一个发展中国家，法制建设、公民意识、商业道德、管理和技术水平都有待提高和发展，因此，对消费者权益的保护不能完全按照良好的愿望进行。正如马克思所说的，任何权利都不能超过社会的经济结构和经济结构制约下的文化发展。过度的保护不仅不能促进经济的协调运行，反而会抑制甚至侵害与消费者相对应的经营者的合法权益。这就构成了消费者权益保护的适度原则,即法律保护与经济发展水平相适应原则。

二、消费者的权利

消费者权利是消费者在消费生活中所享有的权利,是消费者利益在法律上的表现。从美国总统肯尼迪1962年向国会提出赋予消费者四项具体公民权,即获得商品的安全保障权利、获得商品信息资料的权利、对商品有自由选择的权利和提出消费意见的权利,消费者保护就成为全世界共同倡导推进的运动。国际社会和世界各国在保障公民权的同时,注重对消费者在消费行为中公民权的实现,并相应制定了具有实际操作性和法律保障性的具体规定。我国《消费者保护法》规定,消费者有九大权利,即:安全权、知情权、自主选择权、公平交易权、求偿权、结社权、获得有关知识权、人格尊严和民族风俗习惯受尊重权、批评监督权。

(1)安全权。消费者在购买、使用商品和接受服务时享有人身、财产安全不受损害的权利,简称安全权。安全权是消费者最重要的权利,也是宪法赋予公民的人身权、财产权在消费领域的体现。为了使这一权利真正得到体现,消费者有权要求经营者提供的商品和服务符合保障人身、财产安全的要求。有国家标准、行业标准的,消费者有权要求商品和服务符合国家标准或行业标准,如食品、药品、家用电器等;对于没有国家标准、行业标准的,如某些新开发的商品和服务项目,消费者有权要求经营者保证其购买、使用的商品或接受的服务,不具有危害人身、财产安全的缺陷存在。

(2)知情权。消费者享有知悉其购买、使用的商品或接受服务的真实情况的权利,简称为知情权。该项权利表明:消费者在购买、使用商品或接受服务时,有权询问、了解商品或服务的有关真实情况;提供商品或者服务的经营者有义务真实地向消费者说明有关情况。消费者此项权利的现实问题是:知情权的内容确定标准。是以国家相关法律规定的内容为依据,还是以消费者应知的内容为依据。

(3)自主选择权。消费者享有自主选择商品或者服务的权利,简称为自主选择权。它主要包括以下四个方面的内容:①有权自主选择提供商品或者服务的经营者;②有权自主选择商品品种或者服务方式;③有权自主决定购买或者不购买任何一种商品、接受或者不接受任何一项服务;④在自主选择商品或服务时,有权进行比较、鉴别和挑选。

(4)公平交易权。消费者享有公平交易的权利,简称公平交易权。市场交易的基本规则是:自由、公平、诚实信用、遵守法律规范、不得违反公认的商业道德。因此,消费者和经营者都享有公平交易的权利。但由于在市场交易中,消费者往往处于弱者的地位,更需要突出强调享有公平交易的权利以便从法律上给予保护。根据《消费者保护法》的规定,这项权利主要体现在以下两个方面:①有权获得质量保障、价格合理、计量正确等公平交易条件;②有权拒绝经营者的强制交易行为。

(5)赔偿请求权。消费者因购买、使用商品或者接受服务受到人身、财产损害的,享有依法获得赔偿的权利,简称为求偿权。享有求偿权的主体是因购买、使用商品或者接受服务而受到人身、财产损害的消费者,包括以下四种类型:①商品的购买者;②商品的使用者；③服务的接受者；④第三人。第三人是指除商品的购买者、使用者或者服务的接受者之外的，因为偶然原因而在事故现场受到损害的其他人。

为了保障消费者获得赔偿权的实现，《消费者权益保护法》对在不同情况下消费者应向谁要求赔偿做了具体规定：

①消费者在购买、使用商品时，其合法权益受到损害的，可以向销售者要求赔偿。销售者赔偿后，属于生产者的责任或者属于向销售者提供商品的其他销售者的责任，销售者有权向生产者或者其他销售者追偿。这里规定的是商业先行赔偿的原则。

②消费者或其他受害人因商品缺陷造成人身、财产损害的，可以向销售者要求赔偿，也可以向生产者要求赔偿。属于生产者责任的，销售者赔偿后，有权向生产者追偿。属于销售者责任的，生产者赔偿后，有权向销售者追偿。

③消费者在接受服务时，其合法权益受到损害的，可以向服务者要求赔偿。

④消费者在购买、使用商品或者接受服务时，其合法权益受到损害，因原企业分立、合并的，可以向变更后承受其权利义务的企业要求赔偿。

⑤使用他人营业执照的违法经营者提供商品或者服务，损害消费者合法权益的，消费者可以向其要求赔偿，也可以向营业执照的持有人要求赔偿。

⑥消费者因经营者利用虚假广告提供的商品或者服务，其合法权益受到损害的，可以向经营者要求赔偿；广告的经营者发布虚假广告的，消费者可以请求行政主管部门对其予以惩处；广告的经营者不能提供经营者的真实姓名、地址的，应当承担赔偿责任。

⑦消费者在展销会、租赁柜台购买商品或者接受服务，其合法权益受到损害的，可以向销售者或者服务者要求赔偿。展销会结束或者柜台租赁期满后，也可以向展销会的举办者、柜台的出租者要求赔偿。展销会的举办者、柜台的出租者赔偿后，有权向销售者或者服务者追偿。

(6)结社权。消费者享有依法成立维护自身合法权益的社会团体的权利，简称为结社权。赋予消费者以结社权，使消费者通过有组织的活动，维护自身合法权益是非常必要的，也是国家鼓励全社会共同保护消费者合法权益的体现。

(7)获得有关知识权。消费者享有获得有关消费和消费者权益保护方面的知识的权利，简称为获得有关知识权。这一权利包括两方面的内容：①获得有关消费方面的知识，比如有关消费观的知识，有关商品和服务的基本知识，有关市场的基本知识；②获得有关消费者权益保护方面的知识，如消费者权益保护的法律、法规和政策，以及保护机构和争议解决途径等方面的知识。

(8)人格尊严和民族风俗习惯受尊重权。人格尊严是消费者的人身权的重要组成部分，包括姓名权、名誉权、荣誉权、肖像权等。消费者的人格尊严受到尊重是消费者最起码的权利之一。在实践中，侵犯消费者人格尊严权大量表现为侮辱消费者，即侵犯消费者名誉权的行为，此外还有搜查消费者的身体及其携带物品，甚至限制消费者人身自由的行为。尊重民族风俗习惯，是党和国家民族政策的重要内容。我国是统一的多民族国家，各民族都有不同的风俗习惯，与消费密切相关，因此，尊重少数民族的风俗习惯，对于保护少数民族消费者的合法权益，贯彻党和国家的民族政策，都有极其重要的意义。

(9)监督权。消费者享有对商品和服务以及保护消费者权益工作进行监督的权利,简称监督权。这一权利可具体表现为:消费者有权检举、控告侵害消费者权益的行为和国家机关及其工作人员在保护消费者权益工作中的违法失职行为,有权对保护消费者权益工作提出批评和建议。

三、经营者的义务

我国《消费者权益保护法》以专章的形式明确规定了经营者的义务。经营者的义务是与消费者的权利对立统一的,不规定经营者的义务,消费者的权利就难以实现;不规定消费者的权利,经营者的义务就失去了存在的意义。我国《消费者权益保护法》规定了经营者10项义务:

(1)依法或者依合同约定履行义务的义务。这是对经营者的经营者义务的一般性、概括性规定。要求经营者向消费者提供商品或者服务,应当依照《中华人民共和国产品质量法》和其他有关法律、法规的规定履行义务。经营者和消费者有约定的,应当按照约定履行义务,但双方的约定不得违背法律、法规的规定,特别是法律、法规的强制性规定。

(2)接受消费者批评、监督的义务。这是与消费者享有的批评、监督权相对应的经营者的义务。经营者应当听取消费者对其提供的商品或者服务的意见,接受消费者的监督。

(3)安全保障义务。经营者应当保证其提供的商品或者服务符合保障人身、财产安全的要求。对可能危及人身、财产安全的商品和服务,应当向消费者做出真实的说明和明确的警示,并说明和标明正确使用商品或者接受服务的方法以及防止危害发生的方法。经营者发现其提供的商品或者服务存在严重缺陷,即使正确使用商品或者接受服务仍然可能对人身、财产安全造成危害的,应当立即向有关行政部门报告和告知消费者,并采取防止危害发生的措施。天津等地的地方"消法"已规定有确认召回制度。我国台湾消费者保护法中规定了某些经营者必须购买第三者责任保险,企业经营者可以通过保险来减轻他们的损失。当然,消费者必须要证明有损害的存在。

(4)经营者对其提供的有关商品或者服务负有真实说明、不得侵犯消费者获取相关知识的权利。经营者应当向消费者提供有关商品或者服务的真实信息,不得做引人误解的虚假宣传。经营者对消费者就其提供的商品或者服务的质量和使用方法等问题提出的询问,应当做出真实、明确的答复。商店提供商品应当明码标价。

(5)经营者应当标明其真实名称和标记。租赁他人柜台或者场地的经营者,应当标明其真实名称和标记。

(6)经营者提供商品或者服务,应当按照国家有关规定或者商业惯例向消费者出具购货凭证或者服务单据;消费者索要购货凭证或者服务单据的,经营者必须出具。

(7)品质担保义务。经营者的质量义务以消费者正常使用商品或者接受服务为前提,保证其提供的商品和服务具有适用性,能够满足消费者的需求。经营者以广告、产品说明、实物样品或其他方式表明商品或服务的质量状况的,应当保证其提供的商品或服务的实际质量与表明的质量状况相符。

(8)包修、包换、包退等善后服务义务。经营者提供商品或者服务,按照国家规定或者与消费者的约定,承担包修、包换、包退或者其他责任的,应当按照国家规定或者约定履行,不得故意拖延或者无理拒绝。

(9)经营者不当免责禁止的义务。经营者凡属对消费者不公平、不合理或者片面减轻、免除其应承担的民事责任的格式条款、店堂告示、通知、声明等,都是无效的,对消费者没有任何约束力。有的企业经营者会利用定型化契约减免其责任。从理论上讲,交易的双方应平等互惠,但企业经营者通常利用定型化契约使得消费者处于弱者的地位,消费者只有签与不签的选择,而没有讨价还价的选择,从而不得不签订对己不利的契约。

(10)不得侵犯消费者的人格尊严权的义务。经营者必须对消费者的人格尊严和人身自由予以尊重,并且不得以任何借口、用任何形式对消费者的人身自由加以侵犯。经营者不得搜查消费者的身体及其携带的物品,且不能利用一般合同条款予以免责。

四、消费者协会的7项职能

(1)向消费者提供消费信息和咨询服务。消费信息主要包括:商品和服务在市场中存在的现状、发展趋势及商品和服务的提供者等一系列情况或资料。咨询服务,是指消费者协会针对消费者询问的有关消费及消费者权益保护方面的问题,依据客观事实予以解答。为使消费者在购买、使用商品或接受服务时,更好地行使权利,保护自己的合法权益,及时获得有关消费信息和知识,消费者协会应客观、公正地向消费者提供消费信息和咨询服务,正确引导消费者的消费活动,以使其免受损害。应该强调的情况,消费者协会提供消费信息与咨询服务不能以牟利为目的,并应当保证信息的真实和准确。

(2)参与有关行政部门对商品和服务的监督、检查。对商品和服务进行行政监督、检查,是国家赋予有关行政机关的一项行政职权。换句话说,是由有关行政机关代表国家对商品和服务是否符合国家法律、法规的规定行使监督、检查职权。消费者协会除依照法律、法规和章程对商品和服务进行社会监督外,还可参与有关行政部门的监督、检查,主要表现为:行政部门在对与消费者权益密切相关的商品和服务履行监督、检查职权时,应吸收消费者协会参加,共同进行。消费者协会也可以依据本法主动要求参加有关行政部门的监督、检查,规定消费者协会参与有关行政部门对商品和服务的监督检查,目的在于充分发挥消费者协会的社会监督职能,及时反馈消费者对商品和服务中存在的问题,促使经营者守法经营。

(3)就有关消费者合法权益问题,向有关行政部门反映、查询,提出建议。有关行政部门,是指具有保护消费者合法权益职能及责任的行政部门,既包括执法监督部门,也包括行业主管部门。这里所说的有关消费者合法权益问题,是指在消费领域中与消费者合法权益相关的所有问题,包括:商品和服务质量价格等情况;经营者的不法行为;行政部门及其工作人员的工作;具体事件的处理;消费者的意见和要求等。消费者协会向有关行政部门查询分两类情况:①针对有关消费者合法权益的问题,向有关行政部门调查询问相关的情况;②针对消费者协会反映的关于消费者权益的具体问题,向有关行政部门调查询问处理情况。提出建议是指消费者协会就消费者合法权益问题,向有关行政部门提出建设性的意见以供其参考。赋予消费者协会向有关行政部门反映、查询、建议职能，有利于消费者协会对消费者合法权益进行保护，对沟通政府与消费者之间的联系能起到重要的桥梁作用。

(4)受理消费者的投诉，并对投诉事项进行调查、调解。消费者向消费者协会投诉，是指消费者在购买、使用商品或接受服务时，其合法权益受到损害，向消费者协会反映情况，要求给予解决的行为。消费者协会受理投诉包括三种情况，①消费者直接向消费者协会进行的投诉；②消费者向有关单位进行的投诉；③经营者或其主管部门请求消费者协会协助处理的投诉。消费者在购买、使用商品或接受服务中，只要认为自己的合法权益受到损害，都可以进行投诉。消费者协会经审查，对符合投诉范围和消费者协会管辖范围的投诉，予以受理，进行调查、调解。对不符合受理条件的，不予受理。消费者协会受理消费者投诉，应站在公正的立场上，对投诉事项认真进行调查，查明事实，分清是非、责任，依法、公平地处理纠纷。在消费者和经营者自愿的基础上，进行调解，使之达成解决问题的协议，从而解决争议。

(5)投诉事项涉及商品和服务质量问题的，可以请鉴定部门鉴定，鉴定部门应当告知鉴定结论。鉴定是指运用仪器设备、专门知识或技能对某事物进行鉴别和判断的一种活动。鉴定结论又称鉴定意见，是指鉴定部门通过鉴定活动所做的结论。鉴定结论是证据的一种，可以作为认定事实的依据。消费者协会在受理投诉中，涉及判断有关商品和服务质量问题时，不能简单地凭感官加以认定，而应提请鉴定部门依法取得鉴定结论，避免判断的随意性，从而严肃、公正地解决消费者权益纠纷。鉴定部门对消费者协会提请鉴定的事项，应及时予以鉴定，并有义务将鉴定结论如实告知消费者协会。

(6)就损害消费者合法权益的行为，支持受害的消费者提起诉讼。当消费者的合法权益受到损害时，消费者协会可以支持受害的消费者向人民法院提起诉讼，请求人民法院予以公正判决，以保护消费者的合法权益。消费者协会对受害消费者提起诉讼予以支持包括两方面的含义：①给消费者以道义上及有关法律知识方面的支持，支持受害的消费者依法提起诉讼。②作为消费者的委托代理人直接参加诉讼。消费者提起的诉讼，包括民事诉讼、行政诉讼和刑事附带民事诉讼，但适用的程序有所不同。

(7)对损害消费者合法权益的行为，通过大众传播媒介予以揭露、批评。大众传播媒介主要是指报纸、杂志、广播，电视等，这些传播媒介传播信息具有速度快、范围广、影响大等特点。消费者协会针对损害消费者合法权益的行为，可以公地开在大众传播媒介上予以登载、播放，进行曝光、批评，以充分发挥舆论监督在社会监督中的作用，强化消费者协会在保护消费者权益方面的职能，同时增强社会免疫力，促使经营者尊重消费者的合法权益。

需要注意的情况，上述7项职能是消费者协会的法定职能，各级消费者协会必须依法履行，消费者协会不得有违法失职的行为。凡消费者协会履行职能中涉及的一切组织和个人，必须积极地给予配合和支持。

五、关于惩罚性赔偿

《消费者保护法》第五十五条规定："经营者提供商品或者服务有欺诈行为的，应当按照消费者的要求增加赔偿其受到的损失，增加赔偿的金额为消费者购买商品的价款或者接受服务的费用的三倍；增加赔偿的金额不足五百元的，为五百元。法律另有规定的，依照其规定。”这一条款在我国创设了惩罚性赔偿。什么是欺诈行为？欺诈行为是指经营者故意采取欺骗的手段，造成消费者认识上的错误的行为。认定在买卖关系或者服务中的欺诈行为，应当注意把握以下两个方面的要素：①经营者对重要事实做虚假陈述。所谓重要事实，包括商品的质量、性能、用途、价格、数量等或者服务的质量、内容、价格等。②经营者必须具有主观故意，其所做的虚假陈述目的是为了使消费者相信，从而得到推销商品、侵害消费者利益的目的。经营者具有欺诈行为，是其承担加倍赔偿责任的重要前提。

惩罚性损害赔偿，也称报复性的赔偿，是指由法庭所做出的赔偿数额超出实际的损害数额的赔偿。它具有补偿受害人遭受的损失、惩罚和遏制不法行为等多重功能。该制度主要在美国法中采用。不过，它的发展不仅对美国法产生了影响，而且对其他英美法国家甚至大陆法国家也产生了某种影响。一般认为，惩罚性赔偿制度主要应当适用于侵权案件，但在美国法中，这一制度被广泛地应用于合同纠纷中，在许多州甚至主要适用于合同纠纷。

(1)惩罚性赔偿的特点及其与补偿性赔偿的关系。与补偿性的赔偿相比较，惩罚性赔偿具有如下特点：

①从目的和功能来说，惩罚性赔偿是由赔偿和惩罚所组成的。它的功能不仅在于弥补受害人的损害，而且在于惩罚和制裁严重过错行为。当加害人主观过错较为严重，尤其是动机恶劣、具有反社会性和道德上的可归责性时，法官和陪审团可以适用此种赔偿。惩罚性赔偿注重惩罚，同时通过惩罚以达到遏制不法行为的作用。

②从赔偿责任的构成要件来说，与补偿性的赔偿相比，它虽然也要以实际损害的发生为适用的前提，但赔偿的数额主要不以实际的损害为标准，而要特别考虑加害人的主观过错程度、主观动机、赔偿能力等多种因素。

③从赔偿范围来看，惩罚性赔偿并不以实际的损害为限，其数额均高于甚至大大高于补偿性损害赔偿。在许多情况下，惩罚性赔偿是在实际的损害不能准确地确定，通过补偿性赔偿难以补偿受害人的损失的情况下所适用的。

④从能否约定来看，合同法允许当事人事先约定违约损害赔偿，而且这种约定可能具有惩罚性，但这并不是惩罚性赔偿。惩罚性赔偿的数额可能是由法律法规直接规定的，也可能是由法官和陪审团决定的，但不可能由当事人自由约定，在这一点上与补偿性赔偿不同。

(2)惩罚性赔偿的功能。传统民法认为，损害赔偿的功能在于弥补受害人的损害，“损害—补救”过程是一个受损害的权利的恢复过程。赔偿制度的宗旨并不是惩罚行为人。实际上，惩罚性赔偿制度的产生和发展并没有否认传统的补偿性赔偿制度的合理性，只是在一般损害赔偿制度之外发展了一种例外的赔偿制度。一般认为惩罚性赔偿具有如下三方面的功能：

①赔偿功能。惩罚性赔偿并不是独立的请求权，必须依附于补偿性的损害赔偿。加害人的不法行为可能给受害人造成财产损失、精神痛苦或人身伤害。就这些损害的

救济而言，惩罚性赔偿可以发挥一定的功能。第一，补偿性赔偿对精神损害并不能提供充分的补救。精神损害的基本特点在于无法以金钱价额予以计算，只能考虑到各种参考系数而很难确定一个明确的标准，因此在许多情况下采用惩罚性赔偿来替代精神损害赔偿是必要的。它使法官和陪审团做出裁判时具有更明确的标准(如按照与补偿性赔偿的比例确定惩罚性赔偿)。早期的普通法采用惩罚性赔偿，主要就是因为受害人遭受了精神痛苦、情感伤害等无形的损害，需要以惩罚性赔偿来弥补损失。第二，侵权行为法尽管可以对人身伤害提供补救，但在许多情况下人身伤害的损失又是很难证明的。因此，采用补偿性赔偿很难对受害人的损害予以充分补救。而惩罚性赔偿可以更充分地补偿受害人遭受的损害。第三，受害人提起诉讼以后所支付的各种费用，特别是与诉讼有关的费用，只有通过惩罚性赔偿才能补偿。很多学者认为，惩罚性赔偿适用的目的就是为了使原告遭受的损失获得完全的全部的补偿。

②制裁功能。惩罚性赔偿主要是针对那些具有不法性和道德上的应受谴责性的行为而适用的，就是要对故意的恶意的不法行为实施惩罚。这种惩罚与补偿性的损害赔偿有所不同。补偿性赔偿要求赔偿受害人的全部经济损失，在性质上乃是一种交易，等于以同样的财产交换损失。对不法行为人来说，补偿其故意行为所致的损害也如同一项交易。这样一来，补偿性的赔偿对富人难以起到制裁作用，甚至使民事赔偿法律为富人所控制。而惩罚性赔偿则通过给不法行为人强加更重的经济负担来制裁不法行为，从而达到制裁的效果。

③遏制功能。遏制是对惩罚性赔偿合理性的传统解释。遏制可以分为一般的遏制和特别的遏制。一般遏制是指通过惩罚性赔偿对加害人以及社会一般人产生遏制作用，特别遏制是指对加害人本身的威吓作用。遏制是指确定一个样板，使他人从该样板中吸取教训而不再从事此行为。从经济学的观点来看，在某些情况下，被告从其不法行为中所获得的利益是巨大的，而其给受害人所造成的损失是难以证明的，或者即使能够证明也并不是太多。受害人可能不愿意为获得并不是太高的赔偿金而提起诉讼，甚至可能因为担心不能举证证明损害的存在而面临败诉的危险，从而不愿意提起诉讼。在此情况下，通过惩罚性赔偿也可以鼓励受害人为获得赔偿金而提起诉讼，揭露不法行为并对不法行为予以遏制。

【案例链接一】

母亲节前，张小姐在某网站购买了数盒保健品想送给母亲，隔天收到货品送往母亲家，没成到张小姐的姐姐也为母亲购买了同品牌的保健品数盒，这下张小姐发了愁，这么多保健品要吃到什么时候呢，于是想到了退货。她联系网店店主，而店主却拒绝了张小姐，店主称："我们不是7日无条件退换货的店，在小店购物不退不换"。

【案例评析】

以前的消法中，没有直接具体规定可以退换货的天数，根据《部分商品修理更换退货责任规定》执行"三包"规定，而且仅有电视机、自行车等18类商品以及手机执行"三包"规定。而新消法确认了"7天无理由退货"制度，赋予了买家一定的"后悔权"。《消费者保护法》第二十五条规定："经营者采用网络、电视、电话、邮购等方式销售商品，消费者有权自收到商品之日起7日内退货,且无须说明理由”。所以在新消法实施后,该网店的做法属于侵权,网店有义务为张小姐办理退货。过去网购中只有部分商户属于“7日无条件退换货”,而新消法要求所有网上销售店铺均执行该条例,但消费者需注意的情况,以下4类商品是不包括在内的:一是消费者定做的;二是鲜活易腐的;三是在线下载或者消费者拆封的音像制品、计算机软件等数字化商品;四是交付的报纸、期刊。其他根据商品性质并经消费者在购买时确认不宜退货的商品,不适用无理由退货。消费者退货的商品应当完好。经营者应当自收到退回商品之日起7日内返还消费者支付的商品价款。退回商品的运费由消费者承担;经营者和消费者另有约定的,按照约定。

【案例链接二】

上海的汪女士去年在某品牌专柜为父母购买了一台腿部按摩器和一台颈椎按摩器。由于加热、开关等频出故障,两台按摩器先后于去年12月和今年2月更换过。不料,按摩器再次出现故障。汪女士以产品质量问题要求退货,却遭专柜方面拒绝。对方表示,汪女士需拿出权威机构出具的检测报告,确认属于产品质量问题方可退货。

【案例评析】

《消费者保护法》第二十三条规定,实际上是对举证责任的重新分配。在我国民事诉讼程序中,除了一些特殊情况下举证责任倒置的以外,《民事诉讼法》规定的举证原则是“谁主张谁举证”,即当事人对自己提出的主张应当提供证据,并承担举证不能的不利后果。所以过去消费者如果因为购买耐用商品或装饰装修等服务向法院提起维权诉讼,那么消费者需要就产品存在质量问题提供相应证据。对消费者而言,举证通常是维权的障碍所在,因为信息不对称、缺乏专业知识及一些情况下需事先鉴定等原因,导致消费者维权成本过高,不得不选择放弃。新消法实施后,实际上把这种特殊商品或服务的部分举证责任分配给了经营者。如在6个月内对购买耐用商品或装饰装修等服务瑕疵发生争议的,经营者不能提交充分证据证明商品没有质量问题的、损害是由消费者使用不当等原因造成的,应承担举证不能的不利后果。这就为消费者维权提供了极大的便利,增加消费者胜诉的几率,鼓励消费者在产生纠纷后积极维权。但需要注意的情况,举证责任倒置并非免除消费者的全部举证责任,消费者应当举证证明其向经营者购买了争议商品或者服务,且该商品不能正常使用或者服务出现瑕疵。本案汪女士购买按摩器与耐用品相比,使用寿命相对较短,属于消费类电子产品,故不适用该条规定,汪女士仍需要对按摩器是在经营者处购买的以及按摩器存在质量问题进行举证。

【练习思考】

(1)赵某的手表坏了,第二天又要出差,便在某百货公司买了一块手表,售货员称该表为瑞士生产,质量很好。赵某回家后经人认定手表为香港组装,且实际价格要少得多。于是,赵某找到百货公司要求退货,售货员告知店堂告示写明“商品售出,概不退换”。

问:①该百货公司的店堂告示内容是否有效?

②赵某是否有权要求退换手表?

(2)某商场新进一批洗衣机,但因没有经过正规的检验,该批洗衣机普遍存在质量瑕疵,于是在电视台发布广告,称低价处理抵债产品。消费者购得此种洗衣机后,在使用过程中经常出现绞住衣物现象,遂要求商场退换并赔偿损失。商场称该洗衣机已声明是处理品,消费者自愿购买,因此商场不承担责任。

问:消费者的要求是否合理?

(3)百花商场在四楼开设服装自选市场,并租给个体户李某经营。消费者王某于2月8日在李某处以4000元购得皮衣一件,回家穿了几天后发现该皮装是以旧皮服刷漆方式制成的假冒产品,于2月21日到商场找李某退货时发现李某已因租赁期满而迁离商场。

问:王某应当怎么办?

第二节 产品质量法

【基本要求】

(1)了解产品和产品质量的含义、产品质量责任及其立法的产生和发展

(2)理解产品质量责任的一般规定

(3)熟悉产品质量监督管理的相关制度

重点:生产者、销售者的产品质量责任和义务

难点:产品质量责任的种类及其内容

【法律知识】

一、产品和产品质量

1. 产品的含义

"产品"一词可以从自然属性和法律属性两个不同的范畴进行定义。从自然属性来讲,"产品"是指经过人类劳动获得的具有一定使用价值的劳动成果,既可以是商品,也可以是非商品;既可以指直接从自然界获取的各种农产品、矿产品或经过加工的手工业品、工业品,甚至建筑工程等物质性物品,也可以指文学、艺术、体育、哲学和科学技术等精神物品。从法律属性来讲,"产品"是指经过某种程度或方式加工用于消费和使用的物品,是指生产者、销售者能够对其质量加以控制的产品,而不包括内在质量主要取决于自然因素的产品。纵观各国的产品责任法,对"产品"范围的界定并不相同。美国产品责任法中的产品是指"一切经过人工处理过的东西,不论是可移动的,还是不可移动的,工业的还是农业的产品,经过加工的还是非经过加工的,任何可销售或可使用的制成品,只要由于使用它或通过它引起伤害,都可视为发生产品质量责任。"而1976年欧共体《产品责任指令草案》的中产品范围较小,仅指"工业生产的可移动的产品"。随

着经济的发展，特别是信息产业和高新技术的突飞猛进，人类可利用的资源越来越多，因此，各国的立法和司法实践也趋向于把产品进行广义的解释。我国的法律同样对产品进行较为宽泛的解释，我国1993年通过的《中华人民共和国产品质量法》(以下简称《产品质量法》)规定："本法所称的产品是指经过加工、制作，用于销售的产品。"但不包括建设工程产品和军工产品。2000年修改后的《产品质量法》，增加规定为"建筑工程使用的建筑材料、建筑构配件和设备，属于前款规定的产品范围的，适用本法"。以上定义说明我国的《产品质量法》中的产品，不包括初级农产品和不动产，这也符合国际上的通行做法。

从立法技术上讲，我国法律同时使用了概括法和排除法来界定产品。根据我国《产品质量法》的规定，产品应当具备两个条件：

(1)经过加工、制作。未经加工、制作的天然物品不是本法意义上的产品，如矿产品、农产品。加工、制作包括工业和手工业方面的。电力、煤气等虽然是无体物，也是工业产品，也应包括在内。

(2)用于销售。只是为了自己使用的加工、制作品也不属于产品责任法意义上的产品。有学者认为，使用"销售"不如使用"流通"更为准确，因为有些产品是企业为了营销目的无偿赠送或作为福利分发交付给消费者的。其实，"用于销售"不等于经过销售，只要产品是以销售为目的生产、制作的，不论它是经过销售渠道到达消费者或用户手上，还是经过其他渠道，都属于《产品质量法》所规定的产品，因此，没必要用"流通"代替"销售"。赠送的产品、试用的产品也属于产品责任法意义上的产品。如厂家将自己生产的新产品或某些产品以赠与、试用、买一送一、买大送小等无偿赠送的方式送给用户，这些产品虽然可能"未投入流通"，但是，却是以销售为目的生产并以营销为目的交付给消费者的，这类产品存在缺陷造成他人损害的，他应当允许受害人提起产品责任诉讼。

2. 产品的质量

对产品质量的概念，有学者将其表述为：是指产品符合人们需要的内在素质与外观形态的各种特性的综合状态。我们认为：产品质量是指产品所应具有的、符合人们需要的各种特性，如适用性、安全性、可靠性、可维修性等。产品质量的内容随着经济、科技的发展以及人们需要的变化，也在不断丰富和发展。

产品质量，是指产品在既定的条件下，能够满足消费者的愿望和符合规定用途所具备的特征和特性的总和。它既包括产品的结构性能、纯度、物理性能以及化学成分等内在特性，又包括外观、形状、颜色、气味、包装等外在特征。根据国际标准化组织颁布的标准，质量的含义是"产品或服务满足规定或潜在需要的特征的总和"。该定义中所称的"需要"往往随时间、空间的变化而变化，与科学技术的不断进步有着密切的关系。"需要"可以转化为具有具体指标的特征和特性。一般来说，以下三方面是任何产品必不可少的特征：

(1)适用性。由于产品生产、交换的目的是为了满足人们的需要，就要求每一件合格的产品能够满足人们的这种愿望。所以，产品的适用性是评价产品质量的一项重要指标。

(2)安全性。产品实现其适用性,必然是通过产品的使用这一途径来体现的。这就要求产品在使用环节上安全可靠,不会给使用者和其他人带来人身、财产上的危险。

(3)经济性。在市场经济条件下,产品的使用价值主要通过市场交换来实现,在市场交换中,要求产品价格公道,正确反映供求关系和价值规律,不要造成不应有的资源浪费。

我国《产品质量法》第二十六条对产品质量做了细化,规定产品质量应当符合下列要求:不存在危及人身、财产安全的不合理的危险,有保障人体健康和人身、财产安全的国家标准、行业标准的,应当符合该标准;具备产品应当具备的使用性能,但是对产品存在使用性能的瑕疵作出说明的除外;符合在产品或者其包装上注明采用的产品标准,符合以产品说明、实物样品等方式表明的质量状况。

3. 产品质量责任及其立法的产生和发展

产品质量责任,是指产品质量因不符合国家法律、法规、质量标准的规定或合同约定时,产品的生产者或销售者所应承担的责任。

从世界范围来看,产品质量责任立法经历了三个阶段,第一阶段为自然经济状态下的产品质量责任立法。其特点是合同责任与侵权责任混同,突出侵权责任。第二阶段为早期资本主义时期的产品质量责任立法。其特点是以合同责任为核心,合同是产品质量责任的唯一依据和形式,主要合同无过错就不承担责任,产品质量责任立法更多地偏袒制造商和销售商。第三阶段为现代产品责任全面立法。这一时期各国的产品质量责任立法注重产品质量管理和产品质量责任的统一,生产者、销售者利益和用户、消费者利益的统一以及国际立法与国内立法的统一。

我国产品质量责任立法的重点不在于事后追究,而在于事前全面系统的监督管理。这种做法符合我国的基本国情,符合社会主义市场经济发展的要求,不仅是必要的,而且是可行的。这既有利于保护消费者利益,又避免了社会资源的浪费,是产品质量立法的重大发展。目前,我国质监部门推行的区域监管的监督管理模式,正是这一立法精神的本质体现。

产品质量责任是一个社会问题,涉及民法、经济法、行政法、刑法等多个法律部门,只有多部门集中协作,才能从根本上解决这个问题。尽管法律本身的完善并不代表这一问题的解决,但这至少是解决这个问题的很重要的一个方面。

产品质量责任主要有三类:①民事责任,这是最基本的责任,其不仅不依赖于其他责任而存在,而且在一定条件下会排除其他以金钱为内容的责任,如行为人财产不足以同时支付赔偿金和罚款或罚金时,优先支付赔偿金。民事责任包括合同责任和侵权责任。②行政法上的责任,如对非法产品的生产者、销售者、使用者所处的没收、罚款等。③刑事责任,如制售假冒伪劣产品罪所应承担的责任。

4. 产品质量法的基本原则

(1)有限范围原则。《产品质量法》主要调整实物产品在生产、销售活动中以及对其实施监督管理过程中所发生的权利、义务、责任关系。以精神内容为主要表现形式的主要体现知识产权等内容的产品，作为其无体物的精神内容，一般不受产品质量法调整。《产品质量法》重点是解决产品质量责任问题，完善我国产品责任的民事赔偿制度。

(2)统一立法、区别管理原则。国家要对涉及人体健康和人身、财产安全的产品，实行必要的强制管理；其他产品主要是依靠市场竞争机制和企业自我约束的机制，促使企业保证产品质量。

(3)事先保证与事后监督检查相结合的原则。法律要规范企业的行为，保证生产的产品不得存在危及人体健康和人身、财产安全的不合理的危险，符合相应标准的要求；同时，要加强对市场流通领域的产品质量进行监督检查，建立起运用市场规则抵制伪劣产品的运行机制。

(4)实行按照行政区域统一管理、组织协调的原则。对产品质量的监督管理和执法监督，采用地域管辖的基本原则。

(5)贯彻奖优罚劣的原则。国家一方面采取鼓励措施，对质量管理的先进企业和达到国际先进水平的产品给予奖励；另一方面，要采取严厉措施，惩处生产、销售假冒伪劣产品的违法行为。

5. 产品质量责任的一般规定

(1)保证产品质量合格，提高质量管理水平。《产品质量法》第三条规定："生产者、销售者应当建立健全内部产品质量管理制度，严格实施岗位质量规范、质量责任以及相应的考核办法。"这是一条强制性的规定。产品管理制度包括：生产者的产品质量检验把关制度、明确专职或兼职的质量检验人员、企业的负责人对产品质量应当负的责任等。企业生产的产品必须符合国家强制性标准。强制性标准包括两部分：①保障人体健康和人身、财产安全的标准；②法律、行政法规规定强制执行的其他标准。《产品质量法》第六条规定："国家鼓励推行科学的质量管理方法，采用先进的科学技术，鼓励企业产品质量达到并且超过行业标准、国家标准和国际标准。"《产品质量法》第七条规定了各级人民政府对提高产品质量的责任。一个国家质量水平的提高，是一项宏伟的系统工程，既要靠市场机制，也要靠政府进行一定的宏观调控。从产品质量法实施以来的实际情况看，产品质量的提高不仅要靠政府管理，同时也要靠政府促进。提高产品质量水平，既是企业的责任，也是政府的责任。从经济学的角度看，研发新产品、开发新技术，仅靠企业自身的努力是不够的。尤其是对一些投资周期长、前景难以预期、资金回收慢的产品、技术的研究，企业或者不愿意投入大量资金，或者没有能力投入研究资金，这必须依靠政府介入。第八条规定了质检部门的责任，即国务院质量监督部门主管全国的产品质量监督工作，县级以上地方产品质量监督部门主管本行政区域内的产品质量监督工作，各级其他人民政府有关部门在各自的职责范围内负责产品质量监督工作，法律对产品的质量监督部门另有规定的，从其规定。行政机关行使产品质量监督职责不能越位，也不能缺位，要依法行使职权。

(2)禁止行为。

①伪造或者冒用认证标志等质量标志。这是指在产品、标签、包装上，用文字、符号、图案等方式非法制作、编造、捏造或非法标注质量标志以及擅自使用未获批准的质

量标志的行为。质量标志包括我国政府有关部门批准或认可的产品质量认证标志、企业质量体系认证标志、名优标志、国外认证标志、原产地域标志、免检标志等。

②伪造产地和伪造或者冒用他人的厂名、厂址。伪造产地是指在甲地生产产品，而在产品标识上标注乙地的地名的质量欺诈行为。伪造或者冒用他人厂名、厂址，是指非法标注他人的厂名、厂址标识，或者在产品上编造、捏造不真实的生产厂厂名和厂址以及在产品上擅自使用他人的生产厂厂名和厂址的行为。

③掺杂、掺假，以假充真，以次充好。掺杂、掺假是指生产者、销售者在产品中掺入杂质或者造假，进行质量欺诈的违法行为。其结果是致使产品中有关物质的成分或者含量不符合国家有关法律、法规、标准或者合同要求。以假充真是指以此产品冒充与其特征、特性等不同的其他产品，或者冒充同一类产品具有特定质量特征、特性的产品的欺诈行为。以次充好是指以低档次、低等级的产品冒充高等级、高档次的产品或者以旧产品冒充新产品的行为。

二、产品质量监督管理

1. 出厂检验

《产品质量法》第十二条规定："产品质量应当检验合格，不得以不合格产品冒充合格产品"。产品本身的质量应当符合《产品质量法》第二十六条的规定，买卖合同对产品质量有特定要求的，产品还应符合合同的要求。依据《工业产品质量责任条例》第九条的规定，产品出厂，必须符合下列要求：

（1）符合国家法律、法规、标准规定及合同约定。

（2）根据不同产品的特点，有产品名称、规格、型号、成分、含量、重量、用法、生产批号、出厂日期、生产厂家、厂址、产品技术标准编号等文字说明，限时使用的产品应注明失效时间。优质产品应当有标志。

（3）实行生产许可证制度的产品，要有许可证编号、批准日期和有效期限。

（4）机器、设备、装置、仪器及耐用消费品除符合上述三项规定之外，还应有详细的产品使用说明书。

（5）包装必须符合国家有关规定和标准。

（6）使用商标和分级分等的产品，在产品或包装上应有商标和分级分等标记。

（7）符合国家安全、卫生、环境保护和计量等法规的要求。

2. 推行企业质量体系认证和产品质量认证

国家推行企业质量体系认证和产品认证。认证采用自愿原则。企业申请认证应当向国务院产品质量监督部门认可的或者国务院产品质量监督部门授权的部门认可的认证机构提出申请。经认证合格，由认证机构颁发认证证书，获得产品质量认证证书的企业可以在其产品或者其包装上使用产品质量认证标志。

企业质量体系认证是针对企业的质量体系进行全面的评价，依据的是国际通用的ISO9000国际标准或者中国GB/T19000国家标准，目的是为了提高供方的质量信誉，亦是供方向需方提供质量担保。

产品质量认证是依据产品标准和相应技术要求，经认证机构确认并通过颁发认证证书来证明某一产品符合相应标准和相应技术要求的活动。产品质量认证针对的对象是产品。

3. 监督检查

(1)主要方式：抽查。

(2)对象：可能危及人体健康和人身、财产安全的产品，影响国计民生的重要工业产品以及消费者、有关组织反映有质量问题的产品。

(3)实施部门：国务院质量监督部门、县级以上地方质量监督部门。法律另有规定的，从其规定。

(4)限制：国家监督抽查的产品，地方不得另行重复抽查；上级监督抽查的产品，下级不得另行重复抽查。

(5)检验：根据需要，可以抽样，数量不得超过合理需要，监督抽查不向被检查人收费。

(6)异议：对检验结果有异议的，可以自收到检验结果之日起15日内向实施监督抽查的质量监督部门或者其上级质量监督部门申请复检，由受理机关做出复检结论。

4. 强制措施

依据《产品质量法》第十八条的规定，县级以上质量监督部门根据已经取得的违法嫌疑证据或者举报，对违法行为进行查处时可以行使下列职权：

(1)对当事人涉嫌违反本法规定的生产、销售活动场所实行现场检查。

(2)向当事人的法定代表人、主要负责人和其他有关人员调查了解与涉嫌从事违法生产销售活动有关的情况。

(3)查阅复制当事人有关的合同、发票、账簿以及其他有关资料。

(4)对有根据认为不符合保障人体健康和人身财产安全的国家标准、行业标准的产品或者其他严重质量问题的产品，以及直接用于生产销售该产品的原辅材料、包装物、生产工具，予以查封或者扣押。

5. 产品质量检验机构

产品质量检验机构必须具备相应的检验条件和检测能力，包括以下六个方面的内容：

(1)机构和人员应当具备的条件和能力，例如，机构和人员相对独立，负责人熟悉本专业产品检验技术和管理知识，检测人员胜任该工作，熟悉操作技能并经专业培训、考试合格。

(2)机构应当具备完善的内部管理制度。

(3)机构的仪器设备具备相应的要求。

(4)机构的工作环境应当符合要求。如周围环境、检测场所、温度湿度等。

(5)检测报告应当符合要求。检验机构、认证机构必须依法设立，不得与行政机关或其他国家机关存在隶属关系或其他利益关系。出具检验结果或认证证明必须客观公正。

6. 社会监督和国家机关的监督

社会监督是指消费者、保护消费者权益的社会组织的监督。国家监督是指国务院和省、自治区、直辖市人民政府产品质量监督部门应当定期公布其监督抽查的产品的质量报告。报告发布权限于省级以上。国家机关不得向社会推荐产品，不得以监制、监销等方式参与产品的经营活动。

三、生产者、销售者的产品质量责任和义务

1. 生产者的产品质量责任和义务

(1)产品质量必须合格，如有可能危及人身财产安全的瑕疵，应当做出明确说明。
(2)标识必须真实。
(3)危险产品必须有警示标志或中文警示说明。
(4)不得生产国家明令淘汰的产品。
(5)不得伪造产地，不得伪造或者冒用他人的厂名厂址。
(6)不得伪造或者冒用认证标志等质量标志。
(7)不得掺杂、掺假，不得以假充真、以次充好，不得以不合格产品冒充合格产品。

2. 销售者的产品质量责任和义务

(1)建立进货检查验收制度，验明合格证明和其他标识。
(2)采取措施，保持其销售产品的质量。
(3)不得销售国家明令淘汰并停止销售的产品和失效变质的产品。
(4)销售的产品的标识应当符合《产品质量法》第27条的规定。
(5)不得伪造产地，不得伪造或冒用他人的厂名、厂址。
(6)不得伪造或者冒用认证标志等质量标志。
(7)不得掺杂、掺假，不得以假充真、以次充好，不得以不合格产品冒充合格产品。

四、产品质量责任

1. 民事责任

产品质量责任的民事责任可分为产品瑕疵担保责任和产品缺陷损害赔偿责任。

(1)产品瑕疵担保责任。产品瑕疵担保责任是指在产品买卖关系中，产品的生产者或销售者向对方保证和承诺，按照这种承诺，如果产品存在瑕疵，生产者或销售者应当承担由此引起的法律后果。“瑕疵”是合同法上的概念，是指产品质量不符合法律规定或当事人约定的质量标准。而“缺陷”是产品质量法上的概念，是指产品对消费者人身和财产安全的危险。有瑕疵的产品不一定会对人身财产造成危害，因而不一定属于产品质量法上的缺陷产品。瑕疵担保责任是一种法定责任，属于无过错责任的一种。根据我国《产品质量法》第四十条的规定，售出的产品有以下情形之一的，销售者应当负修理、更换、退货、赔偿损失的责任：①不具备产品应当具备的使用性能而事先未做说明的；②不符合在产品或者其包装上注明采用的产品标准的；③不符合以产品说明、实物样品等方式表明的质量状况的。销售者履行责任后，属于生产者的责任或者供货者

的责任的，销售者有权向生产者、供货者追偿。但是，生产者之间、销售者之间、生产者与销售者之间订立的买卖合同、承揽合同有不同约定的，合同当事人按照合同约定执行。

(2)产品缺陷责任。产品缺陷责任即产品责任，是因产品存在缺陷而给消费者或者他人造成人身财产损害所产生的法律责任。生产者是产品缺陷责任的主要承担者，但是，因销售者的过错使产品存在缺陷，造成人身、他人财产损害的，或者销售者不能指明缺陷产品的生产者也不能指明缺陷产品的供货者的，则销售者应当承担赔偿责任。损害赔偿的项目包括下列两个方面：①人身伤害。因产品存在缺陷造成受害人人身伤害的，侵害人应当赔偿医疗费、治疗期间的护理费、因误工减少的收入等费用；造成残疾的，还应当支付残疾者生活自助费等费用；造成受害人死亡的，并应支付丧葬费、死亡赔偿金以及死者生前抚养的人所必需的生活费等费用。②财产损失。因产品存在缺陷造成受害人财产损失的，侵害人应当恢复原状或者折价赔偿，受害人因此遭受其他重大损失的，侵害人应当赔偿损失。

以下情况生产者可以免责：未将产品投入流通的；产品投入流通时，引起损害的缺陷尚不存在的；将产品投入流通时的科学技术水平尚不能发现缺陷的存在的。但是当以上情形出现，生产者申请免责时，生产者负有举证责任。

2. 行政责任

产品质量的行政责任是生产者或销售者有一般违法行为所应当承担的行政责任，主要是行政处罚。我国《产品质量法》规定的要进行行政处罚的情形包括：对生产、销售不符合保障人体健康和人身、财产安全的国家标准、行业标准的产品的；在产品中掺杂、掺假，以假充真，以次充好，或者以不合格产品冒充合格产品的；生产或销售国家明令淘汰的产品；销售失效、变质产品的。行政处罚的方式有责令停止生产、销售，没收违法所得并罚款。对伪造产品产地，伪造或者冒用他人厂名、厂址的，伪造或冒用认证标志，产品标识不符合规定等行为，还要加以责令公开改正等措施。另外，对严重违反产品质量法的生产者和销售者，还可用以吊销营业执照的处罚，这是较为严厉的处罚方式。值得注意的情况，新修改的《产品质量法》对处罚的标准做了较大的改进，将“处以违法所得”的若干倍数的罚款改为“并处以违法生产、销售产品(包括已售出和未售出的产品)货值金额等值”的若干倍数的罚款，这样，加重了对违法行为的查处，也有利于行政机构执法的明确性。

3. 刑事责任

我国《产品质量法》对生产者、销售者违反该法，并触犯刑律的严重行为还规定了应当承担的刑事责任。它们是：生产、销售不符合保障人体健康和人身、财产安全的国家标准、行业标准的产品，在产品中掺杂、掺假，以假充真，以次充好，或者以不合格产品冒充合格产品，性质严重构成犯罪的行为；销售失效、变质的产品的销售者构成犯罪的；以暴力方法阻碍国家工作人员依法执行公务的；以行贿受贿或者其他非法手段推销、采购假冒、伪劣、不合格等产品构成犯罪的行为。

【案例链接一】

李某今年初买了一台彩电,其父亲不同意,要他退货。李某嫌麻烦,便将彩电卖给了邻居王某。一个星期后,电视机爆炸,正巧李某在场,李某和王某都被炸伤。王某要求李某赔偿,理由是李某卖给自己的电视机有问题;李某要求王某赔偿,因为电视机的所有权已经转移给王某。双方各持己见,争论不休。

【案例分析】

此案的受害人应向销售电视机的商店或电视机厂家索赔。根据《产品质量法》第四十三条的规定,因产品存在缺陷造成他人人身、财产损害的,受害人可以向产品的生产者要求赔偿,也可以向产品的销售者要求赔偿。本案中,李某不具有法律规定的销售者主体资格,王某也不是侵权行为主体,也就是说,李某不能向王某要求赔偿,王某也不能向李某要求赔偿,此案的受害人应向销售电视机的商店或电视机厂家索赔。

【案例链接二】

A灶具公司与B商城之间签订购销合同和售后服务协议,由B商城销售A灶具公司生产的灶具,保修费用按产品出厂价7%支付给B商城,两者之间的合同约定,灶具的"三包"期为半年。C酒楼从B商城购买A公司生产的3台燃气炉灶,双方之间书面约定,灶具的保修期为一年,由B商城维修中心负责包修。6个月过后,3台灶具先后发生故障,B商城维修中心派修理工上门修理三次,仍无法正常使用。C酒楼要求B商城予以调换,B商城答复要与生产厂家联系后再定,但拖了半个月未表态。C酒楼为了保证营业需要,被迫从另一商店重新购买了3台炉具。B商城闻讯后,书面通知酒楼不再承担包修义务。C酒楼接到通知后,向A公司要求修理和调换。A公司以其与B商城的协议拒绝C酒楼的要求。

问:B商城是否应当承担燃气灶具的维修义务,有何理由? 此外,C酒楼是否有权直接要求A公司修理和调换,A公司是否可以以其与B商城的协议拒绝C酒楼的要求,为什么?

【案例评析】

B商城应当承担燃气灶具的维修义务。《产品质量法》第四十条规定:"售出的产品有下列情形之一的,销售者应当负责修理、更换、退货;给购买产品的用户、消费者造成损失的,销售者应当赔偿损失:①不具备产品应当具备的使用性能而事先未做说明的;②不符合在产品或者其包装上注明采用的产品标准的;③不符合以产品说明、实物样品等方式表明的质量状况的。销售者依照前款规定负责修理、更换、退货、赔偿损失后,属于生产者的责任或者属于向销售者提供产品的其他销售者(以下简称供货者)的责任的,销售者有权向生产者、供货者追偿。销售者未按照第1款规定给予修理、更换、退货或者赔偿损失的,由管理产品质量监督工作的部门或者工商行政管理部门责令改正。"B商城对其出售的燃气灶具的质量负责,如出现质量问题,必须负责修理和更换。而且B商城与C酒楼有书面约定。因此,B商城不得拒绝修理和更换灶具。

此外,《产品质量法》第四十条规定,销售者依照前款规定负责修理、更换、退货、赔偿损失后,属于生产者的责任或者属于向销售者提供产品的其他销售者(以下简称供货者)的责任的,销售者有权向生产者、供货者追偿。根据规定消费者可以直接向生产者要求修理和更换,生产者应当对其生产的产品质量负责。A公司应当对其生产的灶具负责。A公司和B公司的协议仅在双方当事人之间发生效力,C酒楼不是当事人,自然不受约束,因此A公司不得拒绝C酒楼的要求,应当负责维修和更换,由此而受到的损失可根据其与B商城之间的协议在两者之间解决。

【练习思考】

(1)因甲公司的真空食品袋产品质量不合格,造成乙公司100箱(共计14400小袋)奶油派食品发霉变质,直接损失7000元。该批食品是由丙、丁、戊三家商场销售的,已售出630小袋,20多位购买者陆续向三家商场提出退货或者索赔要求,估计要求退货或者索赔的人还会增加。

问题:①丙、丁、戊三家商场在此案中有无法律责任,为什么?

②乙公司是否应就变质食品向购买者承担责任,为什么?

③甲公司应承担什么法律责任,为什么?

(2)王某于2008年6月在旧货市场买了1台“新月”牌二手电冰箱,卖主称该电冰箱安全期长,为15年,是2002年9月被人从厂家买走,已经在旧货市场卖过两次,从未坏过,价款600元,并保证质量,不让试机。王某将电冰箱拉回家,使用4个月后发现电冰箱门带电,电火花燃着了周围家具,损失650元。王某到市场索赔,被回复说:我们只收了600元,可以退给你,其他损失与我们无关。王某又找到电器厂要求赔偿损失,电器厂称:电冰箱使用已过10年,过了法定赔偿请求权期限,不予赔偿。

问题:①旧货市场职员在销售过程中有违法行为吗?

②旧货市场退还王某600元的理由是否成立?

③电器厂应否赔偿王某损失?

第三节 商 标 法

【基本要求】

(1)了解商标的概念和特征、商标与各种相关标记的联系与区别、商标的种类

(2)理解商标法的概念和调整对象、商标权的含义及其主体与客体

(3)熟悉商标的禁用标志、商标申请的程序

重点:商标权的内容、注册商标的法律规定

难点:商标权异议、商标权侵权的法律保护

【法律知识】

一、商标

1. 商标的概念和特征

(1)商标的概念。商标是指商品生产者或商品经营者为使自己的商品或服务在市场上与其他同行的商品或服务相区别而使用的文字、图形或者文字、图形相结合的标记。

我国《商标法》第八条规定:“任何能够将自然人、法人或者其他组织的商品与他人的商品区别开的可视性标志,包括文字、图形、字母、数字、三维标志、颜色组合和声音等,以及上述要素的组合,均可作为商标申请注册。”

(2)商标的主要特征。

①商标是用于商品或服务上的标记,与商品或服务不能分离,并依附于商品或服务。

②商标是区别于他人商品或服务的标志,具有特别显著性的区别功能,从而便于消费者识别。商标的构成是一种艺术创造。

③商标是由文字、图形、字母、数字、三维标志、颜色组合和声音等,以及上述要素的组合构成的可视性标志。

④商标具有独占性。使用商标的目的就是为了区别于他人的商品或服务,便于消费者识别。所以,注册商标所有人对其商标具有专用权,并受到法律的保护。未经商标权所有人的许可,任何人不得擅自使用与该注册商标相同或相类似的商标,否则,即侵犯了注册商标权所有人的商标专用权,将承担相应的法律责任。

⑤商标是一种无形资产,具有价值。商标代表着商标所有人生产或经营的质量信誉和企业信誉、形象。商标所有人通过商标的创意、设计、申请注册、广告宣传及使用,使商标具有了价值,也增加了商品的附加值。商标的价值可以通过评估确定。商标可以有偿转让,也可经商标所有人同意,许可他人使用。

⑥商标是商品信息的载体,是参与市场竞争的工具。生产经营者的竞争就是商品或服务质量与信誉的竞争,其表现形式就是商标知名度的竞争,商标的知名度越高,其商品或服务的竞争力就越强。

2. 商标与各种相关标记的联系与区别

(1)商标与装潢。商品装潢是以图案、绘画、色彩或生动的文字来装饰、美化、宣传商品的附着物或包装物。商品的容器、包装物统称为商品的包装。装潢的目的是为了保护和美化商品,引起美感和需求欲望,吸引顾客购买。

联系:两者同时为一商品服务,有时商标图案与装潢浑然一体,商标起到画龙点睛的作用。

区别表现在以下3个方面:

①商标在图案设计上是独特的,使用上是专用的,而包装装潢不是专用的,可根据需要变动和改进。

②使用目的不同。商标的目的在于区别,装潢的目的在于保护、说明、美化商品,刺激消费者的需求。

③反映商品的角度不同。商标是商品内在质地的升华,可与商品内容无关,而装潢则要求与商品的内容一致。

(2)商标与商品名称。商标与商品名称既紧密相连,又有本质区别。商标只有附着在商品包装或商品上,与商品名称同时使用,才能使消费者区别该商品的来源,而商品名称是用来区别商品的不同原料、用途的,可以独立使用。商标是专用的、独占的,而商品名称(除特有名称外)通常是公用的。

(3)商标与工业品外观设计。两者都是工业产权,均给人以视觉效果。但商标只附着在商品包装或商品上,不是商品的存在形式;而工业品外观设计是商品存在的形式。商标是遵循《中华人民共和国商标法》进行保护的;而工业品外观设计是遵循《中华人民共和国专利法》进行保护的。

(4)服务商标与企业名称。

①构成要素不同。企业名称一般由行政区划名称、字号、行业或经营特点、组织形式组成。商标只能由与他人提供的服务区别开来的显著部分构成。

②功能不同。服务商标仅区别不同的服务出处,企业名称则可以识别不同企业的经营,包括服务和商品。一个企业可以有多个服务或商品的商标,但企业名称一般只有一个。

③适用的法律程序不同。服务商标只要不违反《商标法》所禁用的条款,不侵犯他人商标专用权,不经注册就可使用,只是没有专用权。企业名称则必须经国家指定的主管机关核准登记、注册,才能使用。

④专用权范围不同。服务商标一经核准注册,在全国享有专用权。企业名称仅在规定的区域内享有专用权。

⑤表现形式不同。服务商标的表现形式是文字、图形及其组合,企业名称只能用文字表示。

⑥适用法律不同。各国规范企业名称的法律有很大差异,商标则是用《商标法》予以规范。

⑦商标可转让或许可他人使用,企业名称不得单独转让,也不得允许他人使用。

(5)服务商标与商号。

①服务商标仅起区别服务出处的作用,商号既可以区别不同服务的出处,又可以区别不同商品的出处。

②商号均由文字构成,但服务商标既可由文字构成,也可以由图形或其组合构成。

③商号、厂商字号,可以作为企业名称中的一部分,依据《企业登记管理条例》登记注册,商号作为商标使用时,必须依据《商标法》核准注册,才能受到法律保护,享有专用权。

3. 商标的种类

(1)根据商标的结构分类。

①文字商标:以各种语言文字、拼音字母、数字组成的商标(如全聚德、六必居、SONY、PUMA)。

②图形商标：由平面或立体图形构成的商标。

③记号商标：由简明抽象的记号或符号组成的商标（记号不宜过简）。

④组合商标：以文字、图形、记号组合而成的商标（如文字和图形、文字和记号或文字、图形、记号组合）。

⑤立体商标：以占据一定空间的立体实物，如产品的造型、产品的实体包装物等组成（如以产品的外形或产品的实体包装为商标）。

⑥非形象商标：以特殊的音响、气味效果作为商标注册，又称为视觉商标、嗅觉商标。

（2）根据商标的用途分类。

①营业商标：以生产或经营企业的名称、标记作为商标。如盛锡福、谦祥益、同仁堂、春兰等）。

②商品商：商品生产者为使用自己的商品与其他商品生产者的同类商品相区别而在其商品上使用的标志，即用于商品上的商标。

③等级商标：同一企业、同一类产品因不同规格、质量而使用的系列商标。

④保证商标：由权威的行政机关、团体和机构申请，通过授予相关产品，专为说明产品质量而使用的商标（如长城商标、绿色食品标志等）。

⑤服务商标：提供服务的经营者为将自己提供的服务与其他人提供的同类服务相区别而使用的标志（如金融、运输、建筑、旅馆、洗衣店、理发店、职业介绍所等）。

（3）根据商标在公众中的享誉程度分等。

①驰名商标：在较大地域范围（如全国、国际）的市场上享有较高声誉，为相关公众所普遍熟知，有良好的质量信誉，并享有特别法律保护的商标。

②一般商标：在正常情况下使用未受到特别法律保护的绝大多数商标。

4. 商标的功能

（1）识别商品来源的功能。或者说商标具有识别性，这是商标的基本功能、首要功能，商标就是由于要识别商品的来源才得以产生，所以有此功能者方可称为商标，无此功能者不能称作商标。商标识别性作为其基本功能，由其延伸开来，商标还有若干与之相联系的功能。

（2）促进销售的功能。生产经营者使用商标标明商品的来源，消费者通过商标来区别同类商品，了解商品，做出选择，这样，商标成为开拓市场，在市场上展开竞争的重要工具，这是商标的又一重要功能。

（3）保证商品品质的功能。生产者通过商标表示商品为自己所提供，服务提供者通过商标表示某项服务为自己所提供，消费者也通过商标来辨别商品或服务，对其质量做出鉴别，这种鉴别关系到生产经营者的兴衰，因此，商标的使用促使生产经营者注重质量，保持质量的稳定。在现实中，牌子倒了，整个企业难以为继的现象时有出现。因此，商标的使用可以使生产经营者体会到市场竞争的压力，而关注商品质量，商标从而起到了保证商品品质的作用。当然这种保证是通过商标将生产经营者与消费者联系在一起的一种特定的关系。

(4)广告宣传的功能。现代的商业宣传往往以商标为中心,通过商标发布商品信息,推介商品,突出醒目,简明易记,能借助商标这种特定标记吸引消费者的注意力,加深对商品的印象。商品吸引了消费者,消费者借助商标选择商品,商标的作用便显而易见。在现实中,商标成为无声的广告,更显出商标的优势。

(5)树立商业声誉的功能。商标用于显示商品来源,保证商品的质量,进行商品的广告宣传,作为其开拓市场的有效手段,这都表明,商标凝结了被其标示的商品以及该商品的生产经营者的信誉,商标是商品信誉和与之有关的企业信誉的最佳标记,因此树立商誉的有效途径是形成声誉卓著的商标。这种富有声誉的商标既可有益于消费者选择可信的商品,又可以帮助生产经营者的商誉免受侵害。而且,商标使用的范围越广泛,这种树立商誉、维护商誉的作用越大,以至于企业的竞争、商品的竞争变成了商标的竞争,商标愈孚众望,竞争力越强。

二、商标法

1. 商标法的概念和调整对象

(1)商标法的概念。商标法是调整在确认、保护商标专用权和商标使用过程中发生的社会关系的法律规范的总称。

1963年,我国颁布《商标管理条例》。1982年8月中华人民共和国第五届全国人民代表大会常务委员会通过《中华人民共和国商标法》(以下简称《商标法》),并于1993年2月22日中华人民共和国第七届全国人民代表大会常务委员会第30次会议通过《商标法(修订)》。另外,还颁布《商标法实施细则》《关于使用注册商标几点意见的通知》和《商标印制管理规定》等。2001年10月27日,中华人民共和国第九届全国人民代表大会常务委员会第24次会议通过《商标法》修改决议第二次修正。2013年8月30日第十二届全国人民代表大会常务委员会第四次会议第三次修正,修正后的《商标法》自2014年5月1日起施行。

(2)商标法的调整对象:因商标活动而产生的各种社会关系。

①商标管理关系:注册审核;专用权的续展、转让和使用许可的管理;商标的使用和专用权保护管理;商标印制管理等。

②平等民事主体间的商标关系:在商标异议与争议过程中发生的关系;因转让、使用许可、继承而发生的关系;因商标侵权而发生的关系。

③国家商标管理机构内部的商标关系。

2. 商标法的基本原则

(1)保护商标专用权的原则。保护商标专用权的原则是指把保护商标注册人的商标专用权作为国家调整商标关系的指导思想和行为准则,即国家运用法律手段,按照法定的程序,赋予商标注册申请人以商标专用权,并在注册商标的使用、管理上给予切实的保护,不允许有任何损害商标专用权的行为发生。

①商标专用权是商品生产发展的必然产物。商品生产,是为了交换而进行的生产,而不是为了生产者自己消费。社会分工是商品生产的要求,我国社会分工的形式表现为多成分和多层次的经济结构。而自愿原则又是商品交换的根本原则,任凭选购,争先

出售，仍然是社会主义商品交换规律的反映，仍然是社会主义商品市场交换的要求。不承认商标专用权，竞争就会变成掠夺和无政府状态，就是允许假冒或破坏他人的商标的行为，这样商品就无任何保证，也无人对商品负责任，市场秩序就会出现混乱。

②保护商标专用权，可以促进商品生产的发展。商标，从某种意义上来说，实际上是企业的标志。它所代表的商品信誉，就是企业信誉。区别商品，实际上是区别生产或经营的企业。保护商标专用权就是从法律上承认企业在商标信誉里凝结的“个别劳动”“特殊劳动”；承认差别，才能奖励先进，推动后进，使先进的在经济效益上得到反映，使后进的不能把经营风险用假冒商标、粗制滥造的手段转嫁给消费者，从而促进生产者、经营者在改进生产上下功夫，提高质量，降低成本，形成合法的正当竞争。这样就可以保证市场秩序的稳定，从而促进商品生产的正常发展。

③只有保护商标专用权，消费者利益才能真正得到维护。通过确认商标专用权来保护消费者利益的主要途径：商标权只限于该商标在批准注册时所核定的商品范围，消费者买到了使用该商标的质量低劣的商品，可以凭借商标找到生产者或经营者，或者向商标主管机关反映，使问题得到处理，对商品质量进行监督，从而使消费者的利益得到保障。这些只有在商标专用权取得法律保护的情况下才能有效。

（2）保护合法竞争的原则。保护合法竞争的原则，是指对于商品生产者在商标上所表现出来的合法竞争，必须给予法律保护，并作为调整商标关系的指导思想和人们行为的准则。

竞争是商品经济的伴生现象，只要有商品生产，就必然有竞争。可见竞争并不是资本主义社会特有的现象，在我国实行社会主义市场经济的条件下，也必然存在着竞争，而且需要开展竞争。要人为地排除竞争是不可能的，也是极为有害的。

然而，竞争，包括商标竞争在内，有正当竞争，也有不正当竞争。开展正当竞争，能够促进商品经济的发展和产品质量的提高；反之，采取不正当的竞争，则会破坏商品经济的发展，损害正当经营者的合法权益，扰乱社会经济秩序。故国家必须颁布相应的法律、法规，用以调整竞争关系。正当竞争是法律允许的竞争，是合法竞争；不正当竞争是法律不允许的竞争，是不合法的竞争。国家借助法律手段调整竞争关系的目的，在于鼓励和保护合法竞争，防止和制裁不合法竞争，保障社会主义市场经济的健康发展，保护生产者、经营者和消费者的合法权益。

就商标竞争来说，合法的竞争表现为生产者、经营者之间的公平竞争，靠产品质量取胜，千方百计维护自己的商标在公众中的信誉；不合法竞争表现为不择手段地假冒、仿冒他人注册商标特别是驰名商标，败坏他人商标信誉，以及采取其他侵犯他人商标权益的手段，损人利己，坑害消费者，达到牟取非法利润的目的。《中华人民共和国反不正当竞争法》就把假冒他人注册商标行为列为采用不正当竞争手段从事市场交易，损害竞争对手的不合法行为。我国《商标法》确立关于保护合法竞争的原则，旨在禁止实施侵犯他人商标专用权等的不合法竞争行为，保障生产者、经营者和服务提供者的商标专用权，维护商标管理秩序，保障消费者的利益，推动社会主义市场经济的健康发展。所以保护合法竞争的原则，也是商标法的一项十分重要的原则。

(3)保护消费者利益的原则。保护消费者利益的原则,是指把保护消费者利益作为调整商标关系的准则,即一切有关商标立法和商标实务都不能有损于消费者利益。

在发展生产的基础上,逐步改善人民的物质生活和文化生活,是社会主义生产的根本目的,也是这一原则的宪法依据。所以,我国的商标立法十分重视促使企业爱护商标信誉,保证商品质量,禁止粗制滥造、以次充好等欺骗消费者的行为。我国《商标法》十分强调保护消费者利益的原则,现在经常开展的"防冒打假"活动,就是遵循这一原则进行的。消费者也可根据这一原则,提请法律帮助,保护自己的合法权益。

三、商标权

1. 商标权的概念和法律特征

(1)商标权的概念。商标权就是商标注册人对其注册商标享有的权利。它是由国家商标管理机构依照法律规定的程序,通过核准注册赋予注册商标所有人的一种排他性的法律权利,受到国家强制力的保护。商标权是商标立法的核心。

商标权是一个集合概念,它包括商标所有权和与之相联系的商标专用权、商标续展权、商标转让权、商标许可权和商标诉讼等多项权利。

(2)商标权的法律特征。

①独占性。独占性又称专用性,是指商标注册人对注册商标所享有的独占使用权。商标所有人对其注册商标享有独占使用的权利,任何人未经商标所有人同意,不得使用该商标。

②时间性。法律对商标权的保护有一定的期限,过了法定期限即丧失法律效力。中国商标法规定注册商标的有效期限为10年,同时规定期限届满可请求续展,续展的次数不受限制。

③地域性。商标权的地域性,是指商标权在一定的地域范围内具有效力,离开一定的地域则失去专有使用权的法律效力。注册商标的所有人只能在授予该商标权的国家使用并受法律保护。如需在某个国家受到保护,则需要在该国家依照该国法律规定申请商标注册。

2. 商标权的主体、客体与内容

(1)商标权的主体。商标权的主体是指对其注册商标依法享有权利并承担一定义务的商标注册人。

《商标法》第四条规定:自然人、法人或者其他组织在生产经营活动中,对其商品或者服务需要取得商标专用权的,应当向商标局申请商标注册。

商标权主体需具备的条件:

①申请人必须具有相应的民事行为能力。

②申请人从事的事业必须属于营业性质的事业。

(2)商标权的客体。商标权的客体是指商标权人享有的权利和承担的义务所指向的对象,即注册商标。作为商标权客体的商标,必须具备以下条件:

①必须具备法定的构成要素,如文字、图形、字母、数字、三维标志、颜色组合和声音等,以及上述要素的组合。

②必须具备显著特征，便于识别。

③不得与他人在同一种商品或类似商品上注册的商标相同或近似，即不得：在同一种商品上与他人注册的商标相同；在同一种商品与他人注册的商标近似；在类似商品上与他人注册的商标相同；在类似商品上与他人注册的商标近似。

④不得使用禁止使用的标志。

商标是用以区别不同生产经营者所提供的商品或者服务的可视性标志，包括文字、图形、字母、数字、三维标志和颜色组合，以及上述要素的组合。但不是所有的可视性标志都可以作为商标使用。根据《保护工业产权巴黎公约》第6条之三的规定："本公约成员国的国旗、国徽、表明实施国家管制和保证的官方标志、检验印记及政府间国际组织的标志等均不得作为商标注册和使用。"各国商标法都有关于商标禁用标志的规定。我国是《保护工业产权巴黎公约》成员国，应当履行公约规定的义务。

结合我国国情，我国《商标法》规定下列标志不得作为商标使用：

• 同中华人民共和国的国家名称、国旗、国徽、军旗、勋章相同或者近似的，以及同中央国家机关所在地特定地点的名称或者标志性建筑的名称、图形相同的。如五星红旗、八一军旗、新华门等。上述标志是国家的象征，为了维护国家尊严，不得作为商标使用。

• 同外国的国家名称、国旗、国徽、军旗相同或者近似的，但该国政府同意的除外。我国在国际交往中遵循"和平共处五项原则"，主张国家不分大小、贫富、强弱，一律平等。为尊重外国国家主权，一切与外国国家名称、国旗、国徽、军旗相同或者近似的标志，非经该国政府同意，不得作为商标使用。

• 同政府间国际组织的名称、旗帜、徽记相同或者近似的，但经该组织同意或者不易误导公众的除外。政府间国际组织是主权国家通过国际条约建立的国际机构，如联合国、世界贸易组织、欧洲联盟等。这些机构独立于其成员国，依其成员国共同签订的国际条约履行职责，在国际交往中享有外交豁免。为了体现对这些国际组织的尊重，所有与这些国际组织的名称、旗帜、徽记相同或者近似的标志不得作为商标使用，但经该组织同意或者不易误导公众的除外。

• 与表明实施控制、予以保证的官方标志、检验印记相同或者近似的，但经授权的除外。表明实施控制、予以保证的官方标志、检验印记是政府履行职责，对所监管事项做出的认可和保证，具有国家公信力，不宜作为商标使用，否则，将对社会造成误导，使这种公信力大打折扣。根据《保护工业产权巴黎公约》第6条之三的规定，表明实施控制、予以保证的官方标志和检验印记，非经授权，不得作为商标使用。

• 同"红十字""红新月"的名称、标志相同或者近似的。"红十字"是国际红十字会的标志，"红新月"是红新月会的标志。在伊斯兰国家，与国际红十字会性质相同的组织是红新月会。两会都是自愿的国际性的救护救济组织。根据有关两会的国际条约的规定，"红十字""红新月"的名称和标志不得用于与两会宗旨无关的活动。

• 带有民族歧视性的。我国是统一的多民族国家，各民族一律平等。为了维护和促进民族团结，任何带有民族歧视性的标志禁止作为商标使用。

• 夸大宣传并带有欺骗性的。夸大宣传并带有欺骗性是指故意夸大商品和服务的功能、作用，误导、欺骗消费者的行为，如用“健康”“长寿”作香烟商标，用“万能”作药品商标等。为保护消费者的权益，对夸大宣传并带有欺骗性的标志，禁止作为商标使用。

• 有害于社会主义道德风尚或者有其他不良影响的。使用商标不得有害于社会主义道德风尚或者有其他不良影响是指商标不得含有淫秽、封建迷信、邪教及其他与法律、法规规定相违背的内容，如用“二房佳酿”作饮品商标，用“鸡婆”作调味品商标等，都是应当禁止的。

• 仅有本商品的通用名称、图形、型号，或者仅仅直接表示商品的质量、主要原料、功能、用途、重量、数量及其他特点，缺乏显著特征的标志，不得作为商标注册。其目的是为了保证商标的可识别性。将本条所列标志作为商标注册一方面缺乏显著性，无法将不同生产经营者的商品和服务区别开来。如“茶壶”是一种茶具的通用名称，用它作商标，缺乏显著性，消费者无法通过这一商标分辨“茶壶”是由哪一家企业生产的。另一方面，如果允许用本条所列标志注册商标，独占使用，对其他生产同类商品的生产经营者是不公平的。

(3)商标权的内容。

①使用权。使用权，是指注册商标所有人在核定使用的商品上使用核准注册的商标的权利。商标的使用方式主要是直接使用于商品、商品包装、商品容器等上，也可以是间接地将商标使用于商品交易文书、商品广告宣传、展览及其他业务活动中。使用权的效力范围，以核准注册的商标和核定使用的商品为限。

②禁止权。禁止权，是指商标所有人禁止任何第三方未经其许可在相同或类似商品上使用与其注册商标相同或近似的商标的权利。禁止权的效力范围大于使用权的效力范围，不仅包括核准注册的商标、核定使用的商品，还扩展到与注册商标相近似的商标以及与核定商品相类似的商品。

③许可权。许可权，是指注册商标所有人许可他人使用其注册商标的权利。在商标使用许可关系中，许可人应当提供合法的被许可使用的注册商标，监督被许可人使用其注册商标的商品质量。被许可人应在合同约定的范围内使用被许可商标，保证被许可使用商标的商品质量，在生产的商品或包装上应标明自己的名称和商品产地。

④转让权。转让权，是指注册商标所有人将其注册商标转移给他人所有的权利。转让注册商标，除了由双方当事人签订合同之外，转让人和受让人应共同向商标局提出申请，经商标局核准，并予以公告。未经核准登记的，转让合同不具有法律效力。

四、商标注册

1. 商标注册的原则

(1)注册原则。即商标权通过注册而取得。

(2)自愿注册原则。即商标使用人根据需要，自行决定是否申请商标注册。我国商标法规定对极少数商品(人用药品和烟草制品)实行强制注册。

(3)申请在先原则。即谁最先提出商标注册申请，商标权就授予谁的原则。

(4)优先权原则。商标注册申请人自其商标在外国第一次提出注册申请之日起6个月内,又在中国就相同商品以同一商标提出商标注册申请的,依照该外国与中国签订的协议或者共同参加的国际条约,或者按照相互承认优先权的原则,可以享有优先权。

商标在中国政府主办的或者承认的国际展览会展出的商品上首次使用的,自该商品展出之日起6个月内,该商标的注册申请人可以享有优先权。

2. 商标注册的申请

(1)申请的原则。一类商品一件商标一份申请的原则,即在同一份申请书中,只允许申报一件商标并限定在同一类别商品上。

(2)商标注册申请的途径和手续。国内主体:既可自行直接办理,也可委托商标代理机构代理。外国人或者外国企业:在中国申请商标注册,必须委托指定的商标代理机构代为办理商标注册。

申请人应提交的文件:①商标注册申请书;②委托书;③商标图样,申请人必须提供商标图样10份及黑白稿1份,请求保护颜色的,另附着色图样10份,并加注指定颜色;④有关证明文件。

3. 商标注册申请的审查和核准

(1)形式审查。主要是审查该商标注册申请是否具备法定的条件和手续。申请日以商标局收到申请书件的日期为准。

(2)实质审查。即对所提出注册申请的商标是否具备法定注册条件的审查。具体包括:一是审查是否具有显著性,即是否便于识别;二是审查是否属于《商标法》规定的禁用标志;三是审查是否与他人在同一种商品或类似商品上已注册的商标相同或相近似。

(3)初步审定并公告。这是商标注册的必经程序。商标局经审查后认为申请注册的商标符合法定的各项条件,从而做出初步核准的决定,即初步审定。初步审定的商标需以一定的方式公之于众,征询社会公众的意见。

(4)商标异议。对商标局初步审定的商标,自公告之日起3个月内,任何人均可以依法提出反对意见,要求撤销该初步审定的商标。

(5)商标复审。对商标局做出的驳回商标注册申请,不予公告的决定不服的,或者对于商标局做出的异议裁定不服的,当事人可以在收到驳回通知或异议裁定书后15日内向商标评审委员会申请复审。由商标评审委员会做出裁定,并书面通知异议人和被异议人。当事人对商标评审委员会的裁定不服的,可以自收到通知之日起30日内向人民法院起诉。

(6)核准注册。商标局对初步审定的商标,自公告之日起3个月内无人提出异议或者经裁定异议不成立的,予以核准注册,发给商标注册证,并予以公告。

商标注册申请人自注册之日起享有商标专用权。

4. 对注册不当商标的撤销及注册商标争议的裁定

(1)对注册不当商标撤销申请的裁定。注册不当的商标是指违反商标法有关禁用标志的规定,或者以欺骗手段或其他不正当手段取得注册的商标。

欺骗手段或其他不正当手段包括:①虚构、隐瞒事实真相或者伪造申请书件及有关文件进行注册的;②违反诚实信用原则,以复制、模仿、翻译等方式,将他人已为公众熟知的商标进行注册的;③未经授权,代理人以自己名义将被代理人的商标进行注册的;④侵犯他人合法的在先权利进行注册的;⑤以其他不正当手段取得注册的。

被撤销的注册不当商标,其商标专用权视为自始即不存在。

(2)对注册商标争议的裁定。注册商标争议是指商标注册人认为他人注册的商标与其在同一种或者类似商品上的注册商标相同或者近似,从而发生的商标专用权的争端。

商标评审委员会经审理依法做出维持或撤销注册商标的裁定。当事人对商标评审委员会的裁定不服的,可以自收到通知之日起30日内向人民法院起诉。人民法院应当通知商标裁定程序的对方当事人作为第三人参加诉讼。

五、商标权的法律保护

1. 对商标侵权行为的法律规定

商标侵权行为,是指侵犯他人注册商标专用权的行为。有下列行为之一的属侵犯注册商标专用权:

(1)未经商标注册人的许可,在同一种商品或者类似商品上使用与其注册商标相同或者近似的商标的。总之,既要商标相同或相似,又要商品相同或类似,两者缺一不可。

(2)销售侵犯注册商标专用权的商品的。包括:故意经销假冒他人注册商标商品的;根据一般常识与信息应当知道所经销的商品是假冒注册商标的商品而佯装不知情销售该商品的;开始不知但在经销过程中发觉所经销的商品是假冒注册商标的商品而仍然销售的。

(3)伪造、擅自制造他人注册商标标识或者销售伪造、擅自制造的注册商标标识的。包括:仿造或擅自制造他人注册商标标识;销售上述商标标识。

(4)未经商标注册人同意,更换其注册商标并将该更换商标的商品又投入市场的。

(5)给他人的注册商标专用权造成其他损害的。

此外,如抢注驰名商标或知名商标也应看作是一种侵权行为。

2. 对商标侵权行为的民事赔偿

《商标法》第六十三条规定:“侵犯商标专用权的赔偿数额,按照权利人因被侵权所受到的实际损失确定;实际损失难以确定的,可以按照侵权人因侵权所获得的利益确定;权利人的损失或者侵权人获得的利益难以确定的,参照该商标许可使用费的倍数合理确定。”

前款所称侵权人因侵权所得利益,或者被侵权人因被侵权所受损失难以确定的,由人民法院根据侵权行为的情节判决给予三百万元以下的赔偿。

销售不知道是侵犯注册商标专用权的商品，能证明该商品是自己合法取得的并说明提供者的，不承担赔偿责任。

3. 对商标侵权行为的行政处理

对于商标侵权行为，被侵权人既可以要求工商行政管理部门处理，也可以直接向人民法院起诉。

对商标侵权行为，工商行政管理部门有权做如下处理制止侵权行为：

(1)责令立即停止销售。

(2)收缴并销毁侵权商标标识。

(3)消除现存商品上的侵权商标。

(4)可以在收到复议决定通知之日起15日内向人民法院起诉。逾期不申请复议、不起诉又不履行的，由工商行政管理机关申请人民法院强制执行。

4. 对假冒商标犯罪的法律制裁

商标侵权构成犯罪的，除赔偿侵权人的损失外，由司法机关依法追究刑事责任。依照《中华人民共和国商标法实施细则》第四十五条的规定，对假冒他人注册商标的，任何人都可以向工商行政管理机关或检察机关控告和检举；构成犯罪的，由司法机关追究刑事责任。

随着我国改革开放的深化，许多企业创造出自己的驰名商标，国外的驰名商标在我国市场上也越来越多。与此同时，商标侵权活动日趋猖獗，构成犯罪的大案、要案日益增加。专门从事非法印制商标、制造假冒他人注册商标的劣质产品、推销假冒他人注册商标的商品等作案人员相互勾结，严重破坏商标管理秩序，侵犯商标专用权，坑害消费者，扰乱市场。商标侵权犯罪猖獗的原因之一就是缺乏法律手段，不能进行严厉制裁。因此，我国在修改后的《商标法》《关于惩治假冒注册商标犯罪的补充规定》，特别是新的《刑法》中，扩大了假冒注册商标犯罪的行为主体，加大了注册商标的保护力度，增加了法人犯假冒注册商标罪的规定，加重了商标侵权犯罪的刑事处罚，规定了追究国家工作人员在处理上述三种商标侵权犯罪案时徇私舞弊的刑事责任。

(1)假冒注册商标罪的刑事责任。假冒他人注册商标情节严重的，处3年以下有期徒刑或者拘役，并处或单处罚金；情节特别严重的，处3年以上7年以下有期徒刑，并处罚金。

(2)销售假冒注册商标商品的刑事责任。销售假冒他人注册商标商品金额较大的，处3年以下有期徒刑或拘役，并处或者单处罚金；销售金额数额巨大的，处3年以上7年以下有期徒刑，并处罚金。

(3)非法制造、销售他人注册商标标识罪的刑事责任。非法制造、销售他人注册商标标识，情节严重的，处3年以下有期徒刑、拘役或者管制，并处或单处罚金；情节特别严重的，处3年以上7年以下有期徒刑，并处罚金。

企业事业单位犯前面三种罪的，对单位判处罚金，并对直接负责的主管人员和其他直接责任人员依照上面规定追究刑事责任。“直接负责的主管人员”和“其他直接责任人员”是指商标侵权犯罪活动的策划者、组织者、指挥者和主要实施者。

【案例链接】

甲酒厂是生产“健远”牌葡萄酒的老厂，有着50多年的生产经验。该厂生产的系列葡萄酒2000年以来多次在国际评比和国内评比中获金、银奖，深受市场消费者欢迎，还于2003年被指定为国宴用酒。一些不法厂家为图眼前利益，仿冒甲酒厂商品装潢，以扩大销路违法获利。其中乙酒厂仿造甲酒厂的酒瓶形状、标签，图案、色彩基本相同，只是把“健远”两字改为其他文字，如不仔细看，会误认为是甲酒厂生产的葡萄酒。乙酒厂仿冒装潢的酒上市后，使甲酒厂遭受了重大损失，不仅销售量下降，而且许多消费者写信给甲酒厂，指责甲酒厂酒的质量下降，欺骗消费者。甲酒厂以乙酒厂侵犯商标权为由诉至法院，要求乙酒厂承担侵犯注册商标权的民事责任。

问题：①乙酒厂是否侵犯甲酒厂“健远”牌商标专用权，为什么？

②乙酒厂的行为是否侵权？为什么？

③乙酒厂是否应承担民事责任？如是，则应承担什么民事责任？

【案例评析】

(1)乙酒厂没有侵犯甲酒厂“健远”注册商标专用权。因为乙酒厂只是冒用甲酒厂的瓶形、装潢，并未擅自使用“健远”注册商标。

(2)乙酒厂构成侵权。因为根据《反不正当竞争法》的规定，乙酒厂的行为属于“擅自使用知名商品特有的包装、装潢，造成和他人知名商品相混淆，使购买者误认为是该商品”的不正当竞争行为。

(3)乙酒厂应当承担民事责任。应承担不正当竞争行为引起的侵权民事责任。

【练习思考】

(1)请你从商标法的角度谈谈对“六个核桃”广告的看法。

(2)请简述商标侵权行为的种类。

第七章　农村刑事法律常识

第一节　刑法和犯罪概述

【基本要求】

(1)了解刑法的定义及其特征

(2)理解刑法的基本原则

(3)熟悉犯罪的概念与特征

重点:刑法的基本原则、犯罪构成及其要件

难点:犯罪构成及其要件

【法律知识】

一、刑法的定义

刑法是国家的一项重要法律,在我国属于基本法之一,其地位仅次于具有最高法律效力的根本法——宪法。

刑法是规定犯罪、刑事责任与刑罚的法律规范的总和,这是为一般人所接受的刑法的形式定义。根据马克思列宁主义的观点,给刑法下定义应揭示其阶级实质,也称实质定义,故刑法是指掌握国家政权的统治阶级,为了维护其统治利益,以国家的名义规定什么行为是犯罪并科以什么样的刑罚惩罚的法律规范的总和。

二、刑法的特征

刑法作为法律中的一个部门,同其他法律部门相比,具有以下特征:

1. 刑法在保护的利益与调整的对象上范围比其他法律部门广泛

刑法所调整的是由于犯罪而引起的各种社会关系,所保护的利益涉及国家的安全利益,社会的公共利益,法人和自然人的经济利益,公民的人身权利、民主权利,社会的管理秩序等极其广泛的范围。其他法律所保护的只是特定的社会利益,调整的是某一方面特定的社会关系,范围较窄。例如,民法所保护和调整的只是一定范围内的公民之间、法人之间以及他们相互之间的财产关系及与财产关系相联系的人身非财产关系。

2. 刑法的任务以及实现任务的方法不同于其他法律部门

刑法的任务是用刑罚的方法同一切犯罪行为作斗争，对违反刑法的追究刑事责任。其他法律则各有自己的任务以及实现其任务的方法，例如，民法的任务是调整民事法律关系，当事人在法律上权利平等，如一方侵权，则承担民事责任，用民事赔偿等方法解决。

3. 刑法的强制力程度较其他法律的强制力程度严厉得多

具有强制力是所有法律的共同特点，任何违法者都必须承担相应的法律责任，受到应有的处罚。例如，违反行政法规，则承担行政责任，受到行政处罚，行政处罚中最严厉的莫过于违反《中华人民共和国治安管理处罚法》中的行政拘留15天的处罚。但是，违反刑法构成犯罪的人所承担的刑事责任，受到的刑罚处罚则是相当严厉的，对犯罪分子可以剥夺其财产、自由，甚至是生命。刑法的这种强制力，是其他法律所没有的。

三、刑法的基本原则

1. 罪刑法定原则

罪刑法定原则的原意为“法无明文规定不为罪”“法无明文规定不受罚”。罪刑法定原则历经两个世纪的发展变化，其基本内容包含以下三个方面：一是法定化，即犯罪和刑罚必须事先由法律做出明文规定，不允许法官自由擅断。二是实定化，即对于什么行为是犯罪以及犯罪所产生的具体法律后果，都必须做出实体性的法律规定。三是明确化，即刑法条文必须用清晰的文字表述确切的意思，不得含糊其词或模棱两可。

我国刑法第三条明确规定了罪刑法定原则，即法律明文规定为犯罪行为的，依照法律定罪处刑；法律没有明文规定为犯罪行为的，不得定罪处刑。

罪刑法定原则在我国刑事立法中具体表现在以下6个方面：①刑法第十三条明文规定了犯罪的定义，为区分犯罪与非罪行为确立了总的标准。②刑事法第十四条至第十八条明文规定了犯罪构成的共同要件，为认定犯罪提供了一般的规格和标准。③刑法分则条文对每一种具体的犯罪的构成要件做了明确规定，为认定各种具体的罪提供了具体的法律依据。④在刑法第三十二条至三十五条中明确规定了刑罚的种类，即5种主刑、3种附加刑以及对犯罪的外国人单独适用的附加刑，为依照法律处刑提供了根据。⑤明确规定了量刑的原则，包括刑法第六十一条规定的一般量刑原则以及具备各种法定情节的量刑原则，如自首、累犯，等等。⑥刑法分则条文明确规定了各种具体犯罪的法定刑，为对具体犯罪情节的量刑提供了具体的法律标准。

罪刑法定原则除体现在上述立法规定之中，在司法中的适用还表现在以下两个方面：①司法机关在具体办理个案时，必须以事实为根据，严格按照刑法明文规定的各种犯罪的罪状和法定刑，运用刑法总则规定的原则为指导，准确认定犯罪，恰当判处刑罚，不得偏离法律条文的规定滥定罪、滥处刑。②司法机关在忠于法律规定的原意和符合法律规范含义的范围之内正确进行司法解释。

2. 刑法面前人人平等原则

法律面前人人平等原则是近现代法治原则的重要组成部分。这一宪法原则有三个方面的含义：一是我国公民不分民族、种族、性别、职业、家庭出身、宗教信仰、教育程度、财产状况、居住期限，都一律平等地享有宪法和法律规定的权利，也都平等地履行宪法和法律规定的义务。二是公民的合法权益都一律平等地受到保护，对违法行为一律依法予以追究，决不允许任何违法犯罪分子逍遥法外。三是在法律面前，不允许任何公民享有法律以外的特权，任何人不得强迫任何公民承担法律以外的义务，不得使公民受到法律以外的处罚。为贯彻宪法的这一原则，1997年3月14日，修订后的我国刑法第四条规定："对任何人犯罪，在适用法律上一律平等。不允许任何人有超越法律的特权。"

刑法面前人人平等的原则在刑事立法中得到了充分体现，例如，刑法第六条至第十一条关于刑法适用范围的规定、第十三条关于犯罪定义的规定、第三十条至第三十一条关于单位犯罪的规定、刑法分则中对特殊主体职务犯罪的规定，等等。

刑法面前人人平等的原则在刑事司法中贯彻适用是有现实意义的，应着重强调的是：①定罪平等。对任何人犯罪，都适用相同的定罪标准，不能因人而异去对同样的犯罪事实确定不同的犯罪性质。②量刑平等。在犯罪性质相同的情况下，如果具备相同的犯罪情节，应适用相同的量刑标准。③行刑平等。执行刑罚时，按照监狱法等有关法律的规定，不允许有特殊的受刑人，在执行减刑、假释等行刑制度上不允许有特权人物存在。需要注意的情况，刑法面前人人平等的原则在司法中的适用并不否定因法定量刑情节或酌定量刑情节的差异而导致相同性质的犯罪在判定刑罚上有区别。刑法面前人人平等的原则在行刑中贯彻也并不否定刑罚个别化的体现。

3. 罪责刑相适应原则

罪责刑相适应原则，亦称罪刑相适应原则、罪刑相当原则。罪责刑相适应原则的基本含义是：罪行大小与刑事责任的大小、刑罚轻重应当相称，重罪重判，轻罪轻判。

1997年3月14日修订后的我国刑法第五条明确规定了罪责刑相适应原则，即"刑罚的轻重，应当与犯罪分子所犯罪行和承担的刑事责任相适应。"这一规定表明了刑罚与犯罪人的罪行、犯罪人应负刑事责任的关系，即应理解为犯罪人的罪行（包括主客观方面）是其承担刑事责任的前提，刑罚则是行为人负刑事责任的法律后果，罪行的轻重直接影响刑事责任的大小，刑事责任的大小则又决定着刑罚的轻重。

罪责刑相适应原则在我国刑事立法中的具体表现为：一是在刑法总则中确立了一个科学的刑罚体系，将各种刑罚方法依轻重次序加以排列，各种刑罚方法之间相互衔接，为刑事司法中实现罪责刑相适应原则奠定了基础。二是在刑法总则中考虑到犯罪行为的社会危害性大小和犯罪人的人身危险性大小，规定了轻重不同的处罚原则。三是在刑法分则中根据不同犯罪的社会危害性程度的不同，设立了轻重不同的法定刑。

罪责刑相适应原则在我国刑事司法中的适用：一是贯彻量刑原则，解决好定罪、刑事责任与量刑的对应问题。二是解决好量刑的精确化问题。立法中对许多罪的法定刑规定可供选择的刑罚种类较多，刑罚幅度较宽，这就要求法官认真贯彻罪责刑相适应原则，根据个案中罪行的轻重准确确立被告人刑事责任的大小，继而精确地判处刑罚。三是正确适用的有关刑罚制度。我国刑法中规定有关刑罚的制度有：考虑从轻、从重、减轻、免除刑罚的法定情节制度；累犯从重处罚制度；自首和立功从轻、减轻、免除处罚制度；数罪并罚制度；缓刑制度；减刑制度；假释制度；等等。贯彻罪责刑相适应原则，必须对上述各种刑罚制度正确运用。

四、我国刑法中犯罪的概念和特征

1. 犯罪的概念

《中华人民共和国刑法》（以下简称《刑法》）采取形式与实质相结合的犯罪定义。《刑法》第十三条明确规定，"一切危害国家主权、领土完整和安全，分裂国家、颠覆人民民主专政的政权和推翻社会主义制度，破坏社会秩序和经济秩序，侵犯国有财产或者劳动群众集体所有的财产，侵犯公民私人所有的财产，侵犯公民的人身权利、民主权利和其他权利，以及其他危害社会的行为，依照法律应受到刑罚处罚的，都是犯罪，但是情节显著轻微危害不大的，不认为是犯罪。"这一定义既揭示了犯罪危害社会本质特征的法律特征，又将犯罪与一般违法行为区别开来，是对形形色色的犯罪现象所做的科学概括，也是我们认定犯罪、划分罪与非罪界限的基本依据。

2. 犯罪的基本特征

(1)犯罪是严重危害社会的行为，具有严重的社会危害性。社会危害性，是指犯罪行为危害某一社会形态中某种社会关系及其表现出来的利益形式的属性。在我国，犯罪的社会危害性，是指犯罪行为危害我国刑法所保护的社会关系以及体现这些社会关系的国家和人民利益的特征。行为虽然具有社会危害性，但是情节显著轻微没有达到一定的严重程度的，国家没有必要规定为犯罪用刑罚加以制裁，因此，具有一定严重程度的社会危害性是犯罪的本质特征，它揭示了国家将某种行为规定为犯罪的原因，阐明了犯罪与社会的关系，揭示了犯罪的社会政治本质。

犯罪的社会危害性不是抽象的，而是具体的。我国《刑法》第十三条具体规定了犯罪的社会危害性的各个方面的表现：①对我国国家主权、领土完整和安全的危害；②对人民民主专政的政权和社会主义制度的危害；③对社会公共安全的危害；④对社会经济秩序的危害；⑤对国有财产、劳动群众集体所有财产和公民私人所有财产的危害；⑥对公民人身权利、民主权利和其他权利的危害；⑦对社会秩序包括治安管理秩序、生产秩序、工作秩序、教学科研秩序和人民群众生活秩序等的危害；⑧对国家国防利益、军事利益的危害；⑨对国家机关公务活动秩序和公务活动廉洁性的危害。一个行为危害上述任一方面的具体社会关系，都必然构成对我国刑法所保护的社会主义社会关系整体的侵害，都表明行为具有社会危害性。

犯罪的社会危害性具有多种表现形式：表现为实际的危害结果；表现为发生严重危害后果的现实危险；表现为物质性的危害结构，如侵犯财产的犯罪和侵犯人身的犯罪是对被害人财产和人身的危害；表现为精神性的危害，如《刑法》第二百四十六条规定的侮辱罪、诽谤罪的社会危害性主要表现为对被害人人格、尊严的贬低。

犯罪的社会危害性不是一个纯粹的事实概念，这体现了对犯罪行为的否定的社会政治评价。因此，犯罪的社会危害性不只是指行为对社会造成的客观危害，而且也包括行为人的主观恶性，是行为的客观危害和行为人的主观恶性的统一。

影响犯罪的社会危害性及其程度的因素或变量很多，一般来说主要有以下5个方面：

①行为侵犯的客体。行为侵犯的客体是指行为侵犯了什么样的社会关系，这是决定行为的社会危害性的首要因素。侵犯的社会关系与国家和人民的利益关系越重大，行为的社会危害性也越严重。

②行为的手段、方法以及时间、地点。如行为的手段是否凶狠、残酷，是否采用暴力方法、是否使用危害器具、是否在法律禁止的时间、地点实施行为等，都与行为的社会危害性直接相关，甚至会决定社会危害性的有无。

③行为造成的危害结果。如行为是否造成了现实的危害结果，造成的危害结果的种类和程度等，这些因素与行为的社会危害性及其程度直接相关。在结果犯中，如果行为没有造成现实的危害结果，或者造成的危害结果十分轻微，就不能认为具有犯罪的社会危害性。

④行为人的个人情况。如行为人是否具有刑事犯罪责任能力，是否具有法律规定的特殊身份或特定职责，是初犯还是累犯等。

⑤行为人的主观心理状态。行为是出于故意还是出于过失，有没有经过预谋，是否出于特定的目的，动机是否卑劣等主观心理因素，直接决定行为人的主观恶性程度，从而制约行为的社会危害性程度。

(2)犯罪是触犯刑律的行为，即具有刑事违法性。从广义上讲，只要行为人有意识地实施了可能对法律保护的社会关系构成损害的行为，就应当认为行为具有社会危害性，但是，具有社会危害性的行为不一定都是犯罪行为。其中，只有触犯刑律的严重危害社会的行为，才是现代刑法意义上的犯罪。在罪刑法定原则支配下，刑事违法性是犯罪的基本法律特征。

在我国刑法中，刑事违法不仅是指违反《刑法》的规定，而且也包括违反国家立法机关颁布的单行刑事犯罪法律的规定和行政、经济法律中规定的刑事责任条款。同时，不仅是指违反刑法分则性规范的规定，而且也包括违反刑法总则性规范的规定。例如，违反刑法总则关于犯罪预备、犯罪未遂、共同犯罪的规定等。

刑事违法性既是犯罪的基本法律特征，也是划分犯罪行为与一般违法行为的基本界限，认定一个行为是否构成犯罪，如果只讲社会危害性而不讲刑事违法性，就会导致罪刑擅断主义。但是，如果只讲刑事违法性而不讲社会危害性，也会掩盖犯罪的社会政治性质，陷入法律形式主义中。应当看到，一方面，行为的社会危害性是刑事违法性的基础，另一方面，刑事违法性是社会危害性在刑法上的体现。一个行为一旦符合刑法规定的犯罪构成，一般也就表明其具有严重的社会危害性。刑事违法性作为犯罪的基本法律特征，体现了刑法的限制和保障机能。只有当一个行为既具有严重的社会危害性，同时也违反刑法规范，符合刑法规定的犯罪构成，具有刑事违法性，才能被认定为犯罪。

(3)犯罪是应受刑罚惩罚的行为，即具有应受刑罚惩罚性。任何具有行为能力的人实施了违法行为都要承担相应的法律责任和法律后果。实施了违法行为应当负刑事责任，承担受国家刑罚处罚的法律后果。犯罪是刑罚的前提，刑罚是犯罪的法律后果。犯罪的概念包含刑罚的要求。我国《刑法》第十三条明确地将“应受刑罚惩罚”这一特征写进了犯罪的定义，表明应受刑罚惩罚性是我国刑法规定的犯罪的一个基本特征。一个行为如果不具有应受刑罚惩罚性，则不能认定为犯罪。

行为应当不应当受刑罚与需要不需要进行刑事惩罚是两个范畴的问题。应当不应当受刑事惩罚解决行为是否构成犯罪的问题，而需要不需要进行刑事惩罚则是在行为构成犯罪、应当受刑事惩罚的前提下，对具体案件的具体行为人是否实际给予刑事惩罚的问题。

五、犯罪构成

1. 犯罪构成的概念

我国刑法中的犯罪构成，是指我国刑法规定的某种行为构成犯罪所必须具备的主观要件和客观要件的总和。

(1)犯罪构成所要求的主观要件和客观要件，都必须是我国刑法所规定的。

(2)犯罪构成是我国刑法所规定的主观要件和客观要件的总和。

(3)犯罪构成主观要件和客观要件说明的是犯罪成立所要求的基本事实特征，而不是一般的事实描述，更不是案件全部事实与情节不加选择地堆砌。

应当指出，犯罪构成要件是说明案件情况的最重要的事实特征。然而，注意和强调犯罪构成要件，必须在查明案件的全部事实和全部情节的基础上进行。实践证明，在具体案件中，其他事实情况的变化，不仅可能影响犯罪构成要件对危害社会程度的说明，而且可能影响犯罪构成要件本身性质的变化。因此，查清案件的全部事实与情节，仔细分析可能影响犯罪构成要件基本性质的一切细节和关键点，是准确认定犯罪的构成要件的前提条件。

2. 犯罪构成的共同要件

在实际生活中，一切犯罪都是具体的，我国刑法分别规定了400多种犯罪，每种犯罪都有特殊的构成要件。然而，刑法理论通过对全部犯罪的研究，从各种具体的犯罪构成中概括出犯罪构成的一般规律，总结出犯罪构成的共同要件。学习和掌握这些共同要件，能够帮助我们由一般到具体系统地掌握全部犯罪构成理论。

按照我国犯罪构成的一般理论，我国刑法规定的犯罪都必须具备犯罪客体、犯罪的客观方面、犯罪主体和犯罪的主观方面这4个共同要件。

(1)犯罪客体。即我国刑法所保护的而为犯罪所侵害的社会主义社会关系。我国刑法分别具体指明了刑法所保护的社会关系的种类。例如，《刑法》第一百三十三条规定的交通肇事罪，侵害的是交通运输方面的公共安全。

(2)犯罪的客观方面。即刑法所规定的、构成犯罪在客观上必须具备的危害社会的行为和由这种行为所引起的危害社会的结果。这方面的要件说明了犯罪客体在什么样的条件下，通过什么样的危害行为而受到什么样的侵害。因此，犯罪客观方面也是犯罪构成不可缺少的要件。

(3)犯罪主体。即实施了犯罪行为，依法应当承担刑事责任的人。我国刑法对犯罪主体的规定包含了两种人：一种是达到刑事责任年龄，具有刑事责任能力，实施了犯罪行为的自然人；另一种是实施了犯罪行为的企业事业单位、国家机关、社会团体等单位。但是，单位目前只能成为某些犯罪的主体。

(4)犯罪的主观方面。即犯罪主体对自己实施的危害社会的行为及其结果所持的心理态度。我国《刑法》规定,一个人只有在故意或过失地实施某种危害社会的行为时,才负刑事责任。所以,故意和过失作为犯罪的主观方面,也是构成犯罪必不可少的要件之一。

这4个要件是任何一个犯罪都必须具备的。在我国刑法分则中,有一些条文对犯罪构成的要件描述得比较全面,但也有相当一部分条文写得比较概括,没有详细列举犯罪构成。例如,《刑法》第二百三十二条对故意杀人罪的规定是"故意杀人的"简单概括的条文。这并不意味着这些犯罪就不要求具备这4个方面的要件,在这种情况下,我们只有深刻理解犯罪构成要件的原理,才能准确地对这些具体犯罪进行认定和处罚。

【案例链接】

被告人乔甲因家中人多房少不能住,于2013年6月到其叔乔乙家借宿。同年9月28日,乔甲在乔乙家午睡后,闲着无事,想找本杂志翻阅,就随手拉乔乙忘了上锁的书桌抽屉,发现内有一叠崭新的10元面值人民币,乔甲顿起贪心,趁家中无人,偷偷从中抽走50元。由于乔乙大意,没有发现其抽屉内短少的现金。乔甲见第一次窃取得逞后,胆子越来越大,又分别于同年10月、2014年3月两次趁乔乙不在意,共窃取其人民币600余元。当乔甲又于2014年6月10日趁乔乙家无人之机,打开抽屉欲寻找现金时,不料被躲在家里逃学的乔乙之子乔丙发现,遂案发,随后乔甲家属代其偿还了乔乙的损失。乔乙曾到公安机关要求不要处理乔甲。

【案例评析】

被告人乔甲,虽主观上具有非法占有的目的,客观上实施了秘密窃取他人财物的行为,但其社会危害性不大,情节显著轻微,可不做犯罪处理,依照《中华人民共和国刑法》第十三条的规定,对乔甲宣告无罪。

【练习思考】

(1)试述犯罪的概念及特征。

(2)请谈谈你对罪刑法定原则的认识。

第二节 犯罪客体和犯罪对象

【基本要求】

(1)了解犯罪客体的概念

(2)理解犯罪客体区分的意义

(3)熟悉犯罪客体的分类

重点:犯罪客体与犯罪对象的区别

难点:犯罪客体与犯罪对象的联系与区别

【法律知识】

一、犯罪客体的概念

任何一种犯罪,不论其表现形式如何,都要侵害一定的客体。如果某种行为没有或者不可能侵害任何客体,就不能构成犯罪。

我们认为,犯罪客体是指我国刑法所保护的,而为犯罪行为所侵害的社会主义社会关系。根据这一概念,我国刑法理论中的犯罪客体包括以下特征:犯罪客体是我国社会主义社会关系;犯罪客体是我国刑法中所保护的社会关系;犯罪客体是犯罪行为所侵害的社会关系。

犯罪客体是构成犯罪的必备要件,因此,在司法实践中准确地把握犯罪客体的性质,至关重要。我国刑法在一些法律条文中直接对犯罪客体做了明确规定,然而,我国刑法在大多数条文中,是采取其他一些方式来表示犯罪客体的,如:

(1)有些条文通过一定的物质表现来指明犯罪客体。

(2)有些条文通过指出被侵犯的社会关系的主体来表明犯罪客体。

(3)有些条文通过指出对调整一定社会关系的法律规范的违反来说明犯罪客体。

(4)有些条文通过对某种危害行为的描述来表明犯罪客体。

从上述所见,在刑法分则没有明确规定犯罪客体的条文中,并不是没有犯罪客体,只要我们认真分析各种犯罪的社会政治内容和法律特征,就能对犯罪客体做出准确的理解。

二、犯罪客体的种类

为了深入分析和理解犯罪客体的作用和意义,根据犯罪所侵害的社会关系范围的不同,可以将犯罪客体分为一般客体、同类客体和直接客体。

(1)一般客体,亦称共同客体。这是指一切犯罪所共同侵害的客体。在我国,犯罪的一般客体,就是刑法所保护的作为整体的社会主义社会关系。犯罪的一般客体揭示了一切犯罪的共同本质,说明了犯罪的社会危害性的社会政治属性及我国刑法同犯罪作斗争的必要性。

(2)同类客体,亦称分类客体。也就是刑法所保护的社会主义社会关系的某一部分或者某一方面。同类客体说明了某一类犯罪所侵犯的社会关系的某一共同特点。研究犯罪同类客体有两个重要意义:

①犯罪同类客体原理是建立我国刑法分则体系的重要理论根据。我国刑法分则就是根据犯罪侵犯的同类客体,将犯罪归纳为10类,从而形成了完整的刑法分则的科学体系。

②犯罪同类客体原理能够帮助司法工作人员,把各式各样的犯罪行为,从性质上和社会危害性程度上互相区分开来,从而有助于正确地定罪和适用刑罚。

(3)直接客体。这是指某一具体犯罪直接侵害的客体,也就是指刑法所保护的社会主义社会关系的具体部分。在实际案件中的犯罪都是具体的,一个犯罪行为不可能使社会关系的各个方面都受到侵害,而只能侵害某一具体的社会关系。这种具体的犯罪侵害了什么具体的社会关系，就是由犯罪直接客体所揭示的。

犯罪现象是十分复杂的，一个犯罪所能够直接侵犯的具体社会关系，也呈现出十分复杂的情况。为了深入研究我国刑法对犯罪的规定，准确认定犯罪，我们根据犯罪所直接侵犯的具体社会关系的个数，可以把犯罪客体分为简单客体和复杂客体。简单客体，又称单一客体，是指一种犯罪直接侵犯的客体中只包括一种具体的社会关系。复杂客体，是指一种犯罪直接侵犯的客体包括了两种以上的具体社会关系。在复杂客体中，立法机关会根据国家的具体国情，将被侵害的各种社会关系分为主要客体与次要客体，然后根据主要客体的性质进行分类，将该种犯罪列入有关的分类中。

三、犯罪客体与犯罪对象

犯罪客体，是指我国刑法所保护的，而为犯罪行为所侵害的社会主义社会关系。犯罪对象是危害社会行为所直接作用的物或者人，其中，物是具体社会关系的物质表现；人是社会关系的主体。犯罪客体与犯罪对象是两个既有联系又有区别的概念。犯罪客体与犯罪对象的联系主要表现在两个方面：

（1）犯罪对象是社会关系存在的前提和条件，是犯罪客体的物质载体或者主体承担者。

（2）同一犯罪对象在不同的场合会表现为不同的犯罪客体，不同的犯罪对象在一定的场合也能表现为相同的犯罪客体。

犯罪客体与犯罪对象的区别主要有两点：

（1）犯罪客体是任何犯罪构成的必备要件，能够决定犯罪的性质，而犯罪对象则不一定具有这种法律属性。

（2）任何犯罪都要使一定的犯罪客体受到侵害，而犯罪对象则不一定受到损害。

实践证明，正确认识犯罪对象和犯罪客体的联系与区别，有助于我们分清各种犯罪对象中体现的犯罪客体的性质，这对于我们防止将犯罪对象误认为犯罪客体，混淆各种犯罪的区别，都有重要意义。

【案例链接】

被告人秦某华、薛某亮共同或分别伙同他人于2012年8月至2013年8月29日间，驾驶摩托车至海门市三和镇某工地，用钳子剪断正在使用中的电线，盗窃铝芯线、铜芯线等。其中被告人秦某华作案13次，被损电线价值人民币16531.3元；被告人薛某亮作案13次，被损电线价值人民币16584.81元。海门市人民检察院指控被告人秦某华、薛某亮犯破坏电力设备罪，本案系共同犯罪，被告人秦某华、薛某亮在各自参与的共同犯罪中均起主要作用，均是主犯，应当按照各自所参与的全部犯罪处罚。海门市人民法院经审理后认为，被告人秦某华、薛某亮以非法占有为目的，秘密窃取他人工地使用中的电线，数额巨大，被告人秦某华、薛某亮的行为均已构成盗窃罪。破坏电力设备罪的犯罪对象是正在使用中的电力设备，侵犯的客体是公共安全。根据国务院《电力设施保护条例》规定，所谓电力设备，是指用于发电、供电、输电、变电的各种设备。本案中被告人秦某华、薛某亮盗割工地根据施工需要临时架设的线路，该线路被盗割，并不危及公共安全，故被告人秦某华、薛某亮盗割使用中的电线的行为属盗窃犯罪，不构成破坏电力设备罪。海门市人民检察院对被告人秦某华、薛某亮的犯罪指控，事实清楚，证据确实、充分，应予支持；但指控被告人秦某华、薛某亮盗窃工地使用中的电线，构成破坏电力设备罪定性不当，应予纠正。

【案例评析】

破坏电力设备罪与盗窃罪两者的区别主要有：一是犯罪侵犯的客体不同，前者侵犯的是公共安全，后者侵犯的是财产所有权及其他权益。要判断盗窃电力设备的行为是否足以危害公共安全，要考虑其破坏的具体对象、程度、后果综合判断。电力设备是否正在使用是判断行为是否足以危害公共安全的标准之一，但不是唯一的标准。通常来讲，盗窃正在使用中的电力设备一般会危害公共安全，但不必然危害公共安全。还要结合电力设备设置的位置、影响范围、危害结果来综合判断。这里所称的“公共安全”是指不特定或者多数人的生命、健康的安全以及公共生活的平稳与安宁。

本案中，被告人秦某华、薛某亮盗割工地上正在使用的电线并不足以危害公共安全。首先，该电线设置在郊区的野外，一般不会危及周围居民的生命、健康安全；其次，该电线架设在空中，如果被盗，一般人都能发觉，一般不会造成触电事故；最后，电线被盗也没有造成除财产损失以外的严重后果。虽然两被告人盗窃了属于刑法意义上的电力设备，但是不足以危害公共安全，不应认定破坏电力设备罪，应当认定盗窃罪。

【练习思考】

(1)简述犯罪客体的概念。

(2)试述犯罪客体与犯罪对象的联系与区别。

第三节 犯罪客观方面

【基本要求】

(1)了解犯罪客观方面的概念及其意义、犯罪客观方面的要件

(2)理解危害行为的含义及其特征、不作为的含义及其要件

(3)熟悉犯罪的时间、地点与方法的含义

重点：不作为犯罪、刑法上的因果关系

难点：刑法因果关系的认定

【法律知识】

一、犯罪客观方面概述

犯罪客观方面，亦称犯罪客观要件，是指刑法规定的构成犯罪在客观外在方面所必须具备的条件。

犯罪客观方面是与犯罪客体紧密联系着的，在犯罪构成中，犯罪客体回答的是犯罪行为所侵害的是什么样的社会关系，而犯罪客观方面则是回答了这一客体在什么样的条件下，通过什么样的行为受到侵害，并且造成了什么样的危害结果。因此，犯罪的客观方面是犯罪构成的基本要件之一。犯罪的客观方面与犯罪客体相结合，共同构成了使人负刑事责任的客观基础。

在实践中，能够说明犯罪的客观事实是多种多样的。我国立法机关并不是把一切客观事实都作为犯罪客观要件，而是把那些最基本的、足以表明社会危害性质及其程度的客观事实，在刑法中规定为犯罪的客观要件。根据这些条件是否为犯罪构成所必需，可以分为两类：第一类是必要要件，它包括危害行为、危害结果以及危害行为与危害结果之间的因果关系。每一个犯罪构成都必须具备这些因素，否则犯罪不能成立。第二类是选择要件，它包括犯罪的时间、地点、方法等，这些要件并不是每一个犯罪构成都必须具备的，只是对于那些法律上有特别规定的犯罪，才是构成犯罪的必要要件。

研究犯罪客观方面具有重要意义，具体如下：

(1)犯罪的客观方面是划分罪与非罪的重要客观标准。

(2)犯罪的客观方面是区分此罪与彼罪的重要依据之一。

(3)研究犯罪的客观要件，对于正确分析和认定犯罪的主观方面也有重要意义。

二、危害社会的行为

1. 危害社会的行为的概念和特征

从一般意义上说，人的行为是指表现人的主观心理状态的外部动作。但是刑法所讲的行为，不是一般的行为，而是具有特殊含义的危害行为，即指表现人的犯罪心理状态，为刑法所禁止的危害社会的行为。危害社会的行为具有以下特征：

(1)必须是对我国社会主义社会有危害性的，为刑法所禁止的行为。

(2)必须是表现人的犯罪心理态度的行为。有的行为虽然在客观上造成了某种危害结果，但不是在自己的心理支配下进行的，就只能属于无意识行为。无意识行为也不是刑法意义上的危害行为。无意识行为主要有以下几种：

①无意识的动作或言论。

②人在身体受到外力强制下形成的动作。

③由于不能抗拒的原因，行为人无法履行其义务的行为。

这三种情况，由于缺少人的心理因素，都不能认为是危害社会的行为。

2. 危害社会的行为的分类

刑法中规定的危害社会行为，有多种多样的表现形式，但是归纳起来，可以分为作为与不作为这两大类。

所谓作为，是指行为人用积极的动作来实施的危害社会的行为。作为是犯罪中最常见的一种形式，许多犯罪也只能表现为作为的形式，如果行为人不采取积极的行动，那么犯罪意图就不可能实现。

所谓不作为，就是指行为人有义务并且能够实行某种行为，消极地不去履行这种义务，因而造成严重的危害后果的行为。不作为是人的一种消极行为。刑法上的不作为，必须具备以下条件：

（1）行为人负有实施某种行为的特定义务。一般来说，这种义务是根据以下三个方面具体确定的：

①法律明文规定的义务。

②职务上或者业务上要求履行的义务。

③由行为人已经实施的行为所产生的责任。

（2）行为人有可能履行这种特定义务。

（3）行为人不履行特定义务而引起危害社会的结果。

在认定不作为时，关键是要判明行为人有无实施某种行为的特定义务。仅仅违反一般道德义务的行为，只能受到道德谴责或者纪律处分，而不能构成犯罪。

以不作为形式构成犯罪，在司法实践中比较少见。在刑法分则中，只能以不作为形式构成的犯罪，只有少数几种。另外，有的犯罪既可以由作为形式构成，又可以由不作为形式构成。

危害社会的行为在认定犯罪时有着重要的意义，单纯的思想不是行为，没有行为就不能构成犯罪，惩罚只有思想而没有行为的“思想犯罪”，是同我国社会主义法制和社会主义刑法学理论格格不入的。

三、危害社会的结果

危害社会的结果，是指危害社会的行为对我国刑法所保护的社会关系所造成的损害。

犯罪客体有物质性与非物质性之分，危害结果因此也可以表现为物质性和非物质性两种情况，物质性的结果通常可以直接根据数量、重量、状态或价值直接计量出来，非物质性的结果往往是无形的、抽象的，一般不能计量，但是根据案件的全部事实和情节，对非物质性的结果仍然可以确定危害的严重程度。

我国刑法对危害结果做出了种种规定，这些规定反映出在不同犯罪中危害结果的不同意义。

（1）在过失犯罪中，将实际造成一定程度的物质性危害结果作为构成犯罪的必要条件。是否具有一定的物质性危害结果，是区分这些罪的罪与非罪的界限。

（2）在故意犯罪中，以发生严重物质性危害结果的可能性，作为构成犯罪的必要条件。

（3）对危害结果未做任何规定的，是危害结果是非物质性的犯罪的情况。

（4）绝大多数故意犯罪中要求一定的物质性危害结果，如果该种危害结果没有完全发生，那么，这种犯罪就没有既遂。

(5)在一部分故意犯罪中,将某种特定的物质性危害结果是否发生,作为构成犯此罪与彼罪的界限,以及从重处罚的条件。

总之,正确理解和掌握危害社会的结果,对于正确分析行为的社会危害程度,区分罪与非罪,从而保证正确地适用刑罚,具有重要意义。

四、刑法上的因果关系

刑法上的因果关系是指人的危害行为与危害结果之间存在的引起与被引起的关系。

我国刑法的罪责自负原则要求:一个人只能对自己行为所造成的危害结果负责任。因此,当某种危害社会的结果已经发生,要使行为人对这一结果负责任,就必须查明这一结果是由该人的行为所造成的,也就是说,要确定行为人的行为与危害结果之间存在着刑法上所要求的因果关系。如果缺少这种因果关系,就不能使行为人对这一结果负担刑事责任。

在以辩证唯物主义为指导解决刑法中的因果关系问题时,应当注意掌握以下几点:

(1)因果关系的客观性。在司法实践中判断危害行为与危害结果之间是否存在因果关系,一定要从客观实际出发,深入到客观事物本身中去调查研究,必要时,还要依靠科学鉴定,才能做出正确的判断。

(2)因果关系的相对性。在选择作为原因的危害行为和作为结果的危害结果时,应当注意两点:一是因果关系在时间上的特点。作为原因的现象必须是先于作为结果的现象出现的。二是因果关系的目的性。刑法研究因果关系有自身的目的,因此,在从复杂的社会现象抽取决定的环节时,要服务于刑法解决行为人刑事责任这个目的。

(3)因果关系的必然性。只有在危害行为与危害结果之间存在着内在的、必然的因果关系时,行为人的刑事责任才能具有客观基础,但是应当明确:我国刑法因果关系原则上要求必然因果关系,偶然因果关系只有在极特殊的案件中,作为必然因果关系的补充,才有存在的意义。

(4)因果关系的复杂性。

(5)要注意不作为犯罪中因果关系的特殊性。

(6)因果关系与刑事责任是既有联系又有区别的两个问题。

五、犯罪的时间、地点和方法

犯罪的时间、地点和方法,都是犯罪客观方面的选择要件。

任何犯罪都是在一定时间和地点,采取一定的方法实施的,但是,我国刑法分则规定的大部分犯罪都不以一定的时间、地点和方法为要件。在法律明文规定的条件下,是否具有法律要求的时间、地点和方法,是划分罪与非罪的重要标准。

在法律对犯罪时间、地点和方法没有明确要求的案例中,由于犯罪在不同的时间、地点,采用不同的方法,对社会产生的震动和危害不同,例如,在城市商业区大街上公然抢劫、杀人,与在僻静巷子里实施同样的犯罪产生的社会效果就有很大不同,因此,这些案件中犯罪的时间、地点和方法,对于确定犯罪的危害程度,是有一定意义的。

【案例链接一】

甲看见儿子乙(8周岁)正掐住丙(3周岁)的脖子,因忙于炒菜,便未理会,等炒完菜,甲发现丙已窒息死亡。

对甲的行为应当如何认定?

【案例评析】

甲成立不作为犯罪,8周岁的乙是无民事行为能力人,监护人甲对其具有法律上的监护义务,对其实施的危害行为具有阻止的义务。甲看见乙掐住丙的脖子,本应阻止乙的危害行为,但却未予理会,致使丙窒息而亡,因此成立不作为犯罪。

【案例链接二】

甲向乙的茶水投毒,重病的乙喝了茶水后感觉更加难受,自杀身亡。甲的行为与乙的死亡是否有因果关系?

【案例评析】

没有因果关系。因为乙的死亡结果是乙的自杀行为直接所致,而非甲的投毒行为直接所致。也就是说乙自杀行为的介入阻断了甲的行为与乙死亡结果之间的因果关系。因此,甲的投毒行为与乙的死亡结果之间没有因果关系。

【练习思考】

(1)刘某与张某之妻有染,张某得知后非常气愤,决定要教训刘某。某晚,刘某穿小路回家,早已等候在那里的张某放出自己训练的狼狗扑向刘某,张某则躲在角落里不动声响。结果刘某被咬成重伤。

张某的行为是否构成犯罪?是否是不作为犯罪?

(2)刘某基于杀害潘某的意思将潘某勒昏,误以为其已死亡,为毁灭证据而将潘某扔下悬崖。事后查明,潘某不是被勒死而是从悬崖坠落致死。

刘某在本案中是否存在因果关系的认识错误?刘某在本案中是否存在打击错误?刘某构成故意杀人罪未遂与过失致人死亡罪还是故意杀人罪既遂?

第四节 犯罪主体

【基本要求】

(1)了解犯罪主体的概念、自然人成为犯罪主体须具备的条件、单位犯罪的规定

(2)理解刑事责任能力的含义

(3)熟悉刑事责任年龄的划分

重点:刑事责任能力及其影响因素

难点:刑事责任能力的认定

【法律知识】

一、犯罪主体概述

犯罪主体，是指实施了危害社会的行为，依法应负刑事责任的人，这包括实施了危害社会的行为，达到刑事责任年龄，具有刑事责任能力的自然人，以及实施了危害社会的行为，依法应当承担刑事责任的企业事业单位、国家机关、社会团体等单位。在犯罪主体中，自然人可以成为各种犯罪的主体，但是，根据我国刑法目前的规定，单位只能成为特定犯罪的主体。

根据我国刑法规定，自然人成为犯罪主体必须具备以下条件：

(1)实施了危害社会的行为。

(2)达到法定刑事责任年龄。

(3)具有刑事责任能力。

这三个条件必须同时具备，缺一不可，任何自然界的自然现象、动物、物品，甚至尸体，都不可能具有成为犯罪主体的资格。

单位和组织的犯罪，在刑法理论上通常也称作法人犯罪。必须注意，法人犯罪并不等于共同犯罪或者犯罪集团，在法人犯罪的情况下，法人是依法成立，有着合法的经营目的和经营范围的实体。法人犯罪是这种有着合法“身份”的实体违反法律规定，实施了危害社会的行为。共同犯罪，尤其是犯罪集团，一般都不是依法成立的合法实体，也没有合法的经营目的和经营范围。另外，构成法人犯罪必须符合法律规定的法人犯罪的条件；构成共同犯罪或者犯罪集团，必须符合刑法的有关规定。

根据我国《刑法》第三十条的规定，单位犯罪是指公司、企业、事业单位、机关、团体实施的法律规定为单位犯罪的危害社会的行为。根据刑法规定，单位犯罪必须具备以下条件：

(1)单位实施的犯罪行为必须是我国法律明文禁止单位实施的那些危害社会的行为。

(2)单位犯罪的主体必须是公司、企业、事业单位、机关和团体。

(3)单位犯罪的目的是为了该单位谋取非法利益，并且单位犯罪行为的实施必须与单位的工作或业务相联系。

我国《刑法》第三十一条规定，单位犯罪的，对单位判处罚金，并对其直接负责的主管人员和其他直接责任人员判处刑罚。刑法分则和其他法律另有规定的，依照规定。

二、刑事责任年龄

刑事责任年龄，也称责任年龄，是指刑法规定的应当对自己实施的危害社会的行为负刑事责任的年龄。

我国刑法总结了新中国成立以来同犯罪作斗争的经验，并吸收了外国刑事立法中的一些有益的经验，对刑事责任年龄做了具有我国特色的四分法规定：

(1)不满14周岁的人实施危害社会的行为，不负刑事责任。这是完全不负刑事责任年龄。

（2）已满14周岁不满16周岁的人，只对犯故意杀人、故意伤害致人重伤或者死亡、强奸、抢劫、贩卖毒品、放火、爆炸、投毒罪，承担刑事责任。这是相对负刑事责任年龄。

（3）已满14周岁不满18周岁的人犯罪，应当从轻或者减轻处罚。这是减轻刑事责任年龄。

（4）已满16周岁的人，对于一切犯罪行为都应负刑事责任。这是完全负刑事责任年龄。

刑法虽然对不满14周岁或不满16周岁的人不处罚，但在行为人实施危害社会的行为之后，并不是完全放任不管。《刑法》第十七条第（四）款规定："因不满16周岁不予刑事处罚的，责令他的家长或者监护人加以管教；在必要的时候，也可以由政府收容教养。"这是一种社会保护措施，通过这种措施，有助于防止他们再危害社会，有助于他们的教育改造，也有助于保护青少年的健康成长。

三、刑事责任能力

刑事责任能力，也称责任能力，是指一个人能够理解自己的行为的性质、后果和社会政治意义，并且能够控制自己行为的能力。这种能力是构成犯罪主体的必要条件之一，无责任能力的人实施了危害社会的行为，不负刑事责任。

责任能力的有无是和责任年龄紧密相关的，在通常情况下，达到法定责任年龄的人就意味着他具有必要的识别和控制自己行为的能力。但是，人的这种能力可能因为精神病而受到影响，甚至完全丧失。

我国《刑法》第十八条规定："精神病人在不能辨认或者不能控制自己行为的时候造成危害结果，经法定程序鉴定确认的，不负刑事责任，但是应当责令他的家属或者监护人严加看管和医疗；在必要的时候，由政府强制医疗"。"间歇性的精神病人在精神正常的时候犯罪，应当负刑事责任。""尚未完全丧失辨认或者控制自己行为能力的精神病人犯罪的，应当负刑事责任，但是可以从轻或者减轻处罚。"

与精神病人不同，醉酒的人不属于无责任能力的人。我国《刑法》第十八条第（四）款规定："醉酒的人犯罪，应当负刑事责任。"

我国《刑法》第十九条规定："又聋又哑的人或者盲人犯罪，可以从轻、减轻或者免除处罚。"又聋又哑的人或者盲人不属于无责任能力人，他们虽然有严重的生理缺陷，但并没有丧失辨认和控制自己行为的能力，所以不能免除应负的刑事责任。但是，由于他们的生理缺陷，可以根据具体情况从轻、减轻或者免除处罚。

【案例链接】

纪某在14岁之前盗窃各类财物总计约7000余元。14岁生日那天，纪某邀集几个朋友到一饭馆吃饭，饭后回家途中，纪某看到一行人手拿一个提包，即掏出随身携带的弹簧刀将持包人刺伤把包抢走，包内有手提电话一部、现金5000余元。第二天纪某出门游逛，见路边停着一辆吉普车，即设法打开车门，将车开走，行驶途中，因操作生疏，将在车站候车的3人撞倒，两死一伤，纪某不仅未停车，反而加大油门逃走。当日下午，纪某将汽车以两万元的价格卖出，后被抓获。

【案例评析】

纪某对不满14岁以前的盗窃行为不负刑事责任。纪某对14岁生日当日的抢劫行为不负刑事责任,因为根据最高人民法院的司法解释,14岁生日仍属未满14岁的人。纪某对盗窃吉普车的行为也不负刑事责任,因为根据《刑法》第十七条的规定,已满14岁不满16岁的人只对故意杀人、故意伤害致人重伤或者死亡、强奸、抢劫、贩卖毒品、放火、爆炸、投毒罪承担刑事责任,纪某的盗窃行为不在上列。纪某对交通肇事行为也不负刑事责任。

【练习思考】

赵某(男,1983年8月8日生)游手好闲,讲究享乐,为了让经商的父亲多给一些钱用而费尽心机。2000年7月7日,赵某让钱某(男,1983年6月6日生)给自己的父亲打电话,谎称自己被警察抓走了。钱某问为什么要撒谎,赵某说:"这不关你的事。"钱某给赵某的父亲打了电话。接着,赵某于当日半夜拿菜刀将自己的左手小指齐指甲根部垛下,然后跑到医院包扎。第二天早晨,赵某让孙某(男,1983年5月5日生)把装有半截手指的信封送到赵家楼下的食杂店,委托店主交给赵的父亲。中午,孙某按赵某的旨意给赵某的父亲打电话:"你的儿子已经被我们绑架了,拿50万元来赎人,否则你儿子便没命了。"赵某的父亲立即报案,公安机关将赵某、钱某、孙某抓获。赵某在被拘留期间,主动交待了司法机关还未掌握的另一犯罪事实:赵某于1999年4月4日,在盗窃了李某家5000元现金后,为了毁灭罪证而实施了危害公共安全的放火行为。钱某在被拘留期间也主动交待自己曾于1999年3月3日参与一起绑架案,分得赎金3000元。孙某在被拘留期间,检举、揭发了周某的重大犯罪行为,经查证属实。

问:本案中的赵某、钱某、孙某的行为是否构成犯罪?构成何罪?各自具有哪些法定的量刑情节?

第五节　犯罪主观方面

【基本要求】

(1)了解犯罪主观方面及其内容、犯罪目的、犯罪动机

(2)理解犯罪故意、犯罪过失的概念以及意志因素、认识因素的内涵

(3)熟悉直接故意、间接故意、疏忽大意的过失与过于自信的过失的区别

重点:犯罪主观方面的认定

难点:刑法上的认识错误

【法律知识】

一、犯罪主观方面概述

犯罪主观方面，亦称犯罪主观要件或者罪过，是指行为人对自己的危害社会的行为及其危害社会的结果所持的故意或者过失的心理态度。人在实施犯罪时的心理状态是十分复杂的，概括起来有故意和过失这两种基本形式，以及犯罪目的和犯罪动机这两种心理要素。

二、犯罪主观方面的内容

犯罪主观方面的内容，或者说罪过的内容，是指我国刑法规定的行为人实施犯罪的，必须认识的事实内容和必须具有的意志状态。

犯罪主观方面的内容，是由认识因素和意志因素这两大部分内容构成的。

(1)认识因素。这是指行为人对事物及其性质的认识和分辨情况。

①行为人对自己行为及其结果的社会危害性的认识，或者说对与犯罪客体有关的事实及性质的认识。

②行为人对犯罪的基本事实情况的认识，或者说对犯罪客观方面有关的事实的认识。行为人对犯罪基本事实情况的认识首先包括了危害行为、危害结果和两者之间的因果关系的认识。只有当刑法分则明确要求行为人对犯罪的时间、地点和方法等事实也要有认识时，犯罪客观方面中的选择要件，才能构成特定犯罪罪过的内容。

我国刑法并没有要求行为人认识自己的行为是违反刑事法律规定的行为，即不要求认识行为的刑事违法性。如果不认识行为的刑事违法性就不能构成罪过，不负刑事责任的话，那么就容易使有些人借口不懂法律逃避应负的刑事责任。

(2)意志因素。这是指行为人根据对事物的认识，决定控制自己行为的心理因素。根据我国刑法规定，意志对于危害行为和危害结果起支配和控制作用，表现为4种形式，即希望、放任、疏忽、轻信。

①希望，是指行为人积极地有目的地追求危害结果发生的意志状态。

②放任，是指行为人对由于自己的行为所引起的危害结果，听之任之，不加控制和干涉的意志状态。

③疏忽，是指行为人粗心大意、松懈麻痹，因而没有预见本来应当预见和可能预见的危害结果，以致发生危害结果的意志状态。

④轻信，是指行为人盲目自信，过于轻率地选择和支配自己的行为，以致发生危害结果的意志状态。

我国刑法规定，任何犯罪的主观方面，都是由有着具体内容的认识因素与这四种意志形式之一结合组成的，缺乏认识因素和缺乏意志因素，罪过都不能成立。

三、犯罪故意

犯罪故意是我国刑法确定的罪过形式之一。根据《刑法》第十四条规定，犯罪故意，是指行为人明知自己的行为会发生危害社会的结果，并且希望或者放任这种结果发生的主观心理态度。从罪过内容上看,犯罪故意具有两方面特征;其一,在认识因素上,行为人明知自己的行为可能发生危害社会的结果。其二,在意志因素上,行为人对危害结果的发生抱着希望或放任的态度。根据认识和意志这两个方面的不同情况,刑法理论将犯罪故意分为直接故意和间接故意。

(1)直接故意,是指行为人明知自己的行为会发生危害社会的结果,并且希望这种结果发生的心理态度。我国刑法规定的大部分犯罪都由直接故意构成。

(2)间接故意,是指行为人明知自己的行为可能发生危害社会的结果,并且放任这种结果发生的心理态度。

四、犯罪过失

犯罪过失是我国刑法规定的另一种罪过形式。《刑法》第十五条第(二)款规定:“过失犯罪,法律有规定的才负刑事责任。”我国刑法分则规定的过失犯罪,都要求造成严重的危害结果。没有法定的严重危害结果的发生,就谈不上犯罪过失的存在。

根据《刑法》第十五条规定,犯罪过失,是指行为人应当预见自己的行为可能发生危害社会的结果,因为疏忽大意而没有预见,或者已经预见而轻信能够避免,以致发生了危害社会的结果的主观心理态度。从罪过内容上看,犯罪过失具有两方面特征:①在意识因素上行为人应当预见自己的行为可能发生危害社会的结果,但是因疏忽大意而没有预见,或者已经预见但是轻信能够避免。②在意志因素上,行为人对危害结果的发生是持根本否定态度的。根据罪过内容方面的特点,刑法理论将犯罪过失分为疏忽大意的过失和过于自信的过失。

(1)疏忽大意的过失,是指行为人应当预见自己的行为可能发生危害社会的结果,因为疏忽大意而没有预见,以致发生这种结果的主观心理态度。

(2)过于自信的过失,是指行为人已经预见到自己的行为可能发生危害结果,但是轻信能够避免,以致发生这种结果的主观心理态度。

五、犯罪目的与犯罪动机

犯罪目的,是指行为人希望通过实施危害社会的行为所希望达到的结果。犯罪目的对犯罪目标的直接指向性,说明了具有犯罪目的的罪过必须具有直接追求性。很明显,间接故意只具有伴随性,犯罪过失对危害结果具有否定性,都不可能具有犯罪目的,只有直接故意,才具有犯罪目的。

犯罪动机,是指行为人实施犯罪的内心起因。我国刑法对犯罪动机没有明文规定,因此,它不是犯罪构成的必备要件。但是,我国刑法分则不少条文规定了情节严重、情节恶劣或情节轻微,犯罪动机无疑是能说明情节的重要因素之一。

六、刑法上的认识错误

刑法上的认识错误,是指行为人对自己行为的法律性质和事实的认识错误。这属于犯罪主观方面的特殊问题,主要是解决行为人主观上对自己行为的法律性质和事实情况发生误解时的刑事责任。

刑法上的认识错误可以分为法律上的认识错误和事实上的认识错误两大类。

1. 法律上的认识错误

所谓法律上的认识错误，是指行为人对自己行为的法律性质有不正确的理解。行为的违法性是构成犯罪的基本特征之一。具体来说，有以下三种情况：

(1)某种行为在刑法上并不认为是犯罪，而行为人由于误解法律而认为是犯罪。

(2)行为人认为自己的行为并不构成犯罪，但实际上是刑法所禁止的犯罪行为。

(3)行为人对自己的犯罪行为在犯罪性质和刑罚轻重上有不正确的认识。

2. 事实上的认识错误

所谓事实上的认识错误，是指行为人对自己行为时的事实情况有不正确的理解。行为人对犯罪客体和犯罪客观方面事实的认识，是罪过的重要内容。具体来说，这包括以下内容：

(1)行为人对目标的错误认识。即行为人对自己行为所指向的事物的性质和种类的认识错误。这方面的问题比较复杂，如果行为人对自己行为的社会危害性没有认识，例如，误人为兽加以杀伤的，根据实际情况应当构成过失犯罪或者意外事件；如果行为人对犯罪对象认识有错误，但是对犯罪客体认识没有错误，例如，误甲为乙加以杀伤的，则对刑事责任不发生任何影响；如果行为人对犯罪客体的种类认识有错误，则依行为人主观认识的客体种类定罪。

(2)行为人对犯罪手段的错误认识。即行为人对其选择的犯罪手段的方法的认识错误。这种情况不影响罪过的成立。一是行为人所使用的手段本来会发生危害结果，但行为人误认为不会发生，一般定过失犯罪。二是本欲使用会产生危害结果的手段，但因认识错误而采用不会发生危害结果的手段，这种情况应认定为犯罪未遂。

(3)行为人对因果关系的错误认识。即行为人对其所实施的行为和所造成的结果之间的因果关系的实际发展有错误认识，对行为人仍然根据主客观相一致原则处理。

(4)行为差误问题。即行为人在实施某种危害行为时，由于客观条件的限制，发生了并不是行为人所期望的结果，行为人一般仍要负未遂的刑事责任。严格地说，行为差误不属于认识上的错误，但由于它与认识上的错误在观念上有许多相似之处，我们才把它放在一起研究。

【案例链接】

被告人胡某之妻唐某系四川人，多次与其好友张某(女，22岁，未婚)通信，说河南生活条件好，她仅利用农闲帮人加工衣服，每月可挣500元等。于是，张某也想到河南来，写信告诉唐某帮她找一合适人家，并要胡某到四川接她。胡某在临去四川之前找到邻村青年周某说要为他从四川介绍一个媳妇，并要求周某提供500元作路费，周某满口答应，遂给胡某500元。胡某到四川后，听张某说，她表妹陈某(21岁，未婚)也想到河南结婚，问胡某是否可以带她一起去，胡某随即应允。回到河南后，胡某将张某介绍给周某为妻，又将陈某介绍给其一个远房亲戚梁某为妻，并以分担路费的名义，向梁某索要现金500元。梁某因胡为其介绍对象而非常感激，要多给胡某200元，但胡某只收了500元。张某、陈某二女均感婚后生活很满意。

【案例评析】

犯罪构成的主观方面是指刑法规定成立犯罪所必须具备的犯罪主体对其实施的危害行为及其结果所持的心理态度。犯罪的主观方面是成立犯罪所必须具备的要件。拐卖妇女罪要求行为人必须具有出卖妇女牟利的目的,而胡某不具有这一非法目的,根本未对妇女实行拐骗贩卖的行为。同样案件事实也表明,被告人胡某的行为目的是为他人介绍婚姻。尽管胡某在介绍婚姻时索取了他人财物,其行为具有一定的社会危害性,而且形式也与拐卖妇女有某些相似之处,但从总体上考察,胡某确属为他人介绍婚姻,而且索取的他人财物数量较小,其行为的目的根本不具备《刑法》第二百四十条拐卖妇女罪规定的必须具有出卖妇女牟利的目的,亦即不符合拐卖妇女罪的构成要件,不应以犯罪论处。

【练习思考】

(1)甲贩运假烟,驾车路过某检查站时,被工商执法部门拦住检查。检查人员乙正登车检查时,甲突然发动汽车夺路而逃。乙抓住汽车车门的把手不放,甲为摆脱乙,在疾驶时突然急刹车,导致乙头部着地身亡。

问:甲对乙死亡的心理态度是什么?

(2)试述间接故意与过于自信过失的区别。

第六节　犯罪停止形态

【基本要求】

(1)了解故意犯罪的停止形态的概念、故意犯罪的停止形态的分类

(2)理解既遂的含义及其形态

(3)熟悉各种不同犯罪停止形态的处罚原则

重点:犯罪预备、犯罪未遂、犯罪中止的概念与特征

难点:犯罪预备、犯罪未遂、犯罪中止的认定与辨别

【法律知识】

故意犯罪的停止形态,是指故意犯罪在犯罪过程的不同阶段由于各种原因而停止下来所呈现的不同状态。一般说来,一个完整的犯罪过程,要经由一个从犯罪意识形成、犯罪预备、着手实行犯罪到完成犯罪的发展过程。例如,故意杀人罪,一般会先有杀人的念头,再准备杀人凶器,然后实行杀人行为,直至把被害人杀死。但是,并非每一个犯罪都能完成以上犯罪过程。司法实践中经常会出现这样的情况:有的犯罪分子

为了犯罪准备了工具或者制造了条件，却由于意志以外的原因而未能着手实行犯罪；有的犯罪分子着手实行犯罪以后，却由于本人意志以外的原因而未能使犯罪得逞；有的犯罪分子在犯罪过程中，出于各种原因而自动停止犯罪或者主动采取措施有效避免犯罪结果发生。这些不同的情况就使犯罪在不同的阶段停顿下来而呈现出不同的形态，这就是犯罪既遂、预备、未遂和中止形态。

一、犯罪既遂

1. 犯罪既遂的概念

犯罪既遂是犯罪的完成形态。何谓犯罪既遂，在学理和判解上一般有多种观点，根据构成要件说，只要犯罪实行行为完全具备犯罪构成要件，即便没有发生具体的犯罪结果或者没有实现行为人预期的犯罪目的，也构成犯罪既遂。例如，破坏交通工具罪，以行为人破坏火车、汽车、电车、船只、航空器，足以使这些交通工具发生倾覆、毁坏的危险，为犯罪构成的基本要件，只要行为人实施了足以使这些交通工具发生倾覆、毁坏的现实危险的破坏行为，即便没有实际发生交通工具倾覆、毁坏的实际结果，仍然应当以破坏交通工具罪的既遂论处。

2. 犯罪既遂的形态

根据我国刑法分则对各种直接故意犯罪构成要件的规定，犯罪既遂形态主要有以下四种：

（1）结果犯。结果犯的犯罪既遂，不仅要求行为人实施完毕刑法分则规定的特定犯罪行为，而且要求犯罪行为实际造成法定的危害结果。所谓法定的危害结果，具体是指刑法分则明文规定的犯罪行为对犯罪对象造成物质的、有形的、可以具体测量确定的损害结果。如故意杀人罪、故意伤害罪、抢劫罪、盗窃罪、诈骗罪、抢夺罪等犯罪，均为结果犯。

（2）危险犯。危险犯的犯罪既遂，不仅要求行为人实施完毕刑法分则规定的特定犯罪行为，而且要求犯罪行为足以造成某种危害社会的结果发生的危险状态，但不要求犯罪行为实际发生某种危害结果。一般认为，我国刑法分则第一百一十四条和第一百一十五条规定的放火罪、爆炸罪、投毒罪、决水罪、以危险方法危害公共安全罪以及第一百一十九条规定的破坏交通工具、破坏交通设施罪，均属于危险犯。

（3）行为犯。行为犯的犯罪既遂，要求行为人实施完毕法定的犯罪行为，只要行为人实施完毕法定的犯罪行为，即使犯罪行为没有实际造成危害结果发生，甚至没有导致危害结果发生的现实危险的，也构成犯罪既遂。一般说来，行为犯所要求的犯罪实行行为往往要经历一段时间过程，达到一定程度，完成这段时间过程并达到一定程度的，即为犯罪既遂。例如脱逃罪，如果脱逃行为达到了使行为人摆脱监管机关和监管人员的实际控制的状态和程度的，即为脱逃罪的既遂。

（4）举动犯。举动犯的犯罪既遂，不要求犯罪行为发生实际的危害结果或者造成危害结果发生的实际危险，甚至也不要求犯罪实行行为实施完毕，只要行为人一着手犯罪行为，犯罪即告完成并完全符合犯罪构成。我国刑法规定的典型的举动犯有组织、领导、参加恐怖组织罪，组织、领导、参加黑社会性质组织罪，传授犯罪方法罪等。由举动犯行为人一着手实行犯罪就构成既遂的特点所决定，举动犯不存在犯罪未遂形态。

3. 犯罪既遂的处罚原则

犯罪既遂是故意犯罪的完成形态。我国刑法分则具体条文所规定的特定故意犯罪的犯罪构成要件实际上就是特定故意犯罪的既遂形态。因此，对故意犯罪的既遂犯，应当直接按照该刑法分则具体条文所规定的刑罚规格量刑。

二、犯罪预备

1. 犯罪预备的概念和特征

《刑法》第二十二条第（一）款规定："为了犯罪，准备工具、制造条件的，是犯罪预备。"

（1）行为人已经实施犯罪预备行为。即必须实施了我国刑法所规定的为了犯罪准备工具、制造条件的行为。包括准备犯罪工具、调查犯罪场所和被害人行踪、出发前往犯罪现场或者诱骗被害人赶赴犯罪现场、追踪被害人或者守候被害人到来、排除实施犯罪的障碍、拟定实施犯罪的计划以及其他犯罪预备行为等。

（2）犯罪预备行为必须在着手实行犯罪前停顿下来。所谓着手实行犯罪，是指开始实施特定犯罪构成要件客观方面的行为。如果已经进入着手实行犯罪阶段而由于行为人意志以外的原因停止下来的，则成立犯罪未遂。

（3）犯罪预备行为停顿在犯罪预备阶段必须是由于行为人意志以外的原因。所谓行为人意志以外的原因，是指不受行为人意志控制的足以制止行为人犯罪意图、迫使其不得不停止犯罪预备行为、不再继续实行犯罪的各种客观因素。犯罪预备行为由于行为人意志以外的原因而被迫停止，是犯罪预备形态区别于犯罪预备阶段的犯罪中止的基本特征。

2. 犯罪预备的处罚原则

犯罪预备行为是为犯罪准备工具、制造条件的行为，犯罪预备形态则是犯罪行为由于行为人意志以外的原因而停留在预备阶段的停止形态。我国刑法理论一般认为，行为符合犯罪构成是追究行为人刑事责任的根据，犯罪预备行为也有其犯罪构成，它是一种具备修正的构成要件的犯罪未完成形态。这是追究犯罪预备行为的刑事责任的法理根据。犯罪预备行为虽然尚未直接侵害犯罪客体，但已经使犯罪客体面临即将实现的现实危险，因而同样具有社会危害性。因此，犯罪预备行为同样具有可罚性。我国《刑法》第二十二条第（二）款认可了这一学说，规定对于预备犯应当追究刑事责任。同时考虑到犯罪预备行为毕竟尚未着手实行犯罪，还没有实际造成社会危害，刑法又规定，对于预备犯，可以比照既遂犯从轻、减轻处罚或者免除处罚。

三、犯罪未遂

1. 犯罪未遂的概念和特征

《刑法》第二十三条第（一）款规定："已经着手实行犯罪，由于犯罪分子意志以外的原因而未得逞的，是犯罪未遂。"根据这一规定，犯罪未遂，是指已经着手实行犯罪，由于行为人意志以外的原因而没有得逞所呈现的犯罪停止形态。

犯罪未遂具有下列特征：

(1)已经着手实行犯罪。所谓已经着手实行犯罪，是指行为人已经开始实施刑法分则规定的某种具体犯罪构成要件客观方面的行为。是否已经着手实行犯罪，是区分犯罪未遂和犯罪预备的基本标志。如何认定“着手”，目前有主观说、客观说和折中说之分。主观说认为，应当以行为人是否存在明确的犯罪意图为标准认定犯罪实行行为的“着手”。客观说认为，应当从行为人所实施的客观行为出发认定犯罪的“着手”。折中说则主张从行为人的犯罪意图和客观行为两方面来判断犯罪的“着手”，认为只有当行为人实施了具有社会危险性的行为，并明确表露出犯罪意图时，才能认定为犯罪的“着手”。

我们认为，由于犯罪行为的复杂性，迄今为止，对于如何认定犯罪着手尚未形成一种通说，而且似乎也不可能形成一种通说，唯一正确的做法只能是根据案件的具体情况，根据不同行为在不同犯罪中的意义，严格按照刑法分则条文规定的具体犯罪构成要件、客观行为及其着手的特点，予以分析判断。

(2)犯罪没有得逞。这是犯罪未遂的又一基本特征，也是区分犯罪未遂和犯罪既遂的重要标志。所谓犯罪没有得逞，是指犯罪行为没有完全符合刑法分则规定的特定犯罪构成全部要件。在结果犯、危险犯和行为犯这三类存在犯罪既遂和犯罪未遂界限的犯罪中，犯罪没有得逞的具体判断标准有其不同的要求。在结果犯中，法定危害结果的出现是犯罪既遂的基本标志。在危险犯中，法定的危险状态的形成是犯罪既遂的基本标志。在行为犯中，法定的犯罪行为的完成是犯罪既遂的基本标志。

(3)犯罪没有得逞是由于犯罪分子意志以外的原因。这是犯罪未遂的又一重要特征，是犯罪未遂区别于犯罪中止的基本标志。所谓意志以外的原因，从性质上讲，是指违背犯罪分子主观愿望和意图的主客观原因。出于犯罪分子本人的意愿而主动停止犯罪的，不能认为是犯罪未遂。如强奸犯罪中，犯罪分子在拦路强奸的过程中因良心发现或者害怕受惩罚而在能够顺利实施强奸行为的情况下放弃强奸的，则不能认为是强奸未遂，而应当认为是强奸中止。

根据司法实践，犯罪分子意志以外的原因包括以下三个方面：①行为人以外的客观原因，如遭遇被害人的强烈反抗、遭遇第三人的制止、被害人的有效逃避、自然力的破坏、犯罪的时间或地点不适于犯罪、遇到难以克服的物质障碍等。②行为人自身的客观原因，如行为人的智能低下、犯罪技术拙劣、犯罪时突发疾病，使犯罪难以继续。③行为人主观认识错误，如对犯罪对象的认识错误、对犯罪工具的认识错误、对犯罪因果关系的认识错误、对犯罪时周围环境的认识错误等。

2. 犯罪未遂的分类

我国刑法理论一般把犯罪未遂分为实行终了的未遂和未实行终了的未遂以及能犯未遂和不能犯未遂。

(1)根据犯罪行为是否实行终了，可以把犯罪未遂分为实行终了的未遂和未实行终了的未遂。所谓实行终了的未遂，是指行为人已经着手实行刑法分则规定的特定犯罪要件的行为，并且自认为已经将实现犯罪意图所必需的全部行为实施完毕，但由于其意志以外的原因而未达到既遂状态的犯罪未遂形态。例如:行为人持枪向被害人射击,被害人应声倒地,行为人误认为被害人已经中弹死亡,持枪逃离犯罪现场,实际被害人可能只是受了轻伤。

所谓未实行终了的未遂,是指行为人已经着手实施刑法分则规定的特定犯罪构成要件的行为,但由于意志以外的原因,使其尚未将他认为实现犯罪意图所必需的全部行为实行完毕,因而未能达到既遂状态的犯罪未遂形态。例如,行为人持刀砍杀被害人,在砍杀的过程中,遇到被害人激烈反抗,甚至被被害人制服,因而未能完成杀人行为。

一般说来,实行终了的未遂较之于未实行终了的未遂,更接近于完成犯罪,因而具有较大的社会危害性。根据刑法罪责刑相适应原则,在案件其他情况相同的前提下,对实行终了的未遂的处罚重于未实行终了的未遂。

(2)根据犯罪行为实际能否达到既遂为标准,可以把犯罪未遂分为能犯未遂和不能犯未遂。所谓能犯未遂,是指行为人已经着手实行刑法分则规定的特定犯罪构成要件的行为,并且这一行为实际有可能完成犯罪,但由于行为人意志以外的原因而使犯罪未能达到既遂状态的犯罪未遂形态。例如,甲男因有外遇,蓄意除掉发妻另结新欢,遂将足量灭鼠药掺入其妻的饭食中,其妻在吃饭时感觉饭中有异味,便将饭食全部倒掉。甲男的行为客观上可能导致其妻中毒死亡,只是由于其妻警觉而未能得逞,甲男的行为属于能犯未遂。

所谓不能犯未遂,是指行为人已经着手实行刑法分则规定的特定犯罪构成客观要件的行为,但由于对行为事实的认识错误而在客观上使其不可能完成犯罪,因而不能达到既遂状态的犯罪未遂形态。

不能犯未遂虽然由于行为人的认识错误在客观上不可能实际造成预期的犯罪结果,但行为人主观上有明确的犯罪意图,客观上实施了犯罪行为,因而同样具有社会危害性。对于不能犯未遂同样应当追究刑事责任。但是,不能犯未遂毕竟没有发生危害结果的实际危险,其社会危害性显然小于能犯未遂,因此,在案件其他情况相同的前提下,对不能犯未遂的处罚一般应当轻于能犯未遂。

3. 犯罪未遂的处罚原则

对于如何处罚犯罪未遂,各国有不减主义、必减主义和得减主义之分。不减主义,即不比照既遂犯从轻、减轻,因为未遂犯的主观恶性和既遂犯并无区别。必减主义,即必须比照既遂犯从轻、减轻,因为犯罪未遂形态毕竟没有完成犯罪,并且往往没有实际造成危害结果。得减主义,根据案件的具体情况由法官斟酌裁定是否从轻、减轻处罚。

我国《刑法》第二十三条第(二)款规定:“对于未遂犯,可以比照既遂犯从轻或者减轻处罚。”

四、犯罪中止

1. 犯罪中止的概念和特征

我国《刑法》第二十四条第(一)款规定,“在犯罪过程中,自动放弃犯罪或者自动有效地防止犯罪结果发生的,是犯罪中止。”根据这一规定,犯罪中止,是指在犯罪过程中，行为人自动放弃犯罪或者自动有效地防止犯罪结果发生，因而未完成犯罪的一种犯罪停止形态。犯罪中止包括自动放弃犯罪的犯罪中止和自动有效地防止犯罪结果发生的犯罪中止两种。

自动放弃犯罪的犯罪中止，是指行为人在犯罪实行过程中，自动放弃实施或者继续犯罪，因而使犯罪未完成的犯罪停止形态。自动放弃犯罪的犯罪中止具有下列特征：

（1）必须是在犯罪预备或者犯罪实行过程中放弃犯罪，这是成立犯罪中止的前提条件。如果犯罪行为已经完成并达到既遂状态，则不能成立犯罪中止。因此，一般认为，犯罪既遂以后自动返还原物或者自动赔偿损失的行为，如盗窃犯在盗窃他人财物后又将窃取的财物归还原主，或者贪污犯贪污公款后又秘密退还公款的，都不能成立犯罪中止，而只能以犯罪既遂论处，其自动返还赃物的行为只能在量刑时作为酌定情节予以考虑。

（2）必须是自动放弃犯罪，这是犯罪中止的实质性条件。首先，必须要求行为人自认为能够继续实施。其次，认定行为人自动放弃犯罪，还必须要求确实是出于行为人本人的意志而自动放弃犯罪，而不是出于行为人意志以外的主客观原因而被迫停止犯罪。

（3）必须是彻底放弃犯罪。所谓彻底放弃犯罪，是指行为人彻底打消了继续并完成犯罪的念头，彻底放弃实施自认为可以继续实施并完成的犯罪行为。

自动有效地防止犯罪结果发生的犯罪中止，是指行为人实施犯罪以后，在犯罪结果出现之前，自动采取措施有效地避免犯罪结果发生，因而使犯罪未完成的犯罪停止形态。

2. 犯罪中止的处罚原则

关于犯罪中止的处罚原则，各国有无罪说、不罚说和折中说之分。目前，各国立法例大多采取对中止犯减轻或者免除处罚的做法。

我国《刑法》第二十四条第（二）款规定："对于中止犯，没有造成损害的，应当免除处罚；造成损害的，应当减轻处罚。"根据这一规定，对于中止犯，只要其犯罪行为没有实际造成损害结果，则定其罪而免其刑。如果其犯罪行为造成了一定的损害结果，则应当减轻处罚。这体现了我国刑法对犯罪中止行为的肯定和鼓励。

【案例链接】

邓某与赵某宿仇颇深，邓某伺机报复赵某。一日，邓某得知赵某一人在家，便携匕首准备前往赵某家杀害赵某。邓在去赵某家的途中，突然腹部疼痛难忍，于是返回自家。

请分析：邓某的行为属于犯罪未遂还是犯罪预备，为什么？

【案例评析】

邓某在行为上属于犯罪预备。因为犯罪预备是指行为人为实施犯罪而开始创造条件的行为，由于行为人意志以外的原因而未能着手犯罪实行行为的犯罪停止形态。犯罪预备与犯罪未遂的显著区别是行为人尚未着手犯罪的实行行为。邓某是在去赵家的途中突然腹部疼痛难忍而没有着手实行行为，所以邓某在行为上属于犯罪预备。

【练习思考】

(1)王某(男)与刘某(女)系夫妻,因关系不合闹离婚,王某不愿离婚,对刘某怀恨在心,一日将刘某骗出单位到僻静处,将预先准备好的一瓶硫酸倒在刘某面部。看到刘某极端疼痛并惨叫,王某又急忙将刘某送往医院,但仍然致刘某严重烧伤。

问:王某的行为是犯罪中止还是犯罪即遂,为什么?

(2)犯罪预备、犯罪未遂、犯罪中止三者的相同点与相异点是什么?

第七节 共同犯罪

【基本要求】

(1)了解共同犯罪的概念、特征

(2)理解共同犯罪主观、客观要件的法律规定

(3)熟悉共同犯罪的分类及其刑责

重点:共同犯罪的认定

难点:教唆犯及其刑责的认定

【法律知识】

一、共同犯罪的概念

依照我国《刑法》第二十五条第(一)款的规定,共同犯罪是指两人以上共同故意犯罪。此定义突出了共同故意对于构成共同犯罪的作用,是我国刑法中主客观相统一原则的具体体现。

二、共同犯罪的构成要件

构成共同犯罪,必须具备如下要件:

1. 主体要件

共同犯罪的主体必须是两人以上,具体来讲,可以分为下列三种情形:

(1)两个以上的自然人构成的共同犯罪。这种自然人共同犯罪,要求各犯罪人都必须达到刑事责任年龄,具有刑事责任能力。

(2)两个以上的单位构成的共同犯罪,即刑法理论中所谓的单位共同犯罪。

(3)有责任能力的自然人与单位构成的共同犯罪,这在刑法理论中通常谓之自然人与单位共同犯罪。

2. 客观要件

共同犯罪的客观要件，是指各犯罪人必须具有共同的犯罪行为。所谓共同犯罪行为，是指各犯罪人为追求同一危害社会的结果，完成同一犯罪而实施的相互配合的犯罪行为。在发生危害结果时，其行为均与结果之间存在因果关系。这种共同行为就其表现形式而言，可以分为三种情形：

（1）共同作为、共同不作为、作为与不作为的结合。共同作为，即各共同犯罪人均实施了法律所禁止的行为而构成共同犯罪，如甲、乙两人共同将丙杀死。共同不作为，即各共同犯罪人均未履行应当履行的义务而构成的共同犯罪，比如儿子、儿媳共同遗弃年迈无独立生活能力的父母。作为与不作为的结合，即共同犯罪人中有人系作为行为，有人系不作为行为，例如，铁道养护工甲与乙事先合谋破坏铁路设施，在乙实施破坏作为时，甲佯装熟睡，不履行其职责。

（2）共同直接实施犯罪。在这种场合中，共同犯罪人没有分工，均直接实施犯罪的实行行为。

（3）存在分工的共同犯罪行为。具体表现为有组织行为、教唆行为、实行行为和帮助行为。在这种场合中，各人的行为形成有机的整体。

3. 主观要件

共同犯罪的主观要件，是指各共同犯罪人必须有共同的犯罪故意。所谓共同的犯罪故意，是指各共同犯罪人通过意思联络，认识到他们的共同犯罪行为会发生危害社会的结果，并决意参加共同犯罪，希望或放任这种结果发生的心理状态。其特征是：

（1）共同的认识因素，包括三个方面的要素：①认识到不是自己一个人单独实施犯罪，而是与他人互相配合共同实施犯罪；②不仅认识到自己的行为会产生某种危害结果，而且也认识到其他共同犯罪人的行为也会引起某种危害结果；③各共同犯罪人都预见到共同犯罪行为与共同犯罪结果之间的因果关系。

（2）共同的意志因素。其中，共同希望危害结果的发生，是共同直接故意；共同放任危害结果的发生，是共同间接故意；在个别情况下也可能表现为有的基于希望，有的则是放任。

基于上述理解，下列三种情况均不能成立共同犯罪：①同时犯不是共同犯罪。所谓同时犯，是指没有共同实行犯罪的意思联络，而在同一时间针对同一目标实行同一犯罪。②同时实施犯罪而故意内容不同，不构成共同犯罪。③超出共同故意以外的犯罪，不构成共同犯罪，此种情况，在刑法理论上称作“实行犯过限”。

三、共同犯罪人的分类及其刑事责任

对共同犯罪人进行正确的分类，是确定共同犯罪人刑事责任的前提，因为我国刑法贯彻罪责自负原则，而不承认团体责任。关于共同犯罪人的分类问题，从国外立法例和司法实践看，基本存在两种方法：①按共同犯罪人行为的性质和活动分工的特点来分类；②根据犯罪分子在共同犯罪中所起的作用来分类。我国刑法采用折中分类法，即以共同犯罪人在共同犯罪中的地位和作用为主,并适当考虑共同犯罪人的分工情况,将共同犯罪人分为主犯、从犯、胁从犯和教唆犯。

1. 主犯及其刑事责任

按照《刑法》第二十六条第(一)款的规定,主犯,是指组织、领导犯罪集团进行犯罪活动的或者在共同犯罪中起主要作用的犯罪分子。主犯分为三种:①在犯罪集团中起组织、策划、指挥作用的犯罪分子,也就是组织犯,是首要分子的一种。组织犯的犯罪活动包括建立、领导犯罪集团,制订犯罪活动计划等。②在聚众犯罪中起组织、策划、指挥作用的犯罪分子,这也是首要分子的一种。聚众犯罪中的首要分子,是犯罪的组织者、策划者和指挥者。③其他在犯罪集团或一般共同犯罪中起主要作用的犯罪分子,既可以是实行犯,也可以是教唆犯。

根据《刑法》第二十六条第(三)款和第(四)款的规定,对组织、领导犯罪集团的首要分子,按照集团所犯的全部罪行处罚;对其他主犯,应当按照其所参与的或者组织、指挥的全部犯罪处罚。

2. 从犯及其刑事责任

按照刑法第二十七条第(一)款的规定,从犯,是指在共同犯罪中起次要或者辅助作用的犯罪分子。从犯分为两种:①在共同犯罪中起次要作用的从犯,即次要的实行犯。所谓次要的实行犯是相对于主要的实行犯而言的,是指虽然直接实行犯罪,但在整个犯罪活动中其作用居于次要地位的实行犯。②在共同犯罪中起辅助作用的从犯,即帮助犯,它是指未直接实行犯罪,而在犯罪前后或者犯罪过程中给组织犯、实行犯、教唆犯以各种帮助的犯罪人。

根据《刑法》第二十七条第(二)款的规定,对于从犯,应当从轻、减轻或者免除处罚。

3. 胁从犯及其刑事责任

按照《刑法》第二十八条的规定,胁从犯是指被胁迫参与共同犯罪的犯罪分子。被胁迫参加犯罪,即在他人暴力威胁等精神强制下,被迫参加犯罪,在这种情况下,行为人没有完全丧失意志自由,因此仍应对其犯罪行为承担刑事责任。

按照《刑法》第二十八条的规定,对于胁从犯,应当按照他的犯罪情节减轻处罚或者免除处罚。

4. 教唆犯及其刑事责任

按照《刑法》第二十九条第(一)款的规定,教唆犯,是指故意唆使他人犯罪的犯罪分子。具体地说,教唆犯是以劝说、利诱、授意、怂恿、收买、威胁以及其他方法,将自己的犯罪意图灌输给本来没有犯罪意图或者虽有犯罪意图但不坚定的人,使其决意实施自己所劝说、授意的犯罪,以达到犯罪目的的人。从教唆犯的概念可以看出,教唆犯的特点是:本人不亲自实行犯罪,而故意唆使他人产生犯罪意图并实行犯罪。成立教唆犯必须具备下列条件:一是客观上具有教唆他人犯罪的行为,即用各种方法,唆使他人去实行某一具体犯罪。教唆的对象是本无犯罪意图的人，或者虽有犯罪意图，但犯罪意志尚不坚决的人。教唆行为只能以作为方式构成。二是主观上具有教唆他人犯罪的故意。故意的内容包括：认识到他人尚无犯罪决意，预见到自己的教唆行为将引起被教唆者产生犯罪决意，而希望或放任教唆行为所产生的结果。因此，教唆犯的主观方面，可以是直接故意，也可以是间接故意。

按照《刑法》第二十九条第(一)款的规定，对于教唆犯，应当按照他在共同犯罪中所起的作用处罚，这是对教唆犯处罚的一般原则。教唆不满18周岁的人犯罪的，应当从重处罚，这一规定是为了更好地维护青少年的合法权益。

按照《刑法》第二十九条第(二)款的规定，如果被教唆的人没有犯被教唆的罪，对于教唆犯，可以从轻或者减轻处罚。这种情况，在刑法理论上被称为“教唆未遂”。

此外，教唆不满14周岁的人或者精神病患者犯罪的，对教唆者应当按单独犯论处。这种情况在刑法理论上称为“间接正犯”，即间接实行犯。

【案例链接】

被告人王某对甲有仇，遂出资5万元雇使张某去除掉甲，张某同意，并将欲杀甲的情况告诉其妻陈某，陈某不仅不加制止，而且积极为其出谋划策，帮张某买来一把尖刀用于杀甲。在陈某的帮助下，张某做了充分准备，于某晚潜入甲的家中，当时甲不在家，见甲妻乙正在床上睡觉，顿起歹意，就把乙给强奸了。等到甲回家，又把甲给杀死。

问题：对王某、张某和陈某应当如何量刑？

【案例评析】

本案是一起较为复杂的共同犯罪案件，其中王某属于教唆犯，应当按照他所教唆的犯罪处罚，应定主犯。陈某是帮助犯，应当按照她所帮助的犯罪处罚，应当从轻或者减轻处罚。但王某与陈某对于张某的强奸犯罪是否承担刑事责任呢？强奸罪是张某临时起意所犯，属于实行过限，王某与陈某教唆与帮助张某犯的是故意杀人罪，对强奸罪既未教唆亦未帮助，对此不应负刑事责任。对于张某应当按照故意杀人罪与强奸罪实行数罪并罚。在故意杀人的共同犯罪中，张某是正犯，直接实施了杀人行为，在共同犯罪中起主要作用，应以主犯论处。

【练习思考】

(1)简述共同犯罪的概念及其特征。

(2)周某为抢劫财物在某昏暗场所将王某打昏。周某的朋友高某正好经过此地，高某得知真相后应周某的要求提供照明，使周某顺利地将王某钱包拿走。

问：高某与周某是否构成抢劫罪的共同犯罪？如果周某将王某打成重伤了，高某是否要承担致人重伤的刑事责任？

第八节 正当防卫

【基本要求】

(1)了解正当防卫的概念

(2)理解无过当防卫权

(3)熟悉正当防卫的要件

重点:正当防卫的含义及其构成要件

难点:防卫过当及其刑责

【法律知识】

一、正当防卫的概念和成立条件

1. 正当防卫的概念

根据我国《刑法》第二十条的规定,正当防卫,是指为了使国家、公共利益、本人或者他人的人身、财产和其他权利免受正在进行的不法侵害,采取的旨在制止不法侵害而对不法侵害人造成未明显超过必要限度的损害行为。

2. 正当防卫的成立条件

正当防卫必须具备下列条件:

(1)起因条件。正当防卫的起因条件,是指存在着具有社会危害和侵害紧迫性的不法侵害行为。其具体含义为:①必须有不法侵害存在;②不法侵害并非仅限于犯罪行为,不法侵害的范围包括违法行为和犯罪行为;③不法侵害必须是现实存在的,不法侵害的程度,通常限于具有暴力性、破坏性、紧迫性的不法侵害行为;④不法侵害通常应是由人所实施的。

事实上不存在不法侵害,行为人误认为存在不法侵害而对臆想中的侵害进行防卫,属于假想防卫。对于假想防卫,应视行为人主观上有无过失而予以不同的处理。

(2)时间条件。正当防卫的时间条件,是指正当防卫只能在不法侵害正在进行之时实行,不能实行事前防卫和事后防卫。

(3)对象条件。正当防卫的对象条件,是指正当防卫只能针对不法侵害者本人实行,不能及于第三者,至于不法侵害者是否达到法定刑事责任年龄,是否具有刑事责任能力,并不影响正当防卫的成立。对于未成年人以及精神病人实施的不法侵害,只要具有紧迫性,不管事前是否知道其为未达法定刑事责任年龄或者无刑事责任能力人,都可以对其进行防卫反击。但在防卫手段上应有所节制。

(4)主观条件。正当防卫的主观条件,是指防卫人主观上必须出于正当防卫的目的,即是为了国家、公共利益、本人或者他人的人身、财产和其他权利免受不法侵害。不是出于上述目的,不能成立正当防卫。因此,下列三种行为,不是正当防卫:①防卫挑拨,是指行为人出于侵害的目的,以故意挑衅、引诱等方法促使对方进行不法侵害,尔后借口防卫加害对方的行为;②相互的非法侵害行为,是指双方都出于侵害对方的非法意图而发生的相互侵害行为;③为保护非法利益而实行的防卫。

(5)限度条件。正当防卫的限度条件,是指正当防卫不能明显超过必要限度且造成重大损害。是否明显超过必要限度并造成重大损害,是区别防卫的合法与非法、正当与过当的一个标志。

二、无过当防卫权

所谓无过当防卫权,有的称特殊防卫权,是指公民在某些特定情况下所实施的,没有必要限度的限制,对其防卫行为的任何后果均不负刑事责任的正当防卫行为。《刑法》第二十条第(三)款规定:“对正在进行行凶、杀人、抢劫、强奸、绑架以及其他严重危及人身安全的暴力犯罪,采取正当行为,造成不法侵害人伤亡的,不属于防卫过当,不负刑事责任。”根据该款规定,实施无过当防卫,首先,必须具备正当防卫成立的上述相关条件;其次必须是针对正在行凶、杀人、抢劫、强奸、绑架等严重危及人身安全的暴力犯罪。

三、防卫过当及其刑事责任

1. 防卫过当的概念和特征

防卫过当,是指明显超过必要限度,对不法侵害人造成重大损害的防卫行为。其基本特征包括:①在客观上实施明显超过必要限度的行为,并对不法侵害人造成了重大的损害;②在主观上对过当行为及其结果具有罪过,至于罪过的形式,只能是间接故意或者过失。

2. 防卫过当的刑事责任

防卫过当行为的罪名,应当根据具体过当行为的性质,以及行为人的罪过形式,并依据刑法分则有关条款予以确定。

对于防卫过当行为的量刑,我国《刑法》第二十条第(二)款规定“应当减轻或者免除处罚”。根据司法实践经验,具体适用该款规定对犯罪人减轻或者免除处罚,应当综合考虑如下因素:

(1)防卫目的。为保护国家、公共利益、他人合法权益而防卫过当的,较之为保护自己合法利益而防卫过当的,前者的处罚应更轻。

(2)过当程度。即所造成重大的损害后果与必要限度的差距。轻微过当,则罪行轻微,处罚亦应轻微;严重过当,则罪行严重,处罚相对要重。

(3)罪过形式。对疏忽大意的过失、过于自信的过失、间接故意,从前到后,减轻处罚乃至免除处罚的幅度与可能性应当是依次递减的。

(4)权益性质。为保护重大权益而防卫过当,较之为保护较小权益而防卫过当,前者的处罚应当更轻。

【案例讨论】

孙明亮,男,19岁。某日晚8时许,孙明亮陪同其友蒋小平去看电影。在平凉市东关电影院门口见到郭鹏祥及郭小平、马忠全3人尾追少女陈某某、张某某,郭鹏祥对陈某某拉扯纠缠。孙明亮和蒋小平上前制止,与郭鹏祥等3人发生争执。蒋小平动手打了郭鹏祥面部一拳,郭鹏祥等3人即分头逃跑。孙明亮和蒋小平分别追赶不及,遂返回将陈某某、张某某护送回家。此时,郭小平、马忠全到平凉市运输公司院内叫来正在看电影的胡维革等4人,与郭鹏祥会合后,结伙寻找孙明亮、蒋小平,企图报复。当郭鹏祥等人在一小巷内发现孙明亮、蒋小平,即将两人截住。郭鹏祥上前质问孙明亮、蒋小平为啥打人。蒋小平反问:人家女子年龄那么小,你们黑天半夜缠着干啥?并佯称少女陈某某是自己的妹妹。郭鹏祥闻听,照蒋小平面部猛击数拳。蒋小平挨打后和孙明亮退到附近街墙旁一垃圾堆上。郭鹏祥追至垃圾堆继续扑打,孙明亮掏出随身携带的弹簧刀照迎面扑来的郭鹏祥左胸刺了一刀,郭鹏祥当即倒地;孙明亮又持刀对空乱划了几下,便与蒋小平乘机脱身跑掉。郭鹏祥因被刺破左肺、胸膜、胸动脉等器官,失血过多,于送往医院的途中死亡。

问:孙明亮的行为是否属于正当防卫?应否负刑事责任?

【案例评析】

孙明亮的行为属于防卫过当,不是正当防卫,应当依法负刑事责任。理由如下:①孙明亮具备正当防卫的条件。郭鹏祥等人拉扯纠缠少女被孙明亮等人制止后,又返回寻衅滋事,继续实施不法侵害,孙明亮等人有权进行正当防卫。②孙明亮的防卫行为明显超过了必要的限度,造成了重大损害,属于防卫过当。郭鹏样等人虽然实施了不法侵害,但强度较轻,只是用拳头殴打,而孙明亮防卫时则使用弹簧刀照郭鹏祥的胸部刺一刀,将其刺死,其防卫的手段、强度都明显大大超过了不法侵害人所实施的不法侵害的手段、强度,并且造成了不法侵害人死亡的重大损害结果,属于防卫过当。③本案不适用刑法规定的对于正在行凶、杀人、抢劫、强奸、绑架以及其他严重危及人身安全的暴力犯罪,采取防卫行为,造成不法侵害人伤亡的,不属于防卫过当,不负刑事责任的规定。因为郭鹏样的侵害行为没有达到严重危及人身安全的程度,仍属于比较轻微的不法侵害行为。④根据我国刑法的规定,防卫过当的,应当负刑事责任,但是应当减轻处罚或者免除处罚。

【练习思考】

(1)王某与张某是夫妇,王的姐姐王甲与夫妇两人共同生活,一次张某与王甲因一件小事吵了起来,王甲就在街上贴标语,虚构张某与他人有不正当男女关系,张某发现后,就与王甲打了起来,张某将王甲推倒在地,并将王甲的衣服剥了下来,引起许多路人围观，王某闻讯后赶来劝解，王甲觉得十分生气，就骂王某和张某夫妇两人，夫妇两人就一起动手又殴打王甲，王甲被打得流出了鼻血，王某和张某停住了手，准备离开时，王甲拾起一块砖头，追上去砸向张某，正好砸在张某头上，致其死亡。

请分析张某、王甲行为的性质。

(2)试述正当防卫的概念及其构成要件。

第九节 农村常见犯罪

【基本要求】

(1)了解常见犯罪的概念及其构成要件

(2)理解各常见犯罪的构成特征

(3)熟悉农村常见犯罪的基本特征

重点：常见农村刑事犯罪的认定

难点：常见犯罪的罪与非罪、此罪与彼罪的区别

【法律知识】

一、放火罪

1. 概念及其构成

放火罪，是指故意放火焚烧公私财物，危害公共安全的行为。

(1)客体要件。本罪侵犯的客体是公共安全。即不特定多数人的生命、健康或重大公私财产的安全。也就是说，放火行为一经实施，就可能造成不特定多数人的伤亡或者使不特定的公私财产遭受难以预料的重大损失。

(2)客观要件。本罪在客观方面表现为实施放火焚烧公私财物，危害公共安全的行为。所谓放火，就是故意引起公私财物燃烧的行为。放火的行为方式，可以是作为，即用各种引火物，直接把公私财物点燃；也可以是不作为，即故意不履行自己防止火灾发生的义务，放任火灾的发生。例如，某电气维修工人，发现其负责维护的电气设备已经损坏，可能引起火灾，而他不加维修，放任火灾的发生。达就是以不作为的方式实施的放火行为。

以作为方式实施的放火行为，必须具备三个条件：①要有火种；②要有目的物，即要烧毁的财物；③要让火种与目的物接触。在这三个条件已经具备的情况下，行为人使火种开始起火，就是放火行为的实行；目的物一旦着火，即使将火种撤离或者扑灭，目的物仍可独立继续燃烧，放火行为就被视为实行终了。

以不作为的方式实施的放火罪，行为人必须负有防止火灾发生的特定义务，而且能够履行这种特定义务而不履行，以致发生火灾。其特点如下：①行为人必须是负有特定

作为义务的人;②根据主客观条件,行为人有能力履行这种特定的作为义务;③行为人客观上必须有不履行这种特定作为义务的事实。从义务的来源分析:①法律所规定的义务;②职务或业务上所要求的义务,如油区防火员就负有消除火灾隐患,防止火灾发生的义务;③行为人的先前行为所引起的义务,如行为人随手把烟头丢在窗帘上,引起窗帘着火,行为人就负有扑灭窗帘着火燃烧的义务。从司法实践来看,行为人的特定义务,主要是后两种情况。

(3)主体要件。本罪的主体为一般主体。由于放火罪社会危害性很大,所以《刑法》第十七条第(二)款规定,已满14周岁不满16周岁的人犯放火罪的,应当负刑事责任。

(4)主观要件。本罪在主观方面表现为故意,即明知自己的放火行为会引起火灾,危害公共安全,并且希望或者放任这种结果发生的心理态度。如果不是出于故意,不构成放火罪。放火的动机是多种多样的,如因个人的某种利益得不到满足而放火,因对批评、处分不满而放火,因泄愤报复而放火,为湮灭罪证、嫁祸于人而放火,因恋爱关系破裂而放火,因家庭矛盾激化而放火等。不论出于何种动机,都不影响放火罪的成立。但是,查明放火的动机,能够正确判断行为人的主观心理态度,是定罪量刑的关键。

2. 认定

(1)区分放火罪与一般放火行为的界限。一般放火行为,是指情节显著轻微危害不大、不危害公共安全的放火行为。放火罪与一般放火行为,在客观上都可能造成轻微的危害结果。因此,它们的根本区别,不在于是否造成轻微的危害结果,而在于前者危害公共安全,后者不危害公共安全。从理论上说,界限不难区分。但在司法实践中,在处理具体放火案件时,对于某种放火行为是一般放火行为,还是构成放火罪,时有发生意见分歧。

(2)区分放火罪的既遂与未遂的界限。放火犯通常以烧毁目的物为犯罪目的,但是,判断放火罪的既遂与未遂,不应以犯罪目的是否达到为标准,而应以行为是否符合本法规定的放火罪的全部构成要件为标准。《刑法》对于放火罪的规定有两个条文,即第一百一十四条和第一百一十五条。这两条的关系是,第一百一十四条规定放火罪的构成要件的基本条款,第一百一十五条是与第一百一十四条相联系的结果加重条款。根据刑法理论,结果加重的条款是不存在犯罪未遂问题的,只有该条文规定的严重结果发生了,才能适用该条文。所以,认定放火罪的既遂、未遂,应以第一百一十四条规定的放火罪的构成要件为标准。根据第一百一十四条的规定,只要实施了放火行为,点着了目的物,引起目的物燃烧,使目的物有被焚毁的危险,即使由于意志以外的原因,目的物被焚毁,没有造成严重后果,也构成放火罪的既遂。例如正要点火,就被人抓获,或者刚点着引火物,就被大雨浇灭等,应被认为是放火罪的未遂。

(3)区分放火罪与意外火灾的界限。意外火灾,是指由于不预见或者不能抗拒的原因引起火灾,危害公共安全的情况,如由山火、雷电、地震以及其他不能预见和抗拒的原因引起的火灾。这种火灾的发生,虽然在客观上造成了损害结果,危害了公共安全,有的还与行为人的行为有关,但行为人主观上既无故意,又无过失,因此,不构成犯罪。在处理这类案件时,由于有时只看到火灾的发生与行为人的行为有关,而忽视了对行为人主观心理态度的考察、分析,因而在罪与非罪问题上发生分歧。

(4)区分放火罪与放火烧自己财物而又不危害公共安全的行为的界限。从法律上讲,任何人对属于自己的财产都有处分权,包括将其毁坏,使其失去使用价值或者价值,但是,这种权利的性质是以不损害国家、集体和他人的利益为前提的。只要不损害国家、集体和他人的利益,放火烧自己的财物,就属于处分个人所有财产的范畴,不构成放火罪。反之,构成放火罪。

(5)区别一罪和数罪。行为人在实施杀人、强奸等犯罪后用放火的方法焚毁罪迹的,应区分不同情况处理。如果行为人消灭罪迹的放火行为不足以危及公共安全的,按所犯的罪从重处罚,不另以放火罪实行数罪并罚;如果行为人消灭罪迹的放火行为是足以危及公共安全的,则应另以放火罪与前行为构成的犯罪数罪并罚。

(6)区分放火罪与故意杀人罪、故意伤害罪的界限。如果行为人以放火为手段杀害或伤害特定的人,不足以危害公共安全的,只能构成故意杀人罪或故意伤害罪;如果行为人虽以放火为手段杀伤特定的人,但同时可能造成火灾危害公共安全的,应以放火罪论处。

(7)区分放火罪与破坏交通工具等罪的界限。如果行为人以放火为手段,破坏交通工具、交通设施、电力设备、煤气设备、易燃易爆设备和广播电视设施、公用电信设施,虽然具有本条规定的以危险方法危害公共安全的特征,但因法律对这几种罪已做了专门规定,因此,应分别适用本法第一百一十六条、第一百一十七条、第一百一十八条和第一百二十四条的规定,以破坏交通工具和交通设施罪、破坏电力设备罪、破坏易燃易爆设备罪以及破坏广播电视设施和公用电信设施罪论处。

(8)区分放火罪与故意毁坏财物罪的界限。如果行为人以放火为手段毁损公私财物,没有造成重大损失,也不可能危及公共安全的,应以故意毁坏财物罪论处;如果行为人放火烧毁公私财物,造成重大损失或者危害公共安全的,应以放火罪论处。

二、决水罪

1. 概念及其构成

决水罪,是指故意决水,制造水患,危害公共安全的行为。这是一种使用危险方法危害公共安全的犯罪。

(1)客体要件。本罪侵犯的客体是公共安全。即不特定多数人生命、健康或重大财产的安全。同放火一样,决水也是一种危险性很大的犯罪方法。俗话说,“水火无情”,水利设施一旦遭受破坏,水势失控,顷刻就可能使无数良田被淹,大量财物付诸东流,甚至使不特定多数人溺死于非命。因此决水罪历来是严厉打击的重点犯罪之一。

(2)客观要件。本罪在客观方面表现为实施危害公共安全的决水行为。这是决水罪区别于放火、爆炸、投毒等犯罪的主要标志。

所谓决水,是指足以使水流横溢、泛滥成灾的行为。决水行为既可以表现为积极的作为,如炸毁堤坝、堵塞水道、破坏水闸、破坏防水设备等;也可以表现为消极的不作为,如洪水来临时,水库管理人员不及时开放泄洪闸,或者不关闭防水堤的闸门。以不作为方式构成决水犯罪的,行为人必须负有特定的作为义务,并且有能力履行这种特定的作为义务而不履行。行为人实施的决水行为只要足以危害公共安全,就应以决水罪论处;如果仅是为个人利益或局部利益,擅自开闸放水、挖渠引水,尚不足以危害公共安全的,不应以决水罪论处。

决水的手段多种多样,如使用各种工具或机械挖掘,用爆破的方法破坏等。无论采用何种手段都不影响本罪的成立。实践中发生的炸毁堤坝决水的案件,实质上是利用水的作用,而不是直接靠爆破的力量使不特定多数人的生命、健康或重大公私财产遭受损害,因而仍属决水罪,而不宜定爆炸罪。

决水行为必须危害公共安全,才构成决水罪。如果决水行为不足以危害不特定多数人的生命、健康或重大公私财产的安全,如农民之间为争水浇地,擅自扒开水渠放水,致渠水漫溢,危害不大的,不宜定决水罪。鉴于决水罪具有严重的危害性,因此刑法规定,实施决水行为只要足以危害公共安全,即使尚未造成致人重伤、死亡或者使公私财产遭受重大损失的严重后果,也构成决水罪。

(3)主体要件。本罪的主体为一般主体,即达到法定刑事责任年龄、具有刑事责任能力的人均可构成。根据《刑法》第十七条第(二)款的规定,已满14周岁不满16周岁的人,犯决水罪的不负刑事责任。

(4)主观要件。本罪在主观方面表现为故意,包括直接故意和间接故意。即行为人明知其决水行为会危害公共安全,并且希望或者放任危害公共安全的结果发生。实施决水罪的动机可能有多种,如泄愤报复、嫁祸于人等。

2. 认定

(1)罪与非罪的区分。在日常生活中,特别是在农村,常常会发生一些村组的村民之间,在生产大忙季节或干旱的情况下,或者因水利纠纷,为争水灌溉,互不相让而发生水源纠纷,有的甚至为报复对方而擅自扒开水渠放水,致使水流漫溢,冲坏集体或者个人作物,造成一定损失。对此,不能一概都认定为犯罪。区分这种行为是否构成决水罪的关键是要看行为人的行为是否危及公共安全,即是否造成或可能造成不特定多数人的伤亡或重大公私财产的毁损,如果没有造成也不可能造成不特定多数人的伤亡和重大公私财产的毁损,即不危及公共安全的,则行为人的行为不构成决水罪,不能以犯罪论处。对于一般的决水行为,主要是依靠民事的或行政的方法加以解决。

(2)区分决水罪未遂与既遂的界限。划分犯罪既遂和未遂应以是否符合法定构成要件为标准。本条对决水罪的规定并未将发生危害公共安全的严重结果作为法定构成要件,行为人只要实施决水行为并足以危害公共安全,即危及多人数的生命、健康或者有使公私财产遭受重大损失的现实危险,就视为决水罪构成要件齐备,即构成犯罪既遂。至于认定足以危害公共安全,一般应以决水后水流开始冲溢为标准。因为水流具有巨大的冲刷力,水势一旦失控,往往借助于冲刷力愈冲愈烈,从而构成对不特定多数人的生命、健康或重大公私财产安全的严重威胁。如果行为人刚着手破坏水利设施,或者在破坏过程中,由于犯罪分子意志以外的原因,未致使所决之水流开始冲溢,即为决水罪未遂。

三、交通肇事罪

1. 概念及其构成

交通肇事罪，是指违反交通管理法规，因而发生重大事故，致人重伤、死亡或者使公私财产遭受重大损失的行为。

（1）客体要件。本罪侵犯的客体，是交通运输的安全。交通运输，是指与一定的交通工具与交通设备相联系的铁路、公路、水上及空中交通运输，这类交通运输的特点是与广大人民群众的生命财产安全紧密相连，一旦发生事故，就会危害到不特定多数人的生命安全，造成公私财产的广泛破坏，所以，其行为本质上是危害公共安全。

（2）客观要件。本罪在客观方面表现为在交通运输活动中违反交通运输管理法规，因而发生重大事故，致人重伤、死亡或者使公私财产遭受大损失的行为。由此可见，本罪的客观方面是由以下四个相互不可分割的因素组成的：

①必须有违反交通运输管理法规的行为。在交通运输中实施了违反交通运输管理法规的行为，这是发生交通事故的原因，也是承担处罚的法律基础。所谓交通运输法规，是指保证交通运输正常进行和交通运输安全的规章制度，包括水上、海上、空中、公路、铁路等各个交通运输系统的安全规则、章程以及从事交通运输工作必须遵守的纪律、制度等，如《城市交通规则》《机动车管理办法》《中华人民共和国内河避碰规则》《国际海上避碰规则》《渡口守则》《中华人民共和国海上交通安全法》等。违反上述规则就可能造成重大交通事故。在实践中，违反交通运输管理法规的行为主要表现为违反劳动纪律或操作规程，玩忽职守或擅离职守，违章指挥，违章作业，或者违章行驶等。例如，公路违章的有：无证驾驶、强行超车、超速行驶、酒后开车；航运违章的有：船只强行横越，不按避让规章避让，超速抢档，在有碍航行处锚泊或停靠等。上述违章行为的种种表现形式，可以归纳为作为与不作为两种基本形式，不论哪种形式，只要是违章，就具备构成本罪的条件。

②必须发生重大事故，致人重伤、死亡或者使公私财产遭受重大损失的严重后果。这是构成交通肇事罪的必要条件之一。行为人虽然违反了交通运输管理法规，但未造成上述法定严重后果的，不构成本罪。

③严重后果必须由违章行为引起，两者之间存在因果关系。

④违反规章制度，致人重伤、死亡或者使公私财产遭受重大损失的行为，必须发生在交通运输活动过程中。从空间上说，必须发生在公路、城镇道路和水运航道上；从时间上说，必须发生在正在进行的交通运输活动中。如果不是发生在上述空间、时间中，而是在工厂、矿山、林场、建筑工地、企业事业单位、院落内作业，或者进行其他非交通运输活动，如检修、冲洗车辆等，一般不构成本罪。检察院在1992年3月23日发布的《关于在厂（矿）区机动车造成伤亡事故的犯罪案件如何定性处理问题的批复》指出："在厂（矿）区机动车作业期间发生的伤亡事故案件，应当根据不同情况，区别对待；在公共交通管理范围内，因违反交通运输规章制度，发生重大事故，应按《刑法》第一百一十三条规定处理。违反安全生产规章制度，发生重大伤亡事故，造成严重后果的，应按

《刑法》第一百一十四条规定处理；在公共交通管理范围外发生的，应当定重大责任事故罪。”由此可见，对于这类案件的认定，关键是要查明它是否发生在属于公共交通管理的水路、公路上。

利用大型的、现代化的交通运输工具从事交通运输活动，违反规章制度，致人重伤、死亡或者使公私财产遭受重大损失的，应定交通肇事罪，这是没有异议的。但是，对于利用非机动车，如自行车、三轮车、马车等，从事交通运输活动，违章肇事，使人重伤、死亡的，是否构成交通肇事罪，存在不同的看法。第一种意见认为：交通肇事罪属于危害公共安全的犯罪，即能够同时造成不特定的多人伤亡或者公私财产的广泛损害，而驾驶非机动车从事交通运输活动，违章肇事，一般只能给特定的个别人造成伤亡或者数量有限的财产损失，不具有危害公共安全的性质，因此，不应定交通肇事罪，而应根据具体情况，确定其犯罪的性质，造成他人死亡的，定过失致人死亡罪；造成重伤的，定过失重伤罪。第二种意见认为，它虽一般只能造成特定的个别人的伤亡或者有限的损失，但不能因此而否认其具有危害公共安全的性质，况且许多城镇交通事故都直接或间接地与非机动车违章行车有关。因此，上述人员违章肇事，应当以交通肇事罪论处。如果因其撞死人而按致人死亡罪论处，因其撞伤人而按过失重伤罪论处，是不合理的。目前司法实践中，一般按第二种意见定罪判刑，即以交通肇事罪论处。

（3）主体要件。本罪的主体为一般主体。即凡年满16周岁、具有刑事责任能力的自然人均可构成。主体不能理解为在上述交通运输部门工作的一切人员，也不能理解为仅指汽车、电车、船只等交通工具的驾车人员，而应理解为一切直接从事交通运输业务和保证交通运输的人员以及非交通运输人员。交通运输人员具体地说包括以下四种从事交通运输的人员：①交通运输工具的驾驶人员，如火车、汽车、电车司机等；②交通设备的操纵人员，如扳道员、巡道员、道口看守员等；③交通运输活动的直接领导、指挥人员，如船长、机长、领航员、调度员等；④交通运输安全的管理人员，如交通监理员、交通警察等。他们担负的职责同交通运输有直接关系，一旦不正确履行自己的职责，都可能造成重大交通事故。

非交通运输人员违反规章制度，如非司机违章开车，在交通运输中发生重大事故，造成严重后果的，也构成本罪的主体。最高人民法院、最高人民检察院《关于办理盗窃案件具体应用法律的若干问题的解释》中指出：“在偷开汽车中因过失撞死、撞伤他人或者撞坏了车辆，又构成其他罪的，应按交通肇事罪与他罪并罚”，这一解释说明，非交通运输人员构成交通肇事罪，并不以肇事行为发生在交通运输过程中为要件。

（4）主观要件。本罪主观方面表现为过失，包括疏忽大意的过失和过于自信的过失。这种过失是针对行为人对自己的违章行为可能造成的严重后果的心理态度而言的。即行为人在违反规章制度上可能是明知故犯，如酒后驾车、强行超车、超速行驶等，但对自己的违章行为可能发生的重大事故、造成的严重后果应当预见，而因疏忽大意没有预见，或者虽已预见，但轻信能够避免，以致造成了严重后果。

2. 认定

其关键要查清行为人是否有主观罪过，是否实施了违反交通运输管理法规的行为，违反交通运输管理法规的行为与重大交通事故是否具有因果关系等。倘若没有违法行为或者虽有违法行为但没有因果关系，如事故发生纯属被害人不遵守交通规则，乱穿马路而造成，或由自然因素，如山崩、地裂、风暴、洪水等造成，则就不应以本罪论处。当然，事故发生并不排除可能存在多种原因或有其他介入因素，这里就更应该认真分析原因及其介入行为对交通事故发生的作用。只有查清确实与行为人的违规行为具有因果关系，才可能以本罪论处，否则，就不应以该罪治罪而追究刑事责任。例如，行为人高速超车后突然发现前方几十米处有人穿越马路，便打方向盘试图避开行人，但出于车速过快，致使车冲入人行道而将他人压成重伤。此时，行人穿越马路作为介入因素仅是发生本案的条件，肇事的真正原因则是违章超速行车，因此应当认定行为与结果具有因果关系从而可以构成本罪。

四、集资诈骗罪

1. 概念及其构成

集资诈骗罪，是指以非法占有为目的，使用诈骗方法非法集资，数额较大的行为。

(1)客体要件。本罪侵犯的客体是复杂客体，既侵犯了公私财产所有权，又侵犯了国家金融管理制度。在现代社会，资金是企业进行生产经营不可缺少的资源和生产要素，而生产者、经营者自有资金极为有限，因此通过社会筹集资金成为一种越来越重要的金融活动。与此同时，一些名为集资、实为诈骗的犯罪行为也开始滋生、蔓延。这种集资诈骗行为采取欺骗手段蒙骗社会公众，不仅造成投资者的经济损失，同时更干扰了金融机构储蓄、贷款等业务的正常进行，破坏国家的金融管理秩序。

(2)客观要件。本罪在客观方面表现为行为人必须实施了使用诈骗方法非法集资，数额较大的行为。司法实践中，行为人具有下列情形之一的，应认定其行为属于使用诈骗方法非法集资：①集资后携带集资款潜逃的；②未将集资款按约定用途使用，而是擅自挥霍、滥用，致使集资款无法返还的；③使用集资款进行违法犯罪活动，致使集资款无法返还的；④向集资者允诺到期支付超过银行同期最高浮动利率50%以上的高回报率的。

(3)主体要件。本罪的主体是一般主体，任何达到刑事责任年龄、具有刑事责任能力的自然人均可构成本罪。依《刑法》第二百条的规定，单位也可以成为本罪主体。

(4)主观要件。本罪在主观上由故意构成，且以非法占有为目的。即犯罪行为人在主观上具有将非法聚集的资金据为己有的目的。所谓据为己有，既包括将非法募集的资金置于非法集资的个人控制之下，也包括将非法募集的资金置于本单位的控制之下。在通常情况下，这种目的具体表现为将非法募集的资金的所有权转归自己所有，或任意挥霍，或占有资金后携款潜逃等。

2. 认定

(1)行为人主观上是否具有非法占有他人财物的目的。如果行为人无此目的，其行为属于一般的集资借贷。即使行为人为获得集资款而任意夸大了回报集资的条件，而且集资后因经营管理不善或市场因素变化等原因造成亏损而无力偿付集资本息并引起纠纷的，也只能按债务纠纷处理，而不能以犯罪论处。

(2)集资诈骗的数额大小。如果数额不大的，不应认定构成犯罪。

五、合同诈骗罪

1. 概念及其构成

合同诈骗罪，是指以非法占有为目的，在签订、履行合同过程中，骗取对方当事人财物，数额较大的行为。

(1)客体要件。本罪侵犯的客体为复杂客体，既侵犯了合同他方当事人的财产所有权，又侵犯了市场秩序。

(2)客观要件。本罪在客观方面表现为在签订、履行合同的过程中，虚构事实、隐瞒真相，骗取对方当事人财物，且数额较大的行为。对于以签订合同的方法骗取财物的行为，认定行为人是否虚构事实或隐瞒真相，关键在于查清行为人有无履行合同的实际能力。

(3)主体要件。本罪的主体是一般主体，凡达到刑事责任年龄且具有刑事责任能力的自然人均能构成本罪，依《刑法》第二百三十一条之规定，单位亦能成为本罪主体。本罪是在合同的签订和履行过程中发生的，主体是合同的当事人一方。

(4)主观要件。本罪主观方面只能是故意的，并且具有非法占有公私财物的目的。行为人主观上没有上述诈骗故意，只是由于种种客观原因，导致合同不能履行或所欠债务无法偿还的，不能以本罪论处。行为人主观上的非法占有目的，既包括行为人意图本人对非法所得的占有，也包括意图为单位或第三人对非法所得的占有。

2. 认定

(1)本罪与一般合同纠纷的界限。合同纠纷与合同诈骗罪有许多相似之处：①两者都产生于民事交往过程中，并且都以合同形式出现；②在履行合同的过程中，对合同所规定的义务都不履行或不完全履行；③合同诈骗在客观上表现为虚构事实或者隐瞒事实真相，合同纠纷中的当事人有时也伴有欺骗行为；④两者都是非法占有特定物。尽管合同诈骗与合同纠纷有许多相似之处，但两者也有本质的区别。行为人主观上有无非法占有他人财物的目的，是区别两者的关键。

(2)行为人的主观目的可以从以下五个方面考察：

①考察行为人在签订合同时有无履行合同的能力。

②看行为人在签订和履行合同过程中有无欺骗行为。

③看行为人在签订合同后有无履行合同的实际行动。

④看行为人在违约以后是否愿意承担违约责任。

⑤考察行为人不履行合同的原因。

六、故意杀人罪

1. 概念与构成

故意杀人，是指故意非法剥夺他人生命的行为。

(1)客体要件。本罪侵犯的客体是他人的生命权。法律上的生命是指能够独立呼吸并能进行新陈代谢的活的有机体，是人赖以存在的前提。

(2)客观要件。首先必须有剥夺他人生命的行为,作为、不作为均可构成。以不作为行为实施的杀人罪,只有那些对防止他人死亡结果发生负有特定义务的人才能构成。

(3)主体要件。本罪的主体是一般主体。已满14周岁不满18周岁的人犯本罪,应当从轻或者减轻处罚。

(4)主观要件。本罪在主观上须有非法剥夺他人生命的故意,包括直接故意和间接故意。即明知自己的行为会发生使他人死亡的危害后果,并且希望或者放任这种结果的发生。

故意杀人的动机是多种多样和错综复杂的。常见的如报复、图财、奸情、拒捕、义愤、气愤、失恋、流氓动机等。动机可以反映杀人者主观恶性的不同程度,对正确量刑有重要意义。

2. 认定

对自杀案件的处理:

(1)相约自杀。即相互约定自愿共同自杀的行为。因行为人均不具有故意剥夺他人生命的行为,所以对其中自杀未逞的,一般不能认为是故意杀人罪;但是,如果行为人受托而将对方杀死,继而自杀未逞的,应构成故意杀人罪,量刑时可考虑从轻处罚;以相约自杀为名,诱骗他人自杀的,则应按故意杀人罪论处。

(2)致人自杀。即由于行为人先前所实施的行为,而引起他人自杀结果的发生。对此,应区别三种情况分别处理:

①行为人的先前行为是正当的或只是一般错误、一般违法行为,他人自杀的主要原因是由于自杀者本人的心胸过于狭窄,这时不存在犯罪问题。

②行为人先前实施了严重违法行为,结果致被害人自杀身亡的,可把致人自杀的结果作为一个严重情节考虑,将先前严重违法行为上升为犯罪处理。如当众辱骂他人,致其当即自杀的,可对辱骂者以侮辱罪论处。

③行为人先前实施某种犯罪行为,引起被害人自杀的,只要行为人对这种自杀结果没有故意,应按其先前的犯罪行为定罪,而将自杀结果作为量刑时考虑的一个从重或选择较重法定刑处罚的情节。

(3)逼迫或诱骗他人自杀。即行为人希望自杀人死亡,但为了掩人耳目,逃避罪责,自己不直接动手,而是通过自己的逼迫、诱骗行为促使自杀者自己动手杀死自己,即借助自杀者自己之手达到行为人欲杀死自杀者的目的。行为人的行为与结果之间存在刑法上的因果关系。关键应查明行为人是否确实有刻意追求自杀者死亡的故意,并且其行为在特定环境下是否足以导致他人实施自杀的行为,两者缺一,则就不宜认定为构成本罪。

(4)教唆、帮助他人自杀。应当以故意杀人罪论处,但考虑到在教唆、帮助自杀中,自杀者的行为往往起决定作用,因此,应根据案情从宽处罚。如果行为人的行为不很积极,作用不大,主观愿望出于善意,这时可不以犯罪论处。但是,教唆精神病人或未成年人自杀,由于自杀者限于精神状态或年龄因素对于自杀缺乏正确的认识和意志控制能力,对此,不仅要以本罪论处,而且还不能从轻或减轻处罚。

七、故意伤害罪

1. 概念与构成

故意伤害罪,是指故意伤害他人身体的行为。

(1)客体要件。本罪侵犯的客体是他人的身体健康权。所谓身体健康权是指自然人以保持其肢体、器官和其他组织的完整性为主要内容的人格权。

(2)客观要件。本罪在客观方面表现为实施了非法损害他人身体的行为。

(3)主体要件。本罪的主体为一般主体。凡达到刑事责任年龄并具备刑事责任能力的自然人均能构成本罪,其中,已满14周岁未满16周岁的自然人有故意伤害致人重伤或死亡行为的,应当负刑事责任。

(4)主观要件。本罪在主观方面表现为故意。即行为人明知自己的行为会造成损害他人身体健康的结果,而希望或放任这种结果的发生。

2. 认定

(1)故意伤害与一般殴打行为的界限。故意伤害罪与非罪的界限,重点应把握故意伤害与一般殴打行为的界限。故意伤害,是指伤害他人身体健康的行为,表现为两种情况:一种是对人体组织完整性的破坏;一种是对人体器官机能的损害。而一般的殴打行为,通常只造成人体暂时性的疼痛或神经轻微刺激,并不伤及人体的健康。当然,殴打行为不伤及人体的健康并非绝对,而只能是相对而言的。例如,朝人鼻子打一拳,有可能造成鼻青脸肿的后果;用手撕一下,也可能造成表皮损伤,但这种行为都不属于犯罪,不能以故意伤害罪论处,而只能依照治安管理处罚条例予以行政处罚。

(2)本罪与故意杀人罪的界限。区别故意杀人罪同故意伤害罪的关键,就在于两罪犯罪故意内容的不同。故意杀人罪的故意内容是剥夺他人生命,希望或放任他人死亡结果的发生。故意伤害罪的故意内容只是要损害他人身体,并不是剥夺他人的生命;即使伤害行为客观上造成被害人的死亡,也往往是由于行为时出现未曾料到的原因而致打击方向出现偏差,或因伤势过重等情况而引起;行为人对这种死亡后果既不希望,也不放任,完全是出于过失。因此,不能将故意伤害致死同故意杀人等同。同样,也不能将杀人未遂同故意伤害混为一谈。对于故意杀人未遂来说,没有将人杀死,并非由于行为人主观上不愿作为,而是因意志以外的原因而不能作为;被害人没有死亡是出于意料之外,完全违背其主观意愿的。而在故意伤害情况下,被害人没有死亡,完全是在行为人的意料之中。

(3)故意伤害致死与过失致死罪的界限。两者在客观上都造成了被害人死亡的结果,主观上对死亡结果均出于过失,区分的关键是行为人主观上有无伤害的故意。过失致死时,行为人主观上既无杀人故意,也无伤害故意。故意伤害致死显然以具有伤害的故意为前提。过失造成的死亡结果,则是故意伤害罪的加重情节。这就告诉我们,不能把所有的“故意”殴打致人死亡的案件,认定为故意伤害致死。殴打不等于伤害,一般生活上的“故意”不等于刑法上的故意,如果行为人只具有一般殴打的意图,并无伤害的故意,出于某种原因或条件引起死亡结果,就不能认定为故意伤害致死;如果行为人主观上对死亡结果具有过失，就应认定为过失致人死亡罪。所以，要区分故意伤害致死与过失致人死亡，就必须弄清“伤害”与“故意”在刑法上的意义。

八、强奸罪

1. 概念与构成

强奸罪，是指违背妇女意志，使用暴力、胁迫或者其他手段，强行与妇女发生性交的行为。

（1）客体要件。本罪侵犯的是妇女性的不可侵犯的权利（又称性自主），即妇女按照自己的意志决定正当性行为的权利。犯罪对象是已满14周岁的少女和成年妇女。

（2）客观要件。

①强奸罪客观上必须具有使用暴力、胁迫或者其他手段，使妇女处于不能反抗、不敢反抗、不知反抗状态或利用妇女处于不知、无法反抗的状态而乘机实行奸淫的行为。

所谓暴力手段，是指非法对被害妇女的人身行使有形力的手段。即直接对被害妇女采取殴打、捆绑、堵嘴、卡脖子、按倒等危害人身安全或者人身自由，使妇女不能反抗的手段。

所谓胁迫手段，是指对被害妇女进行威胁、恫吓，达到精神上的强制，使妇女不敢反抗的手段。胁迫的核心是足以引起被害妇女的恐惧心理，使之不敢反抗，从而实现强行奸淫的意图。既可以直接对妇女进行威胁，也可以通过第三者进行威胁；既可以是口头胁迫，也可以是书面胁迫；既可以以暴力进行威胁，如持刀胁迫，也可以以非暴力进行威胁，如以揭发隐私、毁坏名誉相胁迫。需要注意的情况，利用教养关系、从属关系、职务权利等与妇女发生性交的，不能一律视为强奸，问题的关键在于行为人是否利用了这种特定关系进行胁迫而使妇女不敢反抗，而不在于有没有这种特定关系。

所谓其他手段，是指采用暴力、胁迫以外的使被害妇女不知抗拒或者不能抗拒的手段，具有与暴力、胁迫相同的强制性质。司法实践中常见的其他手段包括：用酒灌醉或者药物麻醉的方法强奸妇女；利用妇女熟睡之机进行强奸；冒充妇女的丈夫或者情夫进行强奸，利用妇女患重病之机进行强奸；造成或利用妇女处于孤立无援的状态进行强奸；假冒治病强奸妇女；组织利用会道门、邪教组织或者利用迷信奸淫妇女；等等。

②须违背妇女意志。违背妇女意志是强奸罪的本质特征，但是不能把“妇女不能抗拒”作为构成强奸罪的基本特征，它只是判断是否违背妇女意志的客观条件之一。

认定是否违背妇女意志，也不能以被害妇女作风好坏来划分。如果行为人使用暴力或者胁迫手段强行与生活作风不好的妇女发生性行为的，仍应以强奸罪论处。

（3）主体要件。本罪的主体是特殊主体，即年满14周岁具有刑事责任能力的男子，但在共同犯罪的情况下，妇女教唆或者帮助男子强奸其他妇女的，以强奸罪的共犯论处。

（4）主观要件。本罪在主观方面表现为故意，并且具有奸淫的目的，即犯罪分子意图与被害妇女发生性交的行为。如果犯罪分子不具有奸淫的目的，而是以性交以外的行为满足性欲的，则就不能构成强奸妇女罪，如抠摸、搂抱的猥亵行为，构成犯罪的，则应以强制猥亵罪论处。

以明知妇女是不能正确表达自己意志的精神病人或有严重痴呆的人而与之性交的人，不管犯罪分子采取什么手段和被害妇女是否表示"同意"或"反抗"，都应视为违背妇女意志，构成强奸罪；对患有间歇性精神病的妇女在精神病没有发作期间同意与之发生性交行为的，不构成强奸罪；对确实不知道妇女是间歇性精神病患者，在妇女的勾引下与之发生性交行为的，一般不宜以强奸罪论处；对确实不知道妇女患有较轻微的痴呆症，在女方自愿或者在女方主动要求下与之发生性交行为的，不宜以犯罪论处。

2. 认定

(1)罪与非罪的界限。

①强奸罪与通奸行为。在男女发生性行为前，既不违背妇女意志，又无勉强女方就变范的行为，双方从内心到外部表现形式完全自愿，属典型的通奸行为。即使事后，因被揭穿，女方为保住自己的脸面而告男方强奸，或因女方事后反悔而告男方强奸，均不能定强奸罪。

②对"半推半就"的奸淫行为的认定。所谓半推半就，是指行为人与妇女发生性行为时，该妇女既有"就"的一面即同意的表现，又有"推"的一面即不同意的表现。应当全面审查男女双方的关系怎样，性行为发生的时间、地点、环境条件如何，行奸后妇女的态度如何，该妇女的道德品行、生活作风情况等。如果查明"就"是主要的，则属假推真就，不能视为违背妇女意志而以该罪论处；反之"推"是主要的，应认定为违背妇女意志，应当以强奸罪论处。

(2)既遂与未遂的界限。按传统贞操观，我们认为以是否奸入作为强奸妇女罪既遂与未遂的标准比较适宜。

九、破坏选举罪

1. 概念及其构成

破坏选举罪，是指在选举各级人民代表大会代表和国家机关领导人员时，以暴力、威胁、欺骗、贿赂、伪造选举文件、虚报选举票数等手段破坏选举或者妨害选民和代表自由行使选举权和被选举权，情节严重的行为。

(1)客体要件。本罪侵犯的客体是公民的选举权利和国家的选举制度。选举权利包括选举权和被选举权。选举权利是公民基本的政治权利，是我国人民当家做主，行使国家权利的重要标志。选举制度是国家的重要制度，是国家民主政治的基本保障，任何侵犯公民选举权利的自由行使，破坏选举制度的行为，都是侵犯公民的民主权利，损害国家的政治生活的行为，必须依法惩处。

(2)客观要件。本罪在客观方面表现为在选举各级人民代表大会和国家机关领导人员时，采用各种手段破坏选举或者妨害选民和代表自由行使选举权和被选举权，情节严重的行为。主要表现包括：①暴力手段，即对选民、代表及其工作人员采取殴打、捆绑等人身伤害的手段或者捣乱选举场所，砸毁选举设施进行破坏的行为；②威胁手段，即以暴力伤害、毁坏财产、揭露隐私、破坏名誉等相要挟，对选民、代表及有关工作人员实施精神强制进行破坏的行为；③欺骗手段，即虚构事实，散布、扩散各种谣言或隐瞒事实真相，以混淆视听进行干扰破坏的行为；④贿赂手段，即利用金钱、财物或者其他物质利益甚或女色勾引、收买选民、代表或有关工作人员以进行破坏的行为；⑤伪造选举文件，即伪造选民证、选票、候选人的情况资料、选举文件进行破坏的行为；⑥虚报选举票数，即对选民、代表的投票总数、赞成票数、反对票数、弃权票数等进行以少报多或以多报少的虚假报告进行破坏的行为；⑦其他手段，如撕毁选民名单、候选人情况，在选民名单、候选人名单、选票上涂写侮辱性词句，对与自己不同意见的选民、代表进行打击报复的行为；等等。

(3)主体要件。本罪的主体是一般主体，可以是普通公民，也可以是国家工作人员。但有些破坏选举的行为，如有意不真实地介绍候选人的情况，变更、伪造、虚报选举结果的，只能由选举工作人员才能实施，因此，不是选举工作人员的不构成本罪。

(4)主观要件。本罪在主观方面表现为故意。一般出于破坏选举或妨害选民、代表自由行使选举权利的目的。犯罪的动机是各种各样的，有的是出于给自己或自己亲友争取选票，有的是想阻止自己不满的候选人当选，也有的是对选举工作有意见等。不同的动机，不影响定罪。过失不构成本罪。

2. 认定

(1)本罪与一般破坏选举行为的界限。《全国人民代表大会和地方各级人民代表大会选举法》第10章对破坏选举的制裁中规定，为保障选民和代表自由行使选举权和被选举权，对有下列违法行为的，应当依法给予行政处分或者刑事处分：①用暴力、威胁、欺骗、贿赂等非法手段破坏选举或者妨害选民和代表自由行使选举权和被选举权的；②伪造选举文件、虚报选举票数或者有其他违法行为的；③对于控告、检举选举中违法行为的人，或者对于提出要求罢免代表的人进行压制、报复的。上述违法行为，每一种都可以是犯罪行为，因此，应当根据事实、情节、后果、危害及行为人的主观恶性程度，区分罪与非罪的界限。对情节恶劣、严重的，以破坏选举罪论处。对情节较轻的，可作为一般违法行为，给予行政处分。

(2)违反选举法的错误行为与破坏选举罪的界限。如有些地方为图省事不进行差额选举，或者不按时公布选民和候选人名单的，都不构成本罪。

十、重婚罪

1. 概念及其构成

重婚罪，是指有配偶又与他人结婚或者明知他人有配偶而与之结婚的行为。

(1)客体要件。本罪侵犯的客体是一夫一妻制的婚姻关系。一夫一妻制是我国婚姻法规定的原则，重婚行为破坏了我国社会主义婚姻、家庭制度，必须予以刑事处罚。

(2)客观要件。本罪在客观方面表现为行为人必须具有重婚的行为。即有配偶的人又与他人结婚的，或者明知他人有配偶而与之结婚的，就构成重婚罪。

事实上，根据司法实践经验，重婚行为主要有以下五种类型：

①与配偶登记结婚，与他人又登记结婚而重婚，也即两个法律婚的重婚。有配偶的

人又与他人登记结婚，有重婚者欺骗婚姻登记机关而领取结婚证的，也有重婚者和登记机关工作人员互相串通作弊领取结婚证的。

②与原配偶登记结婚，与他人没有登记却以夫妻关系同居生活而重婚，此即为先法律婚后事实婚的重婚。

③与配偶和他人都未登记结婚，但与配偶和他人曾先后或同时以夫妻关系同居而重婚，此即两个事实婚的重婚。

④与原配偶未登记而以夫妻关系共同生活，后又与他人登记结婚而重婚，此即先事实婚后法律婚的重婚。

⑤没有配偶，但明知对方有配偶而与之登记结婚或以夫妻关系同居而重婚。

(3)主体要件。本罪的主体为一般主体，一是有配偶的人，在夫妻关系存续期间又与他人成立婚姻关系；二是没有配偶的人，明知对方有配偶而与之结婚。

(4)主观要件。本罪在主观方面表现为直接故意，即明知他人有配偶而与之结婚或自己有配偶而故意与他人结婚。如果没有配偶一方确实不知对方有配偶而与之结婚或以夫妻关系共同生活的，无配偶一方不构成重婚罪，有配偶一方则构成重婚罪。重婚的动机是多种多样的，有的是喜新厌旧；有的是出于贪图享乐；有的是封建思想作祟等。但动机不影响本罪的成立。

2. 认定

(1)要区分重婚罪与有配偶的妇女被拐卖而重婚的界限。近几年来，拐骗、贩卖妇女的犯罪相当严重。有的妇女已经结婚，但被犯罪分子拐骗、贩卖后被迫与他人结婚，在这种情况下，被拐卖的妇女在客观上尽管有重婚行为，但其主观上并无重婚的故意，与他人重婚是违背其意愿的，是他人欺骗或强迫的结果。

(2)要区分重婚罪与临时姘居的界限。姘居，是指男女双方未经结婚而临时在一起以夫妻名义共同生活，不构成重婚罪。最高人民法院1958年1月27日在《关于如何认定重婚行为问题的批复》中指出："如两人虽然同居，但明显只是临时姘居关系，彼此以'姘头'相对待，随时可以自由撤散，或者在约定时期届满后即结束姘居关系的，则只能认为是单纯非法同居，不能认为是重婚。"

(3)从情节是否严重来区分罪与非罪的界限。在实践中，下面两种重婚行为不构成重婚罪：

①夫妻一方因不堪虐待外逃而重婚的。实践中，由于封建思想或者家庭矛盾等因素的影响，夫妻间虐待的现象时有发生。如果一方，尤其是妇女，因不堪虐待而外逃后，在外地又与他人结婚，由于这种重婚行为的动机是为了摆脱虐待，社会危害性明显较小，所以不宜以重婚罪论处。

②因遭受灾害外逃而与他人重婚的。因遭受灾害在原籍无法生活而外流谋生的，一方知道对方还健在，有的甚至是双方一同外流谋生，但迫于生计，而不得不在原夫妻关系存在的情况下又与他人结婚。这种重婚行为尽管有重婚故意，但其社会危害性不大，也不宜以重婚罪论处。

十一、虐待罪

1. 概念及其构成

虐待罪，是指对共同生活的家庭成员经常以打骂、捆绑、冻饿、限制自由、凌辱人格、不给治病或者强迫做过度劳动等方法，从肉体上和精神上进行摧残迫害，情节恶劣的行为。

(1)客体要件。本罪侵犯的客体是家庭成员在家庭中的合法权益，主要是家庭成员之间的平等权利。由于虐待行为所采取的方法，也侵犯了受害者的人身权利，因此，本罪侵犯的客体是复杂客体。

(2)客观要件。本罪在客观方面表现为经常虐待家庭成员的行为。

(3)主体要件。本罪的主体为一般主体，必须是共同生活的同一家庭的成员，相互之间存在一定的亲属关系或者扶养关系。如夫妻、父母、子女、兄弟姐妹等。虐待者都是具有一定的扶养义务，在经济上或者家庭地位中占一定优势的成员。非家庭成员，不能成为本罪的主体。

(4)主观要件。本罪在主观方面表现为故意，即故意地对被害人进行肉体上和精神上的摧残和折磨。至于虐待的动机则是多种多样的，不论出于什么动机，都不影响定罪，但量刑时应予以考虑。

2. 认定

(1)从情节是否恶劣来区分罪与非罪的界限。情节是否恶劣是区分罪与非罪的主要标志。根据刑法的规定，虐待家庭成员，只有情节恶劣的，才构成犯罪。虐待行为一般，情节较轻的，如一、两次的打骂，偶尔的不给饭吃、禁闭等，不应作为虐待罪论处。

(2)从犯罪的对象来区分罪与非罪的界限。虐待罪是发生在家庭成员间的犯罪，行为人与被害人之间存在一定的亲属关系和扶养关系，如夫妻、父子、兄弟姐妹等。虐待非家庭成员的，不构成虐待罪(但如果因虐待行为直接给被害人造成严重后果，社会危害严重，构成其他犯罪的，可以按其他犯罪论处)。

(3)本罪与故意伤害罪的界限。虐待行为往往会造成被害人身体伤害的后果，所以，虐待罪容易与故意伤害罪混淆。在司法实践中，应当主要从主观故意上区别虐待罪与故意伤害罪的界限。如果行为人出于对被害人进行肉体上和精神上摧残和折磨的故意，在实施虐待行为的过程中，造成被害人轻伤或者重伤的，其行为构成虐待罪，不构成故意伤害罪；如果行为人在主观上具有伤害他人身体健康的故意，并且在客观上实施了伤害他人的行为，则其行为构成故意伤害罪，不构成虐待罪。

(4)依刑法的规定，犯本罪的，告诉的才处理。所谓告诉的才处理，是指被害人要向人民法院提出控告，人民法院才处理，不告诉不处理。刑法这一规定，主要是考虑到虐待案件发生在家庭成员之间，被虐待者不希望亲属关系破裂，更不希望诉诸司法机关对虐待者定罪量刑，因此要充分考虑被虐待者的意思。如果被虐待者不控告，司法机关就不要主动干预，这样有利于社会的安定团结。但根据《刑法》第九十八条之规定，如果被虐待者受强制、威吓等而无法向人民法院起诉的，人民检察院可以提起公诉；被虐待者的其他近亲属也可以控告；有关单位和组织也可以向人民检察院检举揭发干涉，由人民检察院查实后提起公诉。犯本罪，致被害人重伤、死亡的，不适用“告诉的才处理”的规定。

2015年8月29号表决通过的刑法修正案(九)对虐待罪作了一些修改:在刑法第二百六十条后增加一条,作为第二百六十条之一:“对未成年人、老年人、患病的人、残疾人等负有监护、看护职责的人虐待被监护、看护的人,情节恶劣的,处三年以下有期徒刑或者拘役。”“单位犯前款罪的,对单位判处罚金,并对其直接负责的主管人员和其他直接责任人员,依照前款的规定处罚。”“有第一款行为,同时构成其他犯罪的,依照处罚较重的规定定罪处罚。”新增的规定,顺应了社会热点。进一步为老弱病残等社会弱势群体提供刑法保护,将虐待罪的犯罪主体从家庭成员扩大至家庭成员以外的人、单位。随着社会的发展,与老弱病残的人朝夕相处的人,已经不限于家庭成员,还包括了学校的老师、医院、养老院的护理人员、家里的护工保姆等。对于此类虐待行为,追究其刑事责任非常有必要。

十二、抢劫罪

1. 概念及其特征

抢劫罪,是以非法占有为目的,对财物的所有人、保管人当场使用暴力、胁迫或其他方法,强行将公私财物抢走的行为。

(1)客体要件。本罪侵犯的客体是公私财物的所有权和公民的人身权利,属复杂客体。抢劫罪侵犯的对象是国家、集体、个人所有的各种财物和他人的人身权利。但是,对于抢劫犯来说,其最根本的目的是要抢劫财物,侵犯人身权利只是其使用的一种手段。正因为如此,刑法把抢劫罪规定在侵犯财产罪这一章。

(2)客观要件。本罪在客观方面表现为行为人对公私财物的所有者、保管者或者守护者当场使用暴力、胁迫或者其他对人身实施强制的方法,立即抢走财物或者迫使被害人立即交出财物的行为。这种当场对被害人身体实施强制的犯罪手段,是抢劫罪的本质特征,也是它区别于盗窃罪、诈骗罪、抢夺罪和敲诈勒索罪的最显著特点。

(3)主体要件。本罪的主体为一般主体。依刑法第十七条的规定,年满14周岁并具有刑事责任能力的自然人,均能构成该罪的主体。

(4)主观要件。本罪在主观方面表现为直接故意,并具有将公私财物非法占有的目的,如果没有这样的故意内容就不构成本罪。如果行为人只抢回自己被骗走或者赌博输掉的财物,不具有非法占有他人财物的目的,不构成抢劫罪。

2. 认定

(1)抢劫罪是侵犯财产罪中危害性最大、性质最严重的犯罪,在一般情况下,凡是以非法占有为目的,用暴力、胁迫或者其他方法,强行夺取公私财物的行为,就具备了抢劫罪的基本特征,构成了抢劫罪。立法上没有抢劫的数额和情节的限制性规定,但是依照《刑法》第十三条的规定,情节显著轻微危害不大的行为,不认为构成了抢劫罪。例如,青少年偶尔进行恶作剧式的抢劫,行为很有节制、数额极其有限,如强索少量财物,抢吃少量食品等,由于情节显著轻微,危害不大,属于一般违法行为,尚不构成抢劫罪。

(2)因为婚姻、家庭纠纷,一方抢回彩礼、陪嫁物,或者强行分割并拿走家庭共有财产的,即使抢回、拿走的份额多了,也属于民事、婚姻纠纷中处理方法不当的问题,不具有非法强占他人财物的目的,不构成抢劫罪。

(3)为子女离婚、出嫁女儿暴死等事情所激怒,而纠集亲友多人去砸毁对方家庭财物,抢吃粮菜鸡猪,属于婚姻家庭纠纷中的泄愤、报复行为,一般应做好调解工作,妥善处理,不宜作为抢劫罪论处。

十三、盗窃罪

1. 概念及其构成

盗窃罪,是指以非法占有为目的,秘密窃取数额较大的公私财物或者多次秘密窃取公私财物的行为。

(1)客体要件。本罪侵犯的客体是公私财物的所有权。侵犯的对象,是国家、集体或个人的财物,一般是指动产而言,但不动产上之附着物,可与不动产分离的,例如,田地上的农作物,山上的树木、建筑物上之门窗等,也可以成为本罪的对象。另外,能源如电力、煤气也可成为本罪的对象。

(2)客观要件。本罪在客观方面表现为行为人具有秘密窃取数额较大的公私财物或者多次秘密窃取公私财物的行为。所谓秘密窃取,是指行为人采取自认为不为财物的所有者、保管者或者经手者发觉的方法,暗中将财物取走的行为。

(3)主体要件。本罪主体是一般主体,凡达到刑事责任年龄(16周岁)且具备刑事责任能力的人均能构成。

(4)主观要件。本罪在主观方面表现为直接故意,且具有非法占有的目的。

2. 认定

(1)本罪与非罪的界限。根据相关法律的规定,盗窃公私财物虽已达到“数额较大”的起点,但情节轻微,并具有下列情形之一的,可不作为犯罪处:

①已满16周岁不满18周岁的未成年人作案的。

②全部退赃、退赔的。

③主动投案的。

④被胁迫参加盗窃活动,没有分赃或者获赃较少的。

⑤其他情节轻微、危害不大的。

(2)盗窃既遂与未遂。关于盗窃罪的既遂标准,理论上有接触说、转移说、隐匿说、失控说、控制说、失控加控制说。我们主张失控加控制说,即盗窃行为已经使被害人丧失了对财物的控制时,或者行为人已经控制了所盗财物时,都是既遂。被害人的失控与行为人的控制通常是统一的,被害人的失控意味着行为人的控制。但两者也存在不统一的情况,即被害人失去了控制,但行为人并没有控制财物,对此也应认定为盗窃既遂,因为刑法以保护合法权益为目的,既遂与未遂的区分归根到底是社会危害性的区别。就盗窃罪而言,其危害程度的大小不在于行为人是否控制了财物,而在于被害人是否丧失了对财物的控制。因此,即使行为人没有控制财物,但只要被害人失去了对财物的控制的,也成立盗窃既遂,没有理由以未遂论处。

十四、诈骗罪

1. 概念及其构成

诈骗罪，是指以非法占有为目的，用虚构事实或者隐瞒真相的方法，骗取数额较大的公私财物的行为。

（1）客体要件。本罪侵犯的客体是公私财物所有权。有些犯罪活动，虽然也使用某些欺骗手段，甚至也追求某些非法经济利益，但因其侵犯的客体不是或者不限于公私财产所有权，所以，不构成诈骗罪。例如，拐卖妇女、儿童的，属于侵犯人身权利罪。

诈骗罪侵犯的对象，仅限于国家、集体或个人的财物，而不是骗取其他非法利益。其对象，应排除金融机构的贷款，因《刑法》已于第一百九十三条特别规定了贷款诈骗罪。

（2）客观要件。本罪在客观上表现为使用欺诈方法骗取数额较大的公私财物。首先，行为人实施了欺诈行为，欺诈行为从形式上说包括两类，一是虚构事实，二是隐瞒真相；从实质上说是使被害人陷入错误认识的行为。其次，欺诈行为的内容是，在具体状况下，使被害人产生错误认识，并做出行为人所希望的财产处分，因此，不管是虚构、隐瞒过去的事实，还是现在的事实与将来的事实，只要具有上述内容的，就是一种欺诈行为。如果欺诈内容不是使他们做出财产处分的，则不是诈骗罪的欺诈行为。欺诈行为必须达到使一般人能够产生错误认识的程度，对自己出卖的商品进行夸张，没有超出社会容忍范围的，不是欺诈行为。

（3）主体要件。本罪的主体是一般主体，凡达到法定刑事责任年龄、具有刑事责任能力的自然人均能构成本罪。

（4）主观要件。本罪在主观方面表现为直接故意，并且具有非法占有公私财物的目的。

2. 认定

（1）诈骗罪与借贷纠纷的界限。借款人由于某种原因，长期拖欠不还的，或者编造谎言或隐瞒真相而骗取款物，到期不能偿还的，只要没有非法占有的目的，也没有挥霍一空，不赖账，不再弄虚作假骗人，确实打算偿还的，仍属借贷纠纷，不构成诈骗罪。

（2）诈骗罪与代人购物拖欠货款行为的界限。对以代人购买紧缺商品的名义，取走货款，但没买到东西，又擅自挪用货款，拖欠不还款的行为，应着重考察其真实目的、双方的关系、事情的起因、代办人的具体行为、拖欠的情节、后果等，从而正确判断其是否有非法占有的意图。如能明确想代人购物，因故未能买到挪用仍拟归还的，不能以诈骗罪论处。如果以代购为名，行诈骗之实，骗取大量财物，大肆挥霍，根本无意归还，也无力归还的，应以诈骗罪论处。

（3）诈骗罪与集资办企业因亏损躲债的界限。如果确实是集资经商办企业，但因经营不善，亏损负债，为躲债而外出，仍属财产债务纠纷。这同诈骗犯以集资办企业为名，捞到钱财就逃之夭夭，以实现其非法占有的目的，有本质区别。

【案例链接一】

甲在2014年10月15日见路边一辆面包车没有上锁，即将车开走，前往A市。行驶途中，行人乙拦车要求搭乘，甲同意。甲无意看见乙提包内有巨额现金，遂起意图财。行驶到某偏僻处时，甲谎称发生故障，请乙下车帮助推车。乙将手提包放在面包车座位上，然后下车。甲乘机发动面包车欲逃。乙察觉出甲的意图后，紧抓住车门不放，被面包车拖行10余米。甲见乙仍不松手并跟着车跑，便加速疾驶，使乙摔倒在地，造成重伤。乙报警后，公安机关根据汽车号牌将甲查获。

甲供述了以上犯罪事实，同时还交代了其在B市所犯的以下罪行：2014年6月的一天，甲于某小学放学之际，在校门前拦截了一名一年级男生，将其骗走，随即带该男生到某个体商店，向商店老板购买价值5000余元的高档烟酒。在交款时，甲声称未带够钱，将男生留在商店，回去拿钱交款后再将男生带走。商店老板以为男生是甲的儿子便同意了。甲携带烟酒逃之夭夭。

问：①甲对开走面包车的行为应如何认定，为什么？

②甲对乙的行为应如何认定，为什么？

③甲对男生的行为应如何认定，为什么？

④甲对商店老板的行为应如何认定，为什么？

【案例评析】

①甲开走他人面包车的行为构成盗窃罪，即使面包车没有锁，但根据社会的一般常理，该车应属于他人合法占有的财物，而非遗失物或遗忘物。

②甲对乙的行为构成抢劫罪，甲虽然开始打算实施抢夺，但在乙抓住车门不放时，甲加速行驶的行为已经属于暴力行为，实为转化型抢劫，造成乙重伤，属于抢劫罪的结果加重犯。

③甲对男生的行为构成拐骗儿童罪，甲的行为实为拐骗不满14周岁的儿童脱离家庭或者其监护人的行为。但不构成拐卖儿童罪，因为表面上看甲以儿童换取了商品，但这种行为并非属于出卖儿童，商店老板也没有收买儿童的意思。

④甲对商店老板的行为构成诈骗罪。甲用虚构事实和隐瞒真相的方法，骗取商店老板价值5000余元的高档烟酒，数额较大，符合诈骗罪的构成要件。

【案例链接二】

甲、乙、丙3人于某日晚上商量出去打(偷)狗，回来煮了下酒。甲某向他人借了一支单筒猎枪带上。次日凌晨1时许，3人持猎枪未找到狗，便到一居民家偷鸡。乙、丙进院偷鸡，甲则持猎枪在院外望风。当偷出3只鸡时，被事主发现，乙、丙两人即跑出院外。甲见状，即向房门开了一枪后逃跑，枪弹击中事主家房门的门框。事主兄弟两人闻声跑出房外，追撵3人未果。返回时，在院门外拾得猎枪的护木一块，事主两兄弟即蹲藏在院内守候。甲某等3人逃离现场后，甲发现猎枪护木丢失，担心无法还枪，便提出返回寻找。3人在返回事主家途中，丙某害怕被抓，未敢继续前行。当乙某持猎枪与甲一起寻找护木时，在事主家门前，被正欲抓捕他们的事主兄弟两人发现。事主丁刚一起身，乙即向他开了一枪，丁因被击中致死。

问题：甲、乙、丙的行为是否涉嫌犯罪，涉嫌何罪，为什么？

【案例评析】

(1)甲涉嫌抢劫罪。甲某在盗窃过程中，为了抗拒抓捕，当场开枪使用暴力，已构成抢劫罪。本案3名被告人的共同故意是实施盗窃，虽然持枪，但是用于打狗，并非用于犯罪，故事先不存在抢劫共同故意。在盗窃过程中，甲某又突然实施了开枪的暴力行为，这种行为使犯罪性质转化为抢劫罪。鉴于开枪是他单独实施的行为，超出了盗窃共同的故意，只能由他个人负责，乙、丙不应对此负责。所以甲某单独构成抢劫罪。

(2)乙涉嫌故意杀人罪。甲、乙在返回寻找护木的过程中，与事主两兄弟相遇，乙某开枪将其中一人打死，致人死亡，后果严重，已涉嫌故意杀人罪。甲某虽然一同前往，但并无杀人的故意。而丙某在此之前已经离去，与此事件已经脱离关系。这是乙某临时起意、单独实行的杀人行为，只能由他个人承担刑事责任，与甲某、丙某无关。

(3)丙不涉嫌犯罪。丙某虽积极参与盗窃活动，但数额较小，情节显著轻微，危害不大，不认为是犯罪。

【练习思考】

(1)甲某对乙某的一块高级手表垂涎已久。一日，甲某骗乙某说要给其介绍对象，让乙某请自己喝酒，趁机将乙某灌醉，然后将乙某搀扶到一僻静胡同内，将其手表捋下拿走。

甲某的行为构成何罪？

(2)某晚，甲潜入乙家中行窃，被发现后携所窃赃物(价值900余元)逃跑，乙紧追不舍。甲见杂货店旁有一辆未熄火摩托车，车主丙正站在车旁吸烟，便骑上摩托车继续逃跑。次日，丙在街上发现自己的摩托车和甲，欲将甲扭送公安局，甲一拳将丙打伤，后经法医鉴定为轻伤。

本案中甲的行为成立什么犯罪，为什么？

(3)宋某因与王某有仇而意图杀害王某，某日晚趁王某在家熟睡之际放火焚烧王某的房屋。因王某住在城市的老区，木结构房子都连在一起，因此被邻居及时发现，将火扑灭，王某幸免于难。

问：宋某的行为构成何罪，为什么？本案是何种犯罪形态？

第八章　涉农纠纷法律救济渠道

第一节　行 政 复 议

【基本要求】

(1)了解行政复议的概念与原则、具体行为的标准

(2)理解行政复议参加人、行政复议机关

(3)熟悉可以申请行政复议行为的范围、行政复议机关的种类

重点:行政复议范围的确定标准,行政复议的审理、决定与执行

难点:行政复议机关的确定、行政复议与行政诉讼的关系

【法律知识】

一、行政复议的概念和原则

1. 行政复议的概念

我国的行政复议,是指行政机关在当事人的申请和参加下,按照行政复议程序对具体行政行为进行合法性和适当性审查,以及对部分抽象行政行为的不合理性进行审查,并做出裁决以解决行政争议的活动。对于行政机关来说,行政复议是行政机关系统内部自我监督的一种重要形式;对于行政相对人来说,行政复议是对其被侵犯的权益的一种救济手段。

2. 政复议的原则

(1)合法原则。合法原则,是指行政复议过程中,无论是做出被申请的具体行政行为的行政主体,还是作为申请人的行政相对人,或者是主持裁决的行政复议机关,都应当遵守现行的有关行政复议的法律、法规和规章。但主持裁决的行政复议机关依法进行行政复议活动是合法性原则的核心要求。合法性原则的主要内容体现在以下三个方面:①主体合法。行政复议程序主体合法是行政复议合法性的基本前提和基础。根据这一要求,提起行政复议申请的必须是被申请的具体行政行为所指向的行政相对人;被申请人必须是做出被申请的具体行政行为的行政主体;受理行政复议申请的必须是法律、法规规定的行政复议机关。②依据合法。行政复议必须遵循现行的法律、法规和规

章的规定，对于申请人来说，没有合法依据不得提起行政复议的申请；对于被申请人来说，必须依法参加行政复议；对于行政复议机关来说，必须依法受理行政复议申请和依法做出行政复议决定。这里的“依法”应当包括《宪法》、法律、法规和规章以及上级行政机关依法制定的其他规范性文件。③程序合法。无论对行政复议机关还是行政复议的申请人和被申请人来说，行政复议本身是一种程序性行为。为确保行政复议的顺利进行，行政复议主体必须严格遵守法定程序。为此，《中华人民共和国行政复议法》(以下简称《行政复议法》)以及其他有关法律、法规都明确规定了相关的行政复议程序，以确保行政复议程序的合法性。

(2)公正原则。公正原则是指行政复议机关对被申请的具体行政行为不仅应当审查其合法性，而且还应当审查其合理性。由于被申请的具体行政行为绝大多数是行使行政自由裁量权的结果，如果行政复议不深入审查被申请的具体行政行为的合理性，有时难以达到行政复议的目的。因此，在行政复议中，对被申请的具体行政行为的审查，不仅要考虑其合法性，而且还应当考虑其合理性。只有这样才能真正保障行政相对人的合法权益。这一原则的主要要求包括：①行政复议机关应当从合法性和合理性两个层面审查被申请的具体行政行为，对不合法的具体行政行为应当予以撤销或者确认违法；对明显不公正的具体行政行为依法可以变更，必要时还可以责令被申请人重新做出具体行政行为。②行政复议机关应当查明所有与案件有关的事实，并做出准确的定性；对被申请的具体行政行为所适用的法律条款应当做出准确的判断，如有不确定的法律概念，应当根据立法目的和立法指导思想做出公正的解释。③行政复议机关应当正当、合理地行使复议自由裁量权。这是行政复议决定公正、合理的基本保证，比如，对“明显不当”具体行政行为的界定应当合理、适当等。

(3)公开原则。公开原则是指行政复议机关在行政复议过程中，除涉及国家秘密、个人隐私和商业秘密的外，整个过程应当向行政复议申请人和社会公开。行政复议公开是确保行政复议权合法、公正行使的基本条件，也是防止行政复议权滥用的最好手段。这一原则的主要要求包括：①行政复议过程公开。它要求行政复议机关尽可能听取申请人、被申请人和第三人的意见，让他们更多地介入行政复议程序。因此，《行政复议法》第二十二条规定：“行政复议原则上采取书面审查的办法，但是申请人提出要求或者行政复议机关负责法制工作的机构认为有必要时，可以向有关组织和个人调查情况，听取申请人、被申请人和第三人的意见。”这是行政复议过程公开的一个具体体现。②行政复议咨询公开。它要求行政复议机关在申请人、第三人的请求下，公开与行政复议案件有关的一切材料，确保申请人和第三人有效地参与行政复议程序。为此，《行政复议法》第二十三条第(二)款规定：“申请人、第三人可以查阅被申请人提出的书面答复，做出具体行政复议行为的证据、依据和其他有关材料，除涉及国家秘密、商业秘密和个人隐私外，行政复议机关不得拒绝。”

(4)及时原则。及时原则是指行政复议机关应当在法律规定的期限内，尽快完成复议案件的审查，并做出相应的决定。及时原则是对行政复议机关效率的要求，其主要要求包括：①行政复议机关应当严格遵守法定的期限，确保每个行政复议行为都能在法定的期限内完成，如果法律没有明确规定期限，行政复议机关则应当尽快完成行政复议行为。行政复议机关在法定时限内不能做出行政复议裁决的，应当依法定程序报行政复议机关负责人批准延长审理期限。行政复议机关违反法定时限，应当承担相应的法律责任。②行政复议机关应当敦促行政复议当事人遵守法定的期限。行政复议本身是要求以较高的效率来解决行政争议，而行政复议高效率地完成，自然也需要行政复议当事人的配合。因此，行政复议机关应当在法律规定的时限内要求行政复议的当事人尽快完成有关程序行为。

(5)便民原则。便民原则是指行政复议机关在行政复议程序中应当尽可能为行政复议当事人，尤其是为申请人提供必要的便利，从而确保当事人参加行政复议的目的的实现。这一原则的主要要求包括：①有关行政复议的规定应当尽可能考虑为申请人提供复议的便利条件。比如，实行一级复议制，减少上一级行政机关管辖行政复议案件的规定；不向申请人收取行政复议费用等。②行政复议机关应当在法定范围内为当事人提供进行复议活动的便利条件。例如，对不能提供书面申请的相对人，允许以口头方式向行政复议机关提出复议申请，受理行政复议的机关的工作人员应当予以记录，再请申请人签名或者盖章，作为行政相对人正式提出申请的材料。

二、我国行政复议范围的确定标准

1. 具体行政行为标准

行政复议是围绕着具体行政行为进行的。《行政复议法》第二条明确规定："公民、法人或其他组织认为行政机关的具体行政行为侵犯其合法权益的，有权向行政机关提出行政复议申请"，并明确列举了11类各种作为或不作为的违法具体行政行为。

(1)对行政机关做出的警告、罚款、没收违法所得、没收非法财物、责令停产停业、暂扣或者吊销许可证、暂扣或者吊销执照、进行行政拘留等行政处罚决定不服的。

(2)对行政机关做出的限制人身自由或者查封、扣押、冻结财产等行政强制措施决定不服的。

(3)对行政机关做出的有关许可证、执照、资质证、资格证等证书变更、中止、撤销的决定不服的。

(4)对行政机关做出的关于确认土地、矿藏、水流、森林、山岭、草原、荒地、滩涂、海域等自然资源的所有权或者使用权的决定不服。

(5)认为行政机关侵犯其合法的经营自主权的。

(6)认为行政机关变更或者废止农业承包合同，侵犯其合法权益的。

(7)认为行政机关违法集资、征收财物、摊派费用或者违法要求履行其他义务的。

(8)认为符合法定条件，申请行政机关颁发许可证、执照、资质证、资格证等证书，或者申请行政机关审批、登记有关事项，行政机关没有依法办理的。

(9)申请行政机关履行保护人身权利、财产权利、受教育权利的法定职责，行政机关没有依法履行的。

(10)申请行政机关依法发放抚恤金、社会保险金或者最低生活保障费，行政机关没有依法发放的。

(11)认为行政机关的其他具体行政行为侵犯其合法权益的。

行政复议具体行政行为作为标准，并不意味着把抽象行政行为一概排除。《行政复议法》将抽象行政行为部分地、有限地纳入到复议范围。申请人只能在对具体行政行为不服申请复议时，才可以一并对做出该具体行政行为所依据的法规以外的规范性文件要求审查抽象集体行政行为包括：①行政机关的行政立法行为。即国家行政机关制定发布行政法规和行政规章的行为。②行政机关除行政立法行为以外的其他抽象行政行为。主要是指行政机关针对广泛的、不特定的对象规定行政措施，发布决定和命令的行为。这类行政行为没有对某个具体对象的特殊针对性，而是在一定范围和管理领域内对一切人具有普遍约束力，并能反复适用，因此，它虽不属于行政立法行为，但属于抽象行政行为的一种。

2. 违法和不当标准

违法和不当标准是指行政复议机关受理公民、法人或其他组织认为违法或不当的行政行为侵犯其合法权益的行政争议案件。这一点与人民法院受理行政诉讼案件有很大区别。人民法院受理行政诉讼案件通常以行政行为是否合法为标准，即人民法院只受理因具体行政行为合法性引发的争议，至于行政行为是否合理、适当，法院一般不予干涉，所以也不受理。但行政复议机关不仅要审查具体行政行为是否合法，还要审查具体行政行为是否适当。只要公民、法人或其他组织认为侵犯其合法权益的行政行为违法或不当，就可以申请复议，复议机关就应当予以受理。

3. 合法权益标准

《行政复议法》规定，行政复议机关只受理侵犯公民、法人或其他组织合法权益引发的行政争议。不受法律保护的其他权益被剥夺或被限制，则不属于行政复议范围。之所以采取合法权益标准，是因为行政行为是以影响他人的权益为特征，合法地剥夺或限制他人的人身权或财产权，不产生侵犯公民合法权益的问题。凡是公民所享有的法定权利，只要行政机关实施了违法具体行政行为，而且这些行为侵犯了公民、法人或其他组织的合法权益，均可成为行政复议的对象，受侵犯的公民、法人或其他组织均可提起行政复议。

4. 可以申请行政复议的事项

行政复议所针对的主要是具体行政行为，还有一部分抽象行政行为。根据《行政复议法》第六条的规定，可以申请复议的具体行政行为包括：

（1）对行政机关做出的行政处罚决定不服的。

（2）对行政机关做出的行政强制措施决定不服的。

（3）对行政机关做出的有关许可证、执照、资质证、资格证等证书变更、中止、撤销的决定不服的。

（4）对行政机关做出的关于确认不动产的所有权或者使用权的决定不服的。

（5）认为行政机关侵犯合法经营自主权的。

（6）认为行政机关变更或者废止农业承包合同，侵犯其合法权益的。

（7）认为行政机关违法要求履行义务的。

(8)认为行政机关不依法办理行政许可等事项的。

(9)认为行政机关不履行保护人身权、财产权、受教育权法定职责的。

(10)认为行政机关不依法发放抚恤金、社会保险金或者最低生活保障费的。

(11)认为行政机关其他具体行政行为侵犯其合法权益的。这是一条概括性的规定,凡不属于上述列举情形的具体行政行为,只要侵犯了行政相对人的合法权益,行政相对人均可以提起行政复议。

5. 行政复议的排除事项

(1)行政机关的行政处分或者其他人事处理决定。对这些决定引起的争议,应按照法律、行政法规的规定提出申诉。

(2)行政机关对民事纠纷做出的调解或者其他处理。对这些处理引起的争议,当事人可以依法申请仲裁或者向人民法院提起诉讼。

(3)国务院的所有抽象行政行为,包括行政法规和行政法规以外的其他文件。

(4)部委规章和地方政府规章。有权制定规章的机关所制定的规章以外的文件是可以作为申请复议的对象的,这一点应当特别注意。

三、行政复议参加人和行政复议机关

1. 行政复议申请人

行政复议申请人是依法申请行政复议的公民、法人或者其他组织。申请人必须是认为自身合法权益受到侵害,并依法提出复议申请的公民、法人或者其他组织,包括外国人、无国籍人和外国组织。

关于行政复议申请权的转移与承受:①公民死亡引起的申请权转移,由其近亲属承受;②法人或者其他组织终止引起的申请权转移,由承受其权利的法人或者其他组织申请。有权申请行政复议的公民为无民事行为能力人或者限制民事行为能力人的,由其法定代理人代为申请行政复议。申请人可以委托代理人代为参加行政复议。

法人或者其他组织终止的原因多种多样,比如破产、注销、吊销等,转移只在分立和合并这两种情况下才发生,破产、吊销等都不发生资格转移的问题。

2. 行政复议被申请人

行政复议被申请人,是做出被申请复议的具体行政行为的行政机关。被申请人的法律特征有以下三点:①被申请人必须是行政主体,即行政机关或法律、法规授权的组织;②被申请人必须实施了具体行政行为;③被申请人必须是其相应具体行政行为受申请人指控并由行政复议机关通知参加行政复议的行政主体。

被申请人也有多种,包括:①独立被申请人。做出具体行政行为的一级人民政府和它的工作部门是独立被申请人。②共同被申请人。以共同名义做出具体行政行为的若干行政机关是共同被申请人。③继续行使被撤销行政机关权限的被申请人。做出被申请具体行政行为的行政机关在申请提出时已经被撤销的,继续行使其权限的行政机关是被申请人。④法定授权的组织作为被申请人。法律、法规授权的组织做出具体行政行为,公民、法人或者其他组织不服提出行政复议的,该法定授权组织为被申请人。

⑤派出机关和派出机构作为被申请人。行政机关的派出机关和以自己的名义做出具体行政行为的派出机构,该派出机关和派出机构为被申请人。

本着“谁是行政主体谁负责”的原则,前面分析的行政主体都可以作为行政复议被申请人,不是行政主体的不得充当被申请人。

3. 行政复议第三人

行政复议第三人,是指同被申请的具体行政行为有利害关系、参加行政复议的其他公民、法人或者其他组织。行政复议第三人成立需要具备三个条件:①复议已经开始,但还没结束。②与正在复议的具体行政行为有利害关系。③是申请人和被申请人以外的其他公民、法人、组织或者行政机关。

第三人的法律特征有以下三点:

(1)第三人同申请复议的具体行政行为有利害关系,这种利害关系必须是直接的而非间接的,即具体行政行为和行政复议裁定会直接影响到第三人的权益。

(2)第三人是以自己的名义,并且是为了维护自己的合法权益而参加复议的,既不依附于申请人,也不依附于被申请人,享有与申请人基本相同的复议权利,具有独立的法律地位。

(3)第三人是在行政复议开始后、终结前,经过行政复议机关批准参加复议的。在行政复议尚未开始,或者复议已经结束,包括复议机关已做出裁决时,均不存在第三人参加复议的问题。

从行政复议的实践来看,行政复议中的第三人通常包括以下六种:

(1)在行政处罚案件中,被处罚人或被侵害人一方申请行政复议,另一方可以作为第三人申请参加复议。

(2)在行政处罚复议案件中,同申请人所受的具体行政行为的处理有利害关系的另一方公民、法人或者其他组织。

(3)行政处罚案件中的共同被处罚人。

(4)在行政确权案件中,被驳回请求的人申请复议,被授予权利的人或者其他被驳回请求的人,可以作为第三人申请参加复议。

(5)两个或两个以上行政机关基于同一事实,针对相同的行政管理相对人做出互相矛盾的几个具体行政行为,相对人对其中一个具体行政行为不服申请复议,其他行政机关可以作为第三人申请参加行政复议。

(6)行政机关因越权处罚被申请复议时,越权的行政机关和被越权的行政机关中未作被申请人的行政机关作为第三人参加复议。

4. 行政复议机关

行政复议机关,是指依照法律的规定,有权受理行政复议的申请,依法对被申请的行政行为进行合法性、适当性审查并做出决定的行政机关。这种组织的特征是:其一,行政复议机关是行政机关,法律、法规授权的组织不能成为行政复议机关。其二,行政复议机关是拥有行政复议权的行政机关。行政机关不一定都拥有行政复议权,对于乡、镇人民政府等行政机关,《行政复议法》就没有授予其行政复议权。其三,行政复议机关是能以自己的名义行使行政复议权，并对行为后果独立承担法律责任的行政机关。因此，行政复议机关必然是行政主体。

根据我国现行法律、法规的规定，行政复议机关的种类主要包括：

（1）做出被申请行政行为的行政主体。如对国务院所属部门和省、自治区、直辖市人民政府做出的具体行政行为提起的行政复议，国务院所属部门和省、自治区、直辖市人民政府是行政复议机关。

（2）做出被申请行政行为的行政主体的上一级行政机关。如我国治安行政处罚的行政复议即为此种情形。

（3）做出被申请行政行为的行政主体所属的人民政府。

根据《行政复议法》第十二条至第十五条的规定，具体的行政复议机关可以根据以下规则确定：

（1）县级以上地方政府部门作为被申请人的行政复议机关。一般情况下，申请人可以向做出具体行政行为的本级人民政府或者上一级人民政府的主管部门申请复议。例外是，对实行垂直领导的行政机关和国家安全机关的具体行政行为不服的，只能向上一级主管部门申请行政复议，而无权进行选择。实行垂直领导的行政部门依照法律、法规或者规章加以确定，例如，海关、金融、国税、外汇管理、工商机关。

（2）省以下地方各级政府作为被申请人时的行政复议机关。对省、自治区、直辖市人民政府以外的地方各级人民政府的具体行政行为不服的，上一级地方人民政府是行政复议机关。但是，有权受理对省、自治区人民政府依法设立的派出机关即行政公署所属的县级人民政府做出的具体行政行为不服，而提起的申请的行政复议机关，应当是该行政公署。在前述的三种派出机关中，只有行政公署可以作为行政复议机关。

（3）国务院部门或者省、自治区、直辖市人民政府作为被申请人时的行政复议机关，是做出该具体行政行为的国务院部门或者省、自治区、直辖市人民政府。对上述行政复议机关做出的复议决定不服的，既可以向人民法院提起行政诉讼，也可以向国务院申请裁决。但国务院按照《行政复议法》的规定做出的裁决是最终裁决。

（4）其他情形下的行政复议机关。

①县级以上的地方人民政府依法设立的派出机关作为被申请人时，由设立该派出机关的人民政府作为行政复议机关。派出机关作为被申请人是当该派出机关依据法律、法规、规章的授权行使行政权力时。在派出机关是受委托的情况下，该派出机关就不是被申请人。

②政府工作部门依法设立的派出机构作为被申请人时，设立该派出机构的部门或者该部门的本级地方人民政府作为行政复议机关。如对公安派出所的决定不服，可以到公安局或到公安局所属的人民政府申请复议。派出机构作为被申请人是派出机构在依据法律、法规、规章的授权行使行政权力的时候。在派出机构受委托的情况下，该派出机构就不是被申请人。

③法律、法规授权的组织作为被申请人时，由直接管理该组织的地方人民政府、地方人民政府工作部门或者国务院部门作为行政复议机关。如说高等院校，高等院校在发放学位证书时，是法律、法规授权的组织，当事人对高等院校发放学位证书的行为不

服，到哪申请复议呢？我们国家高等院校的主管机关有三个：第一个是教育部，第二个是地方政府，第三个是地方政府教委。谁主管的学校，就到谁那里申请复议。

④两个或者两个以上的行政机关作为共同被申请人时，由他们的共同上一级行政机关作为行政复议机关。

⑤继续行使被撤销行政机关职权的行政机关作为被申请人时，由继续行使职权的行政机关的上一级行政机关作为行政复议机关。

5. 行政复议机构

行政复议机构是行政复议机关中具体办理行政复议事项的机构。行政复议机构的工作具有事务性、程序性和操作性。它没有做出行政复议决定的职权，有权作出行政复议决定的是行政复议机关。行政复议机构不是行政主体，它不能以自己的名义对外行使职权，上下级行政复议机关的行政复议机构之间没有领导和监督关系，它们各自对所属的行政复议机关负责。

四、行政复议的申请与受理

1. 行政复议的申请

《行政复议法》规定可以在60日内申请行政复议；法律有关于超过60天的规定时，按照法律的规定。申请期限应当从申请人知道做出该具体行政行为之日起算。申请人表达申请意愿的形式，既可以是书面的，也可以是口头的。口头申请应当做出记录。

2. 对行政复议申请的受理

行政复议机关应当在收到行政复议申请后的5日内，对申请进行审查并做出有关受理的决定。第一，对不符合法律规定的申请决定不予受理，并书面告知申请人。公民、法人或者其他组织认为具体行政行为侵犯其合法权益的，可以在法定期限内向有管辖权的行政机关申请复议。申请复议应当具备以下条件：申请人必须是认为具体行政行为侵犯其合法权益的公民、法人或者其他组织；有明确的被申请人；有具体的复议请求和事实根据；属于申请复议的范围；属于受理复议机关管辖；法律、法规规定的其他条件。第二，对符合法律规定但是不属于本机关受理的行政复议申请，应当告知申请人向有关行政机关提出。第三，除了前面两种情形以外，行政复议申请自行政复议机关负责法制工作的机构收到之日起即为受理。

行政复议机关受理行政复议申请，不得向申请人收取任何费用。行政复议活动所需经费，应当列入本机关的行政经费，由本级财政予以保障。

(1)对行政复议机关无理拒绝受理的处理。公民、法人或者其他组织依法提出行政复议申请，行政复议机关无正当理由不予受理的，有两个处理办法：一是由上级行政机关责令该行政复议机关受理；二是在必要时，由上级行政机关直接受理。

根据《最高法院关于行政诉讼法的司法解释》的规定，当事人向行政复议机关申请复议，而行政复议机关不予受理或者复议机关受理之后逾期不做决定，可以有两种选择：①以行政复议机关不作为为由向法院提起行政诉讼，要求法院责令复议机关受理或做出复议决定；②将行政复议机关的不作为视为维持原决定向法院起诉原决定机关。

当然,在行政复议终局的情况下,当事人只能以行政复议机关不作为为由起诉,而不能选择起诉原决定机关。

(2)行政复议申请的移转。县级地方人民政府收到属于其他行政复议机关受理的行政复议申请,有义务转送有管辖权的行政复议机关。

移转的法定期限是收到该行政复议申请后的7日内。移转时应当同时告知行政复议申请人。接受转送的行政复议机关应当根据关于受理的规定,在法定期限内做出有关受理的决定。

3. 行政复议与行政诉讼的关系

共同点都是解决行政争议,因此有很多规则都是一样的,比如说都是由行政机关承担举证责任,都不能进行调解,具体行政行为都不停止执行等。在两者的衔接上,有以下三种关系:

(1)选择关系。除非法律、法规规定必须先申请行政复议,当事人可以自由选择申请行政复议还是提起行政诉讼。但是,这个选择是排他的。行政复议已经被依法受理的,当事人在法定复议期限内不得提起诉讼;行政诉讼已经被依法受理的,则不得再申请行政复议。

(2)必经关系。法律、法规规定应当首先向行政复议机关申请行政复议,对行政复议决定不服再向人民法院提起行政诉讼的,行政复议机关不予受理或者受理后超过行政复议期限不作答复的,公民、法人或者其他组织可以自收到不予受理决定书之日起或者行政复议期满之日起15日内,依法向人民法院起诉。只有在法律、法规明确规定的前提下,复议才可以是诉讼的必经阶段。换句话说,除了法律、法规规定复议是诉讼的前置阶段的以外,其他都由当事人选择。相关的法律规定复议前置的情况主要是《中华人民共和国税收征收管理法》中对税务争议不服的,向上级机关申请复议;对复议决定不服的,才可以向法院提起诉讼。

(3)限制性的选择关系。行政机关做出一个行为,当事人对行为不服,可以选择申请复议,或者向法院起诉。但是如果法律规定行政复议机关做出的行政复议决定是终局的,当事人不得提起行政诉讼。《中国公民出境入境管理法》和《外国人入境出境管理法》中做了这个规定,海关做出一个罚款决定,相对人不服,可以提起诉讼,也可向上一级海关申请复议,但上一级海关复议决定是最终决定。《行政复议法》规定的终局行政复议决定有两个:①《行政复议法》第十四条规定的国务院裁决;②《行政复议法》第三十条关于省、自治区、直辖市人民政府对确认自然资源所有权或者使用权的复议决定。对于侵犯已经依法取得的自然资源所有权或者使用权的具体行政行为,必须首先进行行政复议;对行政复议决定不服的,可以依法向人民法院提起行政诉讼,但是,省、自治区和直辖市人民政府确认自然资源所有权和使用权的行政复议决定,是终局裁决,不得提起行政诉讼。

4. 具体行政行为在复议期间不停止执行

原则上,在行政复议期间具体行政行为不停止执行,但是,特殊情况下可以停止执行。《行政复议法》规定了停止执行的四种情形:①被申请人认为需要停止执行的;②行政复议机关认为需要停止执行的;③申请人申请停止执行,行政复议机关认为其要求合理,决定停止执行的;④法律规定停止执行的。法律规定停止执行的,我国目前只有一例。《治安管理处罚法》第一百零七条规定:“被处罚人不服行政拘留处罚决定,申请行政复议、提起行政诉讼的,可以向公安机关提出暂缓执行行政拘留的申请。公安机关认为暂缓执行行政拘留不致发生社会危险的,由被处罚人或者其近亲属提出符合本法第108条规定条件的担保人,或者按每日行政拘留200元的标准交纳保证金,行政拘留的处罚决定暂缓执行。”这个规定的原因,就在于拘留和其他行政处罚不一样。考虑到拘留的特殊性,规定了可以暂缓拘留。

五、行政复议的审理、决定和执行

1. 行政复议的审理

(1)审查方式。行政复议机关审查行政复议案件,原则上实行书面方式。所谓“书面审理”,是指复议机关仅就双方所提供的书面材料进行审查后做出决定的一种审理方式。但是,并不能排除行政复议机关根据需要选择书面方式以外的其他适当方式进行审理。

(2)举证责任。行政复议机关负责法制工作的机构应当自行政复议申请受理之日起7日内,将行政复议申请书副本或者行政复议申请笔录复印件发送被申请人。被申请人应当自收到申请书副本或者申请笔录复印件之日起10日内,提出书面答复,并提交当初做出具体行政行为的证据、依据和其他有关材料。

被申请人不按照申请答复程序要求提出书面答复、提交当初做出具体行政行为的证据、依据和其他有关部门材料的,视为该具体行政行为没有证据、依据,行政复议机关可以决定撤销该具体行政行为;直接负责的主管人员和其他直接责任人员还将受到警告、记过、记大过的行政处分,构成犯罪的,将被依法追究刑事责任。

行政复议中,行政机关的举证责任与行政诉讼是相同的。

(3)查阅材料。享有资料查阅权的主体,是申请人和第三人;资料查阅的内容,是被申请人提出的书面答复,做出具体行政行为的证据、依据和其他有关材料;查阅资料的例外,是涉及国家秘密、商业秘密或者个人隐私的材料。

(4)证据收集。在复议过程中被申请人不得自行向申请人和其他有关组织和个人收集证据。这一点及其他要求与行政诉讼法的规定是相同的。

(5)撤回申请。申请人有权撤回已经提出的行政复议申请,但在撤回以后,即使符合申请的条件也不得再申请复议。

撤回的条件,是提出撤回申请并说明理由;撤回的时间,是申请被受理以后和复议决定做出以前;撤回的效果是终止正在进行的行政复议。

2. 行政复议的决定

(1)对有关行政规定和行政依据的审查和处理。行政复议机关审理复议案件,以法律、行政法规、地方性法规、规章以及上级行政机关依法制定和发布的具有普遍约束力的决定、命令为依据。

①对于申请人提出对规定进行审查申请的,按照行政复议机关的处理权限分别处理。第一,对该规定有权处理的,行政复议机关应当在30日内依法处理。下级行政机关制定发布的,应当责令下级行政机关限期撤销和修改,也可以由行政复议机关直接做出决定予以撤销;复议机关制定发布的,由行政复议机关直接予以撤销。第二,对该规定无权处理的,行政复议机关应当在7日内按照法定程序转送有权处理的行政机关依法处理。第三,接受行政复议机关转送的有权机关,应当在60日内依法做出处理。第四,对行政规定的处理期间,应当中止对具体行政行为的审查。中止对具体行政行为的审查,应当记录在案,并通知当事人。

②对于行政复议机关依职权发现具体行政行为依据不合法的,应按照行政复议机关的处理权限分别处理。这里的所谓"依据",比上述申请人提出的规定范围要宽。第一,该行政复议机关有权处理的,应当在30日内依法处理;行政复议机关无权处理的,应当在7日内按照法定程序转送有权处理的国家机关处理。没有规定统一的处理时间。第二,对具体行政行为依据的处理期间,应当中止对具体行政行为的审查。

(2)对具体行政行为的决定。

①决定的程序。行政复议机关负责法制工作的机构,对具体行政行为进行审查,提出审查处理意见;行政复议机关的负责人员做出行政复议决定。

②决定的种类。

• 维持的决定。做出维持决定的条件有5个:第一,事实清楚;第二,证据确凿;第三,适用法律正确;第四,程序合法;第五,内容适当。

• 履行法定职责的决定。这种决定包括了确认不作为违法和履行法定义务两个方面的内容。

• 撤销、变更、确认违法和重新做出具体行政行为的决定。这些决定都是行政复议机关对违法具体行政行为的处理。

撤销里面有两种情况:第一种是只撤销,第二种是撤销的同时责令重作。撤销,适用于行政机关的行政行为完全违法的情形;撤销并责令重作,适用于行政机关的行政行为违法,但行政机关还应该做出行政行为的情形。例如,税务局收税收错了对象,复议机关应当做出撤销并责令重做决定。被申请人不得以同一事实和理由做出与原来的具体行政行为基本相同的具体行政行为。

关于变更决定,行政复议机关既能够在具体行政行为违法的情况下变更,也能够在具体行政行为不合理的情况下变更;而法院只能在行政处罚显失公正的情况下变更,其他情况下特别是在具体行政行为不违法的情况下,不得变更。同时,行政复议机关能够受理所有的具体行政行为不合理的案件,因此,它的变更权的空间比较大。

关于确认决定,与行政诉讼中的确认判决的情形是相同的。

(3)行政赔偿。申请人在申请行政复议时一并提出了行政赔偿请求,行政复议机关对符合《中华人民共和国国家赔偿法》的有关规定应当给予赔偿的,在决定撤销、变更具体行政行为或者确认具体行政行为违法时,应当同时决定被申请人依法给予赔偿。

申请人在申请行政复议时没有提出行政赔偿损失请求时,复议机关能否做出赔偿决定呢?需要分不同情况。行政复议机关可以在法定情形下直接做出有赔偿效果的决定。法定情形是指行政复议机关依法决定撤销或者变更罚款、撤销违法集资、没收财物、征收财物、摊派费用以及对财产的查封、扣押、冻结等具体行政行为时，应同时责令被申请人返还财产，解除对财产的查封、扣押、冻结措施，或者赔偿相应的价款。如果当事人没有提出赔偿请求，而又需要举证证明损害的存在、损害程度及行政侵权行为与损害之间因果关系的，则不能做出赔偿决定。

在行政复议和行政诉讼中，行政复议机关和法院能否做出行政赔偿决定或者判决，需要根据不同情况确定。首先要看行政赔偿是否需要证据证明损害的事实和损害的程度。如果不需要证据证明损害的事实和损害的程度，不论当事人是否提出行政赔偿请求，行政复议机关和法院都可以或者说应当做出行政赔偿决定或者判决；如果需要证据证明损害的事实和损害的程度，当事人没有提出行政赔偿请求时，行政复议机关和法院都不能做出行政赔偿决定或者判决，只有在当事人一并提出了行政赔偿请求时，行政复议机关和法院才能做出行政赔偿决定或者判决。

3. 行政复议决定的执行

（1）行政复议决定的生效。行政复议决定的生效，需要以下三个条件：①依法在法定期限内做出行政复议决定。②依法制作行政复议决定书。③依法送达行政复议决定书。

（2）被申请人不履行义务及其执行措施。行政复议机关或者有关上级机关，责令被申请人限期履行。

（3）申请人不履行义务及其执行措施。申请人逾期不起诉但又不履行行政复议决定，或者不履行最终裁决的行政复议决定时，如果是维持具体行政行为的行政复议决定，由做出具体行政行为的行政机关依法强制执行，或者申请人民法院强制执行；如果是变更具体行政行为的行政复议决定，由行政复议机关依法强制执行，或者申请人民法院强制执行。

【案例链接一】

申请人：张全

被申请人：县政府

第三人：李军

主要争议：申请人不服被申请人为第三人颁发集体土地使用证。

案情简介：1985年申请人在户籍所在村建草房3间，宅基地总面积为182平方米。1992年全县进行地籍调查、确权颁证工作时，被申请人为其颁发了集体土地建设用地使用证。1995年申请人全家到外地工作。2000年被申请人在全县开展新一轮换证工作，并通告逾期换证的全部作废。申请人因不知情一直未申请更换新的土地使用证。2009年4月，第三人推倒申请人院墙并占用申请人部分宅基地施工建造房屋。申请人得知后回家予以制止，始知早在2006年6月被申请人即为第三人颁发了集体土地使用证，该证涵盖了申请人的部分宅基地，第三人才推倒申请人院墙建房。申请人于2009年5月申请复议。被申请人在行政复议过程中答复指出：2000年申请人逾期不换证，其土地使用证已作废。其草房属危房且其宅基地早已闲置不用，被申请人确权给急需建房的第三人使用符合土地管理法的规定。

处理结果：市政府经审查认为，被申请人为申请人颁发的土地使用证，属行政许可行为，在未依照法定程序撤销以前仍属有效。被申请人在未依照法定程序收回闲置宅基地的情况下，将该宅基地的部分土地使用权确权给第三人，其具体行政行为事实不清，证据不足，依法应予撤销。最终，市政府撤销了被申请人为第三人颁发土地使用证的具体行政行为。

【案例评析】

(1)颁发土地使用证的行政许可行为不能因未换证自动失效。

颁发宅基地使用证作为行政许可和行政确认行为的一种法定形式，其有效无效的结果要基于一定的法律事实和法定程序发生。为加强对农村集体土地用地管理，合理节约利用土地，《中华人民共和国土地管理法》(以下简称《土地管理法》)等法律、法规规定了严格的农村宅基地使用权取得程序，对确保用地管理的严肃性、权威性发挥着重要作用。同样宅基地使用证作为重要的物权凭证，其无效或作废须要基于法定的事实，通过严格的法定程序确认和批准。土地使用是无须年检的，自然不能因为没有换发其证件自动作废。

(2)农村闲置宅基地的收回必须遵循法定程序。

根据《土地管理法》第六十五条的规定，农村闲置宅基地收回必须由村集体经济组织报经县级人民政府同意。但是，对于地上的附属物应当采用“谁受益，谁补偿”的原则，由新受让主体负责补偿。

(3)县政府的具体行政行为事实不清。

县政府在为第三人确权颁证时，未按法定程序收回申请人的土地使用权，即将其土地使用证范围内的部分土地确权给第三人，属重复确权颁证行为，其具体行政行为事实不清，证据不足，市政府依法予以撤销是正确的。

【案例链接二】

某地区行署为发展本地经济、保护本区域内的酒业做出一项决定，凡外地生产的酒进入本地销售，必须获得销售许可证，未经许可擅自销售则予以3万元罚款。甲公司是该地区A县的一家百货商场，在未获得许可的情况下，销售外地区山脉酒(酒名)，于是A县政府对甲处以1万元的罚款。

问：①甲公司能否提起行政复议，为什么？

②如果甲公司能提起复议，复议机关是谁？被申请人是谁？为什么？

③甲公司能否对地区行署的决定提请审查？若能，应向谁提起？

④复议机关应如何处理该案？

【案例评析】

①甲公司能提起行政复议。因为行政复议法规定，对行政处罚决定不服的，可以申请行政复议。甲公司亦可因A县政府侵犯其自主经营权而提起行政复议。

②复议机关是该地区行署。被申请人是A县政府。因为行政复议法规定,对省、自治区人民政府依法设立的派出机关所属的县级地方人民政府的具体行政行为不服的,向该派出机关申请行政复议。行政复议法还规定,公民、法人或者其他组织对行政机关的具体行政行为不服申请行政复议的,做出具体行政行为的行政机关是被申请人。

③可以。因为行政复议法规定,公民、法人或者其他组织认为行政机关的不合法的具体行政行为所依据的县级以上地方各级人民政府及其工作部门除规章以外的规定不合法的,在对具体行政行为申请行政复议时,可以一并向行政复议机关提出对该规定的审查申请。甲公司应向该地区行署提出审查申请。

④该地区行署应首先在30日内依法处理该决定,此时应中止对具体行政行为的审查。该地区行署应宣布该决定无效,并撤销A县政府的行政处罚行为。

【练习思考】

(1)试述行政复议的原则。

(2)我国行政复议法关于行政复议的范围有何规定?

第二节　仲　　裁

【基本要求】

(1)了解仲裁的概念与特征

(2)理解仲裁协议的概念与特征

(3)熟悉仲裁的范围以及仲裁协议的内容和形式

重点:仲裁协议的效力

难点:仲裁协议效力的认定

【法律知识】

一、仲裁的概念与特征

1. 仲裁的概念

仲裁,是指由双方当事人协议将争议提交(具有公认地位的)第三者,由该第三者对争议的是非曲直进行评判并做出裁决的一种解决争议的方法。仲裁异于诉讼和审判,仲裁需要双方自愿;也异于强制调解,仲裁是一种特殊调解;仲裁是自愿型公断,区别于诉讼等强制型公断。

仲裁一般是当事人根据他们之间订立的仲裁协议,自愿将其争议提交由非司法机构的仲裁员组成的仲裁庭进行裁判,并受该裁判约束的一种制度。仲裁活动和法院的审判活动一样,关乎当事人的实体权益,是解决民事争议的方式之一。

2. 仲裁的特征

(1)自愿性。当事人的自愿性是仲裁最突出的特点。仲裁以双方当事人的自愿为前提,即当事人之间的纠纷是否提交仲裁,交与谁仲裁,仲裁庭如何组成、由谁组成,以及仲裁的审理方式、开庭形式等都是在当事人自愿的基础上,由双方当事人协商确定的。因此,仲裁是最能充分体现当事人意思自治原则的争议解决方式。

(2)专业性。民商事纠纷往往涉及特殊的知识领域,会遇到许多复杂的法律、经济贸易和有关的技术性问题,故专家裁判更能体现专业权威性。因此,由具有一定专业水平和能力的专家担任仲裁员对当事人之间的纠纷进行裁决是仲裁公正性的重要保障。根据中国仲裁法的规定,仲裁机构都备有分专业的,由专家组成的仲裁员名册供当事人进行选择,专家仲裁由此成为民商事仲裁的重要特点之一。

(3)灵活性。由于仲裁充分体现当事人的意思自治,仲裁中的诸多具体程序都是由当事人协商确定与选择的,因此,与诉讼相比,仲裁程序更加灵活,更具有弹性。

(4)保密性。仲裁以不公开审理为原则,有关的仲裁法律和仲裁规则也同时规定了仲裁员及仲裁秘书人员的保密义务,因此当事人的商业秘密和贸易活动不会因仲裁活动而泄露,仲裁表现出极强的保密性。

(5)快捷性。仲裁实行一裁终局制,仲裁裁决一经仲裁庭做出即发生法律效力,这使得当事人之间的纠纷能够迅速得以解决。

(6)经济性。仲裁的经济性主要表现在:时间上的快捷性使得仲裁所需费用相对减少;仲裁无须多审级收费,使得仲裁费往往低于诉讼费;仲裁的自愿性、保密性使当事人之间通常没有激烈的对抗,且商业秘密不必公之于世,对当事人之间今后的商业机会影响较小。

(7)独立性。仲裁机构独立于行政机构,仲裁机构之间也无隶属关系。在仲裁过程中,仲裁庭独立进行仲裁,不受任何机关、社会团体和个人的干涉,亦不受仲裁机构的干涉,显示出最大的独立性。

二、仲裁的适用范围

仲裁的适用范围是指哪些纠纷可以通过仲裁解决,哪些纠纷不能以仲裁来解决,这就是通常所说的“争议的可仲裁性”。

(1)可以仲裁的纠纷。

《中华人民共和国仲裁法》(以下简称《仲裁法》)第二条规定:“平等主体的公民、法人和其他组织之间发生的合同纠纷和其他财产权益纠纷,可以仲裁。”

这里明确了三条原则:一是发生纠纷的双方当事人必须是民事主体,包括国内外法人、自然人和其他合法的具有独立主体资格的组织;二是仲裁的争议事项应当是当事人有权处分的;三是仲裁范围必须是合同纠纷和其他财产权益纠纷。

合同纠纷,是指在经济活动中,双方当事人因订立或履行各类经济合同而产生的纠纷,包括国内、国外平等主体的自然人、法人以及其他组织之间的国内各类经济合同纠纷、知识产权纠纷、房地产合同纠纷、期货和证券交易纠纷、保险合同纠纷、借贷合同纠纷、票据纠纷、抵押合同纠纷、运输合同纠纷和海商纠纷等,涉外与涉及我国香港、澳门和台湾地区的经济纠纷,以及涉及国际贸易、国际代理、国际投资、国际技术合作等方面的纠纷。

其他财产权益纠纷,主要是指由侵权行为引发的纠纷,这在产品质量责任和知识产权领域的侵权行为中见之较多。

(2)不能仲裁的纠纷。根据仲裁法的规定,有两类纠纷不能仲裁:

①婚姻、收养、监护、扶养、继承纠纷不能仲裁,这类纠纷虽然属于民事纠纷,也不同程度涉及财产权益争议,但这类纠纷往往涉及当事人本人不能自由处分的身份关系,需要法院做出判决或由政府机关做出决定,不属于仲裁机构的管辖范围。

②行政争议不能裁决。行政争议,亦称行政纠纷,行政纠纷是指国家行政机关之间,或者国家行政机关与企事业单位、社会团体以及公民之间,由于行政管理而引起的争议。外国法律多规定这类纠纷应当依法通过行政复议或行政诉讼解决。

《仲裁法》还规定,劳动争议和农业集体经济组织内部的农业承包合同纠纷的仲裁,由国家另行规定,也就是说解决这类纠纷不适用仲裁法。这是因为,劳动争议和农业集体经济组织内部的农业承包合同纠纷虽然可以仲裁,但它不同于一般的民事经济纠纷,因此只能另做规定予以调整。

三、仲裁协议

1. 仲裁协议的概念与特征

(1)概念。所谓仲裁协议,是指双方当事人在自愿、协商、平等互利的基础之上将他们之间已经发生或者可能发生的争议提交仲裁解决的书面文件,是申请仲裁的必备材料。

(2)特征。仲裁协议作为整个仲裁活动的前提和基本依据,有着如下法律特征:

①仲裁协议只能由具有利害关系的合同双方(或多方)当事人或其合格的代理人订立,否则,就不可能在有关合同发生争议时约束各方当事人。如果有关当事人在仲裁程序开始时提出证据,证明他不是仲裁条款或仲裁协议的当事人,或订立时没有权利能力或行为能力,那么仲裁协议无效,对双方均无法律约束力。

②仲裁协议是当事人申请仲裁、排除法院管辖的法律依据。仲裁协议一经签订,就成为仲裁委员会受理合同争议的凭据,同时在申请法院执行时,也以它作为撤销裁决或强制执行的依据。

③仲裁协议具有相对的独立性。如果是以仲裁条款的形式写入合同,那就是合同的重要组成部分,其他条款的无效不影响仲裁条款的效力。如果双方当事人签订了单独的仲裁协议,则可视为一个独立的合同。仲裁协议与它所指的合同本身,由不同的法律、法规调整,前者是程序性合同,后者是实体性合同,是两个不同的合同。

2. 仲裁协议的内容和形式

(1)仲裁协议的内容。一份完整、有效的仲裁协议必须具备法定的内容。根据我国《仲裁法》第十六条的规定,仲裁协议应当包括下列内容:

①请求仲裁的意思表达。请求仲裁的意思表示不明确的仲裁协议无法判断当事人的真实意思，仲裁机构也无法受理当事人的仲裁申请。申请仲裁的意思表示明确，最主要是要求通过该意思表示，可以得出当事人排除司法管辖而选择仲裁解决争议的结论。请求仲裁的意思表达必须是双方当事人共同的真实意思表示。

②仲裁事项。仲裁事项即当事人提交仲裁的具体争议事项。它解决的是“仲裁什么”的问题。在仲裁实践中，当事人只有把订立于仲裁协议中的争议事项提交仲裁，仲裁机构才能受理。同时，仲裁事项也是仲裁庭审理和裁决纠纷的范围。即仲裁庭只能在仲裁协议确定的仲裁事项的范围内进行仲裁，超出这一范围进行仲裁，所做出的仲裁裁决，经一方当事人申请，法院可以不予执行或者撤销。因此仲裁协议应约定仲裁事项。

(2)仲裁协议的形式。

①仲裁条款。所谓仲裁条款，是指双方当事人在合同中订立的，将今后可能因该合同所发生的争议提交仲裁的条款。这种仲裁协议的特点是当事人就他们将来可能发生的争议约定提交仲裁解决，而且是在合同中用一个条款来约定。该条款作为合同的一项内容订立于合同中，是合同的组成部分。如当事人在购销合同中，除了规定货物的价款、数量、交货时间、地点等内容外，还规定了因履行合同引起争议提交仲裁解决，其中有关仲裁内容的规定是整个合同的一个条款，这个条款称为仲裁条款。仲裁条款是仲裁实践中最常见的仲裁协议的形式。

②仲裁协议书。仲裁协议书，是指当事人之间订立的，一致表示愿意将他们之间已经发生或可能发生的争议提交仲裁解决的单独的协议。这种仲裁协议的特点是它是单独的仲裁协议，是在合同中没有规定仲裁条款的情况下，双方当事人为了专门约定仲裁内容而单独订立的一种协议。而且，当事人可以在争议发生之前，也可以在争议发生之后订立。例如，在订立建筑工程承包合同时，双方当事人没有约定争议的解决方式，事后双方当事人再专门订立一个协议，约定有关仲裁事宜，这样的一个协议就是仲裁协议书。

③其他文件中包含的仲裁协议。在民事活动中，当事人除了订立合同之外，还可能在相互之间有信函、电报、电传、传真、电子数据交换、电子邮件或其他书面材料的往来。这些往来文件中如果包含有双方当事人同意将他们之间已经发生或可能发生的争议提交仲裁的内容，那么，有关文件即是仲裁协议。这种类型的仲裁协议与前两种类型的仲裁协议的不同之处在于，仲裁的意思表示一般不集中表现于某法律文件中，而往往分散在当事人之间彼此多次往来的不同文件中。例如，一方当事人将他希望订立仲裁协议的事宜向另一方当事人发出建议，如果另一方当事人愿意接受该项建议，必须将他接受该仲裁协议的意向传达给对方当事人，通过这种往来，仲裁协议才能成立。随着通信方式的快速发展，这种形式的仲裁协议也较为常见。

3. 仲裁协议的效力

仲裁协议的法律效力即仲裁协议所具有的法律约束力。一项有效的仲裁协议的法律效力包括对双方当事人的约束力、对法院的约束力和对仲裁机构的约束力。

（1）对双方当事人的法律效力——仲裁协议对当事人的法律效力表现为：约束双方当事人对纠纷解决方式的选择权。仲裁协议一经有效成立，即对双方当事人产生法律效力，双方当事人都受到他们所签订的仲裁协议的约束。发生纠纷后，当事人只能通过向仲裁协议中所确定的仲裁机构申请仲裁的方式解决该纠纷，而丧失了就该纠纷向法院提起诉讼的权利。如果一方当事人违背仲裁协议，就仲裁协议规定范围内的争议事项向法院起诉，另一方当事人有权在首次开庭前依据仲裁协议要求法院停止诉讼程序，法院也应当驳回当事人的起诉。

（2）对法院的法律效力——仲裁协议对法院的法律效力表现为：仲裁协议排除法院的司法管辖权。有效的仲裁协议可以排除法院对订立于仲裁协议中的争议事项的司法管辖权，这是仲裁协议法律效力的重要体现，也是各国仲裁普遍适用的准则。我国《仲裁法》第五条明确规定，当事人达成仲裁协议，一方向人民法院起诉的，人民法院不予受理，但仲裁协议无效的除外。当事人达成仲裁协议，一方向人民法院起诉未声明有仲裁协议的，人民法院受理后，另一方在首次开庭前提交仲裁协议的，人民法院应当驳回起诉，但仲裁协议无效的除外。如果另一方在首次开庭前未对人民法院受理该案提出异议的，视为放弃仲裁协议，人民法院应当继续审理。当事人在首次开庭前未对人民法院受理该案提出异议的，推定当事人默示司法管辖。

（3）对仲裁机构的法律效力——仲裁协议对仲裁机构的法律效力表现为：授予仲裁机构仲裁管辖权并限定仲裁的范围。仲裁协议是仲裁委员会受理仲裁案件的基础，是仲裁庭审理和裁决仲裁案件的依据。没有仲裁协议就没有仲裁机构对仲裁案件的仲裁管辖权。我国《仲裁法》第四条规定："没有仲裁协议，一方申请仲裁的，仲裁委员会不予受理。"同时，仲裁机构的管辖权又受到仲裁协议的严格限制，即仲裁庭只能对当事人在仲裁协议中约定的争议事项进行仲裁，而对仲裁协议约定范围以外的其他争议无权仲裁。

4. 仲裁协议无效的法定情形

仲裁协议是双方当事人意思表示一致的合意行为，法律在赋予其一定的约束力的同时，也往往明确规定达到具有这一约束力的强制性条件和规范。当仲裁协议违反了该条件和规范时，该仲裁协议无效。根据我国《仲裁法》的规定，仲裁协议在下列情形下无效：

（1）以口头方式订立的仲裁协议无效。我国《仲裁法》第十六条规定了仲裁协议的形式要件，即仲裁协议必须以书面方式订立。因此，以口头方式订立的仲裁协议不受法律的保护。

（2）约定的仲裁事项超出法律规定的仲裁范围，仲裁协议无效。我国《仲裁法》第二条和第三条规定，平等主体之间的合同纠纷和其他财产权益纠纷可以仲裁，而婚姻、收养、监护、扶养、继承纠纷以及依法应当由行政机关处理的行政争议不能仲裁。

（3）无民事行为能力人或者限制民事行为能力人订立的仲裁协议无效。为了维护民商事关系的稳定性及保护未成年人和其他无行为能力人、限制行为能力人的合法权益，法律要求签订仲裁协议的当事人必须具备完全的行为能力，否则，仲裁协议无效。

(4)一方采取胁迫手段,迫使对方订立仲裁协议的,该仲裁协议无效。自愿原则是仲裁制度的根本原则,它贯穿于仲裁程序的始终。仲裁协议的订立,也必须是双方当事人在平等协商基础上的真实意思表示。而以胁迫的手段与对方当事人订立仲裁协议,违反了自愿原则,所订立的仲裁协议不是双方当事人的真实意愿,不符合仲裁协议成立的有效要件。

(5)仲裁协议对仲裁事项没有约定或约定不明确,或者仲裁协议对仲裁委员会没有约定或者约定不明确,当事人对此又达不成补充协议的,仲裁协议无效。仲裁协议中要明确规定仲裁事项和选定的仲裁委员会,这是仲裁法对仲裁协议的基本要求。如果仲裁协议中没有对此进行约定或者约定不明确,该仲裁协议则具有瑕疵。对于有瑕疵的仲裁协议,法律规定是可以补救的,即双方当事人可以达成补充协议。如果未能达成补充协议,仲裁协议即为无效。

5. 仲裁协议的失效

仲裁协议的失效,是指一项有效的仲裁协议因特定事由的发生而丧失其原有的法律效力。仲裁协议的失效不同于仲裁协议的无效,它们的根本区别在于,仲裁协议的失效是原本有效的仲裁协议在特定条件下失去了其效力,而仲裁协议的无效是该仲裁协议自始就没有法律效力。

仲裁协议在下列情形下失效:

(1)基于仲裁协议,仲裁庭做出的仲裁裁决被当事人自觉履行或者被法院强制执行,即仲裁协议约定的提交仲裁的争议事项得到最终解决,该仲裁协议因此而失效。我国《仲裁法》第九条规定:"裁决做出后,当事人就同一纠纷再申请仲裁或者向人民法院起诉的,仲裁委员会或者人民法院不予受理。"

(2)因当事人协议放弃已签订的仲裁协议,而使该仲裁协议失效。协议放弃已订立的仲裁协议与协议订立仲裁协议一样,都是当事人的权利,仲裁协议一经双方当事人协议放弃,则失去效力。当事人协议放弃仲裁协议的具体表现包括:

①双方当事人通过达成书面协议,明示放弃了原有的仲裁协议。

②双方当事人通过达成书面协议,变更了纠纷解决方式。如当事人一致选择通过诉讼方式解决纠纷,从而使仲裁协议失效。

③当事人通过默示行为变更了纠纷解决方式,使仲裁协议失效。如双方当事人达成了仲裁协议,一方当事人向人民法院起诉而未声明有仲裁协议,人民法院受理后,对方当事人未提出异议并应诉答辩的,视为放弃仲裁协议。

(3)附期限的仲裁协议因期限届满而失效。如当事人在仲裁协议中约定,该仲裁协议在签订后的6个月内有效,如果超过了6个月的约定期限,已签订的仲裁协议失效。

(4)基于仲裁协议,仲裁庭做出的仲裁裁决被法院裁定撤销或不予执行,该仲裁协议失效。我国《仲裁法》第九条规定:"裁决被人民法院依法裁定撤销或者不予执行的,当事人就该纠纷可以根据双方重新达成的仲裁协议申请仲裁,也可以向人民法院起诉。"

仲裁协议无效、失效的法律后果:仲裁协议的无效或者失效使得仲裁协议不再具有法律的约束力。其表现在:对当事人来说,当事人之间的纠纷既可以通过向法院提起诉讼的方式解决，也可以重新达成仲裁协议通过仲裁方式解决；对法院来说，由于排斥司法管辖权的原因已经消失，法院对于当事人之间的纠纷具有管辖权；于仲裁机构来说，因其没有行使仲裁权的依据而不能对当事人之间的纠纷进行审理并做出裁决。

四、仲裁程序

1. 提出仲裁申请

这是仲裁程序开始的首要手续。各国法律对申请书的规定不一致。在我国，根据仲裁法的相关规定：当事人一方申请仲裁时，应向该委员会提交包括下列内容的签名申请书：

(1)申诉人和被诉人的名称、地址。

(2)申诉人所依据的仲裁协议。

(3)申诉人的要求及所据的事实和证据。

申诉人向仲裁委员会提交仲裁申请书时，应附具本人要求所依据的事实的证明文件，指定一名仲裁员，无需仲裁费。如果委托代理人办理仲裁事项或参与仲裁的，应提交书面委托书。

2. 组织仲裁庭

根据我国仲裁法的规定，申诉人和被申诉人各自在仲裁委员会仲裁员名册中指定一名仲裁员，并由仲裁委员会主席指定一名仲裁员为首席仲裁员，共同组成仲裁庭审理案件；双方当事人亦可在仲裁委员名册中共同指定或委托仲裁委员会主席指定一名仲裁员为独任仲裁员，成立仲裁庭，单独审理案件。

3. 审理案件

仲裁庭审理案件的形式有两种：一是不开庭审理，这种审理一般是经当事人申请，或由仲裁庭征得双方当事人同意，只依据书面文件进行审理并做出裁决；二是开庭审理，这种审理按照仲裁规则的规定，采取不公开审理，如果双方当事人要求公开进行审理时，由仲裁庭做出决定。

4. 做出裁决

裁决是仲裁程序的最后一个环节。裁决做出后，审理案件的程序即告终结，因而这种裁决被称为最终裁决。根据我国仲裁规则，除最终裁决外，仲裁庭认为有必要或接受当事人之提议，在仲裁过程中，可就案件的任何问题做出中间裁决或者部分裁决。中间裁决是指对审理清楚的争议所做的暂时性裁决，以利于对案件的进一步审理；部分裁决是指仲裁庭对整个争议中的一些问题已经审理清楚，而先行做出的部分终局性裁决。这种裁决是构成最终裁决的组或部分。仲裁裁决必须于案件审理终结之日起45天内以书面形式做出，仲裁裁决除由于调解达成和解而做出的裁决书外，应说明裁决所依据的理由，并写明裁决是终局的和做出裁决书的日期、地点，以及仲裁裁决员的署名等。

当事人对于仲裁裁决书，应依照其中所规定的时间自动履行，裁决书未规定期限的，应立即履行。一方当事人不履行的，另一方当事可以根据中国法律的规定，向中国法院申请执行，或根据有关国际公约或中国缔结或参加的其他国际条约的规定办理。

五、仲裁裁决

1. 仲裁裁决的概念与种类

(1)概念。仲裁裁决,是指仲裁庭对当事人之间所争议的事项做出的裁决。仲裁实行一裁终局制度,裁决自做出之日起发生法律效力。任何一方当事人不履行仲裁裁决的,另一方当事人可以向人民法院申请强制执行,受申请的人民法院应当执行。

根据我国参加的《承认及执行外国仲裁裁决公约》(又称《纽约公约》)的规定,我国仲裁机构做出的仲裁裁决,也可以在其他缔约国得到承认和执行,如果被执行人或者其财产不在中国境内的,当事人可以直接向有管辖权的外国法院申请承认和执行。

(2)种类。

①先行裁决。先行裁决,是指在仲裁程序进行过程中,仲裁庭就已经查清的部分事实所做出的裁决。仲裁法第五十五条规定:“仲裁庭仲裁纠纷时,其中一部分事实已经清楚,可以就该部分先行裁决。”

②最终裁决。最终裁决即通常意义上的仲裁裁决,是指仲裁庭在查明事实、分清责任的基础上,就当事人申请仲裁的全部争议事项做出的终局性判定。

③缺席裁决。缺席裁决,是指仲裁庭在被申请人无正当理由不到庭或未经许可中途退庭情况下做出的裁决。

④合意裁决。合意裁决即仲裁庭根据双方当事人达成协议的内容做出的仲裁裁决。它既包括根据当事人自行和解达成的协议而做出的仲裁裁决,也包括根据经仲裁庭调解双方达成的协议而做出的仲裁裁决。

2. 仲裁裁决的效力

仲裁裁决的效力是指仲裁裁决生效后所产生的法律后果。根据《仲裁法》第五十七条的规定,裁决书自做出之日起发生法律效力。仲裁裁决的效力体现包括:

(1)当事人不得就已经裁决的事项再行申请仲裁,也不得就此提起诉讼。

(2)仲裁机构不得随意变更已经生效的仲裁裁决。

(3)其他任何机关或个人均不得变更仲裁裁决。

(4)仲裁裁决具有执行力。

3. 仲裁裁决的不予执行

根据《仲裁法》第七十一条和《民事诉讼法》第二百三十七条、二百七十四条的规定,不予执行仲裁裁决的情形有以下六种:

(1)当事人在合同中没有签订仲裁条款或者事后没有达成仲裁协议的。仲裁应当在双方当事人自愿的基础上进行,仲裁协议是当事人双方一致达成的授予仲裁庭审理案件的依据,是仲裁的基础。如果当事人在纠纷发生前没有订立仲裁条款,事后也未达成仲裁协议,那么仲裁机构就无权受理当事人之间的纠纷,对争议无管辖权,仲裁就没有根据,裁决当然不能执行。根据《最高人民法院关于适用〈中华人民共和国仲裁法〉若干问题的解释》第十八条的规定,仲裁协议被认定无效或者被撤销的,视为没有仲裁协议。

（2）裁决的事项不属于仲裁协议约定的范围或者仲裁机构无权仲裁的。前者主要是指裁决的事项虽然是法律允许的，但当事人在仲裁协议中未做约定；后者则主要指裁决事项本身就是法律所不允许的，仲裁事项具有不可仲裁性。

依照我国《仲裁法》第三条之规定，下列争议不可仲裁：①婚姻收养、监护、扶养、继承纠纷；②依法应当由行政机关处理的行政争议。两者的实质都是仲裁机构越权仲裁，因此其裁决不能予以执行。

（3）仲裁庭的组成或者仲裁的程序违反法定程序的。仲裁活动作为一种准司法活动，其程序的正当对于实体权利义务的影响同样不可忽视。如果仲裁的开庭裁决过程违反了《仲裁法》第四章第二节的规定，其裁决结果同样是可以不予执行的。如仲裁庭由当事人不同意的仲裁员组成，或者仲裁员应当回避而未回避，或者当事人未经合法通知即做缺席裁决等，当事人就有理由怀疑裁决的公正性，这样的裁决就可以不予执行。

根据《最高人民法院关于适用〈中华人民共和国仲裁法〉若干问题的解释》第二十条的规定，“违反法定程序”，是指违反仲裁法规定的仲裁程序和当事人选择的仲裁规则可能影响案件正确裁决的情形。

（4）认定事实的主要证据不足的。证据是认定事实的基础，而认定事实又是划分责任和确定各方权利或义务的前提。证据不足就不可能做到认定事实清楚，事实不清就不可能正确地划分责任及确定权利义务。仲裁员在没有充分证据证明的情况下，妄下裁断，很可能错误地认定了案情，使当事人的实体权利义务分配与应当出现的情况出现很大的误差。这样的裁决不可能准确、公正，因此可以不予执行。

（5）适用法律确有错误的。一个案件，认定事实清楚，但错误地适用了法律，将此性质的争议（如合同）适用关于彼性质争议（如侵权）的法律，或将此一类型的争议（如加工承揽合同纠纷）适用关于彼一类型争议（如买卖合同纠纷）的法律，都会使当事人的权利义务发生很大的变化。如果错误地适用了法律，当然会造成不公正的结果，因而法院也可依法裁定不予执行该仲裁裁决。

（6）仲裁员在仲裁案件时有贪污受贿、徇私舞弊、枉法裁决行为的。我国《仲裁法》第三十四条第（四）款规定，如果仲裁员“私自会见当事人、代理人，或者接受当事人、代理人的请客送礼”，则应当回避。因为仲裁员具有上述情形都具有很强的目的性，即企图倾向一方当事人的利益，在参与仲裁的过程中也就很难保持中立、公正无私，因此可以不予执行。

存在上述几种情形的，经合议庭审查核实，应裁定不予执行该仲裁裁决。裁定书应当送达双方当事人和仲裁机构。仲裁裁决被人民法院裁定不予执行的，当事人可以根据双方达成的书面仲裁协议重新申请仲裁，也可以向人民法院起诉。

【案例链接一】

按照我国《仲裁法》规定，当事人之间发生合同纠纷、继承纠纷和其他财产权益纠纷，无论是否有仲裁协议，一方均可向被申请人所在地的仲裁委员会申请仲裁。裁决应当按照仲裁庭多数仲裁员的意见做出，仲裁庭形不成多数意见时，报仲裁委员会决定。当事人对裁决不服的，可以上诉。裁决发生法律效力后，任何单位无权撤销。一方不履行的，另一方可以向作出此裁决的仲裁委员会申请执行。

请自上而下地找出上面表述中存在的法律错误，并逐一简要地说明理由。

【案例评析】

(1)继承纠纷不能仲裁。

(2)当事人必须达成仲裁协议才能仲裁，无仲裁协议的不能申请仲裁。

(3)仲裁委员会由当事人协商选定，仲裁不实行地域管辖。

(4)仲裁庭形不成多数意见时，裁决应当按照首席仲裁员的意见做出，而不是报仲裁委员会决定。

(5)仲裁实行一裁终局制度。

(6)仲裁委员会所在地的中级人民法院根据当事人的申请，符合法定条件的，应依法撤销裁决。

(7)一方当事人不履行裁决的，另一方应向人民法院申请执行。

【案例链接二】

甲公司与乙公司签订了一份买卖节能灯的合同。双方在合同中约定：如果发生纠纷，应提交仲裁委员会仲裁。后来乙公司作为买方提货时发现甲公司提供的货有严重的质量问题，于是向甲公司提出赔偿损失的要求，甲公司不允，双方协商未果。乙公司遂向仲裁委员会申请仲裁，提出申请的时间为8月18日，仲裁委员会于8月28日受理此案，并决定由3名仲裁员组成仲裁庭。甲、乙公司分别选定了一名仲裁员。乙公司作为申请方又委托仲裁委员会主任指定了首席仲裁员。乙公司所选的仲裁员恰好是乙公司上级单位的常年法律顾问。此3名仲裁员公开对此案进行了审理。当事人当庭达成了和解协议，仲裁庭依和解协议制作了仲裁调解书，此案圆满结束。

问：仲裁委员会在程序上有无不当之处，请指出并说明理由。

【案例评析】

(1)本案中，仲裁委员会从收到申请书到受理申请之间间隔的时间，违反程序。《仲裁法》第二十四条规定，仲裁委员会应在收到仲裁申请书之日起5日内做出受理或不受理的决定。本案的间隔时间已经有10天了，显然不合法。

(2)选定仲裁员的方法是错误的。《仲裁法》第三十一条规定，当事人应当各自选定或者各自委托仲裁委员会主任指定1名仲裁员。第三名仲裁员由当事人共同选定或共同委托仲裁委员会主任指定。本案中乙公司独自委托仲裁委员会主任指定首席仲裁员的做法是违背程序的。

(3)仲裁员没有申请回避。《仲裁法》第三十四条第(三)款规定："与本案当事人有其他关系，可能影响公正仲裁的仲裁员，应当申请回避。"而本案中乙公司选定的仲裁员是自己上级单位的常年法律顾问，属于这一情形的，当事人虽然没有申请回避，仲裁员也应自行回避。

(4)仲裁不应公开进行。《仲裁法》第四十条规定："仲裁不公开进行。当事人协议公开的，可以公开进行，但涉及国家秘密的除外。"本案中，当事人没有协议公开审理，但仲裁庭却将该案公开审理，这一做法显然违反法律规定。

(5)此处不能制作调解书的。《仲裁法》第四十九条规定:“当事人申请仲裁后,可以自行和解。达成和解协议的,可以请求仲裁庭根据和解协议做出裁决书,也可以撤回仲裁申请。”而本案中,当事人既未提出申请,仲裁庭又出具了调解书,显然是违反程序的。

【练习思考】

(1)试述仲裁无效的情形。

(2)我国法律对仲裁的程序是怎样规定的?

第三节　农村土地承包经营纠纷调解仲裁

【基本要求】

(1)了解《中华人民共和国农村土地承包经营纠纷调解仲裁法》(以下简称《调解仲裁法》)的意义、基本原则

(2)理解《调解仲裁法》的基本特点

(3)熟悉《调解仲裁法》的调整范围

重点:农村土地承包经营纠纷调解、仲裁的基本流程

难点:农村土地承包经营纠纷调解、仲裁的注意事项以及农村土地承包经营纠纷仲裁与民商事仲裁的区别

【法律知识】

一、《中华人民共和国农村土地承包经营纠纷调解仲裁法》概述

1.《调解仲裁法》颁布实施的重大意义

《调解仲裁法》是继《农村土地承包法》和《物权法》之后,又一部规范农村土地承包管理的重要法律,该法与民事诉讼法及有关人民调解方面的法律共同构建了农村土地承包经营纠纷的多元化、多渠道解决机制。

这部法律立足于我国农村实际,坚持从方便群众出发,将调解和仲裁紧密结合,确立了调解仲裁组织的法律地位,明确了调解仲裁的法律效力,规定了调解仲裁的原则、方式和程序。该法的颁布实施的主要意义如下:

(1)标志着农村土地承包法律体系的进一步健全,有利于稳定和完善农村土地承包关系,巩固家庭承包的基础地位;该法从我国农村实情出发,注重采用调解和仲裁相结合的方式来解决农村土地承包经营纠纷,促进了农村经济发展和社会稳定。

(2)标志着具有中国特色的农村土地承包经营纠纷调解仲裁制度创造性地建立,有利于维护农民的土地承包合法权益;《农村土地承包法》《物权法》两部实体法赋予了农民对承包土地的占有、使用、收益的用益物权,而《调解仲裁法》作为与其相对称的程序

法是以实体法的实现为目的。因此,这部法律的制定实施为维护农民的土地承包经营权提供了有力的法律武器。

(3)标志着农村土地承包经营纠纷调解仲裁工作纳入了制度化、规范化轨道,有利于及时公正地解决矛盾纠纷,促进农村经济发展和社会稳定。《调解仲裁法》是一部程序法,完善的纠纷解决程序,有利于纠纷的公正解决。法律规定仲裁委员会的人选、受理时限、申请时限、要充分听取当事人的陈述等规定,对公正及时地解决农村土地承包经营纠纷打下了制度基础。

2.《调解仲裁法》的基本原则

(1)公开、公平、公正的原则。公开、公平、公正的原则是农村土地承包经营纠纷调解仲裁工作必须坚持的首要原则。公开就是土地承包纠纷仲裁应当保证程序公开、信息透明,无特殊情况的应当进行公开开庭审理。公平是农户只要符合调解仲裁的条件均享有申请调解或仲裁的权利,双方当事人可以平等地陈述、辩论,法律面前人人平等。公正就是既要保证调解、仲裁中的程序公正,也要保证裁决结果符合法律和国家相关政策的规定,确保当事人的公平权益和社会正义。

《调解仲裁法》第三十条规定,农村土地承包经营纠纷仲裁开庭原则上应当公开进行,但有个别情况需要特殊说明一下:一般条件下,调解不公开进行,不允许别人旁听,这样便于当事人心平气和地协商解决纠纷,除非当事人一致同意公开进行。

(2)便民高效的原则。

①解决途径。《调解仲裁法》第三条、第四条规定:发生土地承包纠纷,当事人可以自行和解,可以请求组织进行调解,可以向农村土地承包纠纷仲裁委员会申请仲裁,也可以直接向人民法院申请诉讼。

②申请和答辩方式。考虑到广大农村的实际,《调解仲裁法》规定受理仲裁不应以当事人书面协议为前提,允许农民可以口头申请或邮递的方式递交申请,也可以委托他人代交。在进入仲裁程序后,凡是能够调解的,仲裁庭要坚持调解优先,尽可能帮助当事人高效、便捷地解决纠纷,把矛盾和纠纷解决在基层、化解在萌芽状态。被申请人答辩困难的可以口头答辩,延迟答辩或未答辩的不影响仲裁程序进行。

③先行裁定。对于不能及时有效地处理将影响农业正常生产经营秩序的纠纷,法律规定可以先行裁定,以保证农业生产正常进行。《调解仲裁法》第四十二条规定,仲裁庭可以先行裁定维持现状、恢复农业生产,一方不履行先行裁定的,另一方当事人可以向人民法院申请执行。

此外,该法还规定了仲裁工作经费纳入财政预算予以保障,不另向当事人收取费用,以减轻农民负担,体现便民利民的宗旨。

(3)根据事实,符合法律的原则。这是《调解仲裁法》又一重要的基本原则。纠纷的调解和仲裁,应当以事实为依据,以法律为准绳,实事求是,分清是非。具体地说,就是在审理过程中,应当注重法律证据,加强对纠纷案件的全面、深入调查了解,依照法律规定、客观事实以及当事人提供的材料和证据,决定是否受理以及如何裁决。不能不顾事实,无原则地“和稀泥”。

(4)尊重社会公德的原则。现代社会生活非常复杂,法律不可能穷尽一切领域,对所有问题都做出规定,在法律不能达到的一些领域,就由道德和一些社会习惯来规范。社会公德是人们在社会生活中形成的为绝大多数人共同认同并遵循的道德观念、行为准则和善良的生活习俗、习惯等社会规范。有些社会规范,已经纳入法律规范,那些还没有纳入法律规范的社会公德,是对法律规范的重要补充。土地承包经营纠纷调解和仲裁,除符合法律规定外,还必须尊重社会公德,否则难以服人、难以服众。

3.《调解仲裁法》的主要特点

(1)行政支持。农村土地承包经营纠纷成因复杂、涉及面广、政策性强,特别是在不同的历史时期,农村土地承包政策都有不同变化,而调解仲裁工作本身也带有很强的专业性,因此,应当充分发挥地方政府和职能部门的指导和扶持作用。

该法对行政支持也做了一系列规定:

①对调解仲裁工作的指导和支持。《调解仲裁法》第六条规定:"县级以上人民政府应当加强对农村土地承包纠纷调解和仲裁工作的指导。"

②对仲裁委员会设立的指导和支持。《调解仲裁法》第十二条第(二)款规定:"农村土地承包仲裁委员会应当在当地人民政府的指导下设立。设立农村土地承包仲裁委员会的,其日常工作应当由当地农村土地承包管理部门承担。"

③政府及其有关部门代表直接参与农村土地承包仲裁委员会的工作。《调解仲裁法》第十三条规定:"农村土地承包仲裁委员会由当地人民政府及其有关部门代表、有关人民团体代表、农村集体经济组织代表、农民代表和法律、经济人士等相关专业人员兼任组成"。

④提供经费保障。《调解仲裁法》第五十二条规定:"农村土地承包仲裁不得向当事人收费,仲裁工作经费纳入财政预算予以保障。"

(2)注重调解。按《调解仲裁法》的有关规定,仲裁庭审理农村土地承包纠纷时必须先进行调解,这不仅是仲裁庭的权利,也是仲裁庭必须履行的法定义务。

(3)解决纠纷方式(渠道)的多样性。《调解仲裁法》规定,解决农村土地承包经营纠纷的方式有4种:和解、调解、仲裁、诉讼。

(4)一方申请启动。农村土地承包经营纠纷仲裁均可以因一方当事人提出申请而启动。主要考虑以下两点:①农村土地承包仲裁并非一裁终局,当事人尚可提起诉讼以求救助;②农村土地承包仲裁当事人大多为农户,对法律法规及相关规定不了解,如果硬性要求有仲裁协议才能受理,那么大量的农村土地承包纠纷就会涌入法院,不利于案件的合理分流,不能充分发挥农村土地承包仲裁机构的作用。

(5)实行一裁两审。农村土地承包经营纠纷仲裁裁决做出后并不立即产生终局的效力,当事人仍有诉讼权。《农村土地承包法》第五十二条和《调解仲裁法》第四十八条都有相关规定。

二、《调解仲裁法》的适用范围

1. 适用的范围

《调解仲裁法》第二条规定,农村土地承包经营纠纷调解和仲裁适用本法。这里的调解包括仲裁前的调解和仲裁中的调解。仲裁前的调解除适用本法外,还适用有关人民调解的法律法规。

这里需要说明的是,对于通过招标、拍卖、公开协商等方式承包“四荒”地等农村土地发生纠纷,如果双方当事人达成仲裁协议,选定商事仲裁机构的,也可以采用民商事仲裁的方式解决纠纷。总的来说,农村土地承包经营纠纷调解仲裁法适用以下方面:

(1)因订立、履行、变更、解除和终止农村土地承包合同发生的纠纷。

(2)因农村土地承包经营权流转发生的纠纷。

(3)因收回、调整承包地发生的纠纷。

(4)因确认农村土地承包经营权发生的纠纷。

(5)因侵害农村土地承包经营权发生的纠纷。

(6)法律法规规定的其他农村土地承包经营纠纷。

2. 农村土地承包仲裁委员会不予受理的范围

该法所指的农村土地承包经营纠纷是民事纠纷,不是行政争议,如果当事人一方是行政机关的行政争议,农村土地承包经营纠纷仲裁委员会不应受理。因为实践中,行政机关侵害农村土地承包经营权的行为主要是违法征收集体所有土地的行为,所以该法第二条第(三)款规定,因征收集体所有的土地,及其补偿发生的纠纷,不属于农村土地承包经营纠纷仲裁委员会的受理范围。因公共利益需要征收集体所有的土地及其补偿发生的纠纷主要涉及是否基于公共利益需要,是否符合法定的权限和程序,征收补偿是否达到法定标准,补偿是否足额、及时等问题,这些纠纷引发的当事人涉及行政机关,不应纳入农村土地承包经营纠纷仲裁委员会的纠纷受理范围,而应通过法定的行政复议或诉讼等方式解决。

三、农村土地承包经营纠纷的人民调解

1. 人民调解的原则

调解是指解决争执的过程。具体而言,调解是指争执的当事人通过合意自愿将他们之间的争议交付给他们信任的中立第三人,在第三人的主持下,依据一定的法律和道德规范,在分清是非、明确责任的基础上,通过对当事人说服教育、耐心疏导,促使当事人双方相互谅解,平等协商地解决争议。如果发生纠纷,就通过仲裁和诉讼解决,往往是当事人赢了官司丢了感情,因此,调解作为一种既可缓解和改善当事人之间的紧张关系,又可避免“一年官司十年仇”的对立情形的争议解决方式,被政府和民间广泛采用和接受。

当前,调解已成为我国农村土地承包经营纠纷解决机制的重要组成部分,发挥着“第一道防线”的作用,在稳定和完善农村的基本经营制度,将矛盾化解在基层,增进人民团结,维护社会稳定,构建社会主义和谐社会中发挥着越来越重要的作用。在调解过程中,应当坚持以下调解的原则:

(1)平等自愿的原则。纠纷的受理,必须基于当事人的自愿,如果当事人不愿意接受当事人的调解,或者不愿意接受某个组织和个人调解,或者有一方当事人不愿意接受调解,均不能强行调解。

(2)合法合理的原则。人民调解的范围、程序步骤、工作方法必须符合有关法律、法规和规章制度的规定,调解行为要规范、公正、合理。

(3)尊重当事人诉讼权利的原则。人民调解不是诉讼的必须程序,不得因未经调解或者调解不成而阻止当事人行使向人民法院起诉的权利。

2. 人民调解的程序

(1)调解申请。调解申请分为书面申请和口头申请。申请书的内容主要包括:申请人和被申请人姓名、住所、联系方式等基本情况,以及发生纠纷的事实、申请人的调解请求、所依据的事实和理由等。

(2)调解。

①调解人员要充分听取当事人对事实和理由的陈述。充分听取当事人的陈述,有利于调解人员准确了解事实和争议的焦点,从而为下步说和、调解工作打下基础。同时,充分听取当事人的陈述,也可以帮助当事人排解心中的郁闷和愤怒,减轻和消除其在纠纷产生后的无助感,增强其依法解决纠纷的信心。

②调解人员要适时宣传和讲解有关法律法规和政策。现实中发生的许多土地承包经营纠纷都是由于当事人对相关法律法规和政策不了解而产生的,特别是有些当事人,有些不适当的要求和不切实际的愿望时,调解人员要学会运用相关法律法规和政策引导其权衡利弊,以正确的心态对待所涉及的纠纷。

③调解人员要对当事人的冲动情绪进行耐心疏导。由于土地承包纠纷大多涉及当事人的利益,处理过程中往往出现对立性、尖锐性和多变性,这就需要调解人具备良好的心理素质,做到以理服人,不能以势压人。

④调解人员要力争帮助当事人达成协议。要帮助当事人尽量达成和解协议,抛弃那些不适当的要求和不切实际的愿望,解决纠纷。

(3)制作调解协议书。调解协议书由负责组织调解的村民委员会或乡(镇)人民政府制作。在制作调解协议书时,应当载明双方有关权利义务约定的具体内容及履行期限等相关事项,由双方当事人签名、盖章或者按指印,调解员签名,调解组织加盖印章后,调解协议才正式生效。

3. 调解协议书的性质和效力

(1)调解协议书的性质。按照2002年最高人民法院发布的《关于审理涉及人民调解协议的民事案件的若干规定》(以下简称《若干规定》)第一条的规定:“经人民调解委员会调解达成的、有民事权利义务内容,并由双方当事人签字或盖章的调解协议,具有民事合同性质。”调解协议书是农村土地承包经营纠纷双方当事人在村民委员会或乡(镇)人民政府的调解下,就双方权利义务关系达成合意的书面证明,符合《若干规定》界定的调解协议的基本特征,因此具有民事合同性质。

(2)调解协议书的效力。调解协议书具有民事合同性质,其生效后产生的是合同效力,即明确了双方当事人之间的权利义务关系,当事人应当按照协议的约定享受权利、履行义务。如果一方当事人拒绝履行已生效的调解协议书,另一方可以向人民法院起诉,请求对方当事人履行调解协议;当事人一方也可以向人民法院起诉请求变更或撤销调解协议,或请求调解协议无效。如果当事人一方抛开调解协议书,直接就农村土地承包纠纷申请仲裁或提起诉讼,另一方当事人也可以将调解协议书作为重要证据提交给仲裁庭或人民法院。在没有证据证明调解协议书无效或者可以撤销的情形下,调解协议书应当作为仲裁庭或人民法院裁判的证据。

四、农村土地承包经营纠纷的仲裁

1. 农村土地承包仲裁与民商事仲裁的主要区别

(1)仲裁机构设置不同。农村土地承包经营纠纷仲裁委员会是根据解决农村土地承包经营纠纷的实际需要,在当地人民政府的指导下设立,可以在县和不设区的市设立。民商事仲裁委员会可以在直辖市、省、自治区人民政府所在地的市设立,也可根据需要在其他设区的市设立,不按行政区划层层设立。实际中,我国民商事仲裁机构也都在经济比较发达的城市设立。

(2)案件管辖权不同。农村土地承包纠纷仲裁委员会实行属地管理,在纠纷所在地申请受理。民商事仲裁实行协议管辖,根据双方当事人达成的仲裁协议指定向某个仲裁委员会申请仲裁。

(3)启动的前提条件不同。农村土地承包纠纷仲裁不以书面仲裁协议为前提,没有仲裁协议也可申请仲裁,体现出农村土地承包经营纠纷仲裁强制管辖的特点。民商事仲裁必须根据双方达成的协议,自愿将有关争议提交仲裁机构仲裁。

(4)裁决的法律效力不同。农村土地承包经营纠纷仲裁实行"一裁两审"制度。《仲裁法》规定的民商事仲裁实行一裁终局制度,任何一方不履行义务可根据《民事诉讼法》的有关规定向人民法院申请强制执行。

2. 农村土地承包经营纠纷仲裁的申请

(1)申请人与纠纷有直接的利害关系。申请人只有在与纠纷有直接利害关系的情况下,才是合格的申请人,才能向仲裁委员会申请仲裁。没有利害关系的,仲裁委员会不予受理。

(2)有明确的被申请人。申请人提出申请,应当明确被申请人是谁。

(3)有具体的仲裁请求、事实和理由。主要包括:申请人提出的具体权利请求,当事人纠纷形成的事实,双方当事人争议的焦点,请求的根据和理由及适用的法律等。

(4)属于农村土地承包纠纷仲裁委员会的受理范围(受理范围是指《调解仲裁法》第二条规定的6类纠纷)。

申请人向农村土地承包纠纷仲裁委员会申请仲裁必须同时符合以上4个条件。以上条件缺一者,农村土地承包纠纷仲裁委员会都不能受理申请人的仲裁,已经受理的,终止仲裁程序。

3. 农村土地承包经营纠纷仲裁的受理

仲裁受理是指仲裁机构接受申请人请求,启动仲裁程序的行为。

(1)审查。农村土地承包经营纠纷仲裁委员会应当对仲裁申请进行审查,符合条件的,应当受理。有下列情形之一的,不予受理,已受理的,终止仲裁程序:

①不符合申请条件的。关于申请条件，前面已经说过，这里不再重复，需要说明的是，如果申请人符合4项申请条件，仅仅是申请书上表述不当，例如，有遗漏、错误，书写不明，地址不清，有谩骂和人身攻击等言论，应当告知更正，而不能简单地决定不予受理。

②人民法院已受理的纠纷。当事人自愿达成书面仲裁协议的，受诉人民法院将不予受理。当事人未达成书面协议的，一方向仲裁机构申请仲裁，另一方当事人提起诉讼，人民法院应当受理，并书面通知仲裁机构。

③法律规定应当由其他机关处理的纠纷。

④已经生效的判决、裁定、仲裁裁决、行政处理等处理完毕的纠纷。对已经由法院做出生效判决、裁定，或者由仲裁机构做出裁决，或者由行政机关做出生效行政处理决定的纠纷，农村土地承包经营纠纷仲裁委员会不再就同一纠纷予以受理。如果此种情况是在仲裁程序结束后才发现，对此可视为此次仲裁程序的启动自始至终就没有合法性，因此应当认定仲裁裁决自动无效。

⑤超过申请仲裁时效的纠纷。一般情况下，时效不是由法院或仲裁庭提出的，而是由被告或被申请人提出的。如申请人没有提出，而被申请人提出，应予采纳，法律不保护“在权利上睡觉的人”，双方针对是否超过时效应负举证责任。

(2)受理或不受理。仲裁机构对申请进行审查后，决定受理的自收到仲裁申请书起5个工作日内，将受理通知书、仲裁规则、仲裁员名册送达申请人。

决定不受理的，自收到申请书或者发现终止仲裁程序情形之日起5个工作日内，书面通知申请人，并说明理由。

需要通知第三人参加的，仲裁委员会应当通知第三人，并告知其有了解案情、陈述意见、参与质证和对裁决不服可依法向人民法院起诉的权利。

仲裁机构应当自受理仲裁申请之日起5个工作日内，将受理通知书、仲裁申请书副本、仲裁规则、仲裁员名册送达被申请人。被申请人多一个副本，便于了解案情，准备答辩。

(3)送达。送达是指仲裁机构依照法定程序和方式，将仲裁文书送交当事人和其他仲裁参与人的仲裁行为。一般有直接送达、邮寄送达、留置送达、公告送达等方式。

需要说明的是，对于送达方式，本法虽然没有明确说明，但农村土地承包仲裁法律文书送达应当以直接送达为原则，凡是能直接送达的，都应当直接送达。受送达人下落不明的，或者以其他方式无法直接送达的，可以采取公告送达，自发出公告之日起，经过60日，即视为已经送达。

(4)答辩。答辩是指农村土地承包经营纠纷仲裁中被申请人针对申请人的主张和理由，提出相应的承认、反驳、辩解等观点并举出相应事实和理由。

完整、规范的答辩书主要包括以下内容：

①当事人的基本情况：姓名、年龄、住所、联系方式、邮政编码等；法人或其他组织应写名称、地址和法定代表人或者主要负责人的姓名职务。

②案由：简要写明对何人提出的仲裁请求进行答辩以及所依据的事实和理由。

③答辩意见：对申请人的仲裁请求进行明确答复，清楚地标明自己的态度，写明自己对案件的主张和理由。

④证据和证据来源：证人姓名和联系方式。

⑤反请求：若被申请人有反请求，要具体写明反请求的各项内容及其所依据的事实证据和理由。

4. 农村土地承包经营纠纷的仲裁和解与仲裁调解

仲裁和解是当事人根据争议事实，自愿进行的一个过程，当事人不愿意进行和解协商的，仲裁庭无权强制要求。仲裁调解则是农村土地承包经营纠纷仲裁程序中的一个法定要求。

（1）仲裁和解的概念。仲裁和解是指农村土地承包经营纠纷仲裁委员会受理仲裁申请后，仲裁庭做出仲裁决定前，双方当事人经过平等、自愿协商，最终就争议事项达成一致处理意见，达成和解协议，从而终结仲裁程序的活动。

在仲裁和解过程中，仲裁庭有义务向当事人提供必要的法律政策解释，以帮助当事人自行和解，当事人达成和解协议，要求制作裁决书的，仲裁庭应当制作；要求撤回仲裁申请的，仲裁庭应当中止仲裁程序。

（2）当事人达成和解协议的法律效果。

①当事人可以请求仲裁庭根据和解协议做出裁决。当事人经过协商达成和解协议的，可以请求仲裁庭根据和解协议做出裁决书。仲裁庭根据和解协议做出的裁决书，与经过审理后做出的裁决具有同等的法律效力，即这种裁决对于当事人之间的争议具有仲裁上的终局意义，当事人不得就同一事实和理由向仲裁委员会再次提出仲裁。裁决书具有附条件的强制执行力，即当事人可以自收到裁决书之日起30日内向人民法院起诉，逾期不起诉的，裁决书即发生法律效力，一方当事人不履行的，另一方当事人可以向被申请人住所地或者财产所在地人民法院申请强制执行。

②当事人可以撤回仲裁申请。当事人以撤回申请的方式终结仲裁程序的，其法律效果与请求仲裁庭和解协议做出的裁决的法律效果不同，协议的履行与否不具有仲裁裁决的强制执行力，当事人一方不履行义务的，不能向人民法院申请强制执行，但可就争议重新向有管辖权的仲裁委员会提起仲裁申请或向人民法院提起诉讼。

（3）仲裁调解。按照《调解仲裁法》第十一条的规定，仲裁庭组成之后，在审理农村土地承包经营纠纷时必须进行调解，也就是说仲裁调解是仲裁庭的法定义务。达成调解协议的，仲裁庭应当做出调解书；在调解书签收前，当事人反悔或调解不成的，仲裁庭应当终止调解活动，及时做出裁决。

仲裁调解书的法律效力主要体现在：

①终结了仲裁程序。调解书一经生效，仲裁程序即结束，仲裁机构不再对该案件进行审理。

②确定了当事人的权利义务关系。当事人签收调解书后，不能反悔，应严格履行调解书确定的权利义务。

③对于仲裁机构已发生法律效力的调解书处理过的争议，非有法律依据并经法定程序，任何机关和组织不得再做处理。

④在一方当事人不履行仲裁调解书时，另一方当事人可以直接申请法院强制执行。

5. 农村土地承包经营纠纷的裁定和裁决

（1）先行裁定。在农村土地承包经营纠纷仲裁活动中，考虑到农业生产季节性强，土地与农民生活密切相关等特点，经当事人申请，仲裁庭可对案件中事实清楚的部分予以先行裁定，以维持现状，恢复农业生产，制止哄抢农产品、侵占农用地、阻挠耕种收获等违法行为，仲裁庭应自收到先行裁定申请之日起两个工作日内做出裁定。

先行裁定需要符合以下五个条件：

①针对权利义务关系明确的纠纷。

②不先行裁定会严重影响农业生产和申请人的生活。

③经当事人申请。

④仲裁庭可以做出维持现状、恢复农业生产以及停止取土、占地等行为的先行裁定。

⑤申请先行裁定执行的，需要提交担保。仲裁庭做出先行裁定的，应当做出先行裁定书，并告知先行裁定申请人可以向人民法院申请执行，但应当提供相应的担保。

（2）缺席裁决。申请人经书面通知，无正当理由不到庭或者未经仲裁庭许可中途退庭的，可以视为撤回仲裁申请。被申请人经书面通知，无正当理由不到庭或者未经仲裁庭许可中途退庭的，仲裁庭可以进行缺席裁决。

（3）制作裁决书。仲裁庭根据认定的事实和法律以及国家政策做出裁决，并制作裁决书。裁决书应当写明仲裁请求、争议事实、裁决理由和依据、裁决结果、裁决日期，以及当事人不服仲裁裁决的起诉权利和期限。由仲裁员签名，加盖仲裁委员会印章。

（4）审理期限。

①仲裁庭自受理仲裁申请之日起60日内做出仲裁裁决，受理日期以受理通知书上记载的日期为准。

②案情复杂需要延长的，经仲裁委员会主任批准可以延长，但延长期限不得超过30日。

③延长期限的应当自做出延长决定之日起3个工作日内书面通知当事人、第三人。

④期限不包括仲裁程序中止、鉴定、当事人在庭外自行和解、补充申请材料和补正裁决时间。

（5）裁决送达。

①仲裁委员会应当在裁决做出之日起，3个工作日内将裁决书送达当事人、第三人。

②送达时应当告诉当事人、第三人下列事项：

• 不服仲裁裁决的，可以在收到裁决书之日起30日内向人民法院起诉，逾期不起诉的，裁决书即发生法律效力。

• 一方当事人不履行生效的裁决书所确定的义务的，另一方当事人可以向被申请人住所地或财产所在地的基层人民法院申请执行。

【案例链接一】

村干部私自将村集体土地发包给他人，并签订了合同，村民上访反映承包费太低，村干部解除了合同。

承包方申请仲裁，应以村干部个人还是村民小组或是全体村民、村集体经济组织为被申请人？

【案例评析】

处理依据：①《调解仲裁法》第十九条规定："农村土地承包经营纠纷仲裁的申请人、被申请人为当事人。"②《最高人民法院关于审理涉及农村土地承包纠纷案件适用法律问题的解释》第三条规定："承包合同纠纷，以发包方和承包方为当事人。"处理办法：村干部解除合同属于职务行为，而非个人行为，所以承包方应当以发包方为被申请人。

【案例链接二】

九台市苇子沟镇石咀村集体副业场土地被原村支部书记越权发包一案

申诉方：苇子沟镇石咀村民委员会

被诉方：陈耀录（本村农民）

案由：2000年年末，石咀村欠村民陈耀录家小卖店货款、出租车费款共计16800元，在陈耀录多次催要未果的情况下，原村支部书记陈显库在2001年1月自行将村级的副业场耕地2.8公顷（实际面积3.5公顷）以每年每公顷承包金1000元（不承担任何税赋）的标准承包给陈耀录，承包期为6年，用以抵顶村集体欠陈耀录的卖店货款和出租车费。

现村委会班子认为，此发包事项未经任何会议研究，并存在着承包费过低和实际面积超出合同面积的问题，在2002年12月，向九台市农村土地承包纠纷仲裁委员会提出仲裁申请，要求就此案给予仲裁。

仲裁结果：(1)根据《吉林省集体土地承包经营管理条例》第五条第（一）款："集体土地承包必须坚持民主协商、公开、公平、公正"，以及第二十三条："集体林地、荒地、果园、鱼塘等经营方式、收费标准等事项，由集体经济组织成员代表会议（村民会议、村民代表会议或者村民小组成员会议）讨论，经2/3以上同意后确定"之规定，此合同自签订之日起就存在着不协商、不公开、不公平、不公正的问题。同时，依据《吉林省农村集体经济组织承包合同条例》第三十三条第（三）款："违反集体经济组织的章程或者决议的合同为无效合同"的规定，原苇子沟石咀村同村民陈耀录签订的土地承包合同为无效合同。

(2)从2003年开始，由村集体收回陈耀录承包的村集体副业场耕地3.5公顷，以前耕种两年，按每年1800元的标准从村欠陈耀录的款项中扣除。土地收回后必须严格政策，重新向全村公开招标发包，同等条件下陈耀录优先承包。

(3)发包收入首先用来偿还村集体债务。

【案例评析】

此案经仲裁庭多次庭前调查和开庭审理，本案的焦点：一是没有召开村民会议或村民代表会议讨论发包事项，而是由原村支部书记陈显库自行决定将副业场的土地发包给了陈耀录，缺少民主决策程序。二是承包价格明显偏低。经调查，该村2000年土地流转价格每公顷1500元，并且还要承担税费和各项摊派，而陈耀录承包的副业场土地，每年每公顷只是1000元，并且不承担任何税费。三是土地面积还存在着较大的出入。发包面积为2.8公顷，经丈量该承包地块实际面积为3.5公顷，多出0.7公顷土地。

为此，仲裁庭根据《吉林省集体土地承包经营管理条例》第五条第(一)款和《吉林省农村集体经济组织承包合同条例》第三十三条第(一)款之规定，做出上述3条裁决，从而维护了农村集体资产的安全和完整，为村集体经济挽回了损失15万元。

【练习思考】

(1)申请农村土地承包经营纠纷仲裁的条件是什么？

(2)试述农村土地承包仲裁与民商事仲裁的主要区别。

第四节　民 事 诉 讼

【基本要求】

(1)了解民事诉讼的范围、民事诉讼的管辖、民事诉讼的时效、证据种类

(2)理解财产保全、先予执行、举证责任、证明对象的含义

(3)熟悉民事诉讼的起诉条件、诉讼各阶段的基本流程

重点：起诉准备、证据运用、法庭辩论、撤诉、缺席判决和延期审理、执行及其申请

难点：证据运用、法庭辩论

【法律知识】

一、起诉准备

1. 民事诉讼的范围

民事官司的受案范围主要有三类：第一类是由受民法调整的民事主体间的财产关系和人身关系所引起的纠纷；第二类是由受劳动法调整的劳动关系所引起的依法应适用《民事诉讼法》审理的劳动争议纠纷；第三类是法律规定的适用《民事诉讼法》审理的其他纠纷或事项。

(1)第一类纠纷的范围。

①婚姻家庭纠纷。包括离婚及离婚的财产纠纷、解除非法同居关系的纠纷、恋爱引

起的财产纠纷、抚养和赡养纠纷、解除收养关系的纠纷等。

②继承遗产纠纷。包括继承权纠纷、遗嘱继承纠纷、遗赠抚养协议纠纷、分割遗产份额纠纷等。

③土地纠纷。包括宅基地纠纷、侵犯土地使用权纠纷等。

④房屋纠纷。包括房屋确权纠纷,房屋买卖、使用、租赁、代管、典当、拆迁、调换等纠纷。

⑤各种物权纠纷。包括所有权、用益物权、担保物权等纠纷。

⑥相邻关系纠纷。包括相邻采光、通风、通行、排水、滴水、噪音、防险等纠纷。

⑦涉及人身权纠纷。包括侵害他人身体的侵权纠纷,医疗事故纠纷,美容致人损害的纠纷,产品质量不合格造成他人损害的纠纷,被动物致伤造成的纠纷,侵犯他人姓名权、肖像权、名誉权、隐私权等引起的纠纷。

⑧债务纠纷。包括合同纠纷、代理纠纷、追还不当得利纠纷、无因管理索赔纠纷等。

⑨知识产权纠纷。包括著作权纠纷,商标权纠纷,侵犯他人商业秘密纠纷,发明、发现权纠纷,工业产权转让、使用许可等纠纷。

⑩各种票据纠纷。包括股票纠纷、债券纠纷、彩票纠纷等。

(2)第二类纠纷的范围。

①劳动合同争议纠纷。

②除名、辞退或开除争议纠纷。

③对企业做出的其他处理或处分决定不服的争议纠纷。

④关于是否工伤的认定争议纠纷。

⑤其他。

这类纠纷或争议引起民事官司的前提条件是必须先由相关的劳动争议管理部门进行仲裁,当事人对仲裁结论不服才可以去法院打官司,未经仲裁不能直接向法院提起诉讼。

(3)第三类纠纷的范围。第三类纠纷是指上述纠纷种类尚不能包括进去的其他纠纷或非纠纷。如选民不服选举委员会对选民资格的申诉所做的处理决定而引起的纠纷,以及申请宣告死亡、失踪,申请认定公民无民事行为能力或限制行为能力,申请认定财产无主等非纠纷。

2. 起诉的条件

按照民事诉讼法的规定,提起民事诉讼应当具备以下条件:

(1)原告是与本案有直接利害关系的公民、法人或者其他组织。与本案有直接利害关系,是指民事纠纷的一方当事人,争议的权利义务直接影响该公民、法人或者其他组织的民事权益。间接受本案影响的人,非依法律规定,不得向纠纷的一方当事人提起诉讼。例如,婚姻纠纷,夫或妻都可以提起离婚诉讼,但他们的子女或者父母不得以自己的名义对夫或妻提起离婚诉讼。又如,买卖合同纠纷,买方甲逾期不支付货款,卖方乙可以对其提起诉讼,第三人丙一般不能向甲提起要求其向乙支付货款的诉讼。只有在乙怠于行使其对甲的到期债权,对丙造成损害的情况下,丙才能以自己的名义代位行使乙对甲的权利。

(2)有明确的被告。即原告必须指出被诉对象是谁,是某公民、某单位,还是某公司、企业。没有明确的被告,法律关系无法证实,人民法院也无从开始审判活动。

(3)有具体的诉讼请求和事实理由。诉讼请求是指当事人通过诉讼想要达到的目的。作为诉讼请求一般有以下三种类型:①请求人民法院确认某种法律关系或者法律事实,比如请求确认双方的收养关系,请求确认某公民失踪或者死亡;②请求对方当事人履行给付义务,比如请求对方赔偿损失,请求对方偿还贷款本息;③请求变更或者消灭一定的民事法律关系,比如请求离婚,请求变更或者撤销合同。事实,是指作为诉讼标的的法律关系发生、变更或者消灭的事实。如婚姻纠纷中婚姻缔结的时间、双方的感情状况;侵权纠纷中侵权行为发生的时间、地点,造成的损害后果;合同纠纷中合同签订、履行的时间、地点,合同内容,一方当事人违反合同约定的情况等。理由,是指提出诉讼的原因,如要求离婚,是因为双方感情破裂;要求赔偿,是因为对方侵害人身,造成健康损害;要求承担违约责任,是因为对方迟延交付货物等。

(4)属于人民法院受理民事诉讼的范围和受诉人民法院管辖。属于人民法院受理民事诉讼的范围,是指提起的是平等主体的公民、法人和其他组织之间,以及他们相互之间财产关系或者人身关系的诉讼。我国各级人民法院在审判工作上有其权限和分工,属于受诉人民法院管辖,是指受理案件的人民法院对该案有审判权。公民、法人和其他组织应当向对纠纷有管辖权的人民法院提起诉讼。

3. 民事诉讼的管辖

(1)级别管辖。级别管辖,是指上下级人民法院之间受理第一审民事案件的分工和权限。它解决的是不同级别的人民法院之间受理第一审民事案件的范围问题,属于人民法院系统内部的纵向分工。

①基层人民法院管辖的第一审民事案件。除最高人民法院、高级人民法院和中级人民法院管辖的第一审民事案件外,其余的第一审民事案件都由基层人民法院管辖。

②中级人民法院管辖的第一审民事案件。中级人民法院管辖下列第一审民事案件:重大涉外案件;在本辖区有重大影响的案件;最高人民法院确定由中级人民法院管辖的案件。

③高级人民法院管辖的第一审民事案件。高级人民法院管辖在本辖区有重大影响的第一审民事案件。

④最高人民法院管辖的第一审民事案件。最高人民法院管辖下列两类案件:在全国有重大影响的案件;认为应当由本院审理的案件。

(2)地域管辖。地域管辖,是指确定同级人民法院之间对第一审民事案件的分工和权限。地域管辖有一般地域管辖、特殊地域管辖和专属管辖。

①一般地域管辖。一般地域管辖,是指根据当事人住所地与人民法院辖区的隶属关系所确定的管辖。一般地域管辖以由被告住所地法院管辖为原则,由原告住所地法院管辖为例外。

由原告住所地人民法院管辖是一般地域管辖的例外,是对“原告就被告”原则的补充,其适用于:

- 对不在中华人民共和国领域内居住的人提起的有关身份关系的诉讼。
- 对下落不明或者宣告失踪的人提起的有关身份关系的诉讼。
- 对被劳动教养的人提起的诉讼。
- 对被监禁的人提起的诉讼。

②特殊地域管辖。特殊地域管辖又称为特别管辖,是指以诉讼标的所在地或民事法律事实发生地为标准,同时考虑被告住所地所确定的管辖。

- 因合同纠纷提起的诉讼,由被告住所地或者合同履行地人民法院管辖。
- 因保险合同纠纷提起的诉讼,由被告住所地或者保险标的物所在地人民法院管辖。
- 因票据纠纷提起的诉讼,由票据支付地或者被告住所地人民法院管辖。
- 因铁路、公路、水上、航空运输和联合运输合同纠纷提起的诉讼,由运输始发地、目的地或者被告住所地人民法院管辖。
- 因侵权行为提起的诉讼,由侵权行为地或者被告住所地人民法院管辖。
- 因铁路、公路、水上和航空事故请求损害赔偿提起的诉讼,由事故发生地或者车辆、船舶最先达到地、航空器最先降落地或者被告住所地人民法院管辖。
- 因船舶碰撞或者其他海事损害事故请求损害赔偿提起的诉讼,由碰撞发生地、碰撞船舶最先达到地、加害船舶被扣留地或者被告住所地人民法院管辖。
- 因海难救助费用提起的诉讼,由救助地或者被救助船舶最先到达地人民法院管辖。
- 因共同海损提起的诉讼,由船舶最先到达地、共同海损理算地或者航程终止地的人民法院管辖。

(3)专属管辖。专属管辖,是指法律规定特定的民事案件只能由特定的人民法院管辖。下列案件属于专属管辖:

- 因不动产纠纷提起的诉讼,由不动产所在地人民法院管辖。
- 因港口作业中发生纠纷提起的诉讼,由港口所在地人民法院管辖。
- 因继承遗产纠纷提起诉讼,由被继承人死亡时所在地或者主要遗产所在地人民法院管辖。

(4)协议管辖。协议管辖又称合意管辖,是指双方当事人在纠纷发生前或纠纷发生后,以书面形式约定管辖法院。国内民事案件的协议管辖必须符合下列条件:

①当事人只能就合同纠纷案件达成管辖协议。

②协议管辖只能协议改变第一审的法定地域管辖,不能协议变更级别管辖,也不能协议改变专属管辖。

③必须在法律规定的范围内选择管辖法院。

④管辖协议必须采用书面形式。

(5)移送管辖和指定管辖。

①人民法院发现受理的案件不属于本院管辖的,应当移送有管辖权的人民法院,受移送的人民法院应当受理。受移送的人民法院认为受移送的案件依照规定不属于本院管辖的,应当报请上级人民法院指定管辖,不得再自行移送。

②有管辖权的人民法院由于特殊原因，不能行使管辖权的，由上级人民法院指定管辖。

③人民法院之间因管辖权发生争议，由争议双方协商解决；协商解决不了的，报请他们的共同上级人民法院指定管辖。

④人民法院受理案件后，当事人对管辖权有异议的，应当在提交答辩状期间提出。人民法院对当事人提出的异议，应当审查。异议成立的，裁定将案件移送有管辖权的人民法院；异议不成立的，裁定驳回。

⑤上级人民法院有权审理下级人民法院管辖的第一审民事案件，也可以把本院管辖的第一审民事案件交下级人民法院审理。

⑥下级人民法院对它所管辖的第一审民事案件，认为需要由上级人民法院审理的，可以报请上级人民法院审理。

4. 民事诉讼的时效

时效，是指一定的事实状态持续地达到一定期间而发生一定财产法律效果的法律事实。时效是一种期限，但与一般期限由当事人约定不同，时效是法定的。时效依其适用的权利和法律效果区分，可分为取得时效和消灭时效，取得时效也称占有时效，是适用于物权的时效，我国法律没有规定。消灭时效，也称诉讼时效，是债权人怠于行使权利持续到法定期间，其公力救济权归于消灭的时效。我国民法通则等民事法律规范规定的时效，就属于诉讼时效。

(1)普通诉讼时效期间。普通诉讼时效是指由民法通则规定的，适用于一般民事法律关系的诉讼时效期间。依民法通则的规定，可分为以下三类：

①一般诉讼时效期间。《民法通则》第一百三十五条规定，向人民法院请求保护民事权利的诉讼时效期间为2年，法律另有规定的除外。即民法通则或其他民事法律规范没有特别规定的，均适用2年的一般诉讼时效期间。

②短期诉讼时效期间。《民法通则》第一百三十六条规定，“身体受到伤害要求赔偿的”“出售质量不合格的商品未声明的”“延付或者拒付租金的”以及“寄存财物被丢失或者损毁的”4种情形，诉讼时效期间为1年。但是，这四种适用短期诉讼时效的情形，有的已被后公布的单行法修正，按新法优于旧法、特别法优于普通法的原则，应该适用新法律的规定。例如，《环境保护法》第四十二条规定，因环境污染损害赔偿提起诉讼的时效期间为3年，即身体伤害因环境污染造成的，应适用特别法规的特殊时效；《产品质量法》第45条规定，因产品存在缺陷造成损害要求赔偿的诉讼时效期间为2年，即因产品责任的赔偿请求权，应适用特别法规定的2年特殊时效。

③最长诉讼时效期间。《民法通则》第一百三十七条规定，从权利被侵害之日起超过20年的，人民法院不予保护。有特殊情况的，人民法院可以延长诉讼时效期间。最长诉讼时效期间与一般和短期诉讼时效期间不同，该期间是从权利被侵害时起计算，即适用于“不知道或不应当知道”其权利被侵害的“特殊主体”。那些知道或应当知道自己权利被侵害的权利人，只能适用一般时效。

(2)特殊诉讼时效期间。特殊诉讼时效是指由特别法规定的诉讼时效。特别法规定的诉讼时效，与民法通则的规定比较，其不同可分为这样两类：①时效期间不同。有的期间比较长，例如，《合同法》第一百二十九条规定，涉外合同期间为4年；也有与民法通则规定的一般诉讼时效一致的，如《合同法》规定，涉外合同以外的合同纠纷诉讼时效为2年；还有短于2年的，如《中华人民共和国海商法》第二百五十七条规定，就海上货物运输向承运人要求赔偿的请求权，时效期间为1年，在时效期间内或者时效期届满后，被认定为负有责任的人向第三人提起追偿请求的，时效期间为90日。②时效期间起算不同。如《中华人民共和国海商法》第二百五十八条第一项规定，有关旅客人身伤害的请求权，自旅客离船或者应当离船之日起计算。

二、立案阶段及其应对

1. 办理起诉手续

起诉应当向人民法院递交起诉状，并按照被告人数提出副本。书写起诉状确有困难的，可以口头起诉，由人民法院记入笔录，并告知对方当事人。到法院立案庭将原告、被告身份证复印件，起诉状，能够支持诉讼请求的主要证据交立案庭审查，一般在5天后会被通知是否符合立案条件，符合的，再去立案庭开诉讼费交款通知单，并到指定银行交诉讼费，将缴费凭证交立案庭财务人员并换取诉讼收费专用票据完成立案。

如果你是公民个人，向法院起诉要准备以下文件：①民事起诉状，并根据被告的人数提供起诉状副本。②你的身份证复印件。③被告如果是公司，需要提供被告的住所以及法定代表人等工商登记信息。④授权委托书。如果你委托代理人代为诉讼，需要准备授权委托书以及代理人的身份证复印件或相关证件。⑤证据目录及证据材料。

如果你是公司法人等组织，那么需要准备以下文件。①民事起诉状，并根据被告的数量提供起诉状副本。②加盖工商年检章的营业执照副本复印件。③法定代表人身份证明。④被告如果是公司，需要提供被告的住所以及法定代表人等工商登记信息。⑤授权委托书。如果原告委托代理人代为诉讼，需要准备授权委托书以及代理人的身份证复印件或相关证件。⑥证据目录及证据材料。

将民事起诉状等文件递交给人民法院立案庭的法官后，如果法官认为符合立案的条件，收下民事起诉状等材料后，会给你开具人民法院诉讼费交款通知单，你拿着交款通知单到人民法院指定的交费地点或窗口交纳诉讼费，之后，再拿着交款凭证到人民法院指定窗口换取人民法院诉讼收费专用票据，此时，你的起诉手续就已经办理完毕了。

2. 缴纳诉讼费用

诉讼费是指当事人为向人民法院提起诉讼程序应当缴纳的费用，包括案件受理费和其他诉讼费用。当事人应当向人民法院交纳的诉讼费用包括：案件受理费；申请费；证人、鉴定人、翻译人员、理算人员在人民法院指定日期出庭发生的交通费、住宿费、生活费和误工补贴。

（1）诉讼费的缴纳标准。第一类，财产案件根据诉讼请求的金额或者价额，按照下列比例分段累计交纳：

①不超过1万元的，每件交纳50元。

②超过1万元至10万元的部分，按照2.5%交纳。

③超过10万元至20万元的部分，按照2%交纳。

④超过20万元至50万元的部分，按照1.5%交纳。

⑤超过50万元至100万元的部分，按照1%交纳。

⑥超过100万元至200万元的部分，按照0.9%交纳。

⑦超过200万元至500万元的部分，按照0.8%交纳。

⑧超过500万元至1000万元的部分，按照0.7%交纳。

⑨超过1000万元至2000万元的部分，按照0.6%交纳。

⑩超过2000万元的部分，按照0.5%交纳。

第二类，非财产案件的受理费。有很多官司是不涉及财产争议的，如收养、侵犯名誉权案件等，这类案件的受理费，是按照一定幅度，按件交纳的，具体收费办法如下：

①离婚案件，每件交纳300元，涉及财产分割的，财产总额不超过20万元的，不另收费；超过20万元的，超过部分按0.5%交纳。

②侵害姓名权、名称权、肖像权、荣誉权、名誉权的案件，每件交纳100元至500元，涉及财产争议的，财产总额不超过5万元的，不另收费；超过5万元，不满10万元的，超过部分按1%交纳；10万元以上的部分，按0.5%交纳。

③侵害专利权、著作权、商标权的案件，每件交纳500～1000元，有争议金额的，按财产案件的收费标准交纳。

④商标、专利、海事行政案件，每件交纳100元；其他行政案件，每件交纳50元。

⑤劳动争议案件，每件交纳10元。

⑥其他非财产案件，每件交纳50元至100元。

⑦破产案件，按照破产财产总值，依照财产案件收费标准减半交纳，最高不超过30万元。

⑧当事人提出案件管辖权异议，异议不成立的，每件交纳50元至100元。

(2)诉讼费用的缓交、减交和免交。所谓缓交，是指当事人经济上确有困难，暂时无力交纳诉讼费用，向人民法院申请延缓交的时间，待有能力时交纳。

所谓减交，是指当事人经济上确有困难，无力交纳全部诉讼费用，经申请后，人民法院准予适当减少应交纳的诉讼费用。

所谓免交，是指当事人经济上确有困难，无力交纳诉讼费用，经申请后，人民法院准予不交纳诉讼费用。诉讼费用的免交只适用于自然人。

申请缓、减、免时，当事人应提交书面申请书，写明理由，并提交相关部门出具的证明申请人经济确有困难的证明材料。

(3)不需交纳诉讼费用的条件。与免交诉讼费不同，有些案件无需当事人申请，法律明确规定不需交纳诉讼费用。不交纳诉讼费用的案件包括：裁定不予受理，驳回起诉、驳回上诉的案件；对不予受理、驳回起诉和管辖权异议裁定不服，提起上诉的案件；部分特别程序案件，如选民资格案件，宣告公民失踪、死亡等；部分依照审判监督程序再审和提审的案件等。例如，你不服我院做出的终审判决，向我院提出申诉，我院依法对该案提起再审，你无需再交纳诉讼费；但是如果申请再审是以有新的证据足以推翻原判决、裁定为由，则应当交纳相应的诉讼费用；另外，如果你对一审判决没有上诉，一审法院文书生效后再提出申请，法院经审查决定提起再审的，你应该按照有关规定预交诉讼费。

(4)诉讼费用的负担。诉讼费用到底由谁来出,要等案件审理结束后,才能最终确定。一般来讲,一审案件诉讼费用由败诉人负担。但需要注意的几种特殊的情况:

①当事人部分胜诉、部分败诉的,人民法院根据案件的具体情况决定当事人各自负担的诉讼费用数额。

②经调解达成协议的案件,由双方当事人协商负担;协商不成的,由人民法院决定。以调解方式结案的案件,减半收取诉讼费用。

③撤诉案件,由原告负担,但减半收取。

④申请执行费由被执行人负担。

第二审和再审案件诉讼费用的负担分别为:

①对财产案件提起上诉的,按照不服一审判决部分的上诉请求数额交纳案件受理费。

②经上诉,维持原判的案件,由上诉人负担,双方上诉的,由双方分担。

③上诉后撤诉的案件,由上诉人负担。

④二审改判的案件,应当相应调整双方当事人一审诉讼费用的负担。

⑤经人民法院再审或提审的案件,如认为原审在认定事实和适用法律上确有错误的,依法进行改判的同时对诉讼费用一并改判。

3. 申请财产保全

财产保全是指人民法院审理案件时,在做出判决前为防止当事人转移、隐匿、变卖财产,根据当事人的申请或者依职权对财产做出的保护措施,以保证将来判决生效后能得到顺利执行。

(1)当事人申请财产保全应当具备的条件。

①财产保全一般由当事人申请,由人民法院审查决定是否采取财产保全措施。

②对当事人没有提出申请的,但争议的财产可能有毁损、灭失或其他危险的,法院可依职权采取保全措施。

③在起诉前,只能由当事人提出保全申请,且必须提供担保。法院不能依职权采取保全措施。

④其他适当的保全措施。

⑤案件必须具有给付内容,属于给付之诉。

⑥在诉前或诉中提出申请。

⑦诉中提出申请的前提是,可能因当事人一方的行为或者其他原因,使判决不能执行或者难以执行;诉前提出申请的前提是,因情况紧急,不立即申请财产保全将会使其合法权益受到难以弥补的损害。

(2)当事人申请财产保全,应当提交的材料。

①申请书。申请书应当载明:当事人及其基本情况;申请财产保全的具体数额;申请采取财产保全措施的方式;申请理由。

②被申请人的明确地址或住所地,以及被申请人的开户银行及账号等财产线索。

③有效的担保手续。

(3)申请财产保全的措施。

①查封。一般是对不动产或权利实施的就地封禁措施,不允许任何人对财产状态做出改变。如查封房产,查封银行账户、投资账户等。

②扣押。一般是对动产及权利凭证采取的提取、扣留措施,由法院依职权直接进行控制管理。如扣押涉案的设备、贵重物品、房屋产权证等。

③冻结。一般是对银行账户及其他财产权利做出的暂时停止交易的措施。如冻结银行存款账户,冻结股票、基金账户等。

(4)申请财产保全的担保的相关法律后果。

①依当事人的申请采取的财产保全措施,人民法院可以责令申请人提供担保。如果申请人不提供担保的,法院应当驳回其保全申请。

②如果申请人败诉了,申请人应当赔偿因财产保全所造成的损失。

③如当事人错误地申请财产保全给他人造成损失的,也要负赔偿责任。如错误地申请保全了案外人的财产等情况。

(5)申请诉讼保全措施的费用计算方式。根据《诉讼费用交纳办法》第14条第2项的规定,申请保全措施的,根据实际保全的财产数额按照下列标准交纳诉讼费用:

①财产数额不超过1000元或者不涉及财产数额的,每件交纳30元。

②超过1000元至10万元的部分,按照1%交纳。

③超过10万元的部分,按照0.5%交纳。但是,当事人申请保全措施交纳的费用最多不超过5000元。

4. 申请先予执行

先予执行,是指人民法院在受理案件后,终审判决做出之前,根据一方当事人的申请,裁定对方当事人向申请一方当事人给付一定数额的金钱或其他财物,或者实施或停止某种行为,并立即付诸执行的一种程序。

民事诉讼法规定的先予执行适用的案件范围包括:①追索赡养费、扶养费、抚育费、抚恤金、医疗费用的案件;②追索劳动报酬的案件;③因情况紧急需要先予执行的案件。根据最高人民法院的有关司法解释,所谓的情况紧急,主要是指下列情况:需要立即停止侵害,排除妨碍的;需要立即制止某项行为的;需要立即返还用于购置生产原料、生产工具款的;追索恢复生产、经营急需的保险理赔费的。

上述类型的案件,需要先予执行的,还应当满足下列条件:

(1)当事人之间事实基本清楚,权利义务关系明确,不先予执行将严重影响申请人的生活或生产经营的。即当事人之间谁享有权利谁负有义务是明确的。先予执行是预先实现权利人的权利,如果当事人之间谁享有权利谁承担义务不明确,也就无所谓预先实现权利的问题。在司法实践中要求案件的基本事实是清楚的,人民法院根据案情能够判断出谁是权利人以及权利人享有什么性质的权利。就被申请人承担的义务的性质而言,通常是属于给付、返还或赔偿义务的性质。

(2)申请人有实现权利的迫切需要。即如果申请人不预先实现有关的权利,则其生活或生产就会遇到极大的困难。

(3)当事人向人民法院提出了申请,案件的诉讼请求属于给付之诉。当事人是否因生活或生产的急需而要立即实现有关的权利，当事人自己最清楚，因此，先予执行的要求应当由当事人主动向人民法院提出，人民法院不能主动依职权裁定采取先予执行的措施。

(4)被申请人有履行的能力。因为只有被申请人具有履行的能力，申请人的申请才有可能实现，人民法院做出的先予执行的裁定才有实际意义。

5. 申请回避

申请回避是诉讼当事人的诉讼权利，当事人对于审判人员、检察人员、侦查人员、书记员、翻译人员、鉴定人、勘验人等有权提出回避申请。

根据《民事诉讼法》第四十四条的规定，审判人员、书记员、翻译人员、鉴定人和勘验人有下列情形之一的，必须回避：

(1)是本案的当事人或者当事人、诉讼代理人的近亲属。本案的当事人，包括原告、被告、有独立请求权的第三人和无独立请求权的第三人。当事人是实体权利的享有者和义务的承担者，只能以当事人的身份参加诉讼，而不能以当事人和办案人员的双重身份出现，所以必须回避。当事人、诉讼代理人的近亲属，是指本案当事人或诉讼代理人的配偶、父母、子女、兄弟姐妹、祖父母、外祖父母、孙子女、外孙子女。

(2)与本案有利害关系。所谓与本案有利害关系，是指案件的处理结果直接或间接地涉及审判人员自身的利益。这种利害关系，既可能是法律上的利害关系，也可能是事实上的利害关系。

(3)与本案当事人有其他关系，可能影响对案件公正审理的。其他关系，指除上述关系以外的其他关系。比如，与当事私交甚笃的同学、朋友或与当事人积怨很深的仇人、对手，等等。这些关系，只要可能影响案件公正审理的，就应当回避。

上述三个条件，只要具有其中之一，审判人员即应自动回避，当事人也有权申请他们回避。

以上关于审判人员回避的规定，同样适用于本案的书记员、翻译人员、鉴定人、勘验人。从理论上说，适用回避制度的人员是在审判活动中具有一定审判职能或代行某种职能的人，上述人员虽非审判人员，但都担当或执行本案有关任务，参与案件审判，为确保审判公正，具有法定情形的，亦应回避。

6. 被告的应诉准备工作

在民事诉讼中，应诉不言而喻是针对被告而言的，它既是被告的一种权利，也是被告的一种义务。客观地说，被告的诉讼行为就是应诉行为，主要体现为被告对原告的起诉请求、陈述事实、证据等进行抗辩的行为。面对原告的起诉，被告应当以一种积极的心态应诉，被告从这时开始应诉准备工作。

(1)法院送达民事起诉状副本，被告仔细查看后签收。人民法院在立案之日起5日内将起诉状副本发送给被告。法院按照原告起诉状上提供的被告座机或手机联系被告，联系上后，法院通常会让被告本人或委托代理人到法院领取民事起诉状；如果电话、手机联系不上的，法院就按原告起诉状上载明的地址通过特快专递向被告送达，有些法院承办法官或法警亲自到被告住所地送达。

法院当面送达民事起诉状的，会让被告签收送达回执，证明法院将起诉状送达了。作为被告，应先仔细看一下起诉书，核实起诉书中的被告是否为本人，如果不是，应当场向法官阐明，可以拒绝签收起诉状，也可以签收起诉状，开庭时再向法庭陈明；如果是本人，那就要给法官签收送达回执。

被告在收到民事起诉状副本之日起15日内可以提交答辩状。

(2)法院通知开庭时间或送达开庭传票时，被告可要求答辩期。有时法官在送达民事起诉状副本的同时，会直接告知开庭时间或将开庭传票一并送达给被告，开庭传票上确定了具体的开庭日期。被告一定要清楚知道是哪天开庭，时间上能否安排开，是否给予了自己15天的答辩期。根据我国民事诉讼法的规定，被告自收到起诉状之日15天内提出答辩期。离婚案件一般适用简易程序审理，对于简易程序有些法官认为比较简单，没有必要一定给被告人答辩期，所以被告收到开庭传票或法官电话、口头通知开庭时间的，被告一定要斟酌一下自己是否需要答辩期，如果觉得开庭时间紧迫，来不及准备应诉、证据材料等或时间安排有冲突无法到庭的，被告可以直接向法官提出要求给予自己答辩期，法院都会给予被告15天答辩期。这是被告的权利，被告完全可以根据自己的实际情况主张此权利。

(3)被告有答辩的权利，书写答辩状。被告在收到起诉状之日起15日内提出答辩状。被告提出答辩状的，人民法院应当在收到之日起5日内将答辩状副本发送给原告。被告不提出答辩状的，不影响人民法院审理。也就是说，在答辩期内被告可以写答辩状，也可以不写答辩状，不写答辩状的，人民法院仍然按时开庭审理。若被告书写答辩状，应当从以下几方面思考：

①针对原告陈述的事实进行抗辩。被告要仔细阅读原告的起诉状，起诉状中关于事实部分陈述不实的，被告在答辩状中应阐明真正的事实，对原告曲解、歪曲的事实进行合理的解释，将事实还于原貌。

②针对原告的诉讼请求逐一进行答辩，阐明观点。离婚纠纷的诉讼请求通常包括离婚、子女抚养、财产分割、损害赔偿等项。被告对原告各项诉讼请求要认真、仔细、充分地考虑，理出头绪，确定自己的观点，提出自己的意见。首先，要做出同意或不同意离婚的意见，陈述理由。其次，对子女归哪方抚养，抚养费如何支付等做出明确的表示，阐述子女抚养权归属与抚养费支付的事实、法律依据。最后，对夫妻共同财产提出具体的分割意见，阐明财产归属的事实理由与法律依据。总之，主要针对原告的各项诉讼请求逐一进行答辩，并明确自己的观点。

③被告提出自己的主张。原告在诉讼中有遗漏夫妻共同财产或存在过错未提及等事项的，被告可以在答辩状中补充并提出自己的意见，只要是离婚中所涉及的问题而原告未提及或虽提及但角度不同的，被告都可以就某事项提出自己的主张，发表自己的意见，并彰显于答辩状内。

④答辩状的份数。被告应准备答辩状一式三份，自己留存一份，交给人民法院两份，其中一份法院留存，另一份副本则由人民法院自收到答辩状之日起5日内发送给原告。

(4)答辩期内被告有权提出管辖权异议。管辖权异议就是被告认为受诉人民法院无权受理本案,本案不归该受诉人民法院管辖的,可以在15天答辩期内向受诉人民法院提出异议,要求将本案移送至有管辖权的人民法院审理。被告在收到民事起诉状或应诉通知书后,发现原告在受诉人民法院起诉自己是错误的,可以向受诉人民法院提交管辖权异议申请书,申请书中说明自己的户籍所在地或经常居住地的真实情况,或不归受诉人民法院管辖的其他理由,并向法院出具相关证明,要求将本案移送至其他有管辖权的人民法院审理。

根据我国民事诉讼法的规定,管辖权异议一定要在15天的答辩期内提出,逾期提出的,法院可以驳回,视为自愿接受受诉人民法院管辖。

受诉人民法院收到被告的管辖权异议申请书和相关证据,开庭审理后,认为被告的管辖权异议成立的,就会裁定将本案移送至有管辖权的人民法院审理。原告对该裁定不服的,可以向上级(二审)人民法院提起上诉,上级人民法院经审理,裁定被告管辖异议成立,维持原一审裁定的,该案仍转送至有管辖权的人民法院审理。裁定被告管辖异议不成立,改判由受诉人民法院管辖的,则受诉人民法院继续审理本案。

受诉人民法院认为被告的管辖权异议不成立,裁定本案应继续由受诉人民法院审理的,被告若对该裁定不服,可以向上级(二审)人民法院提起上诉。上级人民法院经审理,认为一审法院裁定无误维护原裁定的,本案仍由受诉人民法院继续审理;上级人民法院认定本案应移送有管辖权的人民法院审理,则改判由某人民法院管辖,受诉人民法院将本案移送至某人民法院审理。

二审人民法院就管辖权异议出具的裁定为终审裁定,原告或被告对二审裁定不服的,可以申请再审,即申诉,但不影响生效裁定的执行。

(5)被告有收集、提供证据的权利。被告反驳原告的诉讼请求,证明自己主张的成立,要提供相应的足够的证据加以证明。被告从收到起诉状到举证期限届满或法庭辩论前都可以收集、调查对自己有利、对原告不利的证据。有些证据因客观原因不能自行收集的,可以申请人民法院调查取证,如证券公司账号及其相关信息、银行、公安机关的出警记录和询问笔录等。

三、举证和证据交换阶段及其应对

1. 证明对象和举证责任

(1)证明对象。证明对象是指由实体法律规范所确定的,对诉辩请求产生法律意义的,应当由当事人提供证据加以证明的事实。即司法人员和当事人在诉讼中需要运用证据予以证明的事实情况。明确证明对象,是为了使司法人员和当事人从理论上认识到诉讼中应该证明的问题范围,从而有目的、有步骤地依法收集、运用证据加以证明,不致使调查研究的范围过宽或过窄,从而影响对案件的正确、合法、及时的处理。证明对象包括实体法事实和程序法事实。

①实体法事实,是指对解决民事纠纷具有法律意义的事实。它包括两部分:其一,法律事实,指当事人之间所争执的法律关系是否发生、变更或消灭的事实,即原告人起诉理由和被告人答辩理由的事实。它又分为事件和行为:事件是不以当事人的主观意

志为转移的事实，如火灾、人的死亡等；行为是以当事人的主观意志为转移的事实，如签订合同、立遗嘱等(见法律行为)。法律事实按当事人的权利和义务所产生的影响不同，又可分为：产生权利和义务的法律事实，如签订合同，造成损失等；消灭权利和义务的事实，如放弃继承，抵销债务等；变更权利和义务的事实，即可以使法律行为无效或者权利、义务发生变化的事实，如违反经济合同，无行为能力，偿还部分债务等。上述法律事实，只要原告人据以作为诉讼请求的理由，或者被告人据以作为答辩的理由，或者人民法院认为对解决案件有意义的，都是案件的证明对象。其二，当事人的身份及其相互关系，指当事人的履历，原告人、被告人是否是符合条件的当事人，以及他们之间的关系。

②程序法事实，主要有以下三个方面：①有关回避的事实。根据中国诉讼法的规定，需要回避的情况，在决定是否回避以前，应当加以证明。②决定对人犯或当事人应否采取强制措施的事实。如刑事诉讼中的人犯是否患有重病或怀孕，民事诉讼中的当事人是否经两次合法传唤无正当理由拒不到庭等事实。③有关诉讼期限的事实。如根据诉讼法的规定，可以申请顺延诉讼期限的理由，应当在人民法院裁定以前进行调查。其四，违反法定程序的事实。如原审法院无管辖权；应该公开审判而未公开审判，不应该公开审判而公开审判；应该组成合议庭而未组成合议庭，只由审判员进行独任审判；依审判监督程序重新审判的案件，应当另行组成合议庭而仍由原合议庭审判；不依法收集证据；刑讯逼供；剥夺被告人或当事人行使诉讼权等事实。根据《中华人民共和国刑事诉讼法》第二百二十七条、《民事诉讼法》第一百七十条的规定，上诉审人民法院发现第一审人民法院由于违反法定程序可能影响案件正确判决时，应当撤销原判，发回重审。因此，违反法定程序的事实，应当列为证明对象。

(2)举证责任。举证责任，是指民事案件当事人，对自己提出的主张有收集或提供证据的义务。当事人因客观原因不能自行收集的证据，或者人民法院认为审理案件需要的证据，人民法院应当调查收集。法律直接规定的侵权诉讼案件，举证责任倒置。

民事诉讼中的证明责任，也称为举证责任，是指证明主体在诉讼过程中承担提供、收集和运用证据证明证明对象，以及当作为裁判基础的法律要件事实在诉讼中处于真伪不明状态时，因法院不能认定这一事实而承受不利后果的责任。

民事案件中，举证的一般原则是谁主张，谁举证。但是按照民事诉讼法及证据规则的规定，有几类案件属于举证责任倒置：

①因新产品制造方法发明专利引起的专利侵权诉讼，由制造同样产品的单位或者个人对其产品制造方法不同于专利方法承担举证责任。

②高度危险作业致人损害的侵权诉讼，由加害人就受害人故意造成损害的事实承担举证责任。

③因环境污染引起的损害赔偿诉讼，由加害人就法律规定的免责事由及其行为与损害结果之间不存在因果关系承担举证责任。

④建筑物或者其他设施以及建筑物上的搁置物、悬挂物发生倒塌、脱落、坠落致人损害的侵权诉讼，由所有人或者管理人对其无过错承担举证责任。

⑤饲养动物致人损害的侵权诉讼，由动物饲养人或者管理人就受害人有过错或者第三人有过错承担举证责任。

⑥因缺陷产品致人损害的侵权诉讼，由产品的生产者就法律规定的免责事由承担举证责任。

⑦因共同危险行为致人损害的侵权诉讼，由实施危险行为的人就其行为与损害结果之间不存在因果关系承担举证责任。

⑧因医疗行为引起的侵权诉讼，由医疗机构就医疗行为与损害结果之间不存在因果关系及不存在医疗过错承担举证责任。

有关法律对侵权诉讼的举证责任有特殊规定的，从其规定。

2. 证据的种类

根据《民事诉讼法》的规定，民事诉讼证据有以下八种：

（1）当事人陈述。当事人陈述，是指当事人在诉讼中就与本案有关的事实，向法院所做的陈述。当事人陈述作为证据的一个种类是我国民事诉讼证据种类划分中的特色。当事人是民事诉讼法律关系的主体，由于与诉讼结果有着直接的利害关系，决定了当事人陈述具有真实与虚假并存的特点。

因此，审判人员在运用这一证据时应注意防止将虚假的证据作为认定案件事实的根据，对于当事人的陈述应结合本案的其他证据进行审查核实，以确定作为认定案件事实的根据。

（2）书证。书证，是指以文字、符号、图形等所记载的内容或表达的思想来证明案件真实的证据。这种物品之所以称为书证，不仅因它的外观呈书面形式，更重要的是它记载或表示的内容能够证明案件事实。

从司法实践来看，书证的表现形式是多种多样的，从书证的表达方式上来看，有书写的、打印的，也有刻制的等；从书证的载体上来看，有纸张、竹木、布料以及石块等；而从具体的表现形式上看，常见的有合同、文书、票据、商标图案等。因此，书证的主要的表现形式是各种书面文件，但有时也表现为各种物品。书证在民事诉讼中是普遍被应用的一种证据，在民事诉讼中起着非常重要的作用。

（3）物证。物证，是指以其存在的形状、质量、规格、特征等来证明案件事实的证据。物证是通过其外部特征和自身所体现的属性来证明案件的真实情况，它不受人们主观因素的影响和制约。因此，物证是民事诉讼中重要的证据之一。民事诉讼中常见的物证有：争议的标的物（房屋、物品等）；侵权所损害的物体（加工的物品、衣物等）；遗留的痕迹（印记、指纹）等。

（4）视听资料。视听资料，是指利用录音、录像、电子计算机储存的资料和数据等来证明案件事实的一种证据。它包括录像带、录音片、传真资料、电影胶卷、微型胶卷、电话录音、雷达扫描资料和电脑储存数据和资料等。外国民事诉讼法一般都没有将视听资料作为一种独立的证据类型对待，仅将其归入书证和物证的种类中，我国民事诉讼法鉴于其具有独立的特点，将其归为一类独立的证据加以使用。

（5）电子数据。电子数据，是指存储于电子介质中的信息，包括电子签名、格式化后的硬盘通过恢复取得的信息等，与传统的录像、录音等视听资料有所区别。

（6）证人证言。证人，是指知晓案件事实并应当事人的要求和法院的传唤到法庭作证的人，证人就案件事实向法院所做的陈述称为证人证言。

(7)鉴定意见。鉴定意见,是指专业人员运用其专门知识,对案件证据材料进行分析鉴别,对专门性问题做出意见,以作为法官判断相关证据真伪的参考依据。从性质上来说,鉴定意见与其他证据类型很重要的区别在于:鉴定意见本身是构建在其他证据材料基础上,得出的是鉴定人的主观判断。在其他证据类型中,都力求证据材料契合客观案情,尽量与表述人的主观相分离;但在鉴定中,最有价值的反而是鉴定人通过主观知识鉴别证据材料的过程。

(8)勘验笔录。勘验笔录,是指人民法院审判人员,在诉讼过程中,为了查明一定的事实,对与案件争议有关的现场、物品或物体亲自进行或指定有关人员进行查验、拍照、测量后的记录。

3. 证据交换

证据交换是中国民事审判方式改革的产物。根据《最高人民法院关于民事诉讼证据的若干规定》的精神以及法院审判的实践,可以给证据交换下如下定义:证据交换是人民法院在审理民事案件时,根据当事人的申请或对于证据较多及复杂疑难的案件,于答辩期满后,开庭审理前,在审判人员的主持下,双方当事人将能够证明各自主张的所有证据进行交换,如在期限内不提出相关证据,则被视为放弃举证权利,从而固定、限制或撤销部分证据,明确案件争议焦点的诉讼活动的总称。证据交换制度的构成可以从以下五个方面阐述:

(1)证据交换制度的启动。证据交换被认为是法院的诉讼管理的事项,因此证据交换在中国是由法院组织进行的。当然,当事人可以在举证时限内向法院提出申请要求交换证据。当事人没有提出证据交换申请的,法院认为是证据较多或者复杂疑难案件的,应当进行证据交换。对于简单案件当事人双方同意进行证据交换的,法院应当允许。

(2)考虑中国的具体情况和诉讼观念,证据交换须在审判人员的主持下进行。由审判人员对证据进行整理,没有异议的证据将记录在卷。这些证据在开庭中可免予质证。通过证据交换,确定双方当事人争议的主要问题。

(3)证据交换的期间和时间。对于证据较多或者复杂疑难的案件,证据交换的期间应当在答辩期间届满后,开庭审理前。

应当注意的是,证据交换与举证时限有密切的关系。即证据交换期间受证据时限期间的限制。证据交换期间不能长于举证时限期间。因此,人民法院组织当事人交换证据的,交换证据之日就是举证期限届满之日。当事人申请延期举证,经法院准许的,证据交换期间就要相应顺延。

关于证据交换时间的确定有两种方式:一种是当事人协议;一种是法院指定。当事人协商的需要经过法院认可。当事人可以协商在证据交换期间中的任何时间进行证据交换。

当事人收到对方交换的证据后提出反驳并提出新证据的,人民法院应当指定新证据的交换时间并通知当事人在指定的时间内进行交换。

(4)证据交换的次数。一般不超过两次,法院认为确有必要的,可再次进行证据交换。

（5）与举证失权的关系。如果当事人没有在举证时限内进行证据交换，则会因为在该期间内没有提出证据，而导致举证失权，无正当理由的，该证据将不能作为裁判的依据。

四、第一审程序及其应对

1. 法庭调查

法庭调查的主要任务是，审判人员在法庭上全面调查案件事实，审查和核实各种证据，为正确认定案件事实和适用法律奠定基础。法庭调查主要包括两个内容：一是当事人陈述；二是出示证据和质证。

（1）当事人陈述。首先由原告口头陈述其诉讼请求及其所依据的事实、理由，然后由被告陈述案件事实及其所持的不同意见。被告提出反诉的，应陈述反诉的诉讼请求及其所依据的事实、理由。有诉讼第三人的，先由有独立请求权的第三人陈述诉讼请求及其所依据的事实、理由，再由无独立请求权的第三人针对原、被告的陈述提出承认或者否认的答辩意见。当事人有诉讼代理人的，可以由诉讼代理人陈述或答辩，也可以在当事人陈述或答辩完后，再由诉讼代理人补充。审判人员有权就案件事实进行询问，归纳本案争议焦点或者法庭调查重点，并征求当事人的意见。

（2）出示证据和质证。当事人陈述结束后，必须将案件的有关证据在法庭上展示，并由当事人进行质证。但是，当事人在证据交换过程中认可并记录在卷的证据，经审判人员在庭审中说明后，可以作为认定案件事实的依据，不必在法庭上质证。

质证是我国民事诉讼证据制度的重要内容，也是民事诉讼开庭审理阶段的重要环节。它是指在法庭审理活动中，双方当事人在审判人员的组织下，围绕证据的真实性、关联性、合法性，针对证据证明力有无以及证明力大小，进行质疑、说明与辩驳的活动。《民事诉讼法》第六十八条规定："证据应当在法庭上出示，并由当事人互相质证。"《民诉证据若干规定》第四十七条规定："证据应当在法庭上出示，由当事人质证。未经质证的证据，不能作为认定案件事实的依据。"案件有两个以上独立的诉讼请求的，当事人可以逐个出示证据进行质证。涉及国家秘密、商业秘密和个人隐私或者法律规定的其他应当保密的证据不得在开庭时公开质证。根据《最高人民法院关于民事诉讼证据的若干规定》第五十一条的规定，当事人质证的顺序是：原告出示证据，被告、第三人与原告进行质证；被告出示证据，原告、第三人与被告进行质证；第三人出示证据，原告、被告与第三人进行质证。

根据民事诉讼法的规定，各类证据按以下顺序出示，由当事人进行质证：

①证人证言。证人经当事人申请，经人民法院许可的，应当出庭作证。作证前，审判人员应当对证人的身份进行确认，并告知证人的权利义务，要求其客观真实地提供证言。出庭作证的证人应当客观陈述其亲身感知的事实并接受当事人的质询。证人为聋哑人的，可以通过其他表达方式作证。确有困难不能出庭的证人经人民法院许可，可以提交书面证言或者视听资料或者通过双向视听传输技术手段作证。证人作证时，不得使用猜测、推断或者评论性的语言。审判人员和当事人可以对证人进行询问。为了保证证人所提供的证言的真实性和客观性，证人不得旁听法庭审理；询问证人时，其他证人不得在场。人民法院认为有必要的，可以让证人进行对质。

②书证、物证和视听资料。在法庭出示的书证、物证和视听资料，既包括当事人提供的证据，也包括人民法院调查收集的证据。人民法院依照当事人申请调查收集的证据，作为提出申请的一方当事人提供的证据。出示书证、物证应当由法警进行，出示视听资料时必须当庭播放演示，必要时由录制人员到庭说明录制过程和情况。对书证、物证、视听资料进行质证时，当事人有权要求出示证据的原件或者原物，但是出示原件或者原物确有困难并经人民法院准许出示复制件或者复制品的，或者原件、原物已不存在，但有证据证明复制件、复制品与原件或原物一致的，可以出示复制件、复制品。

③鉴定结论。当事人出庭时，由鉴定人或审判人员当庭宣读鉴定结论，并接受当事人质询。鉴定人确因特殊原因无法出庭的，由审判人员宣读鉴定结论，经人民法院准许，鉴定人可以书面答复当事人的质询。经法庭许可，当事人可以向出庭的鉴定人发问。当事人对鉴定结论不服的可以申请重新鉴定，是否准许，由法庭决定。

④勘验笔录。勘验笔录由勘验人或审判人员当庭宣读。经法庭许可，当事人可以向勘验人发问。当事人可以申请重新勘验，是否准许，由法庭决定。

经过庭审质证的证据，能够当即认定的，应当当即认定；当即不能认定的，可以休庭合议后再予以认定。

当事人在法庭上可以提出“新的证据”。这里的“新证据”是指当事人在一审举证期限届满后新发现的证据和当事人确因客观原因无法在举证期限内提供，经人民法院准许，在延长的期限内仍无法提供的证据。当事人提出的新证据或经准许重新鉴定、勘验所得的结论，必须再次开庭质证。法庭决定再次开庭的，审判长对本次开庭情况应当进行小结，指出庭审已经确认的证据，并指明下次开庭调查的重点。第二次开庭审理时，只就未经调查的事项进行调查和审理，对已经调查、质证并已认定的证据不再重复审理。

法庭调查结束前，审判长应当就法庭调查认定的事实和当事人争议的问题进行归纳总结，并询问当事人的意见。

2. *法庭辩论*

法庭辩论是当事人及其诉讼代理人在合议庭的主持下，根据法庭调查阶段查明的事实和证据，阐明自己的观点和意见，相互进行言词辩驳的诉讼活动。法庭辩论是辩论原则最生动和最集中的体现。当事人及其诉讼代理人针对法庭调查阶段审核的事实和证据，围绕案件争执焦点，互相进行口头辩论，争取合议庭做出有利于自己的裁判。同时，通过辩论，审判人员能够掌握案件的关键所在，有助于查清案件事实，分清是非责任。

根据《民事诉讼法》第一百四十一条的规定，法庭辩论按照下列顺序进行：

(1)原告及其诉讼代理人发言。原告和诉讼代理人都出庭的情况下，一般先由原告发言，然后由诉讼代理人补充。发言主要是论证自己的观点和主张，驳斥被告在法庭调查中提出的事实和理由，而不是重复自己在法庭调查阶段所做的陈述内容。

(2)被告及其诉讼代理人答辩。被告及其诉讼代理人的答辩不是对自己在法庭调查阶段的陈述和答辩的简单重复，而是针对原告及其诉讼代理人的发言发表意见和辩解，以证明原告的诉讼请求是不合法的，不应得到法庭支持。

(3)第三人及其诉讼代理人发言或者答辩。有独立请求权的第三人认为原告和被告都侵犯了自己的合法权益,因而,其发言或答辩是对原告和被告所主张的事实、理由和请求进行辩驳,从而证明自己的合法权益应受到保护。无独立请求权的第三人,是参加到本诉讼中与之有法律关系的一方当事人中来,他与该方当事人的关系既是对立的又是统一的。在针对对方当事人的时候,他们之间是统一的,无独立请求权的第三人辅助该方当事人对对方当事人主张的事实和请求进行回答和辩驳。当涉及参加之诉中权利的享有或责任的承担时,他们之间的关系是对立的,此时,无独立请求权的第三人可能针对与之有法律关系的当事人提出事实、理由和请求进行回答和辩驳。

(4)互相辩论。审判人员应当引导当事人围绕争议焦点进行辩论。当事人及其诉讼代理人的发言与本案无关或者重复未被法庭认定的事实,审判人员应当予以制止。必要时,审判长可以根据案情限定当事人及其诉讼代理人每次发表意见的时间。一轮辩论结束后当事人要求继续辩论的,可以进行下一轮辩论,但不得重复第一轮辩论的内容。法庭辩论时,审判人员不得对案件性质、是非责任发表意见,不得与当事人辩论。在法庭辩论过程中,如果当事人及其诉讼代理人提出新的事实和证据,合议庭可以决定停止辩论,恢复法庭调查,查清后再继续辩论,如当庭难以查清,且对案件的裁判有重大影响的,可以延期审理。法庭辩论终结后,由审判长按照原告、被告、第三人的先后顺序征询各方最后意见。

法庭辩论结束后,如果案件事实清楚的,审判长应当询问当事人是否愿意调解。当事人愿意调解的,可以当庭或者休庭后进行。经过调解,双方当事人达成协议的,应当在调解协议上签字盖章。人民法院应当根据双方当事人达成的调解协议制作调解书送达当事人。双方当事人达成协议后当即履行完毕,不要求发给调解书的,应当记入笔录,在双方当事人、合议庭成员、书记员签名或盖章后,即具有法律效力。如果调解不成的,合议庭应当及时判决。

3. 撤诉、缺席判决和延期审理

(1)撤诉。申请撤诉,即原告在法院立案受理后,进行宣判前,以书面或口头形式向人民法院提出撤回其起诉的要求。

申请撤诉的条件如下:

①申请人必须是原告、上诉人及其法定代理人,经原告特别授权的诉讼代理人也可以提出撤诉申请;有独立请求权的第三人也可以提出撤诉申请。但有独立请求权的第三人申请撤诉不影响原告和被告之间本诉的进行。

②撤诉必须是原告自愿。申请撤诉是原告处分自己实体权利和诉讼权利的行为,除非原告有明确的意思表示,任何人不得强迫原告申请撤诉,审判人员也不得以任何借口,动员原告申请撤诉。

③撤诉必须合法。申请撤诉的时间必须是在法院受理案件之后,宣告判决之前;申请撤诉的人必须是有申请撤诉权的人;申请撤诉在实体上不得有规避法律的行为,不得违反现行法律、法规的规定,不得有损于国家、集体和他人的利益。

④撤诉必须由人民法院做出裁定。当事人行使处分权,必须在法律许可的范围内。原告申请撤诉,人民法院应当依法进行审查,申请符合条件的,裁定准许撤诉,案

件审理终结；申请不符合条件的，裁定驳回申请，案件继续审理。不论是否准许撤诉，都必须以裁定的方式告知当事人。此外，最高人民法院《民诉意见》明确规定，有独立请求权的第三人参加诉讼后，原告申请撤诉，人民法院依法准许原告撤诉后，有独立请求权的第三人作为另案原告，原案原告、被告作为另案被告，诉讼另行进行。当事人申请撤诉的案件，如果当事人有违法行为需要依法处理的，法院可不准撤诉。

按撤诉处理，即原告虽然没有提出撤诉申请，但其在诉讼中的一定行为已经表明他不愿意继续进行民事诉讼，因而，法院依法决定注销案件不予审理的行为。

按撤诉处理的情况为：

①原告或上诉人未按期交纳诉讼费用。

②原告经传票传唤，无正当理由拒不到庭。

③原告未经法庭许可中途退庭。

④原告应预交而未预交案件受理费，人民法院应当通知其预交，通知后仍不交纳，或申请缓、减、免未获人民法院批准仍不交纳诉讼费用的，按撤诉处理。

⑤无民事行为能力的原告的法定代理人，经法院传票传唤无正当理由拒不到庭的，可按撤诉处理。

⑥有独立请求权的第三人经法院传票传唤，无正当理由拒不到庭的，或未经法庭许可中途退庭的，可按撤诉处理；无独立请求权的第三人，无正当理由拒不到庭的，或未经法庭许可中途退庭的，不影响案件的审理；依法可以按撤诉处理的案件，如果当事人有违法行为需要依法处理的，法院可以不按撤诉处理。

（2）缺席判决。缺席判决，是指开庭审理案件时，只有一方当事人到庭，人民法院依法对案件进行审理之后所做出的判决。缺席判决是相对于对席判决而言的。开庭审理时，只有一方当事人到庭，人民法院仅就到庭的一方当事人进行询问、核对证据、听取意见，在审查核实未到庭一方当事人提出的起诉状或答辩状和证据后，依法做出的判决，就是缺席判决。

根据民事诉讼法的有关规定，缺席判决适用于下列情况：

①原告不出庭或中途退庭按撤诉处理，被告提出反诉的，可以缺席判决。

②被告经传票传唤，无正当理由拒不到庭的，或未经法庭许可中途退庭的。

③法院裁定不准撤诉的，原告经传票传唤，无正当理由拒不到庭的。

④无民事行为能力的被告人的法定代理人，经传票传唤无正当理由拒不到庭的。

⑤在借贷案件中，债权人起诉时，债务人下落不明的，人民法院受理案件后公告传唤债务人应诉。公告期限届满，债务人仍不应诉，借贷关系明确的，经审理后可缺席判决。在审理中债务人出走，下落不明，借贷关系明确的，可以缺席判决。

缺席判决与对席判决具有同等的法律效力。对于缺席判决，人民法院同样应当依照法定的方式和程序，向缺席的一方当事人宣告判决及送达判决书，并保障当事人的上诉权利的充分行使。

（3）延期审理。民事诉讼的延期审理，是指人民法院开庭审理后，由于发生某种特殊情况，使开庭审理无法按期或继续进行从而推迟审理的制度。

《民事诉讼法》第一百四十六条规定，有下列情形之一的，可以延期开庭审理：

①必须到庭的当事人和其他诉讼参与人有正当理由没有到庭的。

②当事人临时提出回避申请的。

③需要通知新的证人到庭，调取新的证据，重新鉴定、勘验，或者需要补充调查的。

④其他应当延期的情形。

延期审理只能发生在开庭审理阶段，延期审理前已进行的诉讼行为，对延期后的审理仍然有效。但延期的时间不计算在审理期限内。

五、执行及其申请

1. 执行根据

在人民法院和其他机关做出具有给付内容的法律文书发生法律效力之后，负有义务的一方当事人必须按照法律文书所确定的期限、数额及方式履行义务，否则，对方当事人有权向人民法院要求强制执行，以维护自己合法的民事权益。当事人向人民法院申请强制执行，必须有执行依据，即人民法院据以强制执行的生效法律文书。

根据我国民事诉讼法的规定，下列法律文书必须在当事人不按该生效法律文书确定的履行期限履行义务的前提下，才能作为执行根据：

(1)人民法院做出的具有给付内容的民事判决书和调解书。

(2)人民法院按照督促程序做出的发生法律效力的支付令。

(3)人民法院做出的具有给付内容的民事裁定书。只有下列三种裁定书可以作为执行根据：①先予执行的裁定书；②执行回转的裁定书；③承认和执行外国法院判决、裁定和国外仲裁机构裁决的裁定书。

(4)人民法院做出的具有财产内容的刑事判决书和裁定书。包括刑事附带民事诉讼以及罚金、没收财产的判决书和裁定书。人民法院在审理刑事自诉案件中做出的具有财产内容的调解书，也可以作为执行根据。

(5)我国仲裁机构做出的发生法律效力的仲裁决定书和仲裁调解书。

(6)我国公证机关依法赋予强制执行效力的债权文书。公证机关可以在该文书上证明有强制执行的效力。经公证机关证明有强制执行的效力的债权文书，如果一方当事人不按该公证债权文书履行，另一方当事人不必向人民法院起诉，可以直接向人民法院申请执行，受申请的人民法院应当执行。

(7)我国行政机关做出的依法可以由人民法院强制执行的具有财产内容的行政决定。

2. 执行管辖

依照《民事诉讼法》第二百二十四条的规定，发生法律效力的民事判决、裁定，以及刑事判决、裁定中的财产部分，由第一审人民法院或者与第一审人民法院同级的被执行的财产所在地人民法院执行。法律规定由人民法院执行的其他法律文书，由被执行人住所地或者被执行的财产所在地人民法院执行。

具体而言，分三种情况：①发生法律效力的民事判决、裁定，以及刑事判决、裁定中的财产部分，由第一审人民法院执行；②发生法律效力的支付令，由制作支付令的人民法院负责执行；③法律规定由人民法院执行的其他法律文书，由被执行人住所地或者被执行人财产所在地人民法院执行。

3. 执行申请

在人民法院做出裁判后，由于债务人不履行或拒绝履行法律文书确定的义务，当事人在法定的执行时效内向有管辖权的法院提出启动执行程序，叫申请执行。

根据《中华人民共和国民事诉讼法》第二百三十九条的规定，申请执行的期间为两年。申请执行时效的中止、中断，适用法律有关诉讼时效中止、中断的规定。

申请执行的期间，从法律文书规定履行期间的最后一日起计算；法律文书规定分期履行的，从规定的每次履行期间的最后一日起计算；法律文书未规定履行期间的，从法律文书生效之日起计算。

人民法院自收到申请执行书之日起超过6个月未执行的，申请执行人可以向上一级人民法院申请执行。上一级人民法院经审查，可以责令原人民法院在一定期限内执行，也可以决定由本院执行或者指令其他人民法院执行。

4. 被执行人财产情况

《最高人民法院关于人民法院执行工作若干问题的规定（试行）》第二十八条第（二）款明确了人民法院在执行案件中的调查权，为调查了解被执行人的财产状况，人民法院在执行中有权向被执行人、有关机关、社会团体、企业事业单位或公民个人调查，这里的有关机关包括工商行政管理机关、税务机关等掌握企业登记及经营状况及相关联企业情况的机关，也包括掌握被执行人户口的公安机关，等等。有关单位应当配合人民法院的执行工作，协助人民法院的执行工作，对拒不协助的，可以妨害民事诉讼法的行为对其采取强制措施，如罚款等。对调查所了解的并且是执行案件所需要的材料人民法院有权进行复制、抄录或拍照，对于调查中了解的资料、情况可能涉及个人的隐私、企业的商业秘密甚至国家机密的，人民法院应当履行依法保密的义务。至于保密的范围，应按照有关保密的法律法规办理。查找被执行人的财产，是认定被执行人有无履行能力、决定执行方法、适用执行措施的重要前提，也是一个案件执行成功与否的关键。人民法院查找被执行人的财产，可主要通过以下方式进行：

（1）金钱的查找。金钱给付案件的执行，首先考虑的执行方法是给付金钱，简便易行。然后才考虑等值物的执行。金钱的查找，在这里主要是指查找被执行人的银行存款、到期债权、在有关单位尚未支取的收入、从有关企业中应得的已到期的股息和红利等收入、在其他股份有限公司中持有的股票、在中外合资企业或有限责任公司或其他法人企业中的投资权益或股权等。现以查找银行存款为例，简述几种查找途经。查找银行存款，关键是查明被执行人在银行的存款账户、账号，然后才能适用查询、冻结、划拨的执行措施。

①由当事人提供账户、账号。申请执行人和被执行人之间在经济往来中关系密切，往来资金也基本是通过银行结算，可以从双方当事人签订的合同以及往来的信件、电传、电报文稿中查取。

②到人民银行查询被执行人的账户、账号。根据中国人民银行的规定,开户由人民银行统一管理。因此,可到当地人民银行查询。

③到被执行人辖区的工商、税务部门查询被执行人的账户、账号。企事业单位在工商和税务部门都有档案。工商档案中的开业登记和税务档案中的税务登记都有账户、账号的记载,特别是交税款时都是通过银行缴纳,查取的账户、账号多是正常使用的。

④利用被执行人交纳的水、电、保险、邮电等费用,到相关的管理部门查找账户、账号。

⑤从被执行人的会计账簿中查找账户、账号。如果被执行人拒绝提供,可依法搜查财务部门,但搜查和查阅账簿工作一定要迅速,防止被执行人与开户行串通,转移存款。

(2)动产的查找。动产的查找,主要是指查找被执行人的航空器、船舶、机动车辆、机器设备、办公设备等。查找机动车辆的方法:由申请执行人提供;对经常停放在被执行人处的车辆进行审查;到机动车辆管理部门查询;到交通部门查询车辆购置附加费和养路费的交纳情况,对那些"公车私照"弄虚作假的行为也能查得一清二楚。对航空器、船舶的查找,除由申请执行人、被执行人提供情况外,可到主管登记部门查询。对机器设备、办公设备的查找,可以到生产车间、施工现场、工作室等场所直接查看,并审查其固定资产账簿及有关原始凭证,其数量价值可一并查清。同时,也要留心对库存产品、原材料的查找。

(3)不动产的查找。不动产的查找,主要是指查找被执行人使用的土地,以及房屋、林木等地上定着物。除由申请执行人提供情况、咨询被执行人外,可查阅被执行人固定资产账簿及有关权利证书,或到土地、房产、国有资产、林业管理部门查询。

(4)变更、追加被执行主体,扩大查找被执行财产的范围。当被执行人无履行能力时,就要考虑有无变更和追加被执行主体的条件。被执行主体有直接主体、连带主体、代位主体三种。直接主体是据以生效的法律文书中确定的被执行主体。连带主体、代位主体则是在执行程序中,由于情况发生了变化,或是出现了在审判程序中未曾发现的情节,依照法律规定和司法解释,应变更和追加的新的被执行主体。

变更和追加被执行主体,从形式上扩大了对申请执行人承担民事责任的范围,增加了查找被执行财产的线索和可能性。从本质上看,变更、追加被执行主体的过程,也是查找被执行财产进一步深化的过程。《最高人民法院关于人民法院执行工作若干问题的规定(试行)》第七十六条至第八十三条规定了变更、追加被执行主体的10种情况。

被执行主体的变更和追加,通常是通过审查企业的性质、结构、有无合并或分立的情况、注册资金是否到位来确定的。仅举一例,注册资金是否到位的查找方法是:到当地工商管理部门查阅被执行人的工商档案,审查开业登记和验资单位的验资证明,然后审查被执行人的现金账簿,并询问被执行人。一般可以查清。如果发现注册资金不实或有抽逃行为,被执行人无财产清偿债务,依照《最高人民法院关于人民法院执行工作若干问题的规定(试行)》第八十条的规定,裁定追加开办单位为被执行人。连带主体、代位主体确定后,就可以按照前述的查找被执行人财产的方法,查找他们的财产,然后决定执行方法和适用执行措施。

【案例链接一】

王莉系农村女青年，17岁有余，她到金华已一年多，靠做保姆的工资养活自己。2006年8月，经金华市某家政服务公司的介绍，到市民张华家做保姆。一日，王莉在为张家买菜时骑自行车不慎将正在路边行走的7岁儿童刘强撞伤，花去医药费等近2万元。刘强父母要求赔偿。张华认为，自己已再三提醒王莉自行车的车闸坏了，未修理前不可骑车上街，王莉擅自骑车上街，撞伤了人应当由她自己负责；并且王莉是家政公司介绍给自己的，家政公司对此也有责任，也应承担赔偿责任；王莉则称自己无赔偿能力。因争执不下，刘强的父母欲提起诉讼。

问：本案的当事人有哪些？

【案例评析】

在本案中，原告为刘强，被告为张华，王莉不是本案的被告，家政公司也不是本案的被告。刘强的父母作为原告的诉讼代理人，其理由是：王莉受雇于张华，形成了雇佣关系。雇工在为雇主工作时给他人造成损害，雇主而不是雇工为适格的当事人。家政公司虽然将王莉介绍给张华，但该公司与张华之间只形成中介关系，王莉也不属于该公司的成员，雇佣关系存在于张华与王莉之间。在本案中，刘强虽然只有7岁，但他有民事权利能力，且是直接受到侵害的人，所以可以成为本案的适格当事人，但他又是无民事行为能力人，无诉讼行为能力，所以应当由他的父母作为法定的诉讼代理人。

如张华坚持要求王莉承担赔偿责任，可以把她列为无独立请求权的第三人。王莉虽然只有17岁多，但她已到金华一年多，并且已经能够自食其力，根据《民法通则》的规定，可视为具有完全民事行为能力人，因而王莉具有当事人能力，无须其父母代理诉讼。

【案例链接二】

王某有三子一女，长子王甲，次子王乙，均在外地工作；女儿王丙已定居加拿大；小儿子王丁虽与王某住在同一城市，但王某的生活长期由侄女王庚照料。王某病逝后，王丁将其父留下的4幅祖传名画卖给张某，双方约定张某先交订货款8000元，其余3万元等画交付后再付。张某按约定交付了定金。画交付前，王甲与王乙得知这一情形，在来不及与王丙商量的情况下，便向法院提起诉讼，要求继承这4幅名画。

诉讼提起后，王庚向法院提交了王某亲笔所写的遗嘱，要求依据该遗嘱将这4幅名画中的2幅判归自己所有。

问：①在该案中，王甲、王乙、王丙、王丁的诉讼地位如何？

②如果王丙表示不愿回国参加诉讼应如何处理？

③张某、王庚在起诉中处于何种地位？

【案例评析】

本案为固有必要共同诉讼，法院对作为诉讼标的的继承关系须合一确定。王甲、王乙、王丙是共同原告，王丁为被告。应将王丙列为共同原告。张某为无独立请求权的第三人；王庚为有独立请求权的第三人。

本案系因继承遗产引起的诉讼，这4幅名画系王某的遗产。王某有三子一女，他们均是王某的法定继承人。在遗产分割前，4幅名画属王甲等4人的共同财产。

在继承遗产的诉讼中，侵害其他继承人利益的继承人为被告，其他继承人为共同原告。依据有关法律规定，在这类诉讼中，部分继承人起诉的，法院应通知其他继承人作为共同原告参加诉讼，被通知的继承人不愿意参加诉讼又未明确表示放弃权利的，法院仍应把其列为共同原告，据此，法院在受理王甲、王乙提起的诉讼后，应通知王丙参加诉讼，王丙虽表示不愿参加诉讼，但未表示放弃权利，所以，仍然应当将她列为共同原告。

张某作为无独立请求权的第三人参加诉讼是由于法院裁判结果与张某有法律上的利害关系，王丁败诉，既会使王丁无法履行向张某交付名画的义务，又使张某有权向王丁主张双倍返还定金。王庚是有独立请求权的第三人。因为她已向本诉的原、被告争议的部分诉讼标的主张了独立的请求权。

【练习思考】

(1)试述起诉的条件。

(2)根据我国民事诉讼法的规定，当事人向人民法院申请强制执行应当注意哪些方面?

参考文献

北京市律师协会. 2012. 涉农案例疑难问题与对策分析[M]. 北京:北京大学出版社.
曹泮天. 2012. 宅基地使用权流转法律问题研究[M]. 北京:法律出版社.
曾宪义,王利明. 2011. 劳动和社会保障法(第二版)[M]. 北京:中国人民大学出版社.
陈小君. 2010. 农村土地法律制度的现实考察与研究[M]. 北京:法律出版社.
丁关良. 2011. 土地承包经营权流转法律制度研究[M]. 北京:中国人民大学出版社.
韩世远. 2011. 合同法总论[M]. 北京:法律出版社.
扈艳萍,马小友. 2013. 农村常见政策法规解答[M]. 北京:化学工业出版社.
黄健雄. 2010. 农村房屋买卖、出租、抵押法律政策解答[M]. 北京:法律出版社.
李晓斌. 2013. 土地承包、征地补偿、宅基地法律政策解读与使用范本典型案例全书[M]. 北京:中国法制出版社.
林义. 2013. 统筹城乡社会保障制度建设研究[M]. 北京:社会科学文献出版社.
刘有东. 2011. 合同法精要与依据指引[M]. 北京:北京大学出版社.
吕学静,王争亚,王增民. 2008. 中国农民工社会保障理论与实证研究[M]. 北京:中国劳动社会保障出版社.
茆荣华. 2010. 中国农村集体土地流转制度研究[M]. 北京:北京大学出版社.
孟勤国等. 2009. 中国农村土地流转问题研究[M]. 北京:法律出版社.
乔庆梅. 2010. 中国职业风险与工伤保障:演变与转型[M]. 北京:商务印书馆.
邱平荣. 2013. 经济法(第二版)[M]. 北京:中国人民大学出版社.
任中秀. 2012. 农村宅基地使用权制度研究[M]. 山东:山东大学出版社.
孙树菡. 2007. 工伤保险[M]. 北京:中国劳动社会保障出版社.
王全兴. 2011. 劳动法[M]. 北京:法律出版社.
王作富. 2014. 刑法(第五版)[M]. 北京:中国人民大学出版社.
喻明峰. 2012. 制度困境中的农民工权利[M]. 长沙:湖南大学出版社.
翟云岭,郭洁. 2013. 合同法论[M]. 北京:法律出版社.
张德友,翟明礼. 2007. 法与农村社会变迁[M]. 北京:人民出版社.
张万洪. 2012. 农村法律服务实务手册[M]. 武汉:武汉大学出版社.
赵慧峰,王春平. 2015. 农村政策与法规[M]. 北京:金盾出版社.
郑永流. 2004. 当代中国农村法律发展道路探索[M]. 北京:中国政法大学出版社.
中国法制出版社. 2012. 农村土地承包法新解[M]. 北京:中国法制出版社.
周建华,陈亚平. 2012. 农村政策与法规[M]. 广州:华南理工出版社.